Hilarion H. Hartmann

Herumtreiber

© 2022
RHEIN-MOSEL-VERLAG
Zell / Mosel
Brandenburg 17, D-56856 Zell / Mosel
Tel 06542 / 5151 Fax 06542 / 61158
Alle Rechte vorbehalten
ISBN 978-3-89801-458-8
Ausstattung: Stefanie Thur
Titelfoto: privat

Damit die kulturelle Vielfalt erhalten und für die Leser bezahlbar bleibt, gibt es die gesetzliche Buchpreisbindung. Deshalb kostet ein verlagsneues Buch in Deutschland immer und überall dasselbe. Ob im Internet, in der Großbuchhandlung, beim lokalen Buchhändler, im Dorf oder in der Großstadt – überall bekommen Sie Ihre Bücher zum selben Preis.

Hilarion H. Hartmann

Herumtreiber

Die abenteuerlichen WeltAnschauungen
eines unverbesserlichen Achtundsechzigers

Biografischer Schelmenroman

Rhein-Mosel-Verlag

Auf denn –
lasst uns gehen in die Irre,
allwo allein die Wahrheit ist,
die Weisheit, die Erlösung
und das Leben.

B. Traven

Inhalt

Vorschau

Bis hierhin war alles gut: in wohliger Allverbundenheit wohlbehütet im wohltemperierten Fruchtwasser. Doch dann diese sich allmählich steigernde Unruhe, der wachsende Druck, der ganze Kosmos scheint sich in Krämpfen zu winden – und auf dem Höhepunkt dieses Gewaltaktes zusammengepresst mit dem Kopf voran durch den engen Geburtskanal hinausgequetscht wie Zahnpasta aus der Tube in grellste Helligkeit trotz geschlossener und verklebter Augen und zugezogener Gardinen.

Sein inneres Auge sieht alles: sein winziger Körper in den Händen der uralten aus dem Ruhestand zurückgerufenen Hebamme; neben ihr – mit tiefliegenden Augen, hervorstehenden Wangenknochen und Zahnlücken – das gelblich blasse Gesicht seiner Großmutter, die ihrer Tochter mit einem feuchten Tuch die Stirne kühlt. In dieses von Tuberkulose gezeichnete Antlitz und in die schmerzverzerrten Züge der Gebärenden scheint alles Leid der Welt eingeschrieben zu sein.

Mit einem Blick hat sein geistiges Auge das dualistische Wesen der irdischen Realität erfasst. Ein erster existenzieller Zwiespalt tut sich auf (noch ist sein Körper mit dem Organismus der Mutter verbunden, noch hat er keinen Atemzug getan): vor oder zurück? rein oder raus? Ein Aspekt seiner Seele wünscht sich zurück in den Schoß; ein anderer beharrt darauf, dass eine Rückkehr in den Mutterleib von der Natur nicht vorgesehen ist. Bleibt nur die Flucht nach vorne, die Chance, das Wunder der Schöpfung aus der irdischen Perspektive zu erleben. Aber sein ganzes Leben lang wird ihn die Sehn-Sucht nach der Vereinigung mit dem Mutterschoß wieder und wieder in die Arme der Frauen treiben, auf dass ihm, wenn auch jeweils nur für eine kurze Zeit, die wenige Zentimeter tiefe Rückkehr in das verlorene Paradies vergönnt sei.

Sein inneres Auge wendet den Blick, dringt durch verblichene Blümchentapete ins Freie, sieht aus der Vogelperspektive einen sich langsam entfernenden, von Backsteingebäuden umgebenen kopfsteingepflasterten Hof mit dem Misthaufen, in dem ein paar Hühner scharren, in der Mitte. Schon kann er das ganze Dorf überblicken, eingerahmt von Rübenäckern, Weizenfeldern, Wiesen und Sümpfen, die von Bombentrichtern durchsetzt sind. Im näheren Umkreis tauchen im Osten die bizarren Ruinen der *Leunawerke* auf, südlich davon die hoch aufragende rußgeschwärzte

Brikettfabrik von *Beuna*, und im Norden blasen die Schlote des *Buna-werks* ihren grauen Rauch in die schwüle Sommerluft.

Sein Augenmerk richtet sich jetzt auf die sich über mehrere Kilometer im Südwesten erstreckende Kraterlandschaft des Braunkohletagebaus von *Kayna*. Er beamt sich zu einem der gigantischen Schaufelradbagger hinüber und findet dort in der dreckstarrenden, rostigen Baggerführerkabine seinen Vater vor, der mit Hilfe diverser Räder und Hebel das rumpelnde und kreischende eiserne Ungetüm zu bändigen versucht, damit es seinem sozialistischen Auftrag gemäß im Akkordtempo die mehrere Meter dicke Erdschicht über dem Kohleflöz wegschaufelt. Beim Anblick dieses Mannes mit schwarzem Schweiß auf der Stirn, sichtlich gestresst von Hitze, Gerüttel, Motorenlärm und Benzingestank, wird er von Entsetzen und Mitgefühl ergriffen. Solch einer Schinderei möchte er sich in seinem späteren Leben nicht aussetzen müssen!

Eine komplexe Abfolge assoziativer Bilder und fragmentarischer Szenen entfaltet sich in seiner mit rasanter Geschwindigkeit in die Zukunft vorauseilenden Seele. Er sieht sich satt und zufrieden an der warmen, weichen, wonnespendenden Mutterbrust. Doch schon kippt das Bild, kommt die Kehrseite der Medaille zum Vorschein, empfängt er die mütterlichen Streicheleinheiten in Form von Ohrfeigen, Stockschlägen und hysterischem Gekeife. Die liebende Mutter, die strafende Mutter, die leidende Mutter – ein traumatisierendes Wechselbad der Gefühle. In der Familie fehlt es ihm an Geborgenheit und Harmonie, vermisst er Ermutigung, Anerkennung und Entfaltungsmöglichkeit. Ganz früh schon beginnt das Drama von Verletztsein, Empörung, Absonderung und Flucht.

Gegen Ende seines zehnten Lebensjahres der unfreiwillige Wechsel von Ost nach West. In der DDR lebte er im Reich des Guten, und die BRD gehörte zum Reich des Bösen. Nun ist es plötzlich genau umgekehrt, der *Goldene Westen* verteufelt den *Roten Osten*. Was ist richtig, was falsch? Er lernt: alles ist relativ, es kommt immer auf den Standpunkt an.

Im Westen wütet das Wirtschaftswunder. Ihm widerstrebt die einseitige Betonung des Materiellen in der aufblühenden Leistungs- und Konsumgesellschaft. Er erlebt Egoismus, Konkurrenz und ökonomischen Wildwuchs anstelle von Teilen, Solidarität und Planung. Er sieht Arme und Reiche und stellt fest, dass die Reichen die Spielregeln bestimmen. Gewinner bleiben Gewinner und Verlierer Verlierer. Seine Anteilnahme gehört den Schwachen und Unterdrückten. Er nimmt wahr, wie der zwanghaft auf Profit ausgerichtete kapitalistische Wirtschaftsapparat zu irreparablen Schäden an der Natur führt, und tritt mit dreizehn Jahren einer Naturschutzgruppe bei. Er ist mit so vielem nicht einverstanden. Die satte Selbstzufriedenheit seiner Mitmenschen, ihre Fortschrittsgläubigkeit und Obrigkeitshörigkeit, ihr Komfort- und Anspruchsdenken. Verschwendung, Luxus, Kitsch, Schein, Verblendung, Mode und Schnulzen widern ihn an. Schon als Jugendlicher kritisiert er die vorherrschende *unhistorische* Sichtweise der gesellschaftlichen Entwicklung, die nicht hinterfragt, wie alles zu dem geworden ist, was es ist, und die nicht fragt, was einmal daraus werden wird, wenn alle so weiter machen. Er möchte anders sein, sich nicht anpassen, gegen den Strom schwimmen, über den Tellerrand blicken, die Welt verbessern.

Der Film reißt ab. Aus dem Off erklingt ein anschwellendes Sirren, und eine weibliche Stimme spricht:

Du willst deine eigenen Wege gehen
die wahren Zusammenhänge verstehen
dich nicht an Regeln und Vorschriften binden
wenns sein muss selber das Rad neu erfinden.

Der Status Quo erscheint dir banal
das Streben der Mitmenschen trivial.
Gewöhnliche Rollen sind dir zu klein
du möchtest jemand Besonderes sein.

Du willst dich dem System entziehen
gegen den Mainstream rebellieren
dich flüchten in Nischen und Utopien
und tausend Rollen ausprobieren.

Du willst auf Abenteuerreisen
als Weltenbummler dich beweisen
in Bildern und Liedern die schöne Welt
und ihre Wunder preisen.

Willst die erhabensten Lorbeern erringen
der leidenden Menschheit die Rettung bringen
wie Faustus erkennen was diese Welt
im Innersten wohl zusammen hält.

Im Zeitraffer rauschen weitere Durchlaufstationen seines Lebens vorbei. Angetrieben von der Geltungssucht seines gekränkten Egos stößt er in immer neue Räume vor. Er strampelt sich ab auf der Suche nach seinem Seelenheil, nach seinem Platz und seiner Rolle. Innerlich zerrissen im Spannungsfeld von Minderwertigkeitsgefühl und Größenwahn orientiert er sich an geistigen Leuchttürmen, seien es Künstler, Philosophen, Gurus oder Revolutionäre. Ein bisschen Robin Hood, ein bisschen Hermann Hesse, ein bisschen Don Juan, ein bisschen Don Quichotte. Er spielt mit Genuss und Genugtuung die Rolle des Systemverweigerers in der 68er Protestkultur. Er sucht Unterschlupf in den cannabisgeschwängerten Freiräumen der Alternativszene und findet in tiefster Krise Hilfe in den kathartischen Kuschelseminaren der Psychotherapiebewegung. Er reitet auf den himmelstürmenden Wellenkämmen des Esoterikbooms, begibt sich bei den Sufis und Buddhisten auf den spirituellen Weg und flüchtet in seiner Not immer wieder in die Arme, Schöße und Herzen der Frauen. Er ist der ewige Zweifler und Skeptiker, der kritische Beobachter und Außenseiter, der nie ganz dazugehört. Er ist der einsame Wolf, der Rufer in der Wüste, der Prophet im eigenen Land und der Hansdampf in allen Gassen – von allen Musen geritten, von allen Teufeln geküsst und von allen guten Geistern verlassen.

Unversehens wird der Frischgeborene an den Beinchen hochgehoben und eine schwielige Pranke platscht auf sein Hinterteil. Ein heißer Schmerz flutet die Wirbelsäule empor, beziehungsweise hinab, weil er kopfüber hängt. Sein Mund öffnet sich, seine Lunge dehnt sich, er spuckt, die Atemwege werden frei für seinen ersten Schrei. Mit dem Schrei schwindet alles dahin, was ihn bisher ausgemacht hat, sein hellsichtiger Vorausblick auf das vor ihm liegende Schicksalsgefüge versinkt im Nebel des Vergessens. Die Bilder erlöschen, das Programm stürzt ab, seine Bewusstseinszentrale zieht um, wandert aus dem Herzen in den Kopf. Als er seiner Mutter an die Brust gelegt wird, fängt alles bei Null an. Nur der Schrei bleibt – sein Leben lang.

Stallgeruch

Erste Dekade (1946–1956). Ich wuchs in der sowjetischen Besatzungszone, der späteren DDR, in einem Dorf 30 km westlich von Leipzig inmitten einer Industrieregion unter den historischen Bedingungen der Nachkriegszeit in ärmlichen Verhältnissen auf. Meine Eltern gaben mir den Vornamen Helmut. Die miserablen Lebensbedingungen, in die ich am 5. Juli 1946 als zweites von vier Kindern hineingeboren wurde, habe ich in dem Buch *KurtsGeschichten* (erschienen 2002 bei Sachsenbuch) anschaulich beschrieben.

In der Wohnung, zirka dreißig Quadratmeter in einem ehemaligen Kuhstall, gab es keinen Wasseranschluss und daraus folgend keine Spüle, kein Waschbecken, keine Toilette, kein Bad. Zum Hausrat gehörten weder Kühlschrank noch Staubsauger noch Wasserkocher, geschweige denn Spülmaschine, Tiefkühltruhe, Mikrowelle oder Elektroherd mit computergesteuertem Glaskeramikkochfeld unter chromblitzender Dunstabzugshaube! Die etwa fünfzehn Quadratmeter große Wohnküche, in der sich das häusliche Familienleben abspielte, war nur mit den allernötigsten und elementarsten Einrichtungsgegenständen ausgestattet: ein robuster Tisch, umgeben von vier einfachen Stühlen und einer Holzbank, ein von Kurt getischlerter geräumiger Küchenschrank, daneben in die Ecke gequetscht eine Chaiselongue und darüber ein Bord mit einer Riesenkiste von Radio, Marke Stassfurt.

Der wichtigste und gewichtigste Einrichtungsgegenstand war der große alte auf vier Beinen stehende Küchenherd. Dieser Herd, der mit Holz und Braunkohlebriketts befeuert wurde, war die einzige Wärmequelle in der ganzen Wohnung und hatte zusätzlich noch vielerlei Funktionen: Er war Kochstelle, Backofen und Waschplatz; auf einer Leine über dem Herd wurde Wäsche getrocknet. An langen Winterabenden verkrochen wir Kinder uns auf die Ofenbank zwischen Herd und Wand und lauschten den Märchen, die Mutter uns erzählte, während sie strickte oder Socken stopfte. Der Herd war das Herz unseres Zuhauses und das Zentrum von Mariannes Herrschaftsbereich, wo sie von früh bis spät schaltete und waltete, ob sie nun Windeln wusch, Nudelteig trocknete oder die Soße vom Kaninchenbraten abschmeckte.

Um auch die beiden Schlafräume nebenan ein wenig warm zu bekommen, wurde der Herd an besonders kalten Tagen so kräftig eingeheizt, daß die Platte glühte und die Küche bis zum Ersticken überheizt war. Über Nacht erlosch dann das Feuer, und der neue Tag empfing uns mit wunderschönen Eisblumen auf den Fensterscheiben, die erst im Laufe des Vormittags allmählich wegtauten, wenn sich in der Wohnung erneut die Wärme des Ofens ausbreitete.

In den hintersten Raum, den Schlafraum von uns drei Jungs, gelangte man durch das schmale Schlafzimmer der Eltern, wo auch Christinas Kinderbettchen stand. Aber nur sehr wenig von der Wärme in der Küche breitete sich bis dorthin aus, während von unten durch die Ritzen zwischen den groben Balken der Diele eisige Kälte kroch. Durch die unverputzten Ziegelwände drang so viel Nässe ein, dass sich an einigen Stellen weißer und grüner Schimmel ausbreitete. Wegen der hohen Luftfeuchtigkeit verklumpten und verfaulten die Daunen in den Federbetten, und ein muffiger Geruch lag in der kalten Luft, die wir Kinder nachts atmeten. Kein Wunder, dass bei einer Untersuchung in der Poliklinik Schatten auf meiner Lunge festgestellt wurden.

Wie hilfreich wäre in dieser Situation ein kleiner elektrischer Heizlüfter oder eine Heizsonne gewesen. Die einzigen Vertreter des Elektrozeitalters in unserer Wohnung waren indes drei Deckenlampen, ein Bügeleisen und das Radio. Das Fehlen eines Telefons – es gab ja auch keinen öffentlichen Fernsprecher im Dorf – hatte in der Sichtweise meiner Mutter einen Vorteil: weil man kein Telefon hatte, ging man sich öfter besuchen, und einen Nachteil: weil man vorher nicht anrufen konnte, wusste man nie, ob man jemand antrifft. So ging man eben auf gut Glück hin. Wenn wir die Oma in Beuna besuchten, hatte sie immer ein Stückchen Kuchen für uns, als ob sie geahnt hätte, dass wir kommen. Und wenn uns einer besuchen kam, hat Mutter schnell Malzkaffee gekocht und Bemmen geschmiert.

Und wie war das mit der Toilette? In normalen Zeiten gingen wir auf ein primitives Plumpsklo, das wenige Schritte von unserer Wohnungstür entfernt über den Hof zu erreichen war. Wenn man die graue Holztür mit dem ausgesägten Herz öffnete, stand man vor einer hölzernen Sitzbank mit einem runden Loch, das von einem Holzdeckel verschlossen wurde, daneben lag ein Stapel in handliche Stücke geschnittenen Zeitungspapiers. Beim Aufsuchen dieses Örtchens wurde ich, ohne noch den Deckel angehoben zu haben, von einem Ekelgefühl befallen, ob des Gestanks und der widerlichen großen Fliegenlarven, die in der warmen Jahreszeit im Kot wimmelten. In besonders kalten Winternächten, oder wenn gerade ein Wolkenbruch niederging und wir nicht hinausgehen konnten, benutzten wir für unsere großen und kleinen Geschäfte den sogenannten Dreckeimer, der in einem winzigen Kabuff neben der Wohnküche untergebracht war.

14

Wie mein Vater gegen die Stubenfliegen, die eine rechte Plage waren, zu Felde zog, erzählt er folgendermaßen: Die Küche war immer voller Fliegen, das schwirrte und summte den ganzen Tag. Wenn sie in der Ofenecke an der Wand saßen, war alles schwarz. Dagegen musste man was unternehmen. Ich habe mir ein Mittel besorgt, das nannte sich Fliegentod, und das wurde mit so einer Art Luftpumpe versprüht. Vorher musste die ganze Wohnung luftdicht verschlossen werden. Als ich dann anfing zu sprühen, wurden die Fliegen erst richtig wild und sausten herum wie besessen. Ich bin dann schnell raus gerannt, um Luft zu schnappen, und als ich wieder reinkam, lagen die Fliegen alle auf dem Boden. Die waren aber nur betäubt. Die Mutter hat sie dann aufgekehrt und weggeschafft.

Ein Nachmittag im April, sagen wir 1952. Draußen ist es nasskalt, und wir Kinder haben uns in den einzigen trockenen und warmen Raum zurückgezogen, der uns zur Verfügung steht, die Wohnküche, in der unsere Mutter gerade aus Gemüseresten, trockenem Brot, ein paar Wurstenden und viel Knoblauch eine Suppe zubereitet, während sie parallel dazu in einem Zinkbottich voll dampfender Kochwäsche rührt und nebenbei grüne Heringe ausnimmt, um Bratheringe herzustellen. Wir Jungs haben auf dem frisch gebohnerten Holzfußboden unsere Spielsachen ausgebreitet. In der Ecke des Zimmers steht ein halbverschlossener Karton, aus dem es ununterbrochen piepst; es sind erst wenige Tage alte Küken, die wegen der nächtlichen Kälte aus dem Hühnerstall in die Wohnung umquartiert worden sind.

Als Kurt nach der Frühschicht auf dem Bagger und weiteren vier Stunden Arbeit in Lenzens Stellmacherei nach Hause kommt, empfangen ihn in der Küche außer dem Kindergeplärr und der gestressten, missmutigen Ehefrau die Gerüche von Kochwäsche, Knoblauchsuppe, Kükenkot, Bohnerwachs, ausgenommenen Heringen und Schweiß. Mutter wechselt gerade Christinas vollgeschissene Windel, und Klaus sitzt auf dem Töpfchen – welch unbeschreibliche Duftkomposition! – Na, eben: Stallgeruch.

Unsere Mutter, Marianne, litt sehr unter den miserablen Wohnbedingungen und fühlte sich zudem von ihrem Ehemann zu wenig geachtet und geliebt. Die umfangreiche und mühevolle Hausarbeit verrichtete sie oft in depressiver Grundstimmung, begleitet von Gejammer und Gezeter. Ihre Zuwendung uns Kindern gegenüber schwankte ständig zwischen hingebungsvoller Mutterliebe und zornigen Gefühlsausbrüchen in Form

15

von Schimpfen und Prügeln. Der Vater, Kurt, nach sechs Jahren Kriegs-
einsatz höchstwahrscheinlich schwer traumatisiert, war Tag und Nacht
damit beschäftigt, seine auf sechs Köpfe anwachsende Familie mit den
allernotwendigsten materiellen Gütern zu versorgen. Erziehung hieß für
ihn Anpassung an überkommene Werte wie Pünktlichkeit, Sauberkeit,
Fleiß und Gehorsam. Das soziale Umfeld meiner Kindheit war nicht nur
tief proletarisch und *bildungsfern* (kein einziges Buch gab es in unserem
Haushalt!), sondern es stand auch auf Grund der Verstörtheit, Unwissenheit und Überforderung der Eltern, die ohne Zweifel ihr Bestes gaben,
einer gesunden Entwicklung sensibler Kinderseelen entgegen.

Ich erinnere mich nur schemenhaft dieser dunklen Zeit meiner ersten Lebensjahre und sehe mich trotzig im Abseits stehen, verletzt und
unverstanden, und voll verzweifelter Sehnsucht nach Anerkennung und
Geborgenheit in der Familie. Meine originellen kindlichen Verhaltens-
äußerungen wurden häufig negativ sanktioniert und damit die Entwicklung von Urvertrauen und positivem Selbstwertgefühl behindert. Stattdessen entstanden Selbstbilder wie: ich bin nicht gut genug, ich werde
nicht geliebt – und ich war überzeugt, es müsste alles anders werden. So
flüchtete ich mich in Träumereien von einer besseren Welt, und ich war
der Held, der für sie kämpft. Mit sieben oder acht Jahren kletterte ich
oft in die Spitze einer hohen Erle, wo sich sonst niemand hinauf traute,
und versuchte mit Jodeln Aufmerksamkeit auf mich zu ziehen. In dieser
herausgehobenen, aber einsamen Position hatte ich die *bessere Übersicht*
und den *weiteren Horizont*.

Viele meiner wesentlichen Charaktereigenschaften, meiner Weltsicht
und meiner Lebenseinstellung gründen in meiner Kindheit. Im Alter von
vier oder fünf Monaten wäre ich beinahe verhungert, weil, wie in der *Poliklinik* festgestellt wurde, die Brüste meiner Mutter nur *Magermilch* her-
gaben. Mag sein, dass meine latente Angst, nicht genug zu kriegen oder
zu kurz zu kommen, darin ihre Ursache hat. Beide Eltern lebten mir vor,
dass Arbeit lästige Pflicht und Schinderei bedeutet – für mich im späteren Leben ein Grund, disziplinierter Arbeit aus dem Weg zu gehen und
Spiel und Müßiggang den Vorzug zu geben. Diese Präferenz des Lust-
prinzips gegenüber dem Leistungsprinzip geht bei mir allerdings, weil
mit Faulheit und Versagen assoziiert, mit erheblichen Schuldgefühlen
einher. Darüber hinaus bewirken Muskelverspannungen, die Erkenntnis
der eigenen Unzulänglichkeit sowie eine tiefsitzende Skepsis allem gegen-

über eine chronische innere Unruhe und Unzufriedenheit. Keine guten Voraussetzungen für ein glückliches und erfolgreiches Leben – wohl aber für Rebellion, Eskapismus und Suchtverhalten. – Doch zum Glück habe ich als Reaktion auf die psychischen Belastungen in meiner Kindheit auf meinem weiteren Lebensweg viel Kreativität und Kritikfähigkeit entwickelt, und das *Schicksal* hat mir viele Chancen für ein außergewöhnliches, vielseitiges und selbstbestimmtes Leben zugespielt.

Waldjugend

Zweite Dekade (1956 – 1966). In meinem zweiten Lebensjahrzehnt, in dem das Familienleben in einer Flüchtlingssiedlung am Rande von Solingen – trotz meiner Tendenz *mich abzuheben* – für mich deutlich entspannter verlief, waren Schule und Jugendgruppe die prägendsten sozialen Bezugsrahmen. Im Humboldt-Gymnasium, das ich ab 1958 (nach der *Schulgeldbefreiung*) besuchte, war ich als Arbeiterkind, Flüchtling (auch noch aus Sachsen!) und Atheist in mehrfacher Hinsicht ein sozial benachteiligter und von Minderwertigkeitsgefühlen geplagter Außenseiter. Von Sexta bis Oberprima stand ich, ohne Unterstützung von zu Hause, unter einem psychisch belastenden Leistungsdruck; in Mathematik und Latein schaffte ich gerade noch ein Ausreichend im Abitur, während ich in Zeichnen und Deutsch mit einer Eins und einer Zwei zu den Besten gehörte. Im Alter von vierzehn oder fünfzehn Jahren lernte ich von meinem Zeichenlehrer den Umgang mit Aquarellfarben und begann serienmäßig Kunstpostkarten abzumalen. Weil mir das recht gut gelang, hingen meine Bilder bald in den Wohnzimmern von Großeltern, Onkeln und Tanten.

Den größten Teil meiner Freizeit verbrachte ich von meinem dreizehnten Lebensjahr an für sechs Jahre bei der *Deutschen Waldjugend*, einer Jugendorganisation, die sich vorrangig dem Kennenlernen der heimischen Tier- und Pflanzenwelt sowie dem Naturschutz widmete, aber auch die Möglichkeit bot, sich dem Fahrtenleben und der Lagerfeuerromantik im Stil der *Bündischen Jugend* hinzugeben. Meine Liebe zur Natur und meine Begeisterung für den Gesang wurzeln in meinen Erfahrungen bei der Waldjugend. Als Gymnasiast von Anfang an für die Gruppenleitung vorgesehen, eignete ich mir die Grundkenntnisse des Gitarrenspiels an und scharte innerhalb kurzer Zeit ein knappes Dutzend junger Burschen aus unserem Wohnbezirk um mich. Kaum ein Wochenende oder Ferientag, an dem wir *Waldläufer* nicht in unserer grünen Kluft und ausgerüstet mit Hordentopf, Klampfe und Jagdhorn irgendwo in Wald und Flur unsere Kohten aufgebaut und bei Eichenrindentee und Rotwein unsere Fahrtenlieder geschmettert hätten. Die Waldjugend arbeitete bei ihren *Waldeinsätzen* mit diversen Förstern zusammen, deshalb ist es nicht verwunderlich, dass ich als Neunzehnjähriger meine ersten erotischen Erfahrungen mit der sechzehnjährigen Tochter eines Revierförsters vom Niederrhein und der zwanzigjährigen Tochter eines Oberforstmeisters aus dem Sauerland machte – noch ohne Sex im engeren Sinn. Erst im Alter von einundzwanzig Jahren erlebte ich meine (ziemlich missglückte) *Entjungferung* – ebenfalls mit einer Oberforstmeisterstochter.

Sexuelle Aufklärung hat in meiner Jugend nicht stattgefunden. Die Einstellung meiner Eltern zur Sexualität war von Heimlichkeit, Scham und Schuldgefühlen bestimmt. Ich hatte noch als Zwanzigjähriger keine konkrete Vorstellung davon, wie *Geschlechtsverkehr* funktioniert, während das Verlangen danach immer drängender wurde. Aber wie ein Mädchen kennenlernen? Nach Jungengymnasium und Jugendgruppe sollte mit der Bundeswehr die nächste Lebensetappe *nur unter Männern* folgen.

Den 13. August 1961, an dem in Berlin die Mauer gebaut wurde, erlebte ich bei meiner Tante Margret, der jüngsten Schwester meines Vaters, in Wales. Gerade mal fünfzehn Jahre alt, war ich mit meinem siebzehnjährigen Bruder Dieter mutig zur ersten selbstständigen Auslandsreise meines Lebens aufgebrochen. Dass unkonventionelles Reisen einmal zu meiner großen Leidenschaft werden könnte, ließ meine erste Tramptour zusammen mit meinem Freund Karlheinz im Sommer 1966 nach Paris ahnen.

Unter Gammlern in Paris

Wir stehen schon ziemlich lange mit erhobenem Daumen an einer Land-straße irgendwo zwischen Verdun und Paris, als ein *2CV*, die sogenannte *Ente*, vor uns anhält. In diesem klapprigen Kleinwagen sitzen schon eine junge Frau und zwei Männer. Wie sollen wir da noch reinpassen, zwei lange Kerls, beide so um die Einsfünfundachtzig, dazu zwei Rucksäcke mit draufgeschnallten Schlafsäcken und zwei Gitarren? Aber siehe da, es geht! Karlheinz und ich kommen auf die Rücksitze und füllen mit zwei Gitarren und einem Rucksack auf dem Schoß die hintere Hälfte des Fahr-zeugs komplett aus. Der zweite Rucksack findet im Kofferraum Platz, und vorne haben die beiden Männer die Frau so zwischen sich platziert, dass sie sie von beiden Seiten befummeln und begrabschen können. So läuft das also in Frankreich!

Die nächste Mitfahrgelegenheit versetzt uns ebenfalls in Erstaunen. Diesmal ist es ein Peugeot 404, in dem bereits vier Insassen mittleren Alters sitzen, zwei Paare, wie es scheint. Unsere Rucksäcke landen im Kofferraum, und im PKW finden vorne drei und hinten drei Personen nebst zwei Gitarren Platz. Warum die uns wohl mitgenommen haben? frage ich mich laut, und Karlheinz mit seinem trockenen Humor: Die haben wahrscheinlich gewettet, ob wir stinken.

Am nächsten Tag betreten wir in der Mittagszeit neugierig und unter-nehmungslustig die Seine-Brücke zwischen der Île de la Cité und dem Quartier Latin, um uns die Kathedrale Notre-Dame anzuschauen. Da erblicken wir sie plötzlich und völlig unerwartet auf dem langen Kai mit-ten in der Seine und am gegenüberliegenden Ufer, zusammengedrängt wie eine Kolonie von Seelöwen: *Gammler, Beatniks, Hippies, Freaks* und selbsternannte *Existenzialisten*. Sie haben sich, wie wir bald erfahren, in diesem Sommer 1966 zu Hunderten im Herzen von Paris versammelt, so wie im Jahr davor in San Francisco. Mit ihrem spektakulären Meeting wollen sie ihrer Ablehnung der westlichen Leistungs- und Konsumge-sellschaft, ihrer Empörung über die Massaker der US-Army in Vietnam und ihren utopischen Träumen von einer freien und gerechten Weltord-nung Ausdruck verleihen. Aber auch ihren Nonkonformismus zur Schau stellen, wobei sich ihr ausgeprägter Individualismus in dieser temporä-ren Gemeinschaft paradoxerweise in ein Massenphänomen verwandelt.

Beim Anblick dieser originellen und sympathischen Typen dehnt sich meine Brust, und meine Augen weiten sich. Der Text eines alten Landstreicherliedes kommt mir in den Sinn: *Wilde Gesellen vom Sturmwind durchweht, Fürsten in Lumpen und Loden ...* Auch Karlheinz fühlt sich von diesen Außenseitern und Aussteigern magisch angezogen.

Ohne zu zögern steigen wir – die Gitarre auf dem Rücken, ein halbes Baguette, Camenbert und Tomaten in der Umhängetasche – die Stufen zum Kai hinunter. Allerdings fühlen wir uns am Anfang unter all diesen exotischen Figuren wie ungebetene Zaungäste oder wie Zoobesucher. Unterschiedlichste Sprachfetzen dringen an unsere Ohren: Englisch, Französisch, Spanisch, Holländisch, Schwedisch, Arabisch und andere. Die Männer sind in der Mehrzahl. Zerschlissene Bluejeans und Militärparkas, lange Haare, lange Bärte, auf Jacken und Shirts die zeitgemäßen Slogans und Symbole der Protestkultur: *love and peace, make love not war, flower power, black power,* rote Sterne und Friedenstauben. Selbstbewusste und begehrenswert gutaussehende Hippiemädchen in farbenfrohen wallenden Gewändern lächeln uns Grünschnäbeln (in unseren schwarzen Fahrten-Anoraks!) belustigt entgegen. Bluesige Klänge von Gitarren, Flöten und Bongos mischen sich in das Stimmengewirr. Eine sonnengebräunte Italienerin mit freiem Oberkörper räkelt sich in den Armen eines blondlockigen Hünen, dergleichen haben wir in *Good-Old-Germany* in der Öffentlichkeit noch nie zu Gesicht bekommen. Rotweinflaschen kreisen und Joints zirkulieren, zum ersten Mal in meinem Leben rieche ich den Duft von Marihuana.

An einer freien Stelle nahe dem Wasser setzen Karlheinz und ich uns in den Schatten einer Trauerweide und packen unsere Gitarren aus. Ich traue mich zunächst nicht, mit dem Spielen loszulegen, weil mir unsere bestenfalls lagerfeuertauglichen Schrummschrumm-Akkorde in dieser Umgebung peinlich sind. Aber Karlheinz stimmt beherzt *Blowing in the Wind* an. Danach singen wir noch *Hey, Mister Tambourine Man*, ebenfalls von Bob Dylan, den wir beide sehr verehren. Als wir den Song beendet haben, tritt eine junge Frau, so etwa in meinem Alter, an uns heran: I like your music! – Ein unbekannter Akzent, mollige Figur, dreckige weiße Jeans, braune Lederjacke, kurze dunkelblonde Haare mit hellblonden Spitzen, dicke Brillengläser, einen Schlafsack unter dem linken, ein großes rotes Buch unter dem rechten Arm (ein Wörterbuch Französisch-Serbokroatisch aus dem 19. Jahrhundert). – I am Suzie!

Sie lässt uns wissen, dass sie vor ein paar Monaten, an ihrem 21. Geburtstag, aus Jugoslawien aufgebrochen ist, um dem sozialistischen Mief ihres Heimatlandes zu entkommen und im ach so freien Westen ein neues Leben anzufangen. Dann zeigt sie uns einige ihrer Zeichnungen, die sie für ein paar Francs auf der Straße verkauft, auf DIN-A3-Blätter mit farbigen Filzstiften gekonnt hingekritzelte Mädchenporträts mit langem Hals, Schmollmund, Sommersprossen und von struppigen Haaren halb verdeckten großen traurigen Augen.

Von dieser ersten Begegnung an bis zu unserer Abreise aus Paris bildeten Karlheinz und ich mit Suzie eine unzertrennliche Gemeinschaft. Als die Sonne hinter den achtstöckigen Häusern am Seine-Ufer versank, führte Suzie uns an den Ort, an dem sie die Nächte verbrachte und lud uns ein, mit ihr dort zu übernachten (denn am Seine-Ufer würde es nachts sehr ungemütlich, weil alle drei oder vier Stunden die *Flics* mit erhobenen Gummiknüppeln alle aufscheuchen würden, die sich dort zum Schlafen niedergelegt hatten). Suzies Geheimplatz war ein kleiner Park am Fuße von Notre-Dame, wo ein flaches, aber dichtes Ligustergebüsch Schutz vor den Blicken der Touristen und Polizisten bot. Dort verkrochen wir uns nach Einbruch der Dunkelheit. Gleich am ersten Abend kamen Suzie und ich uns näher, kuschelten uns aneinander und küssten uns ausgiebig. Doch sobald mein sexuelles Verlangen mich bewog, ihre zarten kleinen Brüste zu berühren, schob sie meine Hände freundlich aber bestimmt von sich weg.

Am nächsten Morgen gesellten wir uns wieder zu den *Gammlern*, um unsere Annäherungsversuche zu vertiefen, fühlten wir doch eine starke innere Affinität zu ihnen. Auch wir wollten Idealisten, Lebenskünstler, Revoluzzer, Weltverbesserer, Intellektuelle und Romantiker sein. Wir genossen die Zeit unseres Zusammenseins am Seine-Ufer lesend, schreibend, malend, diskutierend und musizierend. Oder ruhend auf dem Schlafsack ausgestreckt, von der Julisonne liebkost, dem Plätschern der Wellen lauschend und uns an einem ganz neuen Lebensgefühl berauschend. Ich hatte den *Faust* als Reiselektüre ausgewählt, weil mir mein Deutschlehrer im Hinblick auf das im Herbst anstehende Abitur dazu geraten hatte. Außerdem hatte ich Werke von Nietzsche, Dostojewski und Hesse in meinem Rucksack verstaut. Suzie war wie ich von Sartre und Camus begeistert und brachte mir *en passant* die Lyrik Allen Ginsbergs, des Poeten der Beat-Generation, nahe.

Unsere Gespräche umkreisten *existenzialistische* Themen, ebenso wie die existenzielle Frage, wo man im Zentrum von Paris bequem und billig duschen kann (die Antwort darauf wurde allerdings auf den Sanktnimmerleinstag verschoben!). So verbrachten wir in den folgenden Tagen viele Stunden in der Herde der Nonkonformisten und hegten in uns das Gefühl dazuzugehören.

Im Laufe des Samstagabends breitet sich auf dem von uns okkupierten Seine-Kai so etwas wie Party-Stimmung aus. Kerzen und Fackeln brennen, Lachen und Rufe gellen, und eine Schar musikalischer Amateure improvisiert unter dem Einfluss von Marihuana auf Gitarren, Flöten, Trommeln und Rasseln minimalistische Klangteppiche, die auch ohne Droge psychodelische Feelings auslösen. Karlheinz auf der Maultrommel und ich auf der Mundharmonika stimmen in die Jam-Session ein. Suzie tanzt, wie auch einige andere unserer neuen Freunde, in sich versunken zu den trancigen Grooves. Mitten im Geschehen bietet mir eine dunkelhaarige Schönheit einen Haschischkeks an, und ich kann, weil ich cool erscheinen möchte, nicht nein sagen. Auch beim Leeren der wandernden Rotweinflaschen zeige ich mich kooperativ.

Eine halbe Stunde später setzt allmählich die Wirkung der Droge ein. Ich spüre das Bedürfnis, mich aus dem Trubel auszuklinken und setze mich ein paar Schritte entfernt auf einen Steinklotz am Ufer und werde, während Fluss und Stadt wie mit einem Weichzeichner verfremdet vor meinen Augen verschwimmen, zunehmend von der grandiosen Erkenntnis überflutet: Alles fließt! – Mir ist so leicht ums Herz, und ich gebe mich ganz diesem ozeanischen Glücksgefühl hin, als plötzlich hinter mir eine männliche Stimme näselt: *Please allow me to introduce myself.* Ich fahre herum und starre in das Antlitz von – Mick Jagger! *Sympathy for the Devil* ist doch noch gar nicht geschrieben, stottere ich. Wie gerät etwas Zukünftiges in die gegenwärtige Realität (gibt es die überhaupt)?! Ehe ich das Mysterium enträtseln und ehe ich mich vergewissern kann, ob die anderen *Stones* auch anwesend sind, verwandelt sich mein flüchtiger Gast, wie bei einem Vexierbild oder einer Überblendung, in eine schlanke, hellhäutige, nur mit einem knappen Bikini bekleidete Frau. Das bleiche Gesicht halb Katze, halb Mensch. Sind das Ohren oder Hörner? Dieser durchbohrende Blick aus Augen wie Dolchen! Doch auch diese Vision löst sich abrupt auf und vor meinen inneren Augen tanzen in allen Farben schillernde Lichtpunkte. Dazu ertönt in meinem Kopf erst ein geheimnisvolles Sirren wie Sirenengesang und dann eine weibliche Stimme, die mir irgendwie bekannt vorkommt und in theatralischem Tonfall verkündet:

Du hast mich gerufen? Nein, tatest du nicht.
Doch willst du erfahren, wer zu dir spricht?
So viel sollst du wissen, ich bitte sehr:
auf Erden nennt man mich Luzi Fair.

Ich bin auch als weise Alte bekannt
werde Mephisto und Junker genannt
und bin als Sibylle, als Anima
als die *Leibhaftige* für dich da.

Ob jung oder alt, ob heiß oder kalt
in vielfach erneuerter Wechselgestalt
werde ich ungerufen erscheinen
mit deiner Seele mich zu vereinen.

Werd dich auf himmlische Gipfel begleiten
oder in höllische Schlünde geleiten
Wisse mein Freund, es wird kommen der Tag
dann schließen wir beide einen Vertrag!

Dann kommt nichts mehr. Ein beißender Zündholzgeruch liegt in der Luft. Verwirrt und aufgewühlt, aber dank Tetrahydrocannabinol in euphorischer Grundstimmung, versuche ich, das Gehörte irgendwie einzuordnen, kann mich aber nicht konzentrieren. Als ich meinen Kopf wende, um nach meinen Gefährten Ausschau zu halten, springt neben mir ein kleiner schwarzer Hund auf, der wohl schon eine Weile zu meinen Füßen gelegen hat. Ich blicke zu den anderen hinüber, die, in Gespräche oder Schweigen vertieft, im flackernden Schein nur noch weniger Kerzen auf den Pflastersteinen festgewachsen sind, und stiere nacheinander in ihre Gesichter. Da kauert Merlin und zieht sich ein Pfeifchen rein, dort haben Cäsar und Cleopatra ein Stelldichein. Die Hexe Baba Jaga gestikuliert mit Händen und Füßen, während die Jungfrau von Orleans von zwei jungen Burschen daran gehindert wird, sich in die Seine zu stürzen. Alle sind sie da: Schneewittchen und Prinz Eisenherz, Till Eulenspiegel und Robin Hood, Karl Marx und Rosa Luxemburg, Charly Chaplin, Heine, Goethe und der Alte Fritz mit seiner Flöte.

Am nächsten Tag, es war der Sonntag, teilte Suzie uns beim Frühstück am Seine-Ufer mit, dass sie mit irgendjemandem irgendwo in der Stadt eine Verabredung habe. Sie sah nicht gerade glücklich dabei aus. Ihre Abwesenheit nahmen Karlheinz und ich zum Anlass, endlich einmal das zu tun, weswegen wir eigentlich nach Paris gekommen waren. Wir legten einen Sightseeing-Tag ein: Notre-Dame, Sacre-Coeur, die Metro, der Eiffelturm, der Louvre, der erst kürzlich eröffnete Kulturtempel Centre Pompidou, der Kaufpalast Samaritaine. Alles an einem Tag?! Ich kann mich nicht mehr so genau erinnern, weiß aber noch, dass wir unter Tausenden von Touristen sehr darauf bedacht waren, nicht als ihresgleichen angesehen zu werden.

Erst im letzten Tageslicht kehrten wir zum Kai der Gammler zurück. Suzie war nicht dort, und keiner hatte sie gesehen. Darauf lenkten wir unsere Schritte in Richtung unseres Schlafplatzes bei der Kathedrale. Oben auf der Brücke kam uns im Licht einer Straßenlaterne Suzie entgegen. Sie sah übel zugerichtet aus, gerötete Augen, geschwollene Lippen, ein violetter Fleck auf der linken Wange. Sie sprach kein Wort, und wir fragten nicht. Ich nahm sie behutsam in die Arme, und sie begann zu schluchzen. Tränen tropften auf meine Brust.

Die Beatnik-Szene am Seine-Ufer wurde von den Bürgern und der Obrigkeit – und auch von den gaffenden Touristen, die auf weißen Schiffen in nächster Nähe daran vorbei fuhren – nicht nur mit Argwohn beobachtet, sondern diese provokative Zusammenrottung von in ihren Augen zwielichtigen Gestalten und verkrachten Existenzen rief ihre entschiedenste Missbilligung hervor. Wie sollte es auch anders sein?! Die der sexuellen Libertinage und des marxistischen Revoluzzertums verdächtigen, Drogen konsumierenden Herumtreiber im Zentrum von Paris, das kam einem Aufruhr gleich. Und keine Spur von Anstand und Hygiene! Wo kacken die eigentlich alle hin? Besonders sauer auf die ungebetenen Gäste waren die Clochards, denn die Eindringlinge hatten sie von ihren Stammplätzen vertrieben.

Die Polizei hatte ein wachsames Auge auf das die Gemüter erregende Treiben. Mehrmals täglich patrouillierten die *Flics* in kleinen Trupps durch unsere Reihen. Und so mancher frisch angerauchte Joint versank in den Fluten der Seine. Dass ausgerechnet Karlheinz, Suzie und ich geschnappt und mit der *Blauen Minna* aufs Polizeirevier verbracht werden würden, hatten wir indes nicht für möglich gehalten. Doch genau das passierte am späten Vormittag unseres achten Tages in Paris. Ein halbes Dutzend Polizisten trampelte im Marschtempo die Treppen herunter und steuerte direkt auf uns zu. Sie hatten es auf die dolchähnlichen Fahrtenmesser abgesehen, die Karlheinz und ich, wie wir es von der *Waldjugend* her gewohnt waren, in schwarzen Lederscheiden am Hosengürtel trugen.

Ungefähr anderthalb Stunden dauerte die Vernehmung. – *Was wolltest du mit dem Dolche, sprich? – Kartoffeln schälen, verstehst du mich?!* – Nach Erfüllung diverser bürokratischer Formalitäten, konnten wir die verantwortungsbewussten Staatsdiener davon überzeugen, dass wir mit den Messern nichts Böses im Schilde führten. Man händigte sie uns sogar wieder aus mit der Auflage, sie im Rucksack verschwinden zu lassen. Bei Zuwiderhandlung drohten sie uns mit Platzverweis, will sagen, dann hätten wir Paris unverzüglich zu verlassen.

Für Karlheinz und mich war das der entscheidende Impuls zur Weiterreise. Es gab auch noch andere Gründe: Für unser schmales Reisebudget waren die täglichen Mahlzeiten bei *Wimpy* zu teuer, auch hatten wir uns seit mehr als einer Woche nicht gewaschen, und außerdem wollten wir noch etwas anderes von der Welt sehen, als diese Stadt mit ihrer brodelnden Geschäftigkeit und all dem Lärm und Benzingestank. Suzie schenkte mir zum Abschied eine ihrer Filzstiftzeichnungen und einen von ihr verfassten Vers: *HOMO SAPIENS! YOUR LIFE WILL BE UNWIND ON THE BRINK OF THE BED BETWEEN THE SLEEP AND THE WATER-CLOSET.*

Zwei Stunden später standen wir in *Fontainebleau*, fünfzig Kilometer südöstlich von Paris, an der Trasse in den Süden und warteten. Wir warteten volle sieben Stunden. Es war längst dunkel geworden, ein leichter Regen fiel, und unsere Laune war auf dem Tiefstpunkt, als endlich ein Citroën DS 19 anhielt und uns in sich aufnahm. Der Fahrer, ein *profes-*

seur auf dem Weg in die Sommerferien, jagte die legendäre Limousine mit Vollgas durch die Nacht. Kurz vor Sonnenaufgang erreichten wir in der Nähe von Monaco das Mittelmeer.

Mein Reisebericht wurde unter dem Titel *Unter Gammlern in Paris* im *Solinger Tageblatt* abgedruckt, wofür ich ein Honorar erhielt. Taschengeld von Seiten der Eltern gab es nicht. Daher habe ich im Laufe meiner Jugendjahre als Kegelaufsteller, Zeitungsausträger und in den Ferien als Briefträger, Bauhelfer und Fabrikarbeiter gearbeitet, um mir etwas zu verdienen.

Nina – oder: die Nordlandfahrt

Dritte Dekade (1966–1976). Im Oktober 1966 legte ich die sogenannte Reifeprüfung ab und im Januar 1967 trat ich meinen Wehrdienst an. Als Abiturient und *Z2* (Zeitsoldat auf zwei Jahre) automatisch für die Offizierslaufbahn bestimmt, wurde ich zum Artillerie-Beobachter ausgebildet. Hier ist nicht der Platz, um über die erlittenen Strapazen und die sadistischen Schikanen der Unteroffiziere während der Grundausbildung zu berichten, oder davon, wie ich, der Fahnenjunker Hartmann, es genoss, als Geschützführer der tonnenschweren Panzerhaubitze M109 in drei Meter Höhe wie auf einen Elefanten durch das Weserbergland zu reiten.

Berichtenswert wäre eher, dass ich stark unter Einsamkeit und Liebessehnsucht litt und dass ich in meiner freien Zeit mit der Lektüre von Freud, Nietzsche, Kierkegaard, Sartre, Tolstoi und Arno Schmidt meinen geistigen Horizont erweiterte. Erwähnt werden sollte auch, wie ich an einem Maiwochenende 1968 zusammen mit dem Gefreiten Gömann von Hannover aus zum *Vietnam-Tribunal* nach Berlin flog (auf dem Podium: Rudi Dutschke, Erich Fried u. a.), wie ich daraufhin strafversetzt wurde und gegen meinen Status als Offiziersanwärter schriftlich mit politischer Begründung Widerspruch einlegte, dann aber doch *der Einfachheit halber* auf den Fähnrich-Lehrgang nach Idar-Oberstein geschickt wurde – und wie ich nach dem Ende meiner Dienstzeit als *Leutnant der Reserve* den Antrag auf Anerkennung als Kriegsdienstverweigerer gestellt habe. Ungefähr zur selben Zeit bin ich aus der Kirche ausgetreten.

Zum Wintersemester 1968/69, noch vor Ende der Militärzeit, immatrikulierte ich mich für das Lehrerstudium an der Pädagogischen Hochschule Wuppertal. Von den zweitausend Mark, die ich von der Bundeswehr als *Abfindung* erhielt, kaufte ich im Sommer 1969 einen gebrauchten *R4* und unternahm mit meinen Freunden Heinz und Hans eine zweimonatige Reise.

War es eine Heldenreise? Es war eine Heldenreise! In einem weißen R4, der schon einige Jahre auf dem Buckel hatte, in achteinhalb Wochen in großem Bogen um die Ostsee. Elftausend Kilometer! – einen größeren Teil davon auf Sand- und Schotterpisten. Drei junge Männer Anfang Zwanzig. Hans, mein Waldjugendfreund, der in Freiburg Biologie studierte, Heinz, mein Bundeswehrkamerad, der in Köln Mathematik studierte, und ich, der seine ersten Semesterferien dafür ausersehen hatte, mit den beiden Freunden den Traum einer *Nordlandfahrt* zu verwirklichen. Ein Vorhaben, das von Abenteuerlust getragen war und angeregt von einem Lied der Bündischen Jugend: *Über meiner Heimat Frühling seh ich Schwäne nordwärts fliegen. Ach, mein Herz möcht sich auf grauen Eismeerwogen wiegen.*

Das wilde, in weiten Teilen von der Zivilisation noch unberührte Lappland im Norden und die verteufelte, finstere, fortschrittliche, friedliebende Sowjetunion hinter dem *Eisernen Vorhang* im Osten, das waren keine Reiseziele für jedermann. Die angesagten Hotspots der linksalternativen Szene Ende der Sechziger Jahre hatte ich bereits abgeklappert. Zusammen mit Hans und seinem Bruder Lutz, der als erster von uns ein Auto besaß, war ich auf Wochenendtrips in Amsterdam, Westberlin und Paris gewesen, und Istanbul sollte ein Jahr später drankommen. Wir besuchten Pfingsten 1969 auch gemeinsam das Folklorefestival auf der Burg Waldeck, auf dem die neue studentische und die alte bündische Jugendbewegung aufeinander prallten – und Barden wie Hannes Wader, Reinhard Mey, Franz-Josef Degenhardt und Dieter Süverkrüp ihre Klampfen zupften.

Von unserer Russland-Skandinavien-Reise von Mitte Juli bis Mitte September 1969 weiß ich viel zu erzählen, obwohl seitdem mehr als fünfzig Jahre vergangen sind, denn ich kann mich auf die Aufzeichnungen in meinem Reisetagebuch stützen. Besondere Aufmerksamkeit möchte ich einer Begegnung widmen, die sich in Moskau zutrug, wo *Nina* unseren Weg kreuzte. Doch davon später. Zuvor ein paar Schlaglichter auf andere unvergessliche Reisemomente. Ich beginne mit unserem zehntägigen Wildniscamp an einem kleinen See in Lappland, zwanzig Kilometer von der nächsten menschlichen Ansiedlung entfernt. Wir hatten uns reichlich eingedeckt mit Gemüse, Reis und Mehl, verfügten noch über etliche Fleisch- und Fischkonserven aus der Sowjetunion, die wir wegen des *Zwangsumtauschs* in Massen eingekauft hatten, um unsere Rubel auszugeben. Wir buken jeden Tag Fladenbrot in der Bratpfanne und suchten in der Umgebung nach essbaren Wildpflanzen. Leider hatten wir keine Angelschnur dabei, um unseren Speiseplan mit Frischfisch anzureichern. Das Wasser des Sees war kristallklar, wir tranken es ungekocht und ungefiltert. Welch unbeschreiblich erquickendes Ganzheitserleben war es, unter

Wasser zu schwimmen – natürlich nackt – und dabei das Wasser in sich hinein fließen zu lassen!

Als ziemlich wagemutig ist mir eine Nachtwanderung mit Hans in Erinnerung: *Dreizehn Stunden unterwegs in wilder unberührter Natur! Im Dämmerlicht – nördlich des Polarkreises wird es in den Sommernächten nicht wirklich dunkel – kämpfen wir uns durch das unwegsame, teilweise sumpfige, von Sanddünen und kleinen felsigen Erhebungen aufgelockerte Terrain in östlicher Richtung voran. Wir benutzen einen Kompass, um nicht die Orientierung zu verlieren. Die Szenerie wirkt wie die Kulisse eines Gruselfilms, gespenstische Bart- und Rentierflechten an den Ästen der Kiefern, phosphoreszierende Fäulnisbakterien und Pilze an Baumleichen, aufflatternde Nachtvögel. Dann und wann schreit ein Käuzchen, oder der schauerliche Ruf des Ziegenmelkers unterbricht die Stille. Hans, der angehende Ornithologe, kennt sich mit Vogelstimmen bestens aus. Wir sind begierig darauf, Elche anzutreffen und fürchten gleichzeitig, einem Bären über den Weg zu laufen. Aber außer Tausenden blutgieriger Moskitos, die sich durch nichts davon abhalten lassen, uneingeladen zum Festschmaus bei uns einzukehren, bekommen wir keine Tiere zu Gesicht. Um uns der Mücken zu erwehren und uns auszuruhen und aufzuwärmen, machen wir kurz nach Sonnenaufgang, es muss so gegen vier Uhr sein, auf einer Anhöhe ein Feuer und genießen die Aussicht auf einen langgestreckten See, von dessen leuchtendem Wasserspiegel zauberhafte Nebelschwaden aufsteigen.*

Auf dem Rückweg finden wir das Skelett eines Rentiers und nehmen das Geweih als Trophäe mit. Es wird auf der Weiterfahrt zusammen mit gekauften Rentierfellen und einem geklauten Rettungsring das Dach unseres Wagens zieren. Im zunehmenden Tageslicht beginnen wir, Kräuter in die Botanisiertrommel zu sammeln, um sie später am Lagerplatz mit Hilfe eines Bestimmungsbuches zu identifizieren. Ich presse einige der Pflanzen und klebe sie in mein Reisetagebuch. Ihre klangvollen Namen habe ich dazu geschrieben: Krähenbeere, Sumpfporst, Brachsenkraut, Eichenfarn, Kolbenbärlapp, Langblättriger Sonnentau, Bachnelkenwurz, Roter Steinbrech und viele andere.

Die Mücken waren eine wahre Plage. Sie stürzten sich wie Kamikaze-Flieger in Todesverachtung auf uns und stachen sogar durch die Blue Jeans, was dann nach einer kurzen Henkersmahlzeit meistens ihr Ende bedeutete. Am 6.8.69 schrieb ich auf ein Stück Birkenrinde: *Heute ungefähr einhundert Mücken erschlagen – wenn es doch Päpste wären!* Dieser Nachsatz bringt auf drastische Weise meine damalige antireligiöse Grundüberzeugung zum Ausdruck, die ich mit Heinz teilte. Wir stimmten darin überein, dass das christliche Weltbild als völlig antiquiert, irrational und antihumanistisch einzustufen sei, und dass alle Religionen in der Menschheitsgeschichte großes Unheil angerichtet haben. Auch überzeugte uns die von Marx und Engels im *Kommunistischen Manifest* geäußerte Ansicht, dass Religion *Opium fürs Volk* ist, den Verstand vernebelt und die leidende Menschheit auf ein Schlaraffenland im Jenseits vertröstet, während die herrschende Klasse, ob Adel, Klerus oder Bourgeoisie, in Saus und Braus lebt. Heinz und ich hatten schon während der gemeinsamen Bundeswehrzeit unsere kirchenfeindliche Einstellung so weit kultiviert, dass wir eine Eingabe an den Petitionsausschuss des Bundestages verfasst und eingereicht hatten. Darin forderten wir, mit aus unserer Sicht schlagkräftigen Argumenten, die beiden großen Kirchen anderen religiösen Sekten gleichzustellen und ihren politischen Einfluss auf das Maß eines Kaninchenzüchtervereins zu reduzieren. Mit Verweis auf bestehende Gesetze wurde unsere Petition zurückgewiesen. Heute, da die breite Mehrheit der fortschrittsversessenen Bundesbürger vom alten Glauben abgefallen ist, im Mammon den omnipotenten Gott erkannt hat und im selbstzerstörerischen Konsumrausch die Eucharistie feiert – *Vater vergib ihnen, denn sie wissen nicht, was sie tun!* – scheint der Konservativismus der Kirchenoberen als Hüter unverzichtbarer menschlicher Werte beinahe begrüßenswert. Zumal in Zeiten eines Papstes Franziskus, der den Kapitalismus anprangert und öffentlich verkündet, *diese Wirtschaft tötet.*

Doch zurück nach Lappland, nein, nach Norwegen, zum Nordkap, wohin wir, Hans, Heinz und Helmut, inzwischen weitergereist waren. Das Nordkap selber haben wir nicht betreten, wir haben es nur von Hammerfest, der nördlichsten Stadt der Welt, aus im grauen Eismeer liegen sehen. Das Geld für die Überfahrt wollten wir uns sparen. Dort oben waren wir in Luftlinie dem Nordpol deutlich näher als dem Wuppertal. Vor uns lagen zweieinhalbtausend Kilometer strapaziöser Autofahrt auf der wellblechähnlichen, von vielen Fjorden durchschnittenen Schotterpiste an Norwegens Atlantikküste.

In der Nähe von Narvik machten Hans und ich eine Bergtour bis hinauf in die Gletscherregion. Beim Abstieg entdeckten wir eine Höhle mit Blick auf das Meer. In der Höhle fanden wir Spuren der Geschichte. Großdeutsche Wehrmachtsverbände hatten diesen Abschnitt, wenn ich recht informiert bin, bis zum Ende des Zweiten Weltkriegs gehalten. Wir nahmen zwei Stahlhelme und eine 8/8-Kartusche mit; diese diente mir viele Jahre als Blumenvase. Den Wehrmachtsstahlhelm setzte ich gelegentlich bei Demonstrationen auf. Der Laderaum unseres kleinen Wagens füllte sich mehr und mehr mit Fundstücken aller Art. Auf dramatische Weise füllte er sich, wenn wir auf einer Fähre einen Fjord überquerten, was im Verlauf der Strecke sechsmal der Fall war. Jedes Mal versteckte sich einer von uns unter einem Rentierfell im Heck des Wagens. Wenn wir statt für drei nur für zwei Passagiere zahlten – Heinz, der Mathematiker, hat darüber genauestens Buch geführt – sparten wir durchschnittlich umgerechnet zwei Mark fünfzig. Doch die ein bis zwei Stunden zusammengekrümmt und schwitzend unterm Rentierfell waren alles andere als angenehm.

In Oslo übernachteten wir mitten im Stadtzentrum in unseren Schlafsäcken unter freiem Himmel. Ich schlief vor der *touristinformation* und erwachte gegen sechs Uhr, als ein Straßenkehrer um mich herum seinen Dienst verrichtete. Das Auto hatten wir unbeabsichtigt in einer Parkverbotszone abgestellt. Die Wiedererlangung unseres abgeschleppten Fahrzeugs kostete uns, mit einem zugedrückten Auge seitens der Ordnungshüter, fünfundsiebzig Kronen. Was uns durchaus schmerzte, weil wir doch so wenig Geld wie möglich ausgeben wollten.

In meinen Aufzeichnungen befindet sich eine umfangreiche Liste all der Dinge, beziehungsweise Dienstleistungen, die wir unterwegs geschnorrt, geklaut, heruntergehandelt, geschenkt bekommen oder auf der Straße gefunden haben – wie zum Beispiel ein frisch überfahrenes Rebhuhn, das in unserem Kochtopf landete, oder die Stockfische, die wir nördlich von Trondheim von einem Fischer geschenkt bekommen hatten. Die etwa makrelengroßen auf Holzgestellen von Wind und Sonne gedörrten Fische blieben auch nach stundenlangem Kochen noch so zäh wie Leder, und es gelang uns nur durch langwieriges Daraufherumkauen, ihnen wenigstens ein Minimum an Geschmack und Nährstoffen abzugewinnen. Man kann diese Sparsamkeit, bis zur Pfennigfuchserei, für einen albernen Spleen halten, aber sie war – gepaart mit asketischen Tendenzen bei uns Dreien – ein ökonomisches Gebot, denn uns stand nur ein schmales Budget zur Verfügung. Wir konnten froh sein, dass im Hinblick auf strikte Kostenvermeidung unsere Verhaltensdispositionen vollkommen übereinstimmten. Im Gegensatz zu anderen Bereichen, in denen sich persönliche Konflikte entzündeten, so etwa die unterschiedlichen Methoden des Zwiebelkleinschneidens, die jeder bei seiner Mutter abgeguckt hatte. Ich träumte auf der Reise einmal von einer Bratpfanne, in der Zwiebelringe brutzelten und wusste im Traum, dass wir drei es waren, die da im eigenen Saft schmorten.

Auch in Stockholm schonten wir unsere Reisekasse. Wir fütterten lediglich vier Tage lang eine Parkuhr und schliefen, nur ein paar Treppenstufen vom Auto entfernt, unter einer Brücke – gegenüber von Reichstag, Reichsbank und Königsschloss. Dass es eines Nachts regnete und Heinz in einer Pfütze erwachte, sei am Rande erwähnt.

In Schwedens Hauptstadt kamen wir in Kontakt mit einer rebellischen Jugend- und Alternativszene, die der deutschen um Jahre voraus war. Auf Straßen und Plätzen pulsierte ein fantasievolles, liberales und soziales Kulturleben. Vom Kinderfest mit farbig bemalten nackten Mädchen und Jungen bis zum Straßencafé, in dem Jugendliche ungestört ihre Joints rauchten, von der Demonstration für eine autofreie Innenstadt bis zum Seniorentanz im Stadtpark.

Am dritten Tag Stockholm fragten wir im Dachrestaurant eines siebenstöckigen Hotels, ob sie einen Job für uns hätten. Wir hatten Glück, zwei von uns wurden für zwei Tage als Küchenhilfe angeheuert. Als Heinz und ich am nächsten Morgen dort aufkreuzten, regnete es leider, und das Restaurant blieb geschlossen. Als Trost schenkte uns der Koch einen Stapel von zwölf luxuriösen Sandwiches vom Vortag mit Lachs, Schinken, Kaviar und anderen Delikatessen.

Ungelogen, wir waren sogar auf dem Homostrich, um unsere Reisekasse aufzufüllen. Aber als ein hellblauer Amischlitten vor uns hielt und ein älterer Mann mit rötlich aufgedunsenem Gesicht uns durch das geöffnete Seitenfenster mit gierigen Blicken aus wässrigen Schweinsäuglein musterte, rutschte uns das Herz in die Hose. Schlagartig wurde uns klar, dass das kein Job für uns war.

Die letzte Station unserer Nordlandreise war die Insel Rømø vor der Dänischen Nordseeküste. Dort errichteten wir auf einer Riedgrasinsel in dem unendlich weiten menschenleeren Strandgelände ein behagliches

Lager. Hinter dem Auto stand das Zelt, aus Strandgut bauten wir uns einen Tisch und Sitzgelegenheiten, über einem gespannten Seil hingen Schlafsäcke, Rentierfelle und Wäschestücke zum Auslüften und Trocknen im Wind, eine fünf Meter lange Holzstange mit einem Reisigbesen an der Spitze ragte als Hoheitszeichen in die Höhe, ein Feuerchen flackerte, der Eintopf köchelte, und wir waren glücklich und zufrieden. Das erste Mal seit dem Wildniscamp in Lappland konnten wir wieder baden, Vögel beobachten, Natur erleben.

Doch die Natur hat mitunter auch ihre Tücken. Wir waren bei Ebbe angekommen. Gegen Abend wechselte die Tide, der Himmel bezog sich, und kräftige Böen kündigten ein Unwetter an. Mit Einbruch der Dunkelheit begann ein heftiges Gewitter um uns herum sich auszutoben. Als es vorüber war, konnten wir im Licht des Halbmondes, der ab und zu in den Löchern des Wolkenvorhangs zum Vorschein kam, sehen, wie das Meer immer näher an unseren Lagerplatz heran flutete. Wir hatten keine Ahnung, wie lange das so weitergehen würde, schliefen unruhig und guckten in Abständen immer wieder aus dem Zelt. Im ersten Morgenlicht stellten wir mit Entsetzen fest, dass das Meer unseren Lagerplatz komplett eingekreist hatte. Vom rettenden Ufer trennte uns ein mindestens achtzig Meter breiter Priel. Und das Wasser stieg immer noch. Es war nur noch eine Frage von Zentimetern, bis wir überspült werden würden. Heinz meinte, die Flut hat leider kein Glöckchen um den Hals, aber wenn die Haie von oben kommen, sollten wir den Seenotrettungsdienst verständigen. – Oder eine Versicherung bei Hapag Lloyd abschließen, meinte Hans. – Oder bei Poseidon ein gutes Wörtchen für uns einlegen, meinte ich. Das war Galgenhumor, und der war nötig. Als die Flut ihren Höhepunkt erreichte, war uns nur noch ein winziges Eiland von vielleicht zehn mal zehn Metern geblieben, auf dem wir uns trockenen Fußes bewegen konnten.

Am Ende dieses Kapitels kehre ich an den Anfang der Reise zurück. Schon beim Grenzübergang in die Sowjetunion wurden wir mit bürokratischer Schikane konfrontiert. Was wir an Obst und Gemüse mit uns führten, durften wir nicht in die SU einführen. Also aßen wir an Ort und Stelle alle Möhren, Äpfel, Apfelsinen und Bananen auf und luden die Grenzsoldaten ein, sich daran zu beteiligen.

Nach Übernachtungen in Berlin, Warschau, Minsk und Smolensk trafen wir am Abend des fünften Reisetages in Moskau ein, genau gesagt, auf dem Internationalen Campingplatz am westlichen Rand der Stadt. Gleich am nächsten Morgen, als wir gerade dabei waren, auf einer Decke unser Frühstück auszubreiten, tauchte eine junge Russin bei uns auf. Nina, einundzwanzig Jahre alt, gekleidet in eine eng anliegende grüne Bluse, die ihre perfekt geformten Brüste hervorhob, einen knielangen roten Faltenrock und Turnschuhe. Umrahmt von langen glatten dunkelbraunen Haaren erinnerte ihr Gesicht an das einer Südländerin. In leidlich gutem Englisch bot sie uns an, uns durch Moskau zu führen. Dabei machte sie uns allen Dreien schöne Augen und spielte ganz unverblümt die sexhungrige Moskowiterin. Wir hatten kaum unser Frühstück beendet, da lag Heinz – Hans und ich ließen ihm den Vortritt – mit Nina im Zelt und erlebte seinen ersten Sex mit einer Frau.

Gegen Mittag fuhren wir mit Nina in meinem R4 ins Zentrum von Moskau. Auf dem Wege lud Nina uns in ihre Wohnung in einem abbruchreifen Altbau am *Arbat*, dem Moskauer Künstlerviertel, ein, wo sie mit ihrer Mutter anderthalb Zimmer teilte. Ich erinnere mich vage an ein düsteres, spärlich und schäbig möbliertes Wohnschlafzimmer mit schrägem Fußboden. Wir probierten die Plinis, russische Teigtaschen, die Ninas Mutter uns servierte, und auch den Wodka in Wassergläsern lehnten wir höflicherweise nicht ab.

Danach geleitete uns Nina zum *Roten Platz*, dem oft im Westfernsehen gezeigten Schauplatz militärischer Machtdemonstrationen der Sowjetunion. Der von Kreml, Kaufhaus *GUM* und Historischem Museum umrahmte Platz war wie ausgestorben, nur am Lenin-Mausoleum vor der Kremlmauer hatte sich eine hundert Meter lange Warteschlange gebildet. Wir bewunderten die reich verzierten Zwiebeltürme der pittoresken Basilius-Kathedrale und weitere Sehenswürdigkeiten in der näheren Umgebung. Da Nina keine offizielle Reiseführerin war, machte sie um vereinzelte Vertreter der Miliz einen großen Bogen.

Auf der Suche nach einem Musikgeschäft, in dem ich mir eine Balalaika kaufen wollte, liefen wir nördlich des Roten Platzes durch öde Straßen mit heruntergekommenen Wohngebäuden und tristen Hinterhöfen. Einen Laden mit Balalaikas fanden wir, aber es gab nur billige, musikalisch unbrauchbare Touristenware. In einer *Butterbrotnaja*, einer primitiven Imbissstube, ergatterten wir als Zwischenmahlzeit Margarineschnitten, verziert mit blau angelaufenen Eihälften und Sauregurken-Scheibchen. Unsere Sightseeing-Tour führte uns bis zur berühmt berüchtigten *Lubjanka*, einem bombastischen sechsstöckigen Verwaltungsgebäude, das seit 1920 Sitz des Sowjetischen Geheimdienstes KGB war und zahlreiche Gefängniszellen aufwies, in denen Regimegegner eingesperrt, gefoltert und ermordet wurden.

Als wir zum Auto zurückkehrten, das auf einem von Nina empfohlenen kleinen Parkplatz im Schatten der Kremlmauer stand, fanden wir das Fenster der Fahrertür aufgebrochen. Das Kofferradio von Heinz und eine Kamera nebst Fototasche von Hans (der zum Glück noch eine zweite Kamera bei sich hatte) fehlten. Nina führte uns zur nächstgelegenen Polizeistation. Wir machten eine Anzeige, was natürlich nichts brachte, denn in eine Reisegepäckversicherung hatten wir kein Geld investiert. Hans und ich hegten den Verdacht, der Diebstahl sei ein abgekartetes Spiel gewesen, Nina habe irgendwelche Komplizen zu diesem wenig frequentierten Parkplatz beordert. Heinz dagegen, ganz Kavalier, nahm sie in Schutz. Natürlich blieb die Frage unbeantwortet, ob Nina tatsächlich so ein durchtriebenes Luder gewesen ist. Erst viel später wurde uns bewusst, dass ihr eigentliches Interesse darin bestand, einen Mann aus dem westlichen Ausland zu finden, der sie heiraten und in den Westen mitnehmen würde.

Vom ersten Tag Moskau waren wir bedient. Wir hatten uns überwiegend mit Tristesse, Herrschaftsarchitektur und Kriminalität konfrontiert gesehen. Immerhin, die Basilius-Kathedrale hatte uns begeistert, auch wenn Zar Iwan der Vierte, der sie im Siebzehnten Jahrhundert erbauen ließ, den Beinamen *der Schreckliche* trug. Es heißt, er habe dem Baumeister die Augen ausstechen lassen, damit dieser kein zweites Bauwerk erschaffen könne, welches dieses vieltürmige kuppelreiche Prachtstück an Schönheit überträfe.

Am nächsten Tag ließen wir das Auto auf dem Campingplatz stehen, obwohl früh am Morgen ein Glaser die fehlende Scheibe aus Fensterglas rekonstruiert und eingesetzt hatte – gegen Dollars versteht sich. Per Bus und Metro (ihre palastartigen Bahnhöfe muss man gesehen haben!) geleitete uns Nina wieder in die Stadt. Wir durchschritten die Vergnügungsmeile des *Gorki-Parks* und wanderten weiter zur *Lomonossow-Universität* auf den Sperlingsbergen. Zu Füßen dieses imposanten Bauwerkes im Zuckerbäckerstil der Stalin-Ära, das zweihundertvierzig Meter tief in den Himmel ragt, hat man einen grandiosen Rundumblick. Weitere sechs der markanten Zuckerbäcker-Hochhäuser beherrschen die Silhouette der Stadt. Am anderen Ufer der Moskwa liegt das Lenin-Stadion. Heute, in spätkapitalistischen Zeiten, steht in dieser Gegend ein stahl- und glasstrotzendes Ensemble postfuturistischer Wolkenkratzer.

Viel mehr geben mein Gedächtnis und mein Notizbuch über die damaligen Moskaueindrücke nicht her – auf späteren Besuchen habe ich Moskau ausführlicher erkundet. Vielleicht sollte ich noch erwähnen, dass wir den dritten Tag ohne Nina verbrachten und vor dem Eingang der Lenin-Bibliothek Kaugummi und Nylonhemden zum Kauf anboten. Wir verhökerten die Hemden, die wir in Berlin für fünf Mark eingekauft hatten, für zehn Rubel, das waren fünfundvierzig Mark zum offiziellen Wechselkurs, konnten aber letztlich die Rubel, die wir besaßen, nicht ausgeben. Die Hauptursache für die Rubelschwemme war der *Zwangsumtausch*, der für acht Tage Sowjetunion ungefähr einhundert Mark pro Person betrug. In Leningrad kaufte Hans bei einem Trödler für zwanzig Rubel eine Ikone. Immerhin! Aber weil man Ikonen nicht ausführen durfte, und weil uns andere Touristen gewarnt hatten, dass an der Russisch-Finnischen Grenze sehr streng kontrolliert wurde, bekam Hans es mit der Angst zu tun. Es lief darauf hinaus, dass er die Ikone wenige Kilometer vor der Grenze gut sichtbar an eine Kiefer am Straßenrand stellte. Gerührt nahmen wir Abschied von der unter Verwendung von reichlich Blattgold auf Holz gemalten mittelalterlichen Darstellung Mariens mit dem Jesuskinde.

Alexander Alexandrowitsch Majakowski, Eilzusteller der sowjetischen Post und aufrechter Kommunist, wird im Vorbeifahren rechter Hand am Straßenrand etwas Auffälliges in der Sonne blitzen sehen. Er wird verdutzt auf die Bremse treten, seinen Dienst-Lada zurücksetzen, aussteigen und in das von einem halogenhell strahlenden Heiligenschein umgebene Antlitz einer Dame blicken, die sich nicht nur dadurch von den Pinup-Girls in seinem Spind unterscheidet, dass sie ein Kind auf dem Arm trägt. Ihre makellose Schönheit verschlägt ihm geradezu den Atem, und er kann minutenlang die Augen nicht von ihr abwenden. Ob der Genosse Alexander Alexandrowitsch im Rahmen seiner aufreibenden Tätigkeit als Eilbote im Laufe dieses Tages den Inhalt von einer oder von zwei Flaschen selbstgebrannten Wodkas zu sich genommen hat, lässt sich nicht mehr herausfinden. Er war indessen so geblendet von der überirdischen Erscheinung dieser einsamen Jungfrau mit Kind, dass ihm keine andere Wahl blieb, als an ein Wunder zu glauben. Sein in fünfundvierzig Jahren Sowjetunion antrainierter Atheismus löste sich in Wohlgefallen auf, und er begann, mit verdrehten Augäpfeln Worte der Verzückung vor sich hin zu murmeln, ohne zu wissen, dass er betete.

Am nächsten Morgen berichtete er seinem Kollegen Wladimir Wladimirowitsch Bulgakow von seinem Erweckungserlebnis. Den anderen Genossen gegenüber verschwieg er es aus gutem Grund. Wladimir Wladimirowitsch ließ sich den Vorfall noch ein zweites Mal haarklein beschreiben und kratzte sich dabei nachdenklich hinter dem linken Ohr. Er sprach am Abend mit seiner Frau Aglaja, die noch gelegentlich in die Kirche ging, über das Erlebnis des Genossen Alexander Alexandrowitsch. Seine Frau war ohne weitere Rückfragen fest davon überzeugt, dass sie die Angelegenheit am nächsten Morgen unverzüglich dem Popen zutragen müsse. Der Pope hörte sich die Geschichte dreimal stirnrunzelnd an und erzählte sie mit vielen Ausschmückungen, denn er hatte eine gesegnete Einbildungskraft, seinem Vorgesetzten, dem Metropoliten weiter. Dieser, ein hochgebildeter Mann, schloss die wundersame Ikone in sein Nachtgebet ein und suchte am Tag darauf um eine Audienz beim Patriarchen nach. Der Patriarch war tief berührt und verlas – nach Rücksprache mit dem Geheimdienstchef – noch am selben Tag in der Isaak-Kathedrale vor zahlreichen Gläubigen ein Kommuniqué. Darin wurden die Anbetungswürdigkeit der Ikone und die Glaubhaftigkeit ihrer Wundertätigkeit bestätigt.

Kurz und gut, seine Worte entfesselten einen Pilgersturm auf das unschuldige Objekt am Straßenrand an der Trasse von Leningrad nach Helsinki, wenige Kilometer vor der schärfstens bewachten Grenze zwischen der sozialistischen Sowjetunion und dem neutralen Finnland. Aber, o weh, die von meinem Freund und Reisebegleiter Hans gestiftete Ikone war nicht mehr da! Sie war weg, spurlos verschwunden, wie vom Erdboden verschluckt, sie glänzte nur noch durch Abwesenheit. Dieses neue Wunder spornte erst recht den Glaubenseifer der um die wundertätige Ikone Betrogenen an und inspirierte sie zu einer ganz und gar sowjetrussischen Vorgehensweise: ein Ersatz musste gefunden werden! Und wurde gefunden. Eine x-beliebige Ikone wurde an der Stelle des verschwundenen Originals platziert und von Stund an beständig mit Gebeten, Rosenkränzen, Blumen, Kerzen und Küssen überhäuft. Die Mär von unerklärlichen Heilungen machte die Runde. Binnen eines Jahres wurde der Aufenthaltsort der Wunderikone zu einem unwiderstehlichen Anziehungspunkt für Gläubige,

Geheimdienstler, Neo-Wallfahrer und Touristen aus aller Welt. Eine Kapelle wurde um das Heiligtum errichtet und wenige Jahre später durch eine Kirche mit fünf Zwiebeltürmen ersetzt. Genau genommen in der Sowjetunion ein Ding der politischen Unmöglichkeit, aber drücken wir ein Auge zu!

Und wenn du das nächste Mal auf der Straße von St. Petersburg zur russisch-finnischen Grenze unterwegs bist, halte die Augen offen, damit du die Wallfahrtskirche auf der rechten Straßenseite nicht übersiehst; es sei denn sie ist in postsowjetischer Zeit mit dem Aufblühen des Kapitalismus einer Straßenverbreiterung zum Opfer gefallen.

Die Geschichte mit Nina war aber noch nicht zu Ende. Heinz war mit ihr noch viele Jahre nach der Begegnung in Moskau in Briefkontakt. Und so erfuhr er von ihren wiederholten Versuchen, über eine Westbekanntschaft das Land verlassen zu können; so auch von der folgenden Geschichte: Nina lernte 1974 einen amerikanischen Touristen kennen, der sie heiraten wollte. Timothy Loos wurde danach aber jahrelang die erneute Einreise in die Sowjetunion verwehrt. Er setzte Himmel und Hölle in Bewegung, aber trotz Presseartikeln, Rechtsbeistands und diplomatischer Bemühungen verstrichen mehrere Jahre, ehe er Nina wieder in die Arme schließen konnte. Erst 1978 bekam er erneut ein Einreisevisum, und das Paar ließ sich unverzüglich in Moskau trauen. Jetzt stand Ninas Ausreise in die USA nichts mehr im Wege. Über diese zu Tränen rührende Geschichte wurde sogar in einem Artikel der *BILDzeitung* (nebst einem Foto des Paares) unter der fetten Schlagzeile *HAPPY END FÜR LOVE-STORY* berichtet.

Linkes Erwachen

Im Spätherbst 1968, im Namensjahr des antiautoritären und antikapitalistischen Aufbruchs in Westdeutschland, der sogenannten *Studentenbewegung*, hatte ich mein Studium an der Abteilung Wuppertal der Pädagogischen Hochschule Rheinland begonnen. Diese tief evangelisch eingefärbte Ausbildungsstätte für Grund- und Hauptschullehrer befand sich bis zur Gründung der Bergischen Universität oben auf der Hardt, auf dem *Heiligen Berg*, in direkter Nachbarschaft zur Kirchlichen Hochschule, in dem Gebäude, das heute die Justizvollzugsschule beherbergt. Wenn ich mich richtig erinnere, studierten dort zu dieser Zeit zirka fünfhundert StudentInnen. Als ich Anfang 1969 in das schuhschachtelgroße Zimmer im Studentenwohnheim der PH einzog, ahnte ich nicht, dass ich mit Unterbrechungen mehr als vierzig Jahre lang in Wuppertal leben würde.

Noch während meiner Bundeswehrzeit, als ich im Frühjahr 1968 mit einem Rekruten (der vorher schon ein Studium begonnen hatte und dem *Sozialdemokratischen Hochschulbund* angehörte) am *Vietnam-Tribunal* in Berlin teilnahm, erhielt ich den für meine politische Einstellung entscheidenden *linken Kick*. Im überfüllten Audimax der TU thronten auf dem Podest die führenden Köpfe der linken Protestbewegung, und Rudi Dutschkes Rede, in der er überzeugend den dialektischen Zusammenhang zwischen dem Bombenterror in Vietnam, den Profitinteressen US-amerikanischer Rüstungskonzerne und der Notwendigkeit einer Weltrevolution herausstellte, beeindruckte mich zutiefst. So trat ich denn gleich am Anfang meines Studiums in Wuppertal dem *SHB* bei und fand mich in einem der unzähligen für das damalige Hochschulleben typischen studentischen Diskussionszirkel wieder, in denen nicht nur der *Muff von tausend Jahren unter den Talaren* angeprangert, sondern vor allem im Sinne der Lehren von Marx, Engels, Lenin, Mao und Co. darum gestritten wurde, weshalb und wie die kapitalistische Gesellschaftsordnung in eine sozialistische oder kommunistische umzuwandeln sei. Links vom SHB gab es noch eine Handvoll rühriger Anhänger des der *DKP* (Deutsche Kommunistische Partei) nahestehenden *MSB* (Marxistischer Studentenbund) und ein paar versprengte Sympathisanten linksradikaler Splittergrüppchen. Ich persönlich war überzeugt von der Richtigkeit der marxistischen Analyse, nach der die kapitalistische Produktionsweise zwar einerseits enorme Produktivkräfte freisetzt, andererseits aber, vom immanenten Zwang zur Profitmaximierung gesteuert, stets gesetzmäßig der Rendite der Kapitaleigner, und nicht dem Allgemeinwohl, verpflichtet ist. Die ungezügelte Macht des Kapitals entwickelt eine Dynamik, die sich, wie wir heute überdeutlich erkennen können, zerstörerisch auf alle Lebensbereiche auswirkt. Allerdings konnte ich in der konsumorientierten westdeutschen *Arbeiterklasse* der zweiten Hälfte des 20. Jahrhunderts nicht jenes *revolutionäre Subjekt* erkennen, das in der Lage gewesen wäre, eine gerechtere und bessere Gesellschaftsordnung herbeizuführen.

Mein politisches Credo war das einer *Gegenkultur*, wie sie sich etwa in der Hippiebewegung, der Berliner *Kommune 1*, der sich entwickelnden Alternativszene oder spektakulären Aktionen der künstlerischen Avantgarde (Joseph Beuys: *Jeder ist ein Künstler*) manifestierte. *Phantasie an die Macht* lautete die Parole des Pariser Mai. Provokation und Happening als politische Ausdrucksformen schienen indes an der Wuppertaler PH zu spätpubertärer Pöbelei entglitten, wenn wir uns beispielsweise mit entblößtem Hinterteil auf das neu installierte Fotokopiergerät setzten und das so entstandene Konterfei über die gerahmten *bürgerlichen Arschgesichter* an den Wänden der Flure klebten.

An sonnigen Nachmittagen zogen wir mit unserer *Sponti*-Clique zum Picknick auf die Liegewiesen der Hardt und demonstrierten unseren Nonkonformismus in Form einer zünftigen *Jam-Session*. Die Gitarre zirpt, die Mundharmonika seufzt und jauchzt, die Flöte tiriliert, das Tamburin rasselt und der Teelöffel produziert auf Tellern und Tassen den groovigen Beat dazu. Dieser minimalistische Sound machte uns *high* – ohne Zuhilfenahme von Rauschdrogen, wenn man von der obligatorischen Zweiliterflasche *Lambrusco* absieht.

Zu den geistigen Vätern dieser hedonistischen Fraktion der Studentenbewegung zählten vor allem Herbert Marcuse und Wilhelm Reich, über dessen Schriften zur sexuellen Befreiung ich mein erstes Referat im Fach Sexualpädagogik hielt (bei einem Dozenten der bezeichnenderweise *Dr. Hunger* hieß). Reichs psychoanalytisch untermauerte Kritik an dem neurotisierenden Zwangskonstrukt der bürgerlichen Kleinfamilie und seine radikalen Schlussfolgerungen im Hinblick auf eine enttabuisierte Sexpraxis in der proletarischen Revolution waren natürlich für die sittsamen und konservativ-verklemmten StudentInnen eine nicht nur intellektuelle Herausforderung.

41

Das herrschende *Establishment* zu erschüttern, althergebrachte Regeln und Normen in Frage zu stellen, Grenzen – auch die eigenen – zu überschreiten und neue Lebensformen zu erproben und letztlich den gesellschaftlichen *Grundwiderspruch* von Lohnarbeit und Kapital zu überwinden, das waren die zentralen Anliegen der 68er Bewegung. A. S. Neills Buch *Theorie und Praxis der antiautoritären Erziehung* setzte neue Maßstäbe in der Kindererziehung. Auch ich begeisterte mich für die glücklichen, selbstbewussten, kreativen, dreckverschmierten Vorschulkinder von *Summerhill* und beschloss, zusammen mit meiner Freundin Linde an dem ersten Kinderladenprojekt in Wuppertal mitzuarbeiten. (Einer von den kleinen Jungs hieß übrigens *Tom Tykwer*!) Linde und ich hatten uns im Januar 1970 an der PH kennen und lieben gelernt. Mit der angehenden Lehrerin und Tänzerin sollte mich eine sechs Jahre währende harmonische *offene Zweierbeziehung* verbinden.

Auch die existentialistischen Ideen von Sartre und Camus gehörten zu den angesagten geistigen Strömungen jener Jahre; ebenso wie Hermann Hesses romantisch-eskapistische Romanwelten, die mich und meine SHB-Genossen Hermann und Winfried von einer *Morgenlandfahrt*, einer gemeinsamen Indienreise, träumen ließen. Doch bevor wir diesen Traum verwirklichten, traten wir noch zu den Asta-Wahlen im Wintersemester 70/71 an und wurden, da wir als Linke und Langhaarige dem Trend der Zeit entsprachen, tatsächlich gewählt. Ein Höhepunkt unserer Asta-Tätigkeit bestand in dem Gespräch, das wir mit Johannes Rau bei einer Tasse Kaffee im Asta-Büro führten. Der frisch gebackene Wissenschaftsminister, der später Ministerpräsident von Nordrhein-Westfalen und Bundespräsident sein wird, wollte sich ein Bild machen von der Stimmung an der studentischen Basis im Hinblick auf die bevorstehende Verabschiedung des *Hochschulrahmengesetzes*. Unserer Meinung nach reglementierte das HRG das Studium, förderte den Leistungsdruck und machte die Studienabgänger zu Fachidioten im Dienste der Verwertungsinteressen der Konzerne. Johannes Rau hörte sich unsere kritische Einschätzung freundlich und interessiert an. Sein scheinbar verständnisvolles Kopfnicken änderte jedoch nichts daran, dass das HRG ohne Rücksicht auf unsere Einwände verabschiedet wurde – trotz einer vom Wuppertaler Asta maßgeblich vorbereiteten Protestdemonstration von zweitausend Studenten in Düsseldorf. Als Hermann, Winfried und ich im Sommer 1971 unsere Asta-Posten aufgaben, um unseren Indientraum Wirklichkeit werden zu lassen, gaben wir eine linke Stimme im *VDS* (Dachverband Deutscher Studentenschaften) preis, was uns vehemente Schelte von Seiten anderer linker Asten einbrachte.

Türkei

Bevor ich von der Indienreise berichte, möchte ich noch von der vierwöchigen Reise erzählen, die Linde und ich im Sommer 1970 gemacht
haben, da kannten wir uns erst ein halbes Jahr. Zusammen mit Lutz
W., einem Waldjugendfreund, und seiner Freundin Dagmar fuhren wir
in Lutzens alter Mercedes-Limousine in die Türkei. Es war meine erste Begegnung mit dem Orient. Nachdem wir den Balkan auf der *Auto-
put* im kommunistischen Jugoslawien in drei Tagen zügig durchquert
hatten, erreichten wir unser Ziel: ein noch geheimnisvolles von althergebrachter osmanischer Kultur geprägtes Istanbul, nicht zu vergleichen
mit dem Zehn-Millionen-Moloch von heute. Von einem billigen Hotel
in der Altstadt aus erkundeten wir den berühmten riesigen überdachten
Basar und tauchten ein in die Welt von Tausendundeiner Nacht. Auf dem
Besichtigungsprogramm standen natürlich auch die *Blaue Moschee*, die
Sultan-Ahmed-Moschee, die *Hagia Sophia* und der *Topkapi-Palast*. Auch
Schwimmen im Bosporus war angesagt.

Auf unserer fünftägigen Tramptour durch das Landesinnere hatten Linde und ich zwei Erlebnisse, die wir nie vergessen werden. Da war zunächst
die herzliche Begegnung mit einer Bauernfamilie, die auf einem Bergrücken oberhalb von *Bursa* in einem unverputzten Ziegelhaus wohnte. Wir
hatten dort nach einer Unterkunft gefragt und wurden eingeladen, auf
ihrer Terrasse zu übernachten und vorher mit ihnen zu Abend zu essen.
Dabei lernten wir die sprichwörtliche türkische Gastfreundschaft kennen,
als wir mit Vater, Mutter, Großmutter und vier Kindern um eine große Messingpfanne auf dem Fußboden saßen und mit Holzlöffeln einen
schmackhaften Eintopf mit Lammfleisch und Gemüse und dazu Fladenbrot aßen. Nach einer unbequemen Nacht auf dem Betonfußboden lauschten wir im Morgengrauen fasziniert dem orientalischen Stimmengewirr
der Hähne, Esel, Hunde und Muezzins, das aus dem Tal heraufschallte.

Und am nächsten Tag die dramatische Begebenheit am See von Izmit:
Ihr müsst Euch vorstellen, Linde und ich reisten wie Hippies gekleidet mit kleinstem Gepäck, bestehend aus einem Schlafsack und einer
Tragetasche, und wir waren unverheiratet! Das war zur damaligen Zeit
für manchen türkischen Mann, ob Junggeselle oder verheiratet, Grund
genug zu glauben, diese langhaarige blonde Mitteleuropäerin, die Linde nun mal war, sei Freiwild. Am helllichten Tag wurde meine Freundin

auf offener Landstraße von einem Traktorfahrer dreist an den Brüsten begrapscht, ehe ich es verhindern konnte. – Der Höhepunkt der Übergriffigkeit ereignete sich am Abend an einem Seeufer, wo wir uns zwischen Büschen zum Schlafen niedergelassen hatten, als aus dem Halbdunkel der hereinbrechenden Nacht sechs junge Männer auf uns zu kamen und etwa fünfzehn Meter von uns entfernt stehen blieben. Nach einer kurzen Beratung näherte sich uns der Wortführer der Gruppe bis auf zwei Meter, hielt einen Geldschein in der Hand hoch und deutete auf Linde, die sich bis über die Ohren im Schlafsack verkrochen hatte. Angesichts der Bedrohung überfiel mich ein äußerst mulmiges Gefühl. Ich schüttelte energisch den Kopf, machte eine abwehrende Handbewegung und sagte laut und deutlich no no no – hayir hayir hayir! Ein oder zwei Minuten später ging der potentielle Freier unverrichteter Dinge zu seinen Kumpanen zurück, um nach erneuter Beratung mit einem größeren Geldschein bei uns aufzutauchen. Wieder rief ich aufgebracht no no no, und wieder zog sich der Mann zurück. Während die sechs sexhungrigen, voll im Saft stehenden jungen Türken laut miteinander debattierten, nahm ich vor Aufregung zitternd mein aufgeklapptes Taschenmesser in die rechte und die Taschenlampe in die linke Hand, wild entschlossen, ihnen, falls sie handgreiflich werden sollten, meine Abwehrbereitschaft zu signalisieren. Allah sei Dank brauchte ich meinen Mut nicht unter Beweis zu stellen, denn die Männer entfernten sich nach einigen beklemmenden Minuten. Und Linde und ich suchten uns hastig einen anderen Schlafplatz in einem dichten Gestrüpp in der Nähe, wo wir uns halbwegs sicher fühlten.

Die Morgenlandreise

Wir sind nicht nach Indien geflogen, um bekifft am Strand von Goa herum zu liegen oder zu Füßen eines Gurus zu sitzen, wie es in den Achtziger und Neunziger Jahren Mode war. Wir fuhren im Stil der Sechziger und Siebziger Jahre im VW-Bus über den Balkan, durch die Türkei, den Iran, Afghanistan und Pakistan bis Indien, reisten kreuz und quer über den Subkontinent und weiter nach Nepal.

Aus der Fülle an Informationen über Länder und Leute, Geschichte, Politik, soziale Verhältnisse, touristische Highlights, persönliche Erlebnisse und Befindlichkeiten, Auseinandersetzungen in der Gruppe, abenteuerliche Situationen, reisetechnische Erfahrungen und Begegnungen mit bemerkenswerten Menschen, die mein Reisetagebuch aufweist, kann ich nur ein paar Ausschnitte herausgreifen. Doch zunächst möchte ich euch die Mannschaft an Bord von *ASINUS POTENTIS*, unserem grauen VW-Bus, vorstellen: Winfried, 28 Jahre, angehender Lehrer, Helmut, 25 Jahre, Pädagogikstudent, Heinz (ihr kennt ihn schon von der Nordlandfahrt), 24 Jahre, Mathematikstudent, und Hermann, 22 Jahre, Lehrerstudent. Winfried war für das Auto, Helmut für das Kochen, Heinz für die Finanzen und Hermann für nichts Bestimmtes zuständig.

Wir hatten uns gründlich auf die sechsmonatige Reise vorbereitet und ausgiebig die geplante Fahrtroute diskutiert. Wir wollten vieles von dem sehen und fotografieren, wofür Indien berühmt ist, vor allem die herausragenden Baudenkmäler, wie zum Beispiel der *Taj Mahal*. Darüber hinaus wollten wir die politischen und sozialen Verhältnisse studieren, unseren geistigen Horizont erweitern, in exotische Gefilde abtauchen und Abenteuer erleben. Den Finanzbedarf pro Kopf hatten wir auf 3.500 DM kalkuliert, darin eingerechnet 500 DM für individuelle Käufe, die größtenteils im Erwerb von Mitbringseln aller Art bestanden. Am Ende der Reise füllten wir damit jeweils eine große Seekiste aus Aluminium und sandten sie per Schiffsfracht nach Hause. Wenn ich in Gedanken noch einmal in diese Schatztruhe hinein schaue, die tatsächlich nach zirka drei Monaten unbeschadet beim Hauptzollamt in Wuppertal eintraf, finde ich darin Folgendes: ein Kelim (Webteppich), sechs kleine als Kissenbezug oder Tragetasche gefertigte Knüpfteppiche, drei Batiktücher, einen Fellmantel, diverse orientalische Hemden und Hosen, sechs Flöten, ein Paar Tablas (Trommeln), eine Baglama (Saiteninstrument), einen Säbel mit

Scheide, allerlei Schmuckstücke und Halbedelsteine, Gipsfiguren mit erotischen Darstellungen, Bücher und Broschüren und sonstigen Kleinkram.

Um die Reisekosten zu bestreiten, arbeitete ich in den Semesterferien im Sommer 1971 acht Wochen lang bei der Lackfirma Herberts. Der dabei erzielte Lohn reichte aber nicht aus. Fürs Studium musste ich anschließend ein Praktikum im Sozialbereich absolvieren, was mir die Zeit für einen weiteren Job raubte. Da kam mir ein Zufall zu Hilfe. Winfried und ich fanden einen Praktikumsplatz in Hamburg, in den *Alsterdorfer Anstalten*, einem riesigen Landeskrankenhaus mit zweitausend Patienten. Wir halfen im Küchenbereich, kamen aber auch mit Kranken in Berührung und lernten unter anderem zwischen *Debilen*, *Imbezilen* und *Idioten* zu unterscheiden. Einmal wurden wir von einem Arzt durch die gesamte Einrichtung geführt, auch in eine für Besucher normalerweise unzugängliche Abteilung für Schwerstbehinderte. Wir bekamen Menschenwesen zu Gesicht, wie ich es nicht für möglich gehalten hatte: ein Mann mit einem Wasserkopf, der fast so groß war wie der restliche verkrüppelte Körper; ein Mann, dessen Schädelform auf ein Gehirn schließen ließ, das nicht größer war als eine Faust; ein Mann, der, nackt auf einem Bett festgeschnallt, sein wund gewichstes Glied unseren Blicken aussetzte – und dergleichen mehr. Wer den amerikanischen Film *Freaks* kennt, weiß was wir sahen, Bilder, die man nie wieder vergisst.

Aber eigentlich wollte ich erzählen, wie ich an die zweite Hälfte des Geldes für die Indienreise gekommen bin. Es geschah ungefähr in der Mitte des dreiwöchigen Praktikums, wir fuhren in Winfrieds VW-Variant durch Hamburg, als plötzlich von rechts aus einer Nebenstraße mit hoher Geschwindigkeit ein Fahrzeug heraus geschossen kam und in unseren Wagen hinein krachte. Ein Unfall, der einen Toten, zwei Leichtverletzte (Winfried und ich) und vier schwer beschädigte Autos zur Folge hatte. Um es kurz zu machen: für einen Nasenbeinbruch und zwei angebrochene Rippen erhielt ich 1.800 DM Schmerzensgeld.

Zurück zur Indienreise. Es mag an unserem eigenen Interesse am Thema Sexualität, an unserem Studienschwerpunkt Sexualpädagogik oder an der Tatsache gelegen haben, dass Geburtenkontrolle in Indien eine zentrale Rolle spielte, jedenfalls bezog sich unser Erkenntnisinteresse schwerpunktmäßig auf diese Gebiete. Unser Dozent in Sexualpädagogik,

Dr. Hunger, hatte uns ein Empfehlungsschreiben auf Englisch mitgegeben, das uns einige Türen öffnen sollte. Damit wendeten wir uns, in dem Fall Hermann und ich, in Delhi an mehrere Institutionen, die mit der Bevölkerungspolitik zu tun hatten. Unser erster Kontakt mit dem *Family Wellfare Planning Center* bescherte uns ein unerwartetes Ergebnis. Die Mitarbeiterin am Informationsschalter, eine dunkelhäutige weißhaarige Inderin in einem grellroten Sari, verstand nicht, was wir eigentlich wollten. Vielleicht war ihr Englisch zu schlecht, oder unseres? Nach mehreren vergeblichen Anläufen, ihr begreiflich zu machen, dass wir nur ein theoretisches Interesse am Thema Geburtenkontrolle hatten, kam ihr plötzlich die Erleuchtung; sie griff unter die Theke und überreichte jedem von uns freudestrahlend vier Packungen mit je drei Präservativen. *For use once only* stand darauf gedruckt.

Bei einem zweiten Besuch bekamen wir Gelegenheit, mit dem Chef der Organisation zu sprechen. Von ihm erhielten wir umfangreiche Informationen und statistische Daten über das bisherige Resultat der vom indischen Gesundheitsministerium betriebenen Familienplanungsmaßnahmen. Sie besagten: *Neun Millionen Sterilisationen (ein Drittel bei Frauen, zwei Drittel bei Männern). Über drei Millionen mit Intrauterinspirale. Zirka sechzehn Millionen nehmen regelmäßig konventionelle Kontrazeptionsmittel (hauptsächlich Kondome). Die Pille hat sich nicht durchgesetzt. Das heißt von hundert Millionen Paaren im fortpflanzungsfähigen Alter betreiben fünfundzwanzig Millionen mehr oder weniger erfolgreich Geburtenkontrolle.*

Das Bevölkerungswachstum zu drosseln, war für Indien mit seinen 600 Millionen Einwohnern eine vorrangige politische Zielsetzung. Während in Afghanistan die Kindersterblichkeit noch bei siebzig Prozent lag, wodurch Geburtenkontrolle so gut wie überflüssig war, war sie in Indien aufgrund verbesserter hygienischer Bedingungen deutlich gesunken. Auf vielen Plakatwänden wurde für die Zwei-Kind-Familie geworben, in öffentlichen Aufklärungsveranstaltungen (für Männer und Frauen getrennt) wurde ein Grundwissen über Empfängnisverhütungsmethoden vermittelt. Fast alle Krankenhäuser führten Sterilisationen durch; sie kosteten nicht nur nichts, sondern die Betroffenen erhielten sogar eine Prämie zwischen fünfunddreißig und sechzig Rupien. Auch die Ärzte beziehungsweise die Krankenhäuser bekamen diese *Kastrationsprämie*. Ein Entwicklungshelfer sagte uns einmal sarkastisch: Sie sterilisieren vorzugsweise alte Böcke, die sowieso nicht mehr zeugungsfähig sind, nur um die Prämie zu kassieren. Er erzählte auch von einer Frau, die ihm ihr Leid geklagt hatte, vor fünf Jahren sei ihr Mann gestorben, und zu allem Unglück blieben seitdem auch noch die Kinder aus.

Im Rahmen unserer sexualpädagogischen und sexologischen Studien fuhren Hermann und ich auf Einladung des *Family Welfare Planning Centers* vom Irwin-Hospital mit einem Operationsteam fünfzig Kilometer bis Tahipur ins *Leprosy Home,* einer ausschließlich von Leprakranken bewohnten Siedlung. Fünfhundert Menschen wohnten in dem Dorf. Sie wurden vom Staat versorgt und lebten ohne Arbeit und ohne Heilungsperspektive. Viele von ihnen waren vorher Bettler in Delhi gewesen und gegen ihren Willen hierher geschafft worden. Alle Männer waren bereits sterilisiert, aber ein Teil der Frauen wurde weiterhin schwanger – von wegen Prostitution und Promiskuität. Daher sollten an diesem Tag acht Frauen sterilisiert werden. Hermann und ich durften dabei zusehen, wie mit veralteten und rostigen Instrumenten vaginal die Durchtrennung des Eileiters vorgenommen wurde. Die Frauen hatten trotz örtlicher Betäubung Schmerzen; die Prämie, die sie für dieses Martyrium empfingen, betrug fünfunddreißig Rupien.

Aus heutiger Sicht war den Empfängnisverhütungskampagnen der indischen Regierung nicht der erwünschte Erfolg beschieden. Seit der Zeit unserer Reise hat sich die Bevölkerung des Subkontinentes mehr als verdoppelt.

Zum Studienthema Sexualität gehörten auch unsere Besuche in den einschlägigen Quartieren der käuflichen Liebe in Bombay (heute Mumbai) und Kalkutta (heute Kolkata). Nein, wir haben die Prostituierten nicht berührt, eher haben sie uns angegrabscht, als wir die bethelnüssekauenden schon etwas älteren und fülligen *Frauen hinter Gittern* in Bombay von der Straße aus zum Schein begutachteten.

Als Hermann und ich in Kalkutta den Empfangsraum eines Bordells betraten, empfing uns ein aufdringlicher Duft von Sandelholz und Moschus. Ungefähr ein Dutzend hübscher Mädchen zwischen schätzungsweise elf und sechzehn Jahren saßen auf Stühlen an den Wänden und boten für umgerechnet drei Euro ihre Körper feil. War es die Angst vor Ansteckung oder die Ablehnung von Kindersex, oder beides, wir haben der Anziehungskraft der lockenden Augen und zarten rehbraunen

Körper widerstanden; wir wollten uns lediglich ein oberflächliches Bild davon machen, wie es in solchen Etablissements zugeht.

Desweiteren stießen wir auf die Sexthematik in den erotischen Darstellungen an den Tempeln von Khajuraho, die in einer sinnenfreudigen Epoche der indischen Geschichte vor rund 1000 Jahren in den Sandstein gemeißelt wurden. Ich kletterte verbotenerweise an der Außenseite eines der Sakralbauten drei bis vier Meter empor, um die zirka sechzig mal siebzig Zentimeter großen Reliefs besser fotografieren zu können. Darin sind vielerlei Sexualpraktiken dargestellt, von Selbstbefriedigung über Analverkehr, Cunnilingus und Sodomie bis zu Gruppensex. In fast allen Hindutempeln sind *Yoni und Lingam* (Vulva und Phallus) in stilisierter Vereinigung gegenwärtig – zurückgehend auf die Epoche des Tantrismus, in der die vom Geist des Yoga durchdrungene sexuelle Praxis als Gottesdienst angesehen wurde.

Im Vergleich dazu stellte sich das Sexualleben auf dem Subkontinent bei unseren Erkundungen im Jahre 1971 deprimierend dar. In einem Gespräch mit Studenten der Universität von Delhi erfuhren wir einiges über die sexuelle Not junger Inder und Inderinnen. *Vorehelicher Verkehr ist selten möglich, aufgrund der prüden Sexualmoral ebenso wie aufgrund äußerer Bedingungen, wie fehlende Räumlichkeiten. Viele können die hohe Mitgift für eine Heirat nicht aufbringen. Die meisten Ehen werden von der Familie arrangiert. Die Ehepartner müssen derselben Kaste angehören, Zwangsverheiratung statt Liebesbund. Es gibt weniger Frauen als Männer, weil weibliche Föten abgetrieben werden. Die Männer haben in den Beziehungen das sagen. Sexuelle Gewalt ist weit verbreitet.*

Nun zu einer anderen Geschichte: Auf dem Weg von Delhi nach Bombay lernten wir in Udaipur vor dem *Palast der Winde* (in dem einst die Haremsdamen des Maharadschas eingesperrt waren) zwei Kanadierinnen kennen, die für die nächsten acht Tage unsere Reisebegleiterinnen wurden. Louise und Rachelle, beide aus Quebec, waren unabhängig voneinander zu einer Europareise aufgebrochen, hatten sich in Spanien kennen gelernt und beschlossen, gemeinsam weiterzureisen. Nach Paris, Rom und Athen sollte ihre Reise eigentlich zu Ende sein, aber sie hängten noch die Türkei dran, und so ging es weiter bis Indien. Von hier aus wollten sie noch nach Hongkong und Tokyo (und von da aus auf den Mond, mutmaßten wir ironisch).

27.11.71: Die zwei Mädchen (beide zwanzig Jahre) werden von uns allen als Bereicherung für die Kommunikationsstruktur und das Gruppenklima angesehen, und wir beschließen, sie noch bis Bombay mitzunehmen. Sie Reisen mit kleinstem Gepäck, ohne Kamera, Kind und Kegel, ohne zeitliche Begrenzung. Sie sind Kaltblüter-Frohnaturen, lächeln und freuen sich den ganzen Tag. Fettweiche Verlockung, trotz kurzer Beine und kleiner Brüste. Sie singen gern und rauchen viel, sind nicht prüde und schäkern mit uns. Und sie sind unglaublich anspruchslos, schlafen oft im Freien, auf Fels oder Sand, essen alles.

Hermann und Heinz hielten sich im Bezug auf erotische Annäherung vornehm zurück, Winfried wollte seinen zwei Freundinnen in Wuppertal treu bleiben – so genoss ich den Löwenanteil weiblicher Zuwendung. Daraus ergab es sich, dass wir in den sieben Nächten, die wir zu sechst im Auto verbrachten, folgendermaßen schliefen: Heinz und Hermann im Zelt auf dem Dach, Winfried auf den Vordersitzen quer und ich im gemütlichen Innenraum eingebettet zwischen Louise und Rachelle. Mit Rachelle, der Hübscheren von beiden, entspann sich eine kleine *love affair*, die in einer sexuellen Umarmung im Mondlicht am Strand ihren Höhepunkt fand, was aber nicht so romantisch war, wie es klingt – Rachelle hatte wohl nur mir zuliebe meinem drängenden Wunsch nach körperlicher Vereinigung nachgegeben.

Als wir im Abendlicht des 28. November nach achtstündiger Fahrt (420 km) in den flachen Dünen des Indischen Ozeans ankamen, stürzten wir uns alle erst einmal ins Wasser, ohne etwas von der darin lauernden Gefahr zu ahnen. Später erfuhren wir, dass an dieser Stelle das Meer von Haien nur so wimmelt. Kaum hatten wir auf einer zunächst menschenleeren Fläche im Schatten eines Baumes unser Lager aufgeschlagen, stellten sich schon die ersten neugierigen Betrachter ein.

28.11.71: Den ganzen Tag umringt von durchschnittlich vierzig Indern (für sie ist es eine Art Sonntagsausflug). Sie sitzen im Abstand von zehn Metern und begaffen uns. Am nächsten Tag sind es rund einhundert. Sie hocken im Halbkreis um das Auto (Abstand fünf Meter, bis wir ein Seil spannen, um den Abstand zu vergrößern). Einige haben extra ihre Arbeitsplätze verlassen, um sich das Schauspiel nicht entgehen zu lassen. Louise und Rachelle nähen sich in aller Seelenruhe Kleider. Uns Jungs gehen die Zuschauer auf die Ner-

ven. Als ich spaßeshalber Hermanns (in Afghanistan gekaufte) Lederpeitsche schwinge, stieben sie auseinander – Alte wie Junge – wie Funken im Wind. Wir überlegen, wie wir sie vertreiben können. Sollte ich sie wie der Rattenfänger von Hameln flötespielend ins Wasser zu den Haien locken? Die Polizei holen? Aber der Polizeipräsident kommt gegen Abend selber mit Weib und Kind, um sich an unserem Anblick zu erfreuen. Der Fußball ist verschwunden, desweiteren Louises Jeans und Hermanns Badehose. Der Einkauf im zwei Kilometer entfernten Ort wird zum Spießrutenlauf. Kinderscharen (von bisher nie da gewesenem Ausmaß) fallen überHermann, Rachelle und mich her, bewerfen uns mit Steinen, zerren an unseren Kleidern, schreien und spucken. Wir treten die Flucht an. Ehe wir einiges von dem gefunden haben, was wir kaufen wollten, vergehen Stunden. Brot gibt es nicht, auch keine Kartoffeln. Das Angebot auf dem Fischmarkt lehrt uns, dass die hiesigen Haie bis zu drei Meter groß werden.

4.12.71: Szenenwechsel ins einige fünfzig Kilometer entfernte Naturschutzgebiet GIR-FOREST. Hier sind Löwen, Leoparden, Büffel, Gazellen, Kobras, Pythons, usw. zu beobachten. Heinz, Hermann und Winfried nehmen an einer Safari teil. Währenddessen lernen Louise, Rachelle und ich in einem Restaurant eine Frau und ihren erwachsenen Sohn kennen. Sie ist eine hochgewachsene Schöne, in einen weißen Sari gekleidete Dame mit langem pechschwarzem glänzendem Haar. Wir erfahren, dass sie eine Maharani ist, die Witwe des kürzlich verstorbenen Sohnes des letzten Maharadschas von Jetpur. Also ist ihr einundzwanzigjähriger Sohn der Thronfolger. Wir fahren mit ihrem Jeep zu dem abgelegenen Landhaus ihrer Familie mitten im Wildpark. Kein anderes Gebäude weit und breit. Wir erzählen von unseren Reiseeindrücken, singen Lieder und erfahren dies und das über die Maharadschas und den Süden Gujarats (zurzeit herrscht hier eine Choleraepidemie). Wir werden zusammen mit den anderen zum Dinner und zum Übernachten eingeladen. Später auf der Veranda ein zauberhafter Ausblick auf die vom Abendlicht vergoldete Savannenlandschaft. Gespräche, Smalltalk, Drinks, Sweets und ein Abendessen so üppig wie lange nicht gehabt.

05.12.71: On the road again. Landschaft: steppenartig, dürres Gras, einzelne Bäume, ein paar Äcker, Erdlöcher, Teiche, Pfützen, Bewässerungsgräben, schilfähnliche Büsche. Alles zerfranst und ungeordnet. In den Bäumen Papageien, Aasgeier, manchmal Affen. Leicht bekleidetes Landvolk, grindige Hunde, dürres Vieh, Stockhütten mit Spitzdächern, Palmen, Kakteen, Kadaver. Irgendwo mittendrin Kulturoasen, steinerne Schattenspender, fest und kühl, als hielten

sie das Land zusammen, das in Grautöne zerfällt. // Vogelparadies: Grau-,
Purpur- und Silberreiher, Kraniche, Adler, Geier, Kites, Wiedehopfe, Störche,
Häher, Pfauen und viele andere, die ich nicht benennen kann.

Dreihundertfünfzig Kilometer vor Bombay entschlossen wir uns, die ganze Nacht durchzufahren. Einmal und nie wieder! Die einspurigen Überlandstraßen (*chicken roads*) stellten schon am Tage eine fahrtechnische Herausforderung dar: Wenn sich zwei Fahrzeuge entgegen kommen, muss eines von beiden auf den unbefestigten Seitenstreifen ausweichen. Welches von beiden, hängt immer von der Nervenstärke des jeweiligen Fahrers ab. Während der Nachtfahrt hatten wir drei Unfälle. Hermann am Steuer rammte beim Ausweichen eine Öltonne am Straßenrand (eine Delle in der Stoßstange vorne). Ich am Steuer ramponierte bei einem heiklen Überholmanöver die hintere Stoßstange. Winfried setzte dem Ganzen die Krone auf. Er saß am Steuer, Heinz und Hermann auf den Beifahrersitzen, ich lag hinten zwischen Louise und Rachelle, als mich plötzlich ein fürchterlicher Rumms aus dem Schlaf riss. Unser Wagen war mit einem hinter einer Bodenwelle unbeleuchtet dahin zuckelnden Ochsenkarren kollidiert. Wir konnten trotz Dunkelheit erkennen, dass der Ochsenkarren beschädigt und der Ochse verletzt war. Der schimpfende und drohend gestikulierende Inder auf dem Karren schien aber unverletzt. Da wir von der in solchen Fällen gelegentlich ausgeübten Lynchjustiz seitens der indischen Landbevölkerung gehört hatten, zogen wir es nach kurzer Beratung vor, Fahrerflucht zu begehen. Erst im Morgengrauen konnten wir das Ausmaß des Schadens an unserem Auto erkennen: In der Fahrertür klaffte ein von zerknäultem Blech eingerahmtes tellergroßes Loch. Gut dass wir am nächsten Tag in Bombay sofort eine geeignete Werkstatt fanden.

Wir hatten den Plan, für zwei Wochen in Zweiergruppen ohne Auto durch Indien zu reisen. Doch zunächst verbrachten wir einige Tage und Nächte in der Acht-Millionen-Stadt. Wir wohnten in *Stiffels Hotel*, dem berüchtigten Wallfahrtsort für Globetrotter, Hippies und Freaks. Hier wurden wir durch die nächtliche Verdunkelung daran erinnert, dass der Indisch-Pakistanische Krieg in vollem Gange war. *Der Blackout ist keine Übung mehr, sondern tragikkomischer Ernst. Fliegeralarm und Kanonendonner, während wir im verdunkelten Hotelzimmer halbnackt unterm Ventila-*

tor hocken und schwarzen Afghan aus einem Kokosnuss-Shillom rauchen und higher und higher werden. Aus dem Nebenraum dröhnt THEIR SATANIC MAJESTIES REQUEST, das Kiffer-Album der Rolling Stones. – Ich rauchte wohl auch noch kongolesisches Haschisch und naschte ein wenig Opium. – Silberner Hanfmond, flackernder Halbmohn, ich möchte ein Bonbon!

In der *Times of India* lasen wir am nächsten Morgen von einigen größeren militärischen Aktionen. Letztlich stellte sich heraus, dass die im Hafengebiet von Bombay installierten Flugabwehrkanonen irrtümlicherweise ein indisches Verkehrsflugzeug unter Beschuss genommen, aber zum Glück nicht getroffen hatten. Durch die vom Himmel fallenden Hülsen der Leuchtspurgeschosse kamen zwei Obdachlose ums Leben und vierzig weitere Menschen wurden verletzt.

Zwei Tage später starteten Hermann und ich unsere *ethnologische Expedition* in den Süden, während Heinz und Winfried sich noch um das Auto kümmerten und später nach Kerala reisen wollten. Louise und Rachelle waren bereits auf dem Wege nach Hongkong. Für umgerechnet sieben Mark fuhren wir Dritter Klasse mit dem *Mailtrain* in dreiunddreißig Stunden die tausend Kilometer von Bombay nach Bangalore. Wir wollten im Bundesstaat Tamil Nadu ein Entwicklungshilfeprojekt besuchen und einige Tage bei den *Hakki Pikkis* verbringen, einer zahlenmäßig verschwindend kleinen Ethnie, die auf dem Siedlungsgebiet der Tamilen am Rande des Dschungels ein kleines Terrain bevölkert. Traditionell lebten die Hakki Pikkis ohne festen Wohnsitz vom Betteln, Stehlen und Vögelfangen. Jetzt sollten sie von dem Entwicklungshelfer Eugen Sauer aus Bayern zur Feldarbeit herangezogen und damit in die Sesshaftigkeit geführt werden.

Von den rund fünfhundert Angehörigen des Stammes waren nur zweihundertfünfzig anwesend, davon arbeiteten etwa fünfzig gelegentlich in der Bananenplantage und auf dem Kartoffelacker. Der DEDler hatte es nicht leicht bei den Hakki Pikkis; sie zeigten keinerlei Ehrgeiz, Lernbereitschaft, Ausdauer oder Zeitverständnis. Und es gab noch viele andere Probleme: Die Rinder verwüsteten die Felder, eine Herde wilder Elefanten zertrampelte die Bananenstauden, Nachbarn stahlen und machten das Land streitig, ein Tiger schlich in der Gegend umher. Aber all das machte Eugen Sauer nicht sauer. Er war die Ruhe in Person. Erst kürz-

lich hatte er mit dem Motorrad versehentlich eine Riesenschlange über-
fahren, die seinen Weg kreuzte.

Er zeigte uns die Schule. Dunkelhäutige Kinder aller Altersstufen, einige in Lumpen und mit aufgeblähten Bäuchen. Der Unterricht fand unter
freiem Himmel statt. Hermann und ich wurden bestaunt wie Lebewesen von einem anderen Stern. Der Lehrer, ein Regierungsbeamter, blickte als Hindu auf seine Schüler, die als *tribals* (Ureinwohner) unter der
niedrigsten Kaste standen, arrogant herab. Das Amulett, das er um den
Hals trug, eine Silberspange mit Tigerkrallen, eingelassenem Rubin und
einer Goldperle gefiel mir so sehr, dass ich es ihm vor den Augen der uns
umringenden Kinder für zwölf Dollar abkaufte.

*10.12.71: Die Hakki Pikki sind offen und freundlich. Die hübschen jungen
Mädchen kriegen mit vierzehn Jahren das erste Kind und welken mit zwanzig.
Die Frauen über dreißig vergreisen. Ihr Gebiss verfault wegen des Genusses
von Pan. Die Männer saufen Henda (selbst gebrannter Fusel aus vergorener
Kokosmilch). Mit den Jungen spielen wir am Abend Fußball. Bei einem traditionellen Stammesfest erleben wir mit, wie ein in Trance versetzter Mann
aus der aufgeschnittenen Schlagader eines noch lebenden Schafes Blut saugt.*

Wir müssen weiter. Per Traktor geht es zurück nach Bangalore. Übernachtung beim DED. *12.12.71: 7.30 Uhr Start nach Pondicherry mit einem
Bus jenes Unternehmens, dessen Chef auf einem Foto vorne auf der Frontschei-
be neben einem Abbild Ganeshas (des beliebten Gottes in Elefantengestalt)
göttergleich in die Menge der dicht gedrängten Fahrgäste grinst. Der Bus hat
keine Fensterscheiben, ist vollkommen überladen und bricht nach der Hälfte
der zwölfstündigen Fahrt zusammen. Er wird gegen einen noch schlechteren
Bus ausgetauscht. Beim Fahren vibriert das Bodenblech derart, dass die Beine
davon schmerzen, zumal ich noch eineinhalb Stunden lang einen kleinen Jungen auf meinen Oberschenkeln liegen habe. Das Mädchen gegenüber kotzt eine
wässrige Brühe aus. Die indischen Mitfahrer: graudunkelbraune Gestalten in
lumpigem Tuch (die Oberhemden allerdings bei den meisten sauber), ungewa-
schen, unrasiert, barfüßig, hungerdürr, pockennarbig, mit rissigen Lippen, die
Augäpfel rot, gelb oder braun, verdorbenes Gebiss, Lederhaut und -knochen.
Der Schmuck der (separat sitzenden) Frauen: Ringe durch beide Nasenflügel
und in den Ohrmuscheln. Zehen- und Fingerringe, Halsketten, Arm- und
Fußreife, geschwärzte Augenschatten, Stirnpunkt und Scheitelpunkt (Zeichen
des Verheiratetseins). Draußen: riesige Bambusstauden, Termitenhügel, Euka-*

lyptushaine, bunte Tempelchen mit rätselhaften Tierdarstellungen (Kuh, Affe, Löwe, Pferd usw.), Männer mit Feigenblattlendenschurz, Weiber mit Hängebrüsten bis zum Bauchnabel.

Am Abend erreichten wir Pondicherry, eine ehemalige französische Enklave am Indischen Ozean, in die der Yogi, Philosoph, Freiheitskämpfer und Sozialrevolutionär A. Ghose (später *Sri Aurobindo*) 1910 vor den englischen Kolonialherren geflohen war. Dort hat er später einen *Ashram* gegründet. Wir verbrachten vier Tage in dieser Einrichtung, wo uns durch Lektüre, Belehrungen und einfache Meditationsübungen die ersten Einblicke in das weite Feld der Indischen Spiritualität jenseits der allgegenwärtigen Volksfrömmigkeit zuteil wurden. Ich sehe mich am Ufer des Meeres stehen und über die Lehre Sri Aurobindos nachdenken, während die sanfte Brandung meine Füße umspült. Tief berührt und verwirrt von der Herausforderung, ein *neuer Mensch* zu werden, unabhängig von Anhaftungen, Gewohnheiten, Bedürfnissen, Vorurteilen und Besitz. Auf dem Yoga-Pfad das Ego entmachten, die Triebe beherrschen, Angst, Hass und Gier überwinden, in eine höhere (*supramentale*) Bewusstseinsdimension aufsteigen. Geistestraining, Kontemplation, Askese, Transformation, Erleuchtung – mir schwirrten die Sinne. *In meinem Kopf kreuzen sich rationales Schwert und spiritueller Lichtstrahl.*

Noch ein wenig tiefer in die indische Geisteswelt führten uns die langen Gespräche mit einem von Aurobindos Lehren überzeugten zölibatär lebenden Ehepaar aus Deutschland, die als Entwicklungshelfer im benachbarten *Auroville* arbeiteten. Sie beteiligten sich am Aufbau dieser Stadt der Zukunft, in der heute zirka 2700 Menschen aus 50 Nationen leben. (1971 wohnten erst vierhundert Aussteiger, spirituelle Sucher und Sozialutopisten in schilfgedeckten Lehmhütten in dem ursprünglich von Tamilen besiedelten Gebiet.)

Meine Auseinandersetzung mit spirituellen Themen entpuppte sich im Nachhinein als Strohfeuer; es fehlte mir an Unterweisung, Glauben und Selbstdisziplin. In der anfänglichen Begeisterung hatten Hermann und ich damit begonnen, Aurobindos *On Education* zu übersetzen, um es deutschen PädagogikstudentInnen zugänglich zu machen. Aber das Projekt verlief im Sande.

Meine Erzählung überspringt die Besichtigung eines Slums in Madras, in dem die schwedische Freiwilligenorganisation der *Swallows* ein Entwicklungshilfeprojekt betreibt, den Flug von Madras nach Bombay, das Wiedersehen mit Heinz und Winfried und die zweiwöchige Durchquerung des Subkontinents von West nach Ost, von Bombay bis Kalkutta. Nur von einer Zwischenstation auf diesem fast zweitausend Kilometer langen Streckenabschnitt möchte ich berichten: Am 28.12. erreichten wir *Rourkela*, eine Industriestadt im Bundesstaat Orissa (heute Odisha), die über ein gigantisches Stahlwerk mit 30.000 Beschäftigten verfügte. Es war in den fünfziger Jahren mit Hilfe westdeutscher Experten erbaut und 1956 in Betrieb genommen worden. Durch Streiks sowie technisches und organisatorisches Unvermögen wurden aber nur sechzig Prozent der geplanten Kapazität erreicht, und das Werk wirtschaftete defizitär. Zur Zeit unseres Aufenthaltes arbeiteten hier nur noch ein Dutzend deutsche Ingenieure und Techniker. Sie freuten sich über unseren Besuch und gewährten uns für einige Tage Unterkunft im Gästehaus des Indisch-Deutschen Clubs. Dort standen uns für umgerechnet eine Mark pro Kopf und Nacht komfortable Doppelzimmer zur Verfügung, ebenso ein Swimmingpool, ein Badminton-Feld, eine Wäscherei, ein gut geführtes Restaurant und ein Diener. Fünf Tage Verwöhnprogramm!

Indische Middleclass-Silvesterfete (Gala-Night): englisch steif, deutsch trocken, indisch neureich aufgetakelt. Die Männer, höhere Angestellte des Stahlwerkes und Honoratioren aus der Stadt, in Anzug und Krawatte. Die Frauen, schnatternde Gänse in bonbonpapierbunten Saris aus Kunstseide. Ein paar hübsche unverheiratete Mädchen (zwischen 18 und 22) unter der elterlichen Fuchtel. Ich tanze mit dreien von ihnen (zartgriffig). Eine heißt Bulbul (Nachtigall). Sie gehen kurz nach Mitternacht mit ihren Müttern nach Hause. Später werden die Inder enthemmter, und die großen Verbrüderungsszenen rollen ab. Die besser gestellten Inder entpuppen sich als die gleichen Spießbürger wie die Repräsentanten des Abendlandes. Gegen vier Uhr eine Schlägerei zwischen einem besoffenen Deutschen und einem Inder.

Am nächsten Tag fuhren wir weiter bis Kalkutta. Auf die größte Stadt Indiens und das unfassbare Elend der Menschen, die – heute mehr denn je – an den Straßenrändern dahinvegetieren, möchte ich nicht näher eingehen. Kehren wir dem Moloch Kalkutta schnell den Rücken und beamen wir uns weiter nach *Katmandu*, die von hinduistischen, buddhistischen und sonstigen Tempeln überbordende quirlige Hauptstadt Nepals, die in den Siebziger Jahren eine große Anziehungskraft auf Hippies und Globetrotter aus Europa und den USA ausübte. Nach einer Woche teilten wir Vier uns ein weiteres Mal in zwei Gruppen auf: Winfried und ich flogen nach *Pokhara*, dem Ausgangspunkt des *Jomosom-Trekks*, der nach Tibet führt (während Heinz und Hermann sich für einen Mount Everest-Rundflug entschieden). Auf unserer fünftägigen Bergwanderung in bis zu 4.500 Metern Höhe gab es Strecken, wo wir innerhalb weniger Stunden auf holprigen Pfaden mehr als tausend Höhenmeter auf- und wieder abstiegen. Dabei überquerten wir auf wackeligen Hängeseilbrücken tiefe Schluchten, in denen reißende Flüsse tobten. Im Norden konnten wir die Siebentausender aufragen sehen, der höchste unter ihnen mit 7.850 Metern der *Anapurna II*.

Übernachtet haben wir in einfachen *teahouses*, Hütten, in denen Bastmatten auf dem Lehmboden als Schlafplatz dienen und Tee und gekochter Reis angeboten werden. Dort trafen wir auf eine Gruppe Australier, die den ganzen Weg bis zur tibetischen Grenze hin und zurück gewandert waren und uns bei einem von Winfried spendierten Joint von ihren Abenteuern berichteten.

Am vorletzten Abend verließen wir die offizielle Route. *Der Weg ist ein verschlungener Pfad, den wir immer wieder suchen müssen, oft felsig, glitschig und schwindelerregend nah am Abgrund entlang.* Wir hatten keinen Tropfen Wasser mehr und einen Wahnsinnsdurst. Als wir endlich in ein winziges Dorf kamen, gab es dort zum Trinken nur Tee und *Rakschi* (Reisschnaps). Da der mit Butter und Salz angereicherte Tee unseren Durst nur noch größer machte, hielten wir uns an den Rakschi und leerten brüderlich teilend eine Flasche. Im Angesicht des grandiosen Bergpanoramas – die Gipfel leuchteten rötlich im Abendsonnenlicht – hatte ich einen der umwerfendsten Alkoholräusche meines Lebens.

In Katmandu gibt es einen Hindutempel, der ichweißnichtwelchem Gott gewidmet ist und bei den Gläubigen höchste Verehrung genießt. Fotografieren ist darin strengstens verboten. Ich hielt mich an das Verbot. Allerdings machte ich später außerhalb der Tempelanlage von einem benachbarten Hügel aus ein Foto vom Innenhof des Tempels, in dessen Mitte die überlebensgroße vergoldete Statue einer *Heiligen Kuh* prangt. Ein etwa zehnjähriger Junge beobachtete mich dabei und lief weg – um kurz darauf mit einem Polizisten wieder zu erscheinen. Dieser wies mich auf aggressive Weise zurecht und forderte mich auf, den Film aus meiner

Kamera zu nehmen. Ich weigerte mich und wurde daraufhin zur nahe gelegenen Wache geführt. Unterwegs bildete sich eine ansehnliche Menschentraube um uns. In der Polizeiwache verlangte ich einen Vorgesetzten zu sprechen, doch der war gerade in der Mittagspause. Also wartete ich vor der Tür, umringt von dreißig oder vierzig neugierigen Nepalesen, die meisten davon Kinder. Als meine Freunde, die im in der Nähe geparkten Auto warteten, meine Notsituation bemerkt hatten, bekamen sie eine glorreiche Idee: Zunächst schickten sie Heinz mit meiner Gitarre zu mir. Als ich zu spielen begann, um ein oder zwei Lieder aus meinem Waldjugend-Repertoire zum Besten zu geben, setzten sich die Kinder um mich herum auf den Boden und lauschten wie gebannt. Heinz, Hermann und Winfried bereiteten sich zur selben Zeit auf Teil zwei der Rettungsaktion vor. Da wir ohnehin an diesem Tag Nepal verlassen wollten, lag der Gedanke nahe, den Ort des Geschehens fluchtartig zu verlassen. Meine Freunde preschten mit dem Wagen heran, ich beendete, zum Leidwesen meines verdutzten Publikums, mitten im Lied meine Darbietung und rannte zum Auto. Eine Stunde später hatten wir Kathmandu weit hinter uns gelassen und fuhren auf einer kurven- und schlaglochreichen Strecke, die ohne Tunnel und Brücken durch ein zerklüftetes Vorgebirge des Himalaya wieder in Richtung Indien führte – *110 Kilometer in sieben Stunden!*

Ach, lieber Leser, liebe Leserin, ich könnte noch zig solcher Erlebnisse und Begegnungen schildern, zumal wenn ich in meinem Reisetagebuch blättere oder mir die Dias anschaue. Hätte ich während der Indienreise schon so schönheitsverliebt fotografiert wie in späteren Jahren, hätte ich nicht dreihundertfünfzig, sondern Tausende von Bildern aufgenommen, um die ständig und überall auf mich einströmenden ästhetischen Reize einzufangen. Damals habe ich nur wenige Bilder von dem bunten Menschengewühl auf den Straßen und Märkten und in den Tempeln gemacht. Für die morbide Schönheit zerbröckelnder Häuserfassaden, wildwuchernder Vegetation, flechtenüberwachsener Baumrinden oder verwesender Kadaver hatte ich noch keinen Blick entwickelt.

Jedes der vorhandenen Bilder weckt Erinnerungen an bestimmte Situationen: Etwa wie ein pockennarbiger Mann uns flehentlich bittet, ihm das halb verhungerte winzige Kind in seinen Händen abzunehmen. Oder wie ein spinatähnliches Gemüse so scharf gewürzt ist, dass ich eine rohe Zwiebel esse, um den Brand auf meiner Zunge zu löschen. Wie der

Milchmann in Bangalore mit seiner Kuh von Haus zu Haus geht und so viel Milch melkt wie gewünscht wird. Wie sich bei einem Stopp an einer roten Ampel in Kalkutta zwei Dutzend Schulkinder in hellblauen Uniformen von allen Seiten an unseren Autofenstern die Nase platt drücken. Wie ich bei Vollmond unter der Hauptkuppel des Taj Mahal auf meiner Flöte spiele und die Töne wie Glockengeläut den Raum erfüllen. Wie wir im *Snowman*, einem Hippie-Lokal in Katmandu, für umgerechnet sechzig Pfennig ein Steak mit Kartoffeln und Gemüse verspeisen und dabei mehrfach von Dealern angesprochen werden, die uns hartnäckig ihren Stoff anpreisen. Wie im Victoria-Park in Kalkutta ein Schlangenbeschwörer bei seiner Vorführung einen Mungo zum ichweißnichtwievielten Male eine halbtote Schlange ins Genick beißen läßt. Wie ich am Ufer der *Ganga* (Ganges) die Sonne und den Morgennebel aus dem rosa schimmernden Wasser steigen sehe und einfach nur glücklich bin. Wie mich in *Varanasi* (Benares) eine Tänzerin in türkisem Gewand mit ihrem Tanz und die Livemusik (mit Tabla, Sitar, Bambusflöte und Harmonium) so bezaubern, dass mir die Tränen fließen. Wie Winfried, Heinz, Hermann und ich bei den Felsentempeln von *Ajanta* per Räuberleiter auf den Rücken einer lebensgroßen Elefantenstatue klettern, um uns, einer hinter dem anderen sitzend, von einem japanischen Touristen mit unseren vier Kameras viermal ablichten zu lassen.

Glücklich war ich während der Reise nicht immer, oder sagen wir: oft nicht. Die Sehnsucht nach Linde quälte mich ebenso wie die Querelen in der Gruppe oder sporadisches körperliches Unwohlsein in Form von Durchfall, Erkältung, Rückenschmerzen, Magenbeschwerden, Geschwüren, Würmern und Flöhen. Auch die Konfrontation mit so viel Leid, Elend und extremer Not von vielen Menschen und die offensichtliche Unfähigkeit der Politik, ihre Lage zu verbessern, berührten mich schmerzhaft.

Doch die positiven Eindrücke – atemberaubend schöne Landschaften, Gebäude und Kunstschätze, faszinierende Einblicke in exotische Lebenswelten, ungezählte inspirierende Begegnungen, all die fabelhaften Geschenke der Reise – überwiegen bei weitem die Entbehrungen.

Zum Schluss möchte ich noch von *Panter* erzählen: Auf dem Campingplatz von Maschhad (im Osten des Iran) war uns ein Katzenjunges zugelaufen, und wir hatten uns dafür entschieden, es in unsere Gemeinschaft aufzunehmen. Wobei wir uns anfänglich nicht vorstellen konnten, dass der kleine Kater, den wir auf den Namen Panter tauften, bis zum Ende der Reise bei uns bleiben würde. Aber so geschah es, er gewöhnte sich schnell an sein fahrbares Zuhause und kehrte nach nächtlichen Ausflügen immer wieder zu unserem VW-Bus zurück. In einem Brief an Linde beschrieb ich unseren vierbeinigen Gefährten: *Panter ist jetzt schon doppelt so groß wie zum Zeitpunkt, als wir ihn kennenlernten. Damals fand er bequem auf einem Handteller platz. Er hat ein graues Fell mit schwarzen Streifen und allerlei weißen, gelben, braunen und grünen Einsprengseln und ein schönes Gesicht mit rosa Stupsnäschen. Er ist zärtlich, scheint auch intelligent (wie er uns manchmal foppt!). Wenn er seine Instinkte übt, ist es ein Vergnügen ihm zuzuschauen: wie er mit ungestümen Sprüngen einen fiktiven Vogel überrascht, sich anschleicht, flüchtet, Flucht vortäuscht, herumpurzelt. Über die Schlafstellungen Panters könnte man einen Fotoband ebenso füllen wie einen Cartoon-Bestseller gestalten oder sich schlicht krank lachen. Panter ist aber verwöhnt, frisst nur Fleisch, beklagt sich über jede Kleinigkeit. Bei seinen Ausflügen machte er schon eine Menge böser Erfahrungen, hinkt auch jetzt wieder. Alle haben ihn gern.*

Nach vier Monaten mit Panter als fünftem Mann an Bord waren wir fest entschlossen, ihn mit nach Deutschland zu nehmen. Als wir im März 1972 von Dehli aus den Rückflug nach Europa antraten – wir konnten aufgrund des Indisch-Pakistanischen Krieges nicht auf dem Landweg zurück –, war er zu einem schmucken, gewandten und kräftigen jungen Burschen herangewachsen. Wir hatten alle nötigen Papiere und Impfungen besorgt, um ihn in einem Katzenkorb als Handgepäck mit an Bord nehmen zu können. Ich war derjenige, der ihn in Wuppertal bei sich aufnehmen wollte. Doch leider kam es nicht dazu. Im Schnellzug von Ostende, wo wir gelandet waren, nach Köln entwischte Panter durch ein Loch im Abteil ins Ungewisse, und wir sahen ihn niemals wieder. Wir gaben bei Radio Luxemburg eine Suchanzeige auf, die auch ausgestrahlt wurde. Aber die einzige Reaktion darauf war ein Brief aus Belgien. Darin befand sich ein ausgeschnittener Zeitungsartikel mit dem Foto eines Försters, der eine von ihm erlegte Wildkatze in die Kamera hält. Am Rande des Artikels stand mit Tinte geschrieben die Frage: *Ist das Ihr vermisster Kater?*

USA Kanada

Mitte März 1972 aus Indien zurückgekehrt erlebte ich ein überglückliches Wiedersehen mit Linde, die am Heilpädagogischen Institut in Köln ein Aufbaustudium begonnen hatte. Nur vier Monate vergingen, bis wir eine siebenwöchige Reise in die USA und nach Kanada antraten.

Ein paar kurze Einblicke: In New York und Chicago bestaunten wir vor allem die Wolkenkratzer, die zu dieser Zeit (im Sommer 1972) auf Erden noch nicht Ihresgleichen fanden. Von der Aussichtsplattform des *Empire State Buildings* sahen wir in einem Wald von Türmen aus Stahl und Glas in der Ferne die soeben fertiggestellten Zwillingstürme des *World Trade Centers* im goldenen Abendlicht aufragen. Und natürlich genossen wir noch viele andere Sehenswürdigkeiten.

In einem Sommerferienlager für unterprivilegierte Kinder aus dem Großraum Chicago strichen wir im Rahmen eines Workcamps des *SCI* (*Service Civil International*) drei Wochen lang Holzhütten mit rotbrauner Farbe an und beteiligten uns als pädagogische Hilfskräfte auch an dem Freizeitangebot für die überwiegend schwarzen Kinder und Jugendlichen.

Danach besuchten wir Verwandte von Linde (ein Großonkel von ihr war nach dem Ersten Weltkrieg nach Amerika ausgewandert) in Chicago und Minneapolis. Anschließend trampten wir zweitausend Kilometer durch das südliche Kanada – nichts als Wald! – bis Montreal, wo wir uns mit Rachelle trafen, die ich auf der Indienreise kennengelernt hatte. Die letzte Reisewoche erlebten wir in einer Landkommune in den Ahornwäldern von Massachusetts. Im windschiefen Wohnhaus einer ehemaligen Farm wohnten ein halbes Dutzend Erwachsene und ein paar Kinder. Sie lebten von der Produktion von Ahornsirup und von Obst und Gemüse aus dem weitläufigen Garten. Eine versteckte kleine Marihuana-Plantage gehörte ebenfalls zur *Birds Foot Farm-Community*, die mehrheitlich aus zum Hippietum konvertierten Hochschulabsolventen aus Boston bestand. Die Atmosphäre in der Gruppe war herzlich und relaxed. Mehrere der Erwachsenen spielten ein Musikinstrument. Mit Begeisterung nahmen wir Gäste aus Deutschland an einer Session in Freien teil, bei der Banjo, Fidel, Flöte und Stimmen zum Einsatz kamen. Es war ein heißer Sommernachmittag, und alle waren so nackt, wie Gott sie erschaffen hat, auch Jonny und Steve, die im Rhythmus der Musik in den Beeten Unkraut zupften. Diese Begegnung mit einer typischen Landkommune der Siebziger Jahre weckte in meiner Seele eine nachhaltige Sehnsucht nach einem Leben auf dem Lande.

Einer der jungen Kommunarden, Doug, machte ein Jahr später auf seinem Weg nach Indien Station bei Linde und mir in Köln. Er war ein herzensguter, unbekümmerter, aber ein wenig tollpatschiger Kerl, der den weiten Weg per Anhalter zurücklegen wollte. Weil er glaubte, dadurch eher mitgenommen zu werden, trug er eine goldgelbe Krawatte zu seiner Hippiekluft. Ein paar Tage zuvor war er in Amsterdam mitsamt seinem Reisegepäck in eine Gracht gefallen. Seine selbstgebaute *Dulcimer*, ein vornehmlich in den Appalachen verbreitetes Saiteninstrument, das dieses unfreiwillige Bad wie ein Kahn auf der Wasseroberfläche schwimmend überstanden hatte, ließ er in Köln zurück.

Die Reisende Volkshochschule

Nächste Etappe auf der Lebensreise: Nach vier Semestern Lehrerstudium in Wuppertal ergab sich für mich die Möglichkeit, in den Studiengang zum Diplom-Pädagogen überzuwechseln. Ein sechswöchiges Praktikum an einer Hauptschule in Solingen hatte mich von dem Wunsch kuriert, Lehrer werden zu wollen. Um mit Linde zusammen zu leben, setzte ich mein Studium ab dem Wintersemester 72/73 an der Pädagogischen Hochschule in Köln fort. Wir fanden eine schnuckelige Wohnung in Bayenthal nahe dem Rhein.

Aus den linken Gruppierungen, in denen ich während der folgenden zwei Jahre verkehrte, stach eine Projektgruppe hervor, die identisch war mit einem Oberseminar zum Thema *Emanzipatorische Jugendbildung*, oder so ähnlich. Ungefähr zwanzig SeminarteilnehmerInnen und ihr linksliberaler Professor, den alle duzten und mit Paul anredeten, hatten sich zum Ziel gesetzt, anknüpfend an Modelle aus der Weimarer Republik und die Arbeiterbildungsvereine der frühen Sozialdemokratie, ein *Arbeiterbildungsheim* ins Leben zu rufen. Auszubildende und junge Arbeiter sollten in einer Hausgemeinschaft zusammen *leben und lernen*, was in unserem Verständnis besagte, durch politische Schulung und andere Bildungsangebote nach der Arbeit zu einem kapitalismuskritischen und klassenkämpferischen Bewusstsein erzogen werden.

Was sich in unseren wöchentlichen Seminarsitzungen im Laufe von zwei Jahren im Wesentlichen abspielte, erscheint mir heute als intellektuelle Rangelei theoriefetischistischer Salonrevolutionäre über den einzig richtigen marxistischen Standpunkt. Es gab auch einige KommilitonInnen, die das Projekt aus einer humanistischen Perspektive pragmatisch voranbringen wollten. Doch die fundamentalistischen Hitzköpfe beherrschten den Ablauf der ständig neu aufflammenden Strategiedebatten. Einer von ihnen, quasi der Chefideologe, war der Genosse Wolter, der sich per Nachnamen anreden ließ. Er hatte die Fähigkeit, in einem einzigen Satz Zitate von Hegel, Feuerbach, Marx und Adorno unterzubringen. Dabei mischte er seiner pseudoakademischen Diktion immer ein wenig Arbeiterjargon unter, der die Kölsche Mundart nicht verleugnete. Er ließ keine Gelegenheit aus, sich mit seiner eklektizistisch-hermeneutischen Rhetorik als intellektueller Obermacker in Szene zu setzen; je länger der Satz, je stringenter die dialektisch-materialistische Herleitung, desto potenter der Protagonist. Aufgrund seiner Belesenheit und Eloquenz gelang es ihm, nicht nur jede Gegenrede nieder zu bügeln, sondern auch die hübscheste und intelligenteste Frau in der Projektgruppe für sich zu gewinnen.

Wolter war nicht der einzige, der fest daran zu glauben schien, dass die proletarische Revolution quasi vor der Tür stand und dass es beim geplanten Arbeiterbildungsheim einzig darauf ankäme, die richtungsweisende revolutionäre Rezeptur in die Köpfe von einem Dutzend Jungarbeitern einzutrichten. Der Genosse Blatzek arbeitete in einem Industriebetrieb, wie viele andere wackere linksintellektuelle Revoluzzer damals, um den Kontakt zur werktätigen Bevölkerung zu pflegen. Wenn in einem der Kölner Großbetriebe wie *KHD (Klöckner-Humboldt-Deutz), F&G (Felten&Guillaume)* oder *Ford* für ein paar Pfennige mehr in der Lohntüte gestreikt wurde, leuchteten die Augen unserer fanatischen Mitstreiter auf: wieder ein Schritt in Richtung klassenlose Gesellschaft.

Von erfrischend anderer Natur waren die Diskussionsbeiträge meines Freundes Klaus Meltzer, der früher Malocher gewesen war, jahrelang politische Schulungsarbeit bei den *Falken*, der Jugendorganisation der SPD, geleistet hatte, sich jetzt als erfolgloser Kunstmaler betätigte und leider dem Alkohol verfallen war. Er zeigte den Oberkopferten mit ironischen Kommentaren, wie die konsumversessene Arbeiterklasse wirklich tickt. Und er witzelte über uns als *revolutionäre Avantgarde*, die ihre Nähe zum Proletariat mit dem ausgiebigen Konsum von Kölsch in unserer Stammkneipe demonstrierte. Dorthin pflegten wir nach dem Seminar mit der Straßenbahn zu fahren.

Was Radikalität auch bedeuten kann, erlebte ich bei einer Fahrkartenkontrolle. Es gehörte für uns zum guten Ton, schwarz zu fahren, ethisch legitimiert durch unsere Forderung nach kostenlosen öffentlichen Verkehrsmitteln. Bis zur nächsten Haltestelle war es noch weit, und der *Kontroletti* war nur noch drei oder vier Personen entfernt, da hielt die Bahn auch noch vor einer roten Ampel! Ich gab mich schon geschlagen und sah die nächste Anzeige auf mich zukommen. Nicht so der Genosse Wolter, der neben mir stand. Er riss einfach die Flügel der hydraulisch betriebenen Straßenbahntür mit einem kräftigen Ruck auseinander und sprang auf die Straße. Ich ihm nach. Eine Methode, die ich später noch mehr als einmal angewendet habe – die aber leider in der Wuppertaler Schwebebahn nichts taugte.

Bei aller Kritik an der pseudorevolutionären Hirnwichserei erschien es mir als Pädagogikstudent im Bereich Erwachsenenbildung durchaus erstrebenswert, jungen Menschen ein systemkritisches politisches Bewusstsein zu vermitteln, aber nicht in Form aufoktroyierter Dogmen, sondern auf der Basis ihrer eigenen Erfahrungen und einer fundierten Gesellschaftsanalyse. Ich schrieb parallel zu unserem Projekt an meiner Diplomarbeit mit dem Titel *Der Beitrag der Bildenden Kunst bei der politischen Bewusstseinsentwicklung von Arbeitern.*

Die breite Auseinandersetzung mit den Schriften von Karl Marx, der Kritischen Theorie, Herbert Marcuse und anderen führte dazu, dass ein großer Teil der Studentenschaft sich grundsätzlich einig war in der Ablehnung des kapitalistischen Wirtschaftssystems. Die sogenannte freie Marktwirtschaft, die dem Profit der Eigentümer an den Produktionsmitteln und nicht dem Allgemeinwohl verpflichtet ist, stellte für uns die eigentliche Ursache für nahezu alle ökonomischen, ökologischen und sozialen Probleme dar, Probleme, die sich weltweit in den folgenden Jahrzehnten durch Globalisierung und Digitalisierung immer weiter verschärft haben. Die Rücksichtslosigkeit, mit der multinationale Konzerne und Finanzimperien ihre Macht und ihren Reichtum stetig vergrößern und dabei irreparable Schäden an Mensch und Umwelt anrichten, ist im *Funktionsprinzip* des kapitalistischen Wirtschaftsapparates begründet. Das war der marxistische Kern der Gesellschaftskritik der Achtundsechziger. Was uns bewegte, war nicht allein die Theorie, sondern auch die emotionale Betroffenheit über die Verelendung von Milliarden Menschen, die Naturzerstörung, den kulturellen Ausverkauf und die politischen Konflikte und Verwerfungen bis hin zum Vietnamkrieg. Das wachsende Ausmaß an Gewalt, Ungerechtigkeit, Lüge, Verblendung, Hass und Angst, forderte uns heraus, für eine grundlegende Veränderung der gesellschaftlichen Verhältnisse auf die Barrikaden zu gehen.

Der linksradikale Bazillus hatte so gut wie die ganze Hochschule befallen. Viele Professoren beugten sich unter dem Druck der Studenten nach links. Selbst auf die Lehrpläne und Lerninhalte nahmen die linken Aktivisten Einfluss. Auch in der Fachschaft Kunst, der ich angehörte, ging es vielen KommilitonInnen vorrangig um Gesellschaftsveränderung. Zweckfreie Kunst wurde als *bürgerliche Scheiße* abqualifiziert. Ein Standpunkt, den ich nicht teilte.

Zu den Aktivitäten rund um unser Arbeiterbildungsprojekt gehörte auch eine Studienreise nach Dänemark. Aber bevor ich davon erzähle, möchte ich noch von einer zauberhaften Begegnung berichten, die sich am Abend vor unserer Abreise zutrug und ein irisierendes Schlaglicht auf das wirft, was wir damals unter *offener Zweierbeziehung* oder *freier Liebe* verstanden: Linde und ich waren mit der Straßenbahn zum *Fühlinger See* gefahren, einem Baggersee nordwestlich von Köln, an dem das Baden offiziell verboten war. Wir wollten der Frühsommersonne den Anblick unserer nackten Haut darbieten, wie außer uns noch ein Dutzend weiterer textilfreier Sonnenanbeter, die sich auf der leicht abschüssigen Uferwiese zwischen Büschen und Bäumen niedergelassen hatten. Als der Horizont sich der Sonne näherte, wollte ich noch ein letztes Mal im See schwimmen und stand eine Weile unentschlossen am Ufer, wegen der aufkommenden Abendkühle, und das Wasser war eh ziemlich kalt.

Da steht sie plötzlich neben mir. Und betrachtet mich mit einem schelmischen Lächeln in ihren Mäuseäugelein. Kurze graubraune Haare, vorwitzig lange Nase, spöttischer Mund, niedliche Brüste, schmales Becken, lange dünne Beine. Knabenhaft und elfengleich. Kennen wir uns? frage ich mich. – Nein, aber sie kommt mir irgendwie vertraut vor, so wie … wie die verführerische Märchenfee meiner erotischen Träume.

Gehen wir zusammen ins Wasser?! fragt sie mit zweideutigem Unterton, so als wäre ihr an einem Doppelsuizid mit mir gelegen. – Warum nicht? erwidere ich. Und schon hat sie meine rechte Hand ergriffen, um mich mit sich zu ziehen. Ungestüm wie Kinder rennen wir in den See und lassen den vom Abendlicht vergoldeten Wasserspiegel in tausend tanzende Splitter zerspringen. Beim Hinausschwimmen, nebeneinander, schauen wir uns wie frisch Verliebte immer wieder Bestätigung suchend und findend in die Augen. Weiter draußen wendet sie sich mir zu und gibt mir einen feuchten Kuss auf den Mund. Unsere Körper berühren sich. Unsere Blicke verschmelzen. Doch obwohl ich in Kopf und Herz erotisch entflammt bin, ist es meinem Körper zu kalt im Wasser. Lass uns zurückschwimmen, schlage ich bibbernd vor.

Wieder auf festem Boden zittere ich am ganzen Körper, habe eine Gänsehaut und kann mein heftiges Zähneklappern nicht unter Kontrolle bringen. – Du bist ja völlig unterkühlt, komm ich wärme dich! – Ein paar Schritte entfernt zwischen Büschen den Blicken der anderen entzogen, rubbelt sie meine schlotternden Gliedmaßen mit ihrem Badetuch trocken. Dann sinken wir ins Gras, und die geheimnisvolle Unbekannte zieht mich an ihren warmen Körper, umfängt mich mit ihren acht Armen, drückt und streichelt und platziert Küsse. Als unsere Münder sich aneinander saugen, klappern mir immer noch die Zähne. Ohne Ankündigung nimmt die reizende Samariterin meinen jämmerlich zusammengeschrumpften Pimmel in die Hände – oh, der Kleine ist ja auch ganz kalt! – und streichelt und knetet und massiert ihn, bis er warm und groß ist. Wie selbstverständlich gewährt sie ihm Einlass in den ultimativen Zufluchtsort zwischen ihren Schenkeln. Doch die Lust ist nur von kurzer Dauer. Mein Körper ist immer noch zu unterkühlt, das genitale Strohfeuer erlischt und mit ihm meine Erektion. Macht nix, sagt sie mit heiterer Miene, wir können uns ja mal wiedersehen. – Fäfäfänd ich schön, schnattere ich und springe auf, um mich warm zu hüpfen, während sie unsere Klamotten herbei schafft.

Die anderen Badegäste sind inzwischen alle gegangen, bis auf einen Mann, der lesend auf einer Decke liegt. Das ist Axel, mein Freund, eröffnet mir meine Wassernixe, wie heißt du eigentlich? – Helmut, und du? – Bine. – Aber wo ist Linde? Ein schlechtes Gewissen befällt mich. Hat sie alles beobachtet und ist wutentbrannt abgehauen? Freundlicherweise fahren Axel und Bine mit ihrer Ente in meine Richtung und setzen mich vor der Haustür ab. Während der Fahrt erfahre ich, dass sie am nächsten Tag nach Berlin zurückkehren, wo sie in einer Kreuzberger Wohngemeinschaft leben. Na, dann wars das wohl mit einem Wiedersehen, denke ich. Aber immerhin schreibt Bine mir ihre Berliner Adresse auf und unterfüttert ihre Einladung mit einem zärtlichen Abschiedskuss. Linde trifft kurz nach mir zu Hause ein. Sie hat noch zusammen mit einer Bekannten eine Frauenveranstaltung an der Uni besucht. Von meinem Erlebnis mit Bine hat sie anscheinend nichts mitbekommen.

Es war ein sonniger Junitag, an dem unsere Projektgruppe in einem Mini-Reisebus nach Dänemark aufbrach, um dort innerhalb von zehn Tagen die *Reisende Volkshochschule* und verschiedene andere Heimvolkshochschulen zu besuchen und zwischendurch an unserem Arbeiterbildungsprojekt inhaltlich weiter zu arbeiten. Wir waren inklusive Prof. zwölf Personen. Die Obertheoretiker waren nicht unter uns.

In Dänemark ist es seit langem Tradition, dass Heranwachsende nach der Schule oder der Berufsausbildung für einige Monate, bis zu einem

Jahr, eine Orientierungszeit in Heimvolkshochschulen mit breitgefächerten Bildungsangeboten verbringen. Die Reisende Volkshochschule hat das Konzept, mit Gruppen von Jugendlichen beiderlei (heute müsste es *political correct* heißen: jedweden) Geschlechts auf eine mehrmonatige Auslandsreise zu gehen. In der dreimonatigen Vorbereitungszeit werden die dafür vorgesehenen uralten Reisebusse von den Teilnehmern bis auf das letzte Schräubchen auseinandergenommen und wieder zusammengebaut. Dann folgen vier Monate Bildungsreise, bevorzugte Ziele Afrika und Vorderer Orient. Zwei Monate Nachbereitung runden das Ganze ab.

Amdi Petersen, Begründer und Leiter der Reisenden Volkshochschule, begrüßt uns locker und herzlich in seinem Reich, das aus einer Ansammlung neu erbauter schmuckloser hölzerner Flachbauten auf einem leicht gewellten sandigen, von Kiefern und Birken aufgelockerten Gelände besteht. – Hier könnt ihr gemutlich sein, sagt der lange schlacksige Däne, der mal Deutsch, mal Englisch mit uns spricht und immer in Arbeitskleidung herumläuft, nachdem er uns zu einer der spartanisch eingerichteten Baracken geführt hat. Als wir ihm unsere Bereitschaft signalisieren, für die fast kostenlose Unterkunft und Verpflegung eine Gegenleistung zu erbringen, fragt er uns nach kurzem Überlegen mit einem verschmitzten Lächeln, versteht ihr etwas von Schafezucht?

Natürlich hat keiner von uns auch nur die blasseste Ahnung. – Das ist gut, sagt Amdi, wir haben schon lange die Idee, auf unserem Land Schafe zu haben, und ihr könnt uns helfen. – Aus heiterem Himmel sehen wir uns vor die Herkulesaufgabe gestellt, im Laufe einer Woche, in der auch noch andere Termine anstehen, aus dem Stand die Voraussetzung für die Haltung von fünf Schafen zu schaffen. Das heißt, das dafür vorgesehene Stück Land mit einem Zaun umgeben, einen Schafstall errichten, geeignete Tiere günstig einkaufen, Futter besorgen – und uns zuvor in die viehische Materie erst einmal von der Pike auf einarbeiten.

Wir gingen sofort ans Werk, diskutierten, verteilten Aufgaben, schwärmten aus, holten bei anderen Schafzüchtern Informationen ein und telefonierten sogar mit einem *hohen Tier*, dem *Königlichen Chefkonsulenten des Dänischen Schafswesens*, oder so ähnlich. Am nächsten Tag besorgten wir Bretter und Pfosten, Draht und Nägel, Dachpappe und was weiß ich noch alles. Hammer, Zange, Zollstock und Säge stellte uns Amdi zur

Verfügung. Es war ein genialer Schachzug von ihm, unserer Gruppe mit dieser Aufgabe einen gruppendynamischen Adrenalinstoß zu verpassen. In das Reich der hehren Theorie brach die schweißtreibende handwerkliche Praxis ein. Ich sehe noch vor mir, wie Rainer, ein blonder Hüne von Zweimeterzwölf, mit weit ausholenden Schlägen den Vorschlaghammer auf den angespitzten und geteerten Pfosten niedersausen lässt, den ich und mein Schutzengel in der Senkrechten halten. Ich erinnere mich auch noch, dass ich für die Hütte, die als Schafstall dienen sollte, einen tauglichen Bauplan skizziert habe; und dass Klaus mit Kreide auf die Tafel in unserem Gemeinschaftsraum die kämpferische Parole geschrieben hatte: *Venceremos, Genossen Schafzüchter, der Sieg ist unser!* – So nahmen die Dinge ihren Lauf.

Eine der drei Teilnehmerinnen an der Studienreise war Billie, ein langhaariges blondes Alpha-Weibchen, zehn Jahre älter als ich und auf dem *Zweiten Bildungsweg* ins Studium eingestiegen. Sie hatte ein freches Mundwerk, rauchte und trank mehr als die Männer und stimmte dann und wann, besonders nach ein paar Bierchen, ihren Balzgesang an: *Juja, Kribbeln in der Butz, wer dat nich hätt, der is nix nutz!* Niemand reagierte darauf – mich ausgenommen. Billie war jederzeit bereit, den Beweis dafür anzutreten, dass sie zu etwas nutz war. – *Noch ein Zigarettchen, und dann ab ins Bettchen!* – Wir betrieben eine Art Sex *light,* ohne Verliebtheit oder Leidenschaft, so wie man mal eben zwischendurch eine Tasse Kaffee trinkt. Ihre Küsse schmeckten nach Nikotin, und ihr Körper wirkte irgendwie verbraucht. Einen Orgasmus schien sie nicht zu bekommen. Nichtsdestotrotz waren wir beide süchtig nach dieser spätpubertären Rammelei. Einmal, als sich die Gruppe bei einem Kasten Bier im Gemeinschaftsraum, der gleichzeitig Schlafraum war, zur abendlichen Besprechung versammelt hatte, wohnten Billie und ich der Sitzung im Liegen bei. Im oberen Stock des Etagenbettes nahmen wir mental an der Diskussion teil, während wir unter der Bettdecke wie bei*läufig* in unser Liebesspiel vertieft waren. Die Wallungen der Wollust beflügelten unseren Geist. Die Parole von der (s)*permanenten Revolution* huschte mir durch den Kopf und, in Abwandlung von Marx: der *tendenzielle Phall der Profickrate.* Darüber können wahrscheinlich nur Insider schmunzeln.

Am Ende unserer Studienreise hinterließen wir der Reisenden Volkshochschule einen Schafstall, eine umzäunte Weide und fünf Schafe, darunter ein Widder und zwei trächtige Muttertiere. Und was ist aus unserem Arbeiterbildungsheim geworden? Es wurde ein Jahr später in einem alten Patrizierhaus in der Kölner Südstadt eröffnet – auf der Basis des von uns entwickelten, von revolutionären Flausen weitgehend gereinigten Konzepts. Ich habe die weitere Entwicklung nicht verfolgt, weil ich mit Linde wieder nach Wuppertal zog, wo ein völlig neuer Lebensabschnitt begann. – – – Das Ende der *lovestory* mit Bine möchte ich der geneigten Leserschaft nicht vorenthalten. Ungefähr drei Monate nach der Studienreise besorgte ich mir eine Mitfahrgelegenheit nach Berlin. Mich lockte die Kreuzberger Szene, aber auch Ostberlin, Hauptstadt der DDR. Zuallererst zog es mich allerdings zu Bine, der vagen Verheißung eines Liebesabenteuers.

Die angegebene Adresse führte mich zu einer dieser heruntergekommenen Mietskasernen aus der Gründerzeit. Am wildwuchernden Klingelbrett standen viele Namen, nur nicht ihrer. Durch die angelehnte Haustür betrat ich das düstere, muffige Treppenhaus. Es war erstaunlich still, als wäre das Haus unbewohnt. (Vielleicht ist es ein Abbruchhaus, oder die Bewohner sind gerade auf einer Demo?) Auf jedem Stockwerk die Klingelschilder vergeblich nach Bines Namen abscannend stieg ich bis in die vierte Etage hinauf. Hier fand ich keinerlei Namen an der putzbröckelnden Wand, sondern nur ein rotes Brettchen, auf das in schwarzen Lettern mit Sauklaue KKK gepinselt war. Im Sprachzentrum meines Gehirns begann es sofort zu rattern, was könnte dieses Kürzel bedeuten? Kunterbunte KreativKooperative? – Kalligrafisches KünstlerKollektiv? – Kreuzberger KussKontor? – Konspirativer KuschelKlub? – Kommunistisches KokainKartel? – Kochstudio Kritischer Katholiken? – Knusper Knusper Knäuschen? – Ku Klux Klan?

Aber was hatte das alles mit Bine zu tun? Mein Argwohn, sie könne mir eine Phantomadresse genannt haben, ließ sich kaum noch verdrängen. Zögernd schob ich die unverschlossene Eingangstür auf und gelangte in eine finstere Diele, von der mehrere Türen abgingen. Eine davon stand halb offen. Ich ging darauf zu, hörte Geschirrspülgeräusche und sah eine schmale Frauengestalt in weißem Unterhemd und blauen Leggings, umgeben von einem Gebirge aus schmutzigen Tiegeln, Töpfen, Tellern und Tassen. Mein Räuspern veranlasste die zum Horror-Spüldienst Verdammte, sich zu mir umzudrehen. Es war Bine. Ihr freudiges Lächeln löste meine Beklemmung augenblicklich in Wohlgefallen auf. Nach einer herzhaften Umarmung reichte sie mir ein Tuch: Wenn du abtrocknest, geht es schneller. – Während wir arbeiteten, sprachen wir über alles Mögliche. Ich frage sie auch nach der Bedeutung von KKK. Hast du noch nie von der *Kreuzberger KakaoKommune* gehört? fragte sie gespielt erstaunt zurück, in unserer WG leben nur Leute, die dem Alkohol abgeschworen haben. – Aha, anstelle der *AA* seid ihr die *KKK!* lautete mein *K*eineswegs *K*orrekter *K*ommentar.

Als wir endlich mit dem Abwasch fertig waren, verkündete Bine mit hinreißender Unbefangenheit: Jetzt können wir uns hinlegen, wenn du magst. – Sie führte mich in ein großes Zimmer, das sie mit ihrem Freund teilte. Ein protziger Kleiderschrank, zwei Sperrmüllsessel, ein grellroter runder Tisch mit überfülltem Aschenbecher, ein vollgestopftes Bücherregal, das obligatorische Che Guevara-Poster an der ansonsten kahlen Wand, zwei Matratzen mit weißem Bettzeug auf dem Fußboden. Auf der linken Matratze, das Federbett bis zum Kinn hochgezogen und in einen Kriminalroman vertieft, lag Axel. Er grüßte mit einem mürrischen Hi! und nahm im Weiteren keinerlei Notiz von uns. Auch nicht, als Bine und ich uns neben ihn ins zweite Bett kuschelten und nach kurzer Anwärmphase ohne emotionalen Tiefgang miteinander schliefen. Keine Spur der erotischen Verzückung, die uns am Fühlinger See bezaubert hatte. Kein Anflug von Verliebtheit. Null Romantik. So hatte ich mir das nicht vorgestellt. Ein frustrierendes Lehrstück in *freier Liebe*.

V9 – oder: wer zweimal mit derselben pennt

Nach zweieinhalb Jahren Köln zogen Linde und ich im Sommer 1974 wieder nach Wuppertal. Hier wurde am 5. November desselben Jahres im alten Verwaltungsgebäude des ehemaligen Viehhofs (heute *Villa Media*) die *Börse* eröffnet, das erste Kommunikationszentrum in Nordrhein-Westfalen. Als angehender Diplom-Pädagoge gehörte ich von Anfang an zu dem siebenköpfigen Arbeitsteam. Der Initiator des Projektes, Dieter Fränzel, und der Vorstand des Trägervereins wollten in der *Börse* ein überregional attraktives kulturelles Veranstaltungszentrum mit Musik, Film, Disco und dergleichen entstehen lassen. Wir vom *Team* (Eva und Flippi aus dem Architekturbereich, Conni aus dem Sozialsektor, Lutz, der Elektriker, Sabine, die Praktikantin, Ingo, der Folk-Fan und ich) hatten etwas anderes im Sinn. Von den politischen Ideen der 68er Bewegung durchdrungen, betrachteten wir unkritischen Kulturkonsum als *systemstabilisierend*, während wir doch *gesellschaftsverändernd* wirken wollten: die Arbeiterschaft agitieren, Stadtteilarbeit, Jugendarbeit, Randgruppenarbeit usw. Aber wir konnten uns nicht durchsetzen. Nach einem Dreivierteljahr gaben wir auf und überließen die Börse unseren ein wenig angepassteren Nachfolgern. Längst schon war in unseren Köpfen der Entschluss gereift, uns zu einer großen Wohngemeinschaft zusammenzuschließen. Beziehungspartner und Freunde kamen hinzu, so dass wir schließlich vierzehn Leute waren. Alle mehr oder weniger links – in unterschiedlichen Rottönen – einig in der Ablehnung eines Gesellschaftssystems, in dem das Geld regiert; begierig darauf, die Spannbreite der Lebensmöglichkeiten zwischen Berufsrevolutionär, Aussteiger, *Flower-Power* und Selbsterfahrung, auszuloten.

Auf der Suche nach einer passenden Immobilie entdeckte ich im August 1975 in Unterbarmen zwischen Hardt und Wupper eine leerstehende Gründerzeitvilla, die der Werkzeugfirma Tacke gehörte. Einen Monat später unterzeichneten Linde, Fritz und Heinz, die als LehrerInnen ein solides Einkommen vorweisen konnten, den Mietvertrag für zunächst zwei Jahre. Im Laufe des Septembers zogen wir alle ein – vierzehn Männer und Frauen von Anfang Zwanzig bis Anfang Dreißig und dazu sieben Katzen und Kater, die zufälligerweise alle schwarz waren. So beginnt die Geschichte der *V9*, der legendären Wohngemeinschaft Völklingerstraße 9.

Es gibt in Wuppertal schönere Villen, aber für unsere Bedürfnisse waren die vielen kleineren und größeren Räume auf vier Etagen genau das Richtige. Ein großes Wohnzimmer im Erdgeschoss (der ehemalige gutbürgerliche *Salon*) und ein größerer Raum im Untergeschoss dienten als Treffpunkte nicht nur für die Hausgemeinschaft, sondern auch für verschiedene Gruppen von außerhalb, mit denen einzelne von uns in Verbindung standen. Unter anderem trafen sich in unserem Haus die Teilnehmerinnen der ersten Frauengruppe Wuppertals, Mitarbeiter der alternativen Stadtzeitung *Wat löppt*, dazu eine Gruppe von fünf oder sechs Leuten, darunter Sabine und ich, die den Ortsverband Wuppertal der *Falken* wiederbeleben wollten. (Mit Erfolg, denn bereits im Sommer 1976 fand unter unserer Leitung ein *Sozialistisches Jugendlager* mit fünfundvierzig TeilnehmerInnen statt.) Einige Monate lang wurde im Kellergruppenraum *Selbstdarstellung* praktiziert, eine Art Psychotheater mit kathartischer Wirkung nach dem Vorbild der Friedrichshof-Kommune südlich von Wien. Flippi, Haju, Bernd und andere probten bei uns für ein konsumkritisches Straßentheaterprojekt.

Dank zahlreicher Außenkontakte zu politischen, sozialen und künstlerischen Initiativen und Organisationen war die *Völklingerstraße 9* Teil eines weitverzweigten Netzwerkes linksalternativer Subkulturen, die, so glaubten wir, zu einer machtvollen Gegenkultur zusammenwachsen und die herrschende Kultur allmählich ablösen würden. Zum *Buschhäuschen* auf der Kaiserhöhe und zur *Farbmühle* in Unterbarmen, ebenfalls Hausgemeinschaften mit politischem Anspruch, standen wir in freundschaftlicher (aber auch konkurrierender) Verbindung. So war es nicht verwunderlich, dass sich bei größeren Feten in unserem Haus bis zu zweihundert Gäste tummelten. Das Zusammentreffen so vieler des Revoluzzertums verdächtiger Zeitgenossen sorgte für Stress bei den zwei Polizeibeamten, die allabendlich im Streifenwagen schräg gegenüber in der Hünefeldstraße ihren Dienst verrichteten. Wir wurden observiert – was für eine Auszeichnung! Welche Ehre! Ins Haus herein kam die Polizei meines Wissens nur einmal. Es war an einem heißen Sommertag, als Lutz und Petra bei weit geöffnetem Fenster und unbebettdeckt wild drauflos gevögelt haben, dergestalt, dass für ein älteres Ehepaar im Haus gegenüber der Untergang des Abendlandes hereingebrochen zu sein schien und sie empört zum Hörer griffen, um die 110 zu wählen.

Wie war das mit der Sexualität in der *V9*? Das Konzept der *freien Liebe* spukte durchaus in einigen Köpfen herum (*wer zweimal mit derselben pennt, gehört schon zum Establishment*). Doch auch die Monogamie hatte ihre Befürworter, und einige von uns waren (gewollt oder ungewollt) ohne Sexualkontakte. Ich hatte neben der Beziehung mit Linde eine Liebschaft mit Sabine. Eine Zeitlang schlief ich abwechselnd bei der einen oder der anderen. Das nannten wir damals *offene Zweierbeziehung*. Von den vier Paaren am Anfang bestand am Ende der WG nach zwei Jahren keines mehr. Zu schrankenlosen Gruppen-*Sexzessen* kam es in der V9 nicht. Das höchste der Gefühle war eine *kollektive Streicheleinheit* am Heiligen Abend 1975, als wir zu zwölft auf dem Flokatiteppich im Wohnzimmer bei Kerzenlicht und psychodelischer Musik engumschlungen nach Herzenslust kreuz und quer streichelten, knutschten und fummelten.

Zu den unbestreitbaren Vorzügen unseres Zusammenlebens als WG gehörte der Umstand, dass (wenngleich das Privateigentum nicht in Frage gestellt wurde) jeder bestimmte Fertigkeiten und seine persönliche Habe nach Absprache anderen WG-Mitgliedern zur Verfügung stellte, seien es Bücher, Schallplatten, Musikinstrumente, Fahrrad oder Auto. Hatte einer sich eine neue LP (Langspielplatte) gekauft, konnten vierzehn Leute sie hören. *The Doors, David Bowie, Neil Young, Roxy Music, Pink Floyd, Patti Smith, Bob Dylan, Rolling Stones, Wolf Biermann, Ton Steine Scherben*: in puncto aktueller Hits waren wir immer gut ausgestattet. Auch im Hinblick auf die Ernährung brachte das WG-Leben Vorteile mit sich; neben dem Spareffekt kamen wir in den Genuss einer größeren Auswahl und konnten kochtechnisch voneinander lernen. Während normalerweise je eine Etage sich separat versorgte, speisten wir an Samstagabenden meistens alle gemeinsam im Wohnzimmer. Hin und wieder, bei gutem Wetter, trugen wir unseren gewaltigen ausziehbaren Eichentisch nach draußen auf eine freie Asphaltfläche neben dem Haus und zelebrierten im Angesicht staunender Passanten ein üppiges Festmahl. Zu diesem Event wurde nicht nur der Tisch besonders fantasievoll und feierlich gedeckt, sondern wir alle hatten uns spielerisch bunt und extravagant in Schale geworfen und genossen es, als Möchtegern-Revoluzzer in die Rolle der verachteten Bürger zu schlüpfen, mit einem guten Schuss Selbstironie versteht sich.

Im Rahmen dieser großen Wohngemeinschaft befanden wir uns in einem permanenten Prozess der Bewusstseinserweiterung und konnten unsere Bedürfnisse und Ideale weitaus besser ausleben, als wir es als Sin-

gles oder Paare gekonnt hätten. Natürlich traten auch die wohngemein-
schaftstypischen Schwierigkeiten auf – der nicht eingehaltene Putzplan,
das ungespülte Geschirr, die verschwundene Schallplatte, der tropfende
Wasserhahn oder zwischenmenschliche Verstimmungen und Interessens-
konflikte. Immer wieder mal versammelten wir uns in kleineren Gruppen
um den runden Tisch in der Küche der Ersten Etage, und dann wurde
alles ausdiskutiert, was es an Problemen gab. Manchmal holten Haju
und ich danach unsere Gitarren und stimmten linke Kampflieder, Folk-
songs oder Hits der Beatles an, während Heinz und Fritz, beide Lehrer
am Gymnasium, im Obergeschoss Oropax in die Ohren stopften, weil
sie schlafen wollten. Die Kampflinie zwischen dem Leistungsprinzip und
dem Lustprinzip verlief mitten durch unsere WG und mitten durch unsere
Köpfe: *Tief schürft die Strategiedebatte, doch tiefer schürft die Morgenlatte.*

Eine Aktion der V9 möchte ich noch erwähnen, auch wenn ich selber
nicht daran teilgenommen habe. Zum Weihnachtsfest 1976 haben sich die
WG-Genossen eine besondere Überraschung einfallen lassen: Auf dem
Höhepunkt der alljährlichen gesamtgesellschaftlichen Konsumpsychose
hüpften sie mit weißen Kleidern und goldenen Flügeln *Ho-Ho-Hosianna, Ho-Ho-Hosianna* skandierend über die Poststraße, die zentrale Ein-
kaufsmeile in Elberfeld.

Vierte Dekade (1976–1986). Im Sommer 1976 zerbrach die Beziehung
zwischen Linde und mir; sie konnte es nicht länger ertragen mitzuerleben, wie meine Verbindung mit Sabine immer intensiver wurde. Anfang
November flog ich mit Sabine nach Südamerika. Wir reisten sechs Monate lang (mit Bus, LKW, höchster Eisenbahn der Welt, Camionetta, Jeep,
klappriger Propellermaschine, Amazonas-Frachtschiff, per Anhalter und
zu Pferde) durch Peru, Bolivien, Ecuador und Kolumbien. Eine stark
politisch motivierte, höchst abenteuerliche *Studienreise*, bei der wir unter
anderem als Praktikanten in Entwicklungshilfe-Projekten in engem Kontakt zu der bitterarmen einheimischen Landbevölkerung standen. Nach
unserer Rückkehr gaben wir unsere Erfahrungen in einem Volkshoch-
schulkurs unter dem Titel *Die offenen Adern Lateinamerikas* an ein inte-
ressiertes Publikum weiter.

Südamerika

Die Südamerikareise darzustellen, ist ein Mammutprojekt. Doch ich werde aus dem Elefanten eine Maus machen, oder sagen wir, ein Lama, und nur einige Episoden wie in einer Rhapsodie anklingen lassen. – Vorweg: Die Reise war Sabines Idee und Wunsch. Ich entschied mich, daran teilzunehmen, nicht zuletzt, weil ich in der Partnerschaft mit Sabine meine Zukunft sah. (Wobei meine Beziehung mit Linde durch diese Entscheidung den Todesstoß erhielt. Auf die schmerzhaften inneren Prozesse während der Reise, die mit der Trennung von Linde zusammenhingen, gehe ich hier nicht näher ein.) Sabine war acht Jahre jünger als ich, schön, intelligent, mutig und musikalisch, und ich schätzte mich glücklich, von ihr *auserwählt* worden zu sein.

Gemäß unserem, aus späterer Sicht lächerlichem Anspruch, der Reise eine politische Bedeutung zu geben (*Hoch die Internationale Solidarität!*), hatten wir Eduardo Galeanos Buch *Die offenen Adern Lateinamerikas* durchgearbeitet. Darin geht es im Wesentlichen um die jahrhundertelang von imperialistischen Mächten wie Spanien und USA betriebene Ausbeutung von Arbeitskräften und Bodenschätzen und die aufgezwungenen landwirtschaftlichen Monokulturen in den südamerikanischen Staaten. Den Ablauf der Reise, die uns drei Monate durch Peru, zwei Monate durch Bolivien und einen Monat durch Ecuador und Kolumbien führen sollte, planten wir so, dass wir häufig im Kontakt mit der *unterdrückten* und *notleidenden* einheimischen Bevölkerung waren. Durch teilnehmende Beobachtung und Gespräche mit Experten sammelten wir eine Fülle von Informationen über das Leben und Leiden der *Campesinos* (Bauern), *Mineros* (Bergarbeiter) und *Indios* (Indigene Völker am Amazonas und auf dem Altiplano) und beschäftigten uns mit der aktuellen politischen Situation in den Staaten, die wir bereisten. Ebenfalls aus unserem linken politischen Selbstverständnis heraus folgten wir den Spuren Ché Guevaras, der zehn Jahre zuvor im *Antiimperialistischen Befreiungskampf* (gewissermaßen als *Märtyrer*) gefallen und zu einer Ikone der Achtundsechziger Bewegung geworden war. Erwähnen möchte ich auch noch, dass wir einen Schuhkarton mit Medikamenten im Gepäck hatten, den uns eine maoistische Splittergruppe aus Hamburg für die linksorientierte *CCP* (*Confederation de Campesinos del Peru*) mitgegeben hatte.

Von Mitarbeitern des *DED* (Deutscher Entwicklungsdienst) in Lima erhielten wir eine Übersicht der Entwicklungshilfeprojekte in Peru und Bolivien, die für einen Besuch in Frage kamen; und wir entschieden uns für je drei Projekte in den beiden Ländern. Der erste Projektstandort, den wir aufsuchten, war *Lampa*, ein abgelegenes Zweihundertseelendorf in der *Sierra* auf 2.800 Metern über dem Meer, das früher einmal Distrikthauptstadt gewesen war und zweitausend Einwohner gezählt hatte.

Die Anreise durch eine wilde Bergwelt mit grandiosen Landschaftspanoramen war schon ein Abenteuer für sich. Der klapprige Bus von *Sara Sara* quälte sich auf einer holprigen einspurigen Fahrbahn über eine im wahrsten Sinne des Wortes mörderische Strecke – Wracks abgestürzter Autos lagen in den Schluchten – mit Serpentinen, die teilweise so eng waren, dass nur durch mehrfaches Rückwärts- und Vorwärtsrangieren ein Weiterkommen möglich war. Auf der einunddreißigstündigen Fahrt erlebten wir einen Höhenunterschied zwischen null und mehr als viertausend Metern und eine Temperaturschwankung von minus 5 bis plus 35 Grad Celsius.

In Lampa tauchten wir in eine *untergegangene Welt* ein. Durch klimatische Veränderungen waren die landwirtschaftlichen Anbauflächen in dem Gebiet um das Dorf herum zu einem großen Teil ausgetrocknet und versteppt. Auf einigen kleinen Parzellen wurden noch Mais, Bohnen, Kartoffeln und Weizen angebaut und ein paar Schafe, Ziegen und Schweine gehalten. Strom gab es nur zeitweise, die öffentliche Wasserversorgung funktionierte nicht. Lediglich ein von den Entwicklungshelfern gebohrter Brunnen lieferte das lebensnotwendige Nass.

Alte Frauen sitzen oder stehen mit ausdruckslosen Gesichtern vor ihren ziegelgedeckten Lehmhütten und spinnen in althergebrachter Weise mit hölzernen Handspindeln endlose Fäden aus Schafwolle; auch zwei jüngere Frauen mit einem Kleinkind auf dem Rücken (in einem bunten Tragetuch, das sie mit der Stirn halten) gehen dieser Beschäftigung nach. Schwarze Schweine dösen in der brütenden Sonne, streunende Hunde wirbeln den Straßenstaub auf, Schwalben jagen durch die Gassen, Truthähne stolzieren über den Dorfplatz. Die Zeit scheint stehengeblieben, nichts stört die Friedhofsruhe. Das Dorf ist ein Gleichnis von Armut, Stillstand und Langeweile. Der nächtliche Sternenhimmel ist indess so berauschend wie der Pisco (Schnaps), den es hier in einer kleinen Tienda (Laden) spottbillig zu kaufen gibt.

Wir haben Quartier in einer leerstehenden Hütte, die zum *Hotelito* umfunktioniert worden ist. Essen bekommen wir bei den *Alemanos* im Haus gegenüber, dem ehemaligen *Konvent* der Gemeinde. Darin leben Karl, der Agraringenieur, Franziskus, der Priester, und Regina, die Lehrerin; dazu vier Pferde, zwei Hunde, ein Papagei und eine unbekannte Anzahl von Katzen. Im Team mit zwei peruanischen Mitarbeitern betreuen die deutschen Entwicklungshelfer verschiedene Projekte in der Region: Landwirtschaft, Holzverarbeitung, Metallwerkstatt, Schule, Lehrerfortbildung und Gottesdienst. Mit dem Jeep erreichen sie die meisten der umliegenden Dörfer, einige nur zu Pferde.

Viel Interessantes passierte nicht während der zwei Wochen in Lampa; uns blieb viel Zeit zum Lesen, Spanisch lernen, Lieder einstudieren, Beziehungsgespräche führen, Spaziergänge durchs Dorf machen und so weiter. Ich malte mein erstes Bild und schrieb Tagebuch. Wir hatten auch häufig Sex miteinander, dafür war Sabine immer zu haben, außer wenn es ihr nicht gut ging. Unsere einzige Arbeit bestand darin, der Köchin, einer Frau aus dem Dorf, ein paar Mal in der Küche zu helfen.

An einem Sonntag begleiteten wir Franziskus zum Gottesdienst in Colcabamba, an dem nur eine Handvoll älterer Frauen teilnahm. Regina nahm uns einmal mit in die Schule im Nachbardorf. Ungefähr sechzig Kinder aller Altersstufen in grauen Pullovern als Schuluniform hörten sich aufmerksam zwei oder drei deutsche Volkslieder an, die Sabine und ich mit Gitarrenbegleitung vortrugen, und stimmten im Gegenzug zwei oder drei Lieder in ihrer Muttersprache *Quechua* an. In der darauffolgenden Frage- und Antwortstunde, in der Sabine und ich unsere Spanischkenntnisse erproben konnten, traten die geringe Allgemeinbildung und die berufliche Perspektivlosigkeit der Schüler und Schülerinnen ebenso zutage wie ihre trügerischen Hoffnungen, später einmal in Lima ein besseres Leben führen zu können.

Eines frühen Morgens bestiegen Sabine und ich zwei gesattelte Pferde und brachen, versehen mit einer groben handschriftlichen Wegbeschreibung, zu einem Ausflug in die von starker Erosion geprägte Berglandschaft auf. Die brennende Pein, die mir als Reitanfänger der ständig scheuernde Pferdesattel an gewissen Körperstellen bereitete, werde ich ebenso wenig vergessen wie die majestätischen schneebedeckten Gipfel in weiter Ferne, die wir an einigen Stellen zwischen den ansonsten in Grau-

und Ockertönen gehaltenen und von wenig stacheligem Grün durchsetzten Höhen aufragen sahen. Das penetrante Gezirpe der Zikaden erfüllte die Luft, in der sich kein Windchen regte. Wir bestaunten sechs Meter hohe Kakteen mit gelben Blüten, sahen hoch oben im Blau einen Kondor kreisen und ertrugen tapfer – und dankbar für unsere Feldflaschen und Strohhüte – die brennende Mittagshitze. Ohne einer Menschenseele begegnet zu sein erreichten wir nach vier oder fünf Stunden das über tausend Höhenmeter tiefer gelegene schluchtartige Tal des *Rio Huanca*, eines steinreichen, aber zu dieser Zeit wasserarmen Gebirgsflusses. An einer etwas breiteren Stelle machten wir im Schatten eines Eukalyptusbaumes Rast, ließen die Pferde trinken, badeten in einer Felsenmulde, die noch genügend Wasser enthielt und überließen uns in dieser makellosen *Marlboro*-Landschaft ganz dem Gefühl von *Freiheit und Abenteuer*. Sabine rauchte Selbstgedrehte vom dunkelblauen *Drum*. – Ich war damals konsequenter Nichtraucher.

Über die zehnstündige nächtliche Zugfahrt von Arequipa, der drittgrößten Stadt Perus, nach Puno, das am 3810 Meter hoch gelegenen *Titicacasee* liegt, notierte ich in meinem Reisetagebuch: *Viele Stunden vorher sammeln sich bereits Massen von Indios auf dem Bahnhofsgelände. Um 19 Uhr werden wir in die Waggons gelassen, der Zug soll um 22 Uhr losfahren. Der Waggon, ein besserer Viehwagen, hat kleine Fenster ohne Glas und lange Bankreihen in Längsrichtung. Mindestens hundert Menschen sitzen, hocken oder stehen dicht gedrängt. Wie unwirklich wirken die bunten oder grauen Trachten im Halbdunkel der schummrigen Beleuchtung! Inkagleich sitzen sie mit versteinerten Mienen da, die weiten Ponchos um sich ausgebreitet. Es sieht aus wie schneebedeckte Berge, aus denen die Gipfel der Köpfe hervorragen. Ein muffiger Geruch erschwert das Atmen und dämpft die Laune. Fünfmal werden die Fahrkarten kontrolliert, werden unter den Bänken versteckte Kinder aufgespürt und wird die Aufforderung zum Nachzahlen mit großem Gezeter beantwortet. An den Bahnhöfen steigen etliche Händler ein und drängen sich, ihre Ware anpreisend – Coca-Cola, Chiclets, Cigarillos! – durch die engen Reihen der Passagiere. Mein Sitznachbar, ein Hochlandbewohner, der in Arequiba seinen Bruder besucht hat, bietet mir eine Handvoll Cocablätter an und erklärt mir, wie sie im Mund eingespeichelt, zerkaut und in die Backentasche geschoben werden. Schnell stellt sich die Wirkung ein. Ich spüre kaum noch Müdigkeit und Rückenschmerzen, jegliches Unbehagen weicht stoischer Gelassenheit.*

Der erste Eindruck vom Titicacasee am Hafen von Puno: riesige Müllberge, in denen Geier und Schweine wühlen. Der Gestank von verwesendem Fisch, Hundekadavern und altem Maschinenöl schlägt mir auf den Magen. – *1.12.76: Bei der Fahrt am Ufer entlang (mit achtzehn Personen in einem Dodge-Caravan, sechs Stunden lang bis zur Bolivianischen Grenze) schlägt unsere anfängliche Geringschätzung dieses gewaltigen Sees in Begeisterung um. Im seichten Ufergewässer grasen friedlich Pferde, Kühe, Schafe, Esel und Schweine; nur die stolzen Lamas und Alpakas gehen nicht ins Wasser. Schilfboote wiegen sich auf sanften Wellen. Zur Rechten schneebedeckte Bergriesen, zur Linken schwarzblaues Wasser bis zum Horizont.*

In La Paz suche ich als erstes eine Klinik auf, denn mich quält seit Tagen eine Erkältung mit Schmerzen im Nasen-Augen-Ohren-Kiefernbereich und schleimigem Auswurf. Im Lande grassiert seit einiger Zeit eine Infektionskrankheit, *Ispundia*, die genau diese Symptome hat. *Die Röntgenaufnahme meines Kopfes weist deutlich eine Sinusitis nach. Sie soll ausgespült werden. Mit einer dicken Kanüle bohrt der Arzt auf dem Weg über das linke Nasenloch eine Öffnung durch eine Knorpelwand und spritzt eine gefühlt heiße Flüssigkeit hinein, die durch beide Nasenlöcher samt Blut und Eiter wieder herausläuft. Die Empfindung dabei, besonders beim Knacken des Knorpels, ist so wie es sich liest. Der Druck ist danach weg. Die Behandlung ist kostenlos. – In der Nähe des Krankenhauses blicke ich durch ein Schaufenster in ein Sarggeschäft. Acht Erwachsenensärge sind zu sehen – und mehr als zwanzig Kindersärge.*

Am Tag darauf nehmen Sabine und ich, auf Vermittlung von Frau Dr. Tissauer, die wir über die Hilfsorganisation *Servas* kennengelernt haben, als Helfer an einem ambulanten Einsatz eines *Ärzteteams* teil, das aus einem deutschen Medizinstudenten im elften Semester und einem Zahnarzt aus La Paz besteht.

3.12.76: Das ist das erste dufte Ereignis seit wir in Bolivien sind. Wecken um 4.45 Uhr. Mit dem Jeep (den wir auch steuern dürfen) durch die erwachende Stadt, Frühstück (Picknick) im Morgengrauen auf dem Altiplano (Hochebene). Zwei Stunden später erreichen wir einen Marktflecken, in dessen Mitte mit zwei Klapptischen und einigen medizinischen Utensilien unter freiem Himmel die Praxis eingerichtet wird. Aus allen Richtungen strömen indianische Hochlandbewohner herbei und stellen sich in einer langen Schlange hinter-

einander auf. Zunächst bekommen alle ein Fieberthermometer in den Mund gesteckt, danach müssen sie sich nacheinander auf die Waage stellen. Von ungefähr halb zehn bis halb zwölf werden vom Medizinstudenten, der als Doctore firmiert, an die vierzig, vom Zahnarzt an die zwanzig Patienten behandelt. Der Zahnarzt, dessen Helfer ich bin, zieht im Verlaufe einer guten Stunde mindestens fünfzehn Zähne. Ich wasche die blutigen Instrumente in Alkohol aus. Es fließt eine Menge Blut, aber von den Patienten, ob jung oder alt, Frau oder Mann, kommt kein Schmerzenslaut. Sabine und der Doctore haben mit Augenkrankheiten, Tuberkulose und inneren Beschwerden zu tun. Viele der Menschen auf dem Altiplano leiden unter Rheuma und an nicht heilen wollenden Wunden an den Füßen, weil sie entweder barfuß oder in harten, aus Autoreifen hergestellten Sandalen laufen. Für schwerwiegende Erkrankungen sind die medizinischen Möglichkeiten nicht ausreichend.

Nachdem alle Patienten, zum Teil nur durch tröstende Worte, versorgt sind und die Mediziner ihre Instrumente verstauen, schaue ich mir die Umgebung genauer an. Was als Markt bezeichnet wird, besteht aus einigen wenigen auf dem Erdboden sitzenden, in die landestypischen farbenfrohen Gewänder gehüllten älteren Frauen. Einige von ihnen haben nur ein Häuflein getrocknetes Gekröse oder mumifizierte Lama-Embryos, die als Amulette gehandelt werden, auf einer Plastikplane vor sich liegen. Das Dorf besteht aus einem Dutzend primitiver Hütten, umgeben von grenzenloser Weite ohne Baum und Strauch, in der vereinzelt Lamas und Alpakas die dürren Gräser und Kräuter fressen. Die dünne Luft auf 4000 Meter Höhe macht uns zu schaffen, besonders jetzt, da die sengende Sonne fast senkrecht steht.

Nach einer siebenundzwanzigstündigen Busfahrt, mit einem Motorschaden und einem Platten, erreichen wir Tarija, eine mittelgroße Kleinstadt nahe der Grenze zu Chile. Um den zentralen Platz flanieren jeden Abend Massen von Menschen – vornehmlich junge Leute auf der Suche nach der großen Liebe. Nicht weit entfernt leben zehn Entwicklungshelfer in einem zweistöckigen Mietshaus zusammen. Sie betreuen mehrere Projekte in der Umgebung; wir gewinnen allerdings den Eindruck, dass die meisten von ihnen in erster Linie an gutem Essen und Trinken, Discobesuchen und ihren bolivianischen Geliebten interessiert sind. Sabine und ich werden gleich am ersten Tag nach unserer Ankunft zu einem Arbeitseinsatz herangezogen, auf den ich heute noch stolz bin: Wir pflanzen auf einem dafür vorbereiteten Feld den ersten Hopfen Boliviens! Einer der

DEDler hatte die Idee, eine Hopfenplantage anzulegen, weil dieser für die Bierproduktion unverzichtbare Rohstoff bis dato aus dem Nachbarland Paraguay importiert werden musste.

Mit einem anderen Mitarbeiter aus dem Team, Jochen, fahren wir am nächsten Morgen (Start 4 Uhr!) mit dem Jeep durch eine atemberaubend schöne wüstenähnliche Landschaft zu einem abgelegenen Gehöft in der *Pampa*. Dort wollen wir ein Schaf kaufen, sowie Schafwolle für eine Spinnerei und Färberei in Tarija, die vom DED eingerichtet worden ist. Nachdem wir auf dem zig Kilometer weit von der nächsten Ansiedlung entfernten Hof angekommen sind, vergehen zwei Stunden, in denen zwei Flaschen *Singani* (ein Branntwein, der auf der Zunge brennt) geleert werden, bis der Bauer endlich bereit ist, die Wolle herbeizuschaffen und über den Preis zu verhandeln. Berge von dunkelbrauner und sandfarbener Schurwolle werden danach auf der Ladefläche des Jeeps verstaut, und der sturzbesoffene Bauer macht sich daran, in einer Herde von vielleicht fünfzig Schafen das zum Verkauf bestimmte Muttertier einzufangen, was nicht so einfach geht, weil die Tiere alle panisch durcheinander laufen. Wie er es schließlich nach mehreren missglückten Versuchen an den Vorderbeinen gepackt und schweißüberströmt durch den aufgewirbelten Staub torkelnd zum Auto getragen hat, davon hätte man eine fetzige Slapstick-Szene drehen können.

Weil die DEDler in ihrem Haus in Tarija nicht genug Platz für zwei Gäste haben, stellen sie uns für zwei Wochen eine Hütte in einem etwa vierzig Kilometer entfernten Dorf zur Verfügung; sie dient den Entwicklungshelfern vor Ort als Unterkunft, ist aber seit Monaten nicht genutzt worden.

Fast zu schön um wahr zu sein, wir sitzen an einem plätschernden Gebirgsbach, in dem wir eben noch gebadet haben. Das Wasser ist gerade so tief, dass man darin sitzend bis zum Hals umspült wird. Einen Kilometer entfernt vom Dorf San Andres wohnen wir in einem kleinen Häuschen ohne Wasser und Strom. Das Zimmer ist recht gemütlich, nachdem wir es stundenlang geputzt und umgeräumt haben. Wir haben Verpflegung für vier bis fünf Tage und können im Dorf noch einiges hinzukaufen. Wasser gibt es in einem fünfhundert Meter entfernten Brunnen. Unsere Feuerstelle liegt direkt vor der Tür (das Holz brennt sehr schlecht, vermutlich wegen der hohen Luftfeuchtigkeit). An die Massen von Ameisen und Fliegen, sowie an Sabines ununterbrochenes Gitarrenspiel gewöhnt man sich.

Feuer anmachen. Frühstück (mit Fladenbrot, Butter, Honig, Tomate, Zwiebel und Käse). Malen (die Fliegen fressen mir die Farbe vom Blatt!). Baden. Holz sammeln. Wasser holen. Einkaufen. Abendessen zubereiten. Spazierengehen (Wetterleuchten! Glühwürmchen, Hunde, Frösche, Zikaden). Abends: Lesen bei Kerzenlicht, miteinander reden und Nudeln in der Kerzenflamme rösten. Wir sind dazu übergegangen, an den Nudeln Zucker zu kandieren. Das gibt leckere Lutscher und leichte Verbrennungen, wenn der flüssige Zucker auf die Finger tropft.

Mit den Menschen im Dorf haben wir wenig Kontakt, nur ein paarmal zu den Jugendlichen, die den Kuhstall der Kooperative als Versammlungsort nutzen. Dort sitzen immer einige Burschen zwischen den wiederkäuenden Kühen und schwätzen sich einen.

Glockengeläut und Paukenschläge locken mich zur Dorfkirche. Als ich ankomme, sind da ein Dutzend Kinder versammelt, und es kommen immer mehr. Jugendliche und Erwachsene gesellen sich dazu. Que pasa? Eine Adoration (Anbetung) beginnt. Das sieht dann so aus: Zum rhythmischen Schlag der Pauke (tong, tng tng, tang tang … oder: tong, tng tng, tong, tng tng …) zwitschert eine Geige einfache, aber nicht einprägsame, wehmütige Melodien, die vielmals wiederholt werden. Im Schein der Altarkerzen tanzende Kinder. Sie bewegen sich im Wechsel rückwärts und vorwärts durch den ganzen Raum und lassen ihre nackten Füße im Rhythmus auf dem gestampften Lehmboden entlang schleifen, dabei entsteht ein schmatzendes Geräusch. Farbenfrohe Kleider, lange schwarze Zöpfe. Die Kinder sind ausgelassen und diszipliniert zugleich, während sich ihre grazilen Körper anmutig im Takt wiegen. Später werden liturgische Lieder gesungen. Durch die offene Kirchentür ist ein grandioses Wetterleuchten zu sehen. Fast ununterbrochen flammt es auf, flackert sekundenlang, lässt hinter schwarzen Baumsilhouetten fantastische Wolkenformationen aufscheinen.

Auf dem Weg zurück zur Hütte begleitet mich das Abendkonzert der Kröten (Bass), Hunde (Tenor), Frösche (Alt) und Grillen (Sopran). Sterne spiegeln sich in den Pfützen. Ich fühle mich so unabhängig und gesund wie lange nicht mehr, wie besoffen von all der Schönheit. Doch ein wenig voller Unrast, alles festhalten zu wollen.

Beim Wiederlesen meiner Reisenotizen wird mir bewusst, dass die darin beschriebenen Erlebnisse und Reflexionen ein ganzes Buch füllen könnten. Es fällt mir schwer, einige der faszinierenden Schauplätze und

Begebenheiten komplett zu übergehen oder es bei einer kurzen Erwähnung belassen zu müssen. Etwa, wie wir auf dem Weg nach Santa Cruz, der aufstrebenden Wirtschaftsmetropole am Rande des Regenwaldes im Südosten Boliviens, drei Tage lang auf der offenen Ladefläche eines meterhoch mit Kartoffeln angefüllten Lkws mitfahren und auch darauf schlafen (und die Erfahrung machen, dass Kartoffeln als Unterlage so hart sind wie Steine!). Wie wir es trotz knallender Sonne genießen, in sehr gemächlichem Tempo durch die sich langsam zum Amazonasbecken hin absenkende herrliche subtropische Landschaft kutschiert zu werden. Wie wir dann bei Dauerregen auf einem von Hochwasser überfluteten und vom Sturm zerzausten Marktplatz am Stadtrand von Santa Cruz noch eine vierte Nacht auf dem inzwischen geschrumpften Kartoffelberg verbringen, jetzt allerdings unter einer Plane.

Der Markt grenzt unmittelbar an urwaldähnliche Wildnis. Den ganzen Tag, besonders nachts, das Geknatter und Gepfeife, Geheule und Gelächter tausender Kröten und anderer Viecher. Es steht uns langsam im Hals, drei Tage hintereinander fast ununterbrochen Regen. Die Kleidung ist feucht und muffig, die Moskitos werden immer frecher, die Flöhe nicht minder. Der ganze Körper voller Stiche. Wegen der überschwemmten Straßen keine Aussicht hier wegzukommen. Zum Glück hat uns ein altes Ehepaar, das hier in einem Bretterverhau einen kleinen Imbissstand betreibt, ins Herz geschlossen. Wir bekommen von ihnen für kleines Geld drei Mahlzeiten am Tag, wofür wir sehr dankbar sind. (In Santa Cruz erlebten wir die laut Zeitungsmeldungen stärksten Regenfälle seit mindestens dreißig Jahren. Schwere Überschwemmungen mit mehreren Toten und zigtausenden Obdachlosen.)

Gottseidank hielt dann doch irgendwann ein Bus, in dem wir bis *Valle Grande* mitfuhren, dem Ort, von dem aus wir uns auf die Fährte Ernesto Ché Guevaras begeben wollten, des legendären Anführers der kleinen Guerillatruppe, die gerade mal zehn Jahre zuvor hier in der Gegend die Bauern zur Revolution aufstacheln wollte. Was bekanntermaßen scheiterte und lediglich für viel Angst und Aufregung unter der Bevölkerung sorgte. Wie uns Einheimische hinter vorgehaltener Hand beschrieben, endete die Aktion damit, dass – nach wochenlanger Einkesselung durch zweitausend Bolivianische Elitesoldaten, die den Kreis um die verbliebenen zwanzig Guerilleros immer enger zogen – in einem letzten Feuergefecht Chés Truppe bis auf fünf Kämpfer, die entkommen konnten, aufgerieben wurde. Ché selber wurde mit mehreren Kugeln im Körper zu der Schule von La Higuera gebracht und dort von einem Offizier erschossen. War es ein Gnadenschuss oder Lynchjustiz? Darauf überführte man den Leichnam nach Valle Grande und bahrte ihn in einem als Leichenhalle dienenden Schuppen im Garten des Krankenhauses mehrere Tage lang auf, bis er schließlich an einem geheim gehaltenen Ort verscharrt wurde.

Erich P., ein ehemaliger Entwicklungshelfer, der sich am Ende seiner Dienstzeit in Valle Grande niedergelassen und eine Farm aufgebaut hatte, schilderte uns bei ein paar Gläsern *Chicha* (eine Art Bier aus von Frauen gekautem und danach gekochtem und vergorenem Mais) die Ereignisse, die er als Zeitzeuge miterlebt hatte, mit einigen weniger bekannten Details: Die Bevölkerung der Gegend war insgesamt gegen die Guerilla, die nur Unruhe in ihr einigermaßen saturiertes Leben brachte. Eine Zeit lang bestand das Gerücht, die Guerilleros wollten Valle Grande einnehmen (mit zwanzig Leuten, ausgezehrt und resigniert?!). Die zweitausend Rangers, die die Armee zusammengezogen hatte, schützten die Stadt. Das sah dann so aus: Eines Abends fuhr Erich im Dunkeln mit dem Jeep ins Gelände, in Richtung Süden, wo die Guerilleros lagen, um ein liegengebliebenes Fahrzeug des DED zu reparieren. Ein Doppelposten des Militärs wollte ihn gleich mit Maschinengewehr unter Beschuss nehmen; nur eine Ladehemmung rettete ihm das Leben. Über das Ende der Guerilla berichtet Erich, dass *El Ché* sich mit zwei Genossen als Leibwache über eine Anhöhe davonmachte, während der Rest der Truppe vom Militär umzingelt und zusammengeschossen wurde. Sieben tote Guerilleros und zehn tote Soldaten wurden nach dem Feuergefecht gezählt. Ché lief einer Patrouille in die Schusslinie und wurde schwer verletzt gefangen genommen. Zusammen mit den anderen Gefangenen wurde er später in der Schule von La Higuera erschossen. Unser Informant, der damals mit einem Offizier befreundet war, meint, dass es ein strategischer Schwachsinn von Guevara gewesen sei, sich der Übermacht zu stellen, statt rechtzeitig in den nahegelegenen Dschungel zu fliehen. Erich bekam selber Schwierigkeiten, weil er in den Verdacht geriet, die Guerilla zu unterstützen, sie mit Medikamenten zu versorgen und anderes. Auf Betreiben des CIA forderte die Bolivianische Armee eine Überprüfung, was zum sofortigen Abzug Erichs durch das Bonner Entwicklungshilfeministerium führte. Was von dem Gerücht zu halten ist, ein anderer deutscher Entwicklungshelfer habe den Aufenthaltsort der Guerillatruppe an die

Armee verraten, weil die Arbeit des DED durch sie behindert worden sei, wissen wir nicht.

In Valle Grande wohnten Sabine und ich bei Berthold, einem Schweizer Entwicklungshelfer, in einer unmöblierten, einzig von Spinnen bewohnten Kammer, in der wir auf dem Fußboden schliefen. Wir hatten uns vorgenommen, bis zu dem Ort vorzustoßen, wo unser revolutionäres Idol den Heldentod gefunden hatte. Von Berthold erfuhren wir, dass besagter Ort drei Autostunden und zwei Stunden zu Pferde von Valle Grande entfernt im Süden lag. Den größten Teil der Strecke legten wir auf einem Kleinstlastwagen (*camionetta*) zurück, einem *Pick-up* mit einer Ladefläche von ein Meter sechzig mal zwei Meter fünfzig. Uns mitgerechnet waren darauf zweiundzwanzig Erwachsene – und dazu Kinder, ein Schaf, Hühner und Berge von Gepäck – zusammengepfercht. Dreieinhalb Stunden lang wurden wir über Stock und Stein geschuckelt.

In dem Dorf *Pucará* fanden wir Unterschlupf bei einer Bauernfamilie, die uns Berthold empfohlen hatte. Ich sehe noch vor mir, wie wir am Abend mit Carlos, seiner Frau und seinen fünf Kindern auf der Terrasse vor der Lehmhütte unter einem Strohdach an einem grob gezimmerten Holztisch saßen und Reis, dicke Bohnen und Meerschweinchen aßen. Später wurde der Tisch zur Seite geräumt und ein einfaches Bettgestell mit einer Bastmatte als Matratze zum Schlafen für uns bereitgestellt.

Am nächsten Morgen war Sabine erkältet und hatte Fieber. Also machte ich mich alleine auf den Weg. Als ich nach etwa dreistündigem Eilmarsch durch hügeliges von Steineichen und dürrem Gestrüpp bewachsenes dünn besiedeltes Gebiet von einer Anhöhe aus ungefähr einen Kilometer entfernt ein einzeln stehendes Holzgebäude erblickte, sagte ich mir, das muss die Schule von La Higuera sein! Ich machte ein Foto und trat erleichtert den Rückweg an.

Aus heutiger Sicht erscheint mir diese *Pilgerreise* in den Fußstapfen Ché Guevaras wie abstruser *Polit-Voyeurismus*. Genau besehen diente sie, wie das übrige Reiseprogramm auch, hauptsächlich dazu, unseren Aufenthalt in Südamerika (immerhin 149 Tage!) mit Sinn und Inhalt zu füllen. Trotz hoher Erlebnisdichte, großen Informationsgewinns, faszinierender Landschaftseindrücke und zahlreicher Begegnungen mit interessanten Menschen wurde uns die Zeit manchmal lang. Und ich fragte mich mehr als einmal, wofür das alles gut war. Was nützte es den Menschen, in deren Lebenswelt wir uns bewegten? Was trug es zu einer politischen Veränderung bei? Welchen Einfluss hatte es auf mein eigenes Leben?

Dazu befiel mich immer öfter so etwas wie Heimweh (aber welches Heim?!) und die Sehnsucht nach einem geordneten Leben, verbunden mit der Ungewissheit, wie ein solches beschaffen sein könnte. Bis zur Südamerikareise hatte sich in meinem Lebenslauf immer eines aus dem anderen ergeben, doch jetzt war die vor mir liegende Lebensspanne völlig undefiniert. Sollte ich mit Sabine nach Köln ziehen, wie fünf Jahre zuvor mit Linde? Würde mir Sabine ebenso viel Sicherheit in der Beziehung geben wie Linde? Konnte unsere Beziehung überhaupt Bestand haben, wenn Sabine wie geplant Sozialpädagogik studieren und ich mangels anderer Perspektiven eine Maurerlehre beginnen würde? Auch war mir nicht wohl bei dem Gedanken, emotional von der Liebe einer Partnerin abhängig zu sein. Die Ahnung einer sich am Horizont abzeichnenden Lebenskrise trübte zeitweise meine seelische Grundstimmung, was sich in einem Vierzeiler niederschlug, den ich auf einer der langen Busreisen verfasste: *in neue fremden heimgekehrt – suhle ich mich im schweiß der völker – fülle leere mit traum und vergessen – kranker rabe mit krallen aus angst.*

Zurück in Valle Grande erleben wir mit, wie in einer garagenähnlichen Halle zwei Rinder geschlachtet werden. Die eigentliche Tötung besorgt ein erwachsener Mann durch einen Dolchstich ins Rückenmark direkt hinter den Hörnern. Um den Rest kümmern sich drei oder vier halbwüchsige Jungs, die die Tiere in handliche Einzelteile zerlegen. *Diese Masse von klumpigem Blut, das über den Boden fließt, und von einer Frau in einen Eimer geschippt und weggetragen wird. Dieser riesige Pansen, der mindestens zwei Zentner halbverdautes Grünzeug beinhaltet. Diese smaragdgrün funkelnden Augen im blutigen Schädel. Diese noch zuckenden Muskeln, als Dreiviertel des Tieres bereits abtransportiert ist! Und dieser ekelerregende Gestank! Nach knapp einer Stunde ist die erste Kuh mitsamt den Knochen restlos zerteilt. Ein vielleicht zehnjähriger Junge hat sich eine Rippenpartie wie einen Poncho über den Rücken geworfen und trägt sie zum Markt. Am selben Abend essen Sabine und ich an einem der Marktstände ausgerechnet Pansen.*

Wir kamen auch durch *Potosí.* Die legendäre auf viertausend Meter Höhe im Herzen von Bolivien gelegene Stadt galt im Siebzehnten und Achtzehnten Jahrhundert als eine der reichsten Städte der Welt, denn in dem über der Stadt aufragenden 4.829 Meter hohen *Cerro Rico* wurde das größte Silbervorkommen aller Zeiten abgebaut, was der Spanischen Krone einen exorbitanten Reichtum bescherte. Bis in die Gegenwart zeugen stattliche Kathedralen, Adelspaläste und ein Opernhaus von der Blütezeit Potosis, das im Siebzehnten Jahrhundert innerhalb weniger Jahrzehnte auf 160.000 Einwohner angewachsen war. 1976 sind es nur noch halb so viele. Am Beginn des Neunzehnten Jahrhunderts wurde der Silberabbau eingestellt, die Adern waren erschöpft. Doch auch heute noch schürfen ansonsten einkommenslose Bolivianer Cocablätter kauend mit Hacken und Eimern in den zerfurchten Flanken des verarmten *Reichen Berges* nach Resten von Zinn, Zink, Blei und Silber. Wir sprachen mit einem der Männer, der täglich zehn Stunden im Berg verbringt, um mit etwas Glück umgerechnet sechzig Mark im Monat für den Unterhalt seiner sechsköpfigen Familie zu erwirtschaften.

Ungefähr zur Halbzeit der Reise sind wir nach einer achtundvierzigstündigen (!) Busfahrt von Cochabamba über La Paz nach Lima an den Ausgangspunkt zurückgekehrt, haben im Büro des DED sechs Briefe aus der Heimat in Empfang genommen, haben in *Miraflores* im Pazifik gebadet und sind nach dreitägiger Ruhepause wieder in die Berge aufgebrochen. Mit der *Höchsten Eisenbahn der Welt* sind wir auf bis zu 4.781 Metern Höhe nach *La Oroya* gereist, einer Industriestadt 140 Kilometer östlich von Lima.

Samstag, 22.1.1977. Uns, besonders mich, nervt die Fahrt gewaltig. Keine Zeit, vorher einen Kaffee zu trinken, unausgeschlafen und von fast allen bisher erlebten gesundheitlichen Beeinträchtigungen gleichzeitig betroffen (Mandelentzündung, Magenzwicken, Dünnschiss, Schnupfen, Sonnenbrand, Flohstiche). Sabine leidet an einer Blasenerkältung und scheißt nur gelblichen Schaum. Siebeneinhalb (statt der fahrplanmäßigen fünf) Stunden in äußerst unbequeme, weil für unsere langen Beine viel zu kleine Sitze eingeklemmt – das verdirbt uns die Freude an der Hochgebirgslandschaft, die im Southamerican Handbook so enthusiastisch gepriesen wird. Und alles nur, um der CENTROMIN (der verstaatlichten ehemaligen Cerro de Pasco Copper Corporation) unsere Aufwartung zu machen.
Schon vom Zug aus sahen wir die verheerende Umweltzerstörung, die das in den zwanziger Jahren von den Amerikanern errichtete Schmelz-

werk in dem ehemals malerischen Flusstal des *Huallaga* angerichtet hat. Auf mehr als dreißig Kilometern bot sich unseren Blicken eine widerliche rotbraune Kloake zwischen schwefelgelben kahlen Felswänden dar. Es heißt, dass die Cerro de Pasco Copper Corporation zuerst das Land vergiftete und später zu einem Spottpreis aufgekauft hat. Das Werk selber: ein riesiges, rußiges, rostiges, qualmendes und stinkendes Monster aus Eisen und Stahl.

Müde und hungrig landen wir im Bahnhofsrestaurant von La Oroya. Die wenigen Gäste mustern uns mit staunenden Blicken: ein Gringo und eine Gringita im Partnerlook mit Fallschirmspringerstiefeln, Blue Jeans und Khakihemden, schwere Rucksäcke auf den Rücken und eine orangerote Gitarre. Bei recht schmackhaftem Essen bessert sich unsere Stimmung; erst recht, als wir die verfressenen hundert Soles (drei Mark) nicht bezahlen müssen (ein Geschenk des Wirtes) und dann noch von den Männern am Nebentisch, Techniker und Ingenieure der Bergwerksgesellschaft, zum Bier eingeladen werden. Eine Gelegenheit für uns, nicht nur den Bierdurst zu stillen, sondern etwas über die Stadt, das Schmelzwerk und die Lebensbedingungen der Mineros zu erfahren. Unsere Gastgeber erzählen uns unter anderem, dass die technische Organisation des Werkes unter den Amerikanern besser gewesen war, und dass es sich um eines der vielseitigsten und komplexesten Schmelzwerke der Welt handelt. Hier wird aus den in der Nähe geförderten Erzen Zinn, Kupfer, Silber, Gold, Wismut, Blei und anderes herausgeschmolzen. Die soziale Lage der Arbeiter bei Centromin ist angeblich besser als in anderen Betrieben. Zwar sind die Preise für Konsumgüter stärker gestiegen als die Löhne, aber die Sozialleistungen für die mehr als fünfzehntausend Beschäftigten aus neunundzwanzig Nationen – neben Peruanern vor allem Amerikaner, Chinesen, Skandinavier und Briten – sind seit der Verstaatlichung durch die Peruanische Regierung, die amtierende linksgerichtete Militärjunta, besser geworden.

Einer der Techniker, Patrick aus Irland, lädt uns zum Übernachten in sein Haus ein. Allerdings sind er und seine Kumpane inzwischen so betrunken, dass wir doch lieber die Einladung des Bahnhofsvorstehers, eines deutschsprachigen gebürtigen Tschechen, annehmen, im Gästezimmer des Bahnhofs zu pennen. Vorher gehen wir aber doch noch mit in die Wohnung von Patrick, wo sich die fünf Freunde noch weiter mit billigem Fusel volllaufen lassen. Dann wird getanzt und getatscht, getorkelt und gelallt, und die ganze Sache wird zunehmend unangenehm für uns. Der Wortführer der Gruppe, Winston, Chef der

*Technischen Abteilung und gebürtiger Schotte, will dann unbedingt, dass wir
in seinem Haus übernachten. Es kostet uns einen echten Kampf, uns von den
besoffenen Typen, nette Kerle eigentlich, loszueisen.*

Am nächsten Tag dürfen wir unter Winstons Führung die gigantische
Haupthalle des Hüttenwerks besichtigen, allerdings keine Fotos machen.
Die düstere, dreckige, technisch veraltete Anlage erinnert uns an ältere
Hüttenwerke im Ruhrgebiet. Alles wirkt marode und chaotisch. Im sti-
ckigen Qualm zwischen den Schmelzöfen huschen Arbeiter umher, die
in dieser Riesenhalle ameisenklein erscheinen. Ein ätzender Schwefel-
gestank unterstreicht den Eindruck einer *Hölle auf Erden*. Als wir später
auf einem Bolzplatz zwischen der Industrieanlage und einer Baracken-
siedlung für die Bergarbeiterfamilien in der rauchigen sauerstoffarmen
Luft mit ein paar Jugendlichen Fußball spielen, gerate ich sehr bald in
lähmende Atemnot. Den Jungs scheint es nichts auszumachen.

Im Reiseverlauf – dem Ihr, liebe Leser und Leserinnen, so getreulich
gefolgt seid – überspringe ich jetzt einige Stationen im Norden Perus
und nehme Euch mit zu einer viertägigen Flussfahrt auf dem Amazonas.

Nach sechsunddreißigstündiger Busfahrt durch Ecuador und Kolumbien, bei der mir in der Nacht der Fotoapparat gestohlen wurde, erreichen wir Bogotá. Dort treffen wir uns mit Diego und Juanita, die ich aus
Köln kenne, wo sie mit meinem Freund Heinz zusammen Mathematik studiert haben. Beide stammen aus einflussreichen und angesehenen
Familien (Diegos Vater war Kolumbianischer Botschafter in Deutschland) und arbeiten dennoch bei der *MOIR* (Movimiento Independente
Revoluzionario), einer *maoistischen* Gruppierung weit links von der Kommunistischen Partei. Wir bekommen von ihnen viele Informationen über
die politischen Verhältnisse in Kolumbien. An einem Abend besuchen
wir gemeinsam eine Vorstellung des *Teatro Libre*, der Theatergruppe des
MOIR. In dem Stück geht es, wie sollte es anders sein, um die politische und militärische Unterdrückung und den Widerstand des Volkes.

Diego und Juanita helfen mir, einen gebrauchten Fotoapparat aufzutreiben und unterstützen uns dabei, den geplanten Amazonastrip auszuarbeiten. Das heißt vor allem, Papiere beschaffen, einen Flug nach *Leticia*
buchen und uns über die ungewöhnliche und höchst komplizierte Vorgehensweise informieren, wie man in Leticia zu einer Schiffspassage nach
Iquitos in Peru gelangt. Einen geregelten Passagierverkehr gibt es nicht.

Im Tiefflug in geschätzt vierhundert Meter Höhe über die Dschungel des Amazonastieflandes. Die uralte viermotorige Propellermaschine mit etwa zehn Passagieren an Bord vibriert heftig und macht einen Höllenlärm, der durch alle Ritzen dringt. In der Einstiegstür klafft ein Spalt von zehn Zentimetern. Nach fünf Stunden Flug kommt der Amazonas in Sicht, ein imposanter Anblick, wie sich der größte Strom der Erde schlammig braun dahin wälzt. Vom Druck auf den Ohren und dem Lärm habe ich bereits Kopfschmerzen, aber beim Aussteigen schlägt die tropische Hitze mit betäubender Wucht zu. Leticia ist als Grenz- und Garnisonsstadt im Dreiländereck Kolumbien-Brasilien-Peru ein einigermaßen zivilisierter Ort mit bescheidener touristischer Infrastruktur, sprich teuer. – Matsche in der Birne und durstig wälzen wir uns abends auf den miesen Betten eines miesen Hotels, das doppelt so viel kostet wie das in Bogotá, und versuchen die Situation dadurch zu verbessern, dass wir die Flasche AGUARDIENTE (Feuerwasser), die wir eigentlich als Souvenir mit nach Hause bringen wollten, innerhalb einer Stunde leer trinken.

Bordtagebuch, Freitag 25.2.77. Schwein gehabt! Heute Morgen ließen wir uns mit einem Motorboot zum gegenüberliegenden Ufer des Amazonas ins Peruanische Castillo Raimon bringen, um im Hafen nach einem Schiff Richtung Iquitos Ausschau zu halten. Dort lag kein Schiff, aber kurz zuvor hatte ein Frachter abgelegt, der stromaufwärts fuhr. Wir preschten mit dem Wasser-Taxi hinterher, holten das Schiff ein und fragten den Kapitän, ob er uns mitnehmen könne. Er war bereit dazu. Jetzt hieß es, schnell handeln: zurück nach Leticia, Sachen packen, Hotel bezahlen, in großer Hitze und mit vollem Gepäck zur Migration (Ausreisebehörde) eilen, etwas zu essen und zu trinken kaufen, wieder zum Ufer laufen, für das Wasser-Taxi umgerechnet siebzehn Mark hinblättern und dem Frachtschiff hinterherjagen, das bereits einige Kilometer Vorsprung hat. Jetzt sind wir an Bord und bezahlen für die viertägige Fahrt inklusive Unterkunft in einer winzigen Kajüte und Verpflegung fünfundvierzig Mark pro Nase. Die Schildkrötensuppe und der Schildkrötenbraten heute Mittag – sehr lecker!

Das Unterdeck ist vom folkloristischen Treiben mehrerer Eingeborenenfamilien erfüllt. In einer Hängematte schläft ein kleines Mädchen, während ein paar ältere Jungs mit einem Lumpenballen Fußball spielen, Frauen tratschen und Männer saufen. Bananenstauden hängen von der flachen Decke, alle paar Minuten kräht ein Hahn und ein Schwein grunzt in einer ehemaligen Dusche.

Der Amazonas, die *Wiege des Inka*, wie die Peruaner sagen, der mit seinen Zuflüssen ein Fünftel der Süßwasserreserven der Erde umfasst, ist hier zirka zwei Kilometer breit. Gemächlich gleitet der alte Frachter, der aus *Manaus* kommend Richtung *Pucallpa* unterwegs ist, um dort neue Ladung aufzunehmen, auf der graubraunen Brühe dahin. Immer in Ufernähe, entlang an einer geschlossenen Front miteinander flüsternder Baumriesen, in deren Wipfeln exotische Vögel kreischen. Indios in archaischen Holzkanus paddeln vorbei, ein rosafarbener Flussdelphin macht muntere Sprünge, ein weiter heiterer Himmel spiegelt sich in der Wasseroberfläche. Dann und wann legt das Schiff bei einer kleinen, von den Errungenschaften der Zivilisation weitgehend verschont gebliebenen Ansiedlung mit Holzhäusern auf Stelzen an. Wir probieren frisch gepressten Zuckerrohrsaft und unterhalten uns auf Spanisch und Englisch oder mit Händen und Füßen mit den Eingeborenen, die hauptsächlich vom Fischfang leben. Mehrmals nutzen wir einen kurzen Halt zum Schwimmen, im vollen Bewusstsein der Gefahr, uns dabei eine Bilharziose einzuhandeln – ganz zu schweigen von den Piranhas.

Am dritten Tag steigt eine fünfköpfige Gruppe von Missionaren der Kongregation Heiliger Franziskus vom Kreuz zu. Sie sind höchstens Mitte zwanzig und haben noch nicht viel von der Welt gesehen. Jetzt stehen sie gottergeben in der prallen Mittagshitze an Deck, jeder mit einer Machete in der rechten Hand und einer Papayafrucht unterm linken Arm ausgestattet, und rezitieren laut aus der Bibel. Einer nach dem andern werden sie später in verschiedenen Ansiedlungen am Amazonas ausgesetzt, um dort ihrer Missionstätigkeit nachzugehen.

So viel, geneigter Leser, gewogene Leserin, zu Südamerika und den Abenteuern auf meiner weitesten und längsten Reise. Noch eine letzte Bemerkung dazu: Auf der gesamten Reise verband sich immer wieder die intellektuelle Auseinandersetzung mit den politischen, ökonomischen und sozialen Gegebenheiten Südamerikas als Metaebene mit der äußeren Wahrnehmung und dem inneren Erleben. Angeregt durch die erneute Lektüre von Galeanos *Die offenen Adern Lateinamerikas* nutzte ich die vielen Stunden des Müßiggangs an Bord des Amazonasfrachters dazu, mich noch einmal mit den unermesslichen Leiden der Völker Lateinamerikas auseinanderzusetzen. Dabei entstand folgender Liedtext:

Indio

Es fielen vor vierhundert Jahren
Schmarotzer in deine Welt ein,
du bist seitdem nie satt geworden,
wie groß muss dein Heißhunger sein?

Die weißen Barbaren zerstörten
mit Waffen und Fieber dein Volk,
sie machten dich zu ihrem Sklaven,
die Blutspur führte zum Gold.

Die Lunge vom Steinstaub zerfressen
verrecktest du in Potosí,
damit das Gebirge das Silber
mitsamt deiner Leiche ausspie.

Die Mörder mit Krone und Kutte
regierten im fernen Madrid,
und schwiegst du, lässt das vermuten,
dass man dir die Zunge abschnitt.

Mit Zucker, Bananen und Kaffee,
Salpeter, Kautschuk und Zinn
wuchs deine Armut und Knechtschaft
und wuchs deiner Herren Gewinn.

Sie senken die Weltmarktpreise,
dein Todesurteil ist gefällt,
den Mördern in Nadelstreifen
verfault in Manhatten das Geld.

Wie oft schon wolltest du brechen
das Kreuz dieser Blutsaugerbrut.
Zapata, Ché, Tup Amaru –
im Sande verströmte dein Blut.

Der Krieg währet vierhundert Jahre.
Sie töten – und du gebärst
dem Ausbeuterpack neue Sklaven.
Und immer noch lodert dein Zorn.

Krise

Im Herbst 1977 bezogen Sabine und ich eine Zweizimmer-Altbauwohnung in Köln-Sülz. Es war der sogenannte *Deutsche Herbst*, der geprägt war von militanten Aktionen der RAF wie die Entführung und spätere Ermordung des BDI-Chefs Hanns Martin Schleyer, die Entführung der Lufthansa-Maschine *Landshut* und die (angeblichen) Selbstmorde der inhaftierten RAF-Mitglieder Andreas Baader, Gudrun Ensslin und Jan-Carl Raspe. Klar, dass diese Ereignisse unsere Gemüter erregten, wir gehörten tendenziell zu denen, die eine *klammheimliche Freude* darüber nicht unterdrücken konnten, dass es einer Handvoll Desperados gelungen war, den Staatsapparat derart in Bedrängnis zu bringen.

Sabine begann in Köln ihr Sozialpädagogik-Studium, und ich versuchte es mit einer Maurerlehre. Nach zwei Monaten gemeinsamen Wohnens trennte sich Sabine von mir, weil sie frei sein wollte – während ich die Sicherheit einer festen Beziehung brauchte. Sie stürzte sich in das lockere Studentenleben, und ich stürzte in eine tiefe Krise, die fast fünf Jahre andauern sollte. Keine Partnerin an meiner Seite zu haben, die mir das Gefühl von Stärke und Sicherheit gab, war die größte psychische Herausforderung. Erstmalig wurde mir bewusst, wie abhängig ich von Sabines, und vorher Lindes, Liebe war. Zudem war ich arbeitslos (die Maurerlehre brach ich nach zwei Monaten ab – zum Malocher war ich nicht geschaffen!). Da ich dem Gesellschaftssystem ablehnend gegenüber stand, wollte ich auf keinen Fall als Pädagoge in einer öffentlichen Einrichtung arbeiten. Die 68er Bewegung gab es nicht mehr, die Reste der linken Szene waren in dogmatische Splittergrüppchen abgedriftet oder *auf dem langen Marsch durch die Institutionen.* Ich vermisste die politische Praxis und die Geselligkeit in einer Gruppe Gleichgesinnter. Zu meiner Familie hatte ich kaum Kontakt. Ich fühlte mich einsam, ungeliebt, perspektivlos und schwach. Mit Anfang dreißig, in einem Alter, in dem andere ihre berufliche Karriere vorantreiben, Kinder haben und sich ein Einfamilienhaus und ein fettes Auto anschaffen (alles Dinge, die mich nicht reizten), war ich ein Nichts, ein Looser, ein jämmerlicher Versager, der dennoch nicht davon los kam, unerfüllbar hohe Ansprüche an sich selbst und an das Leben zu stellen. Ich träumte von einer Landkommune, einer idyllischen Nische, in der ich mit anderen zusammen ein alternatives Leben voll Lust und Liebe, fernab konventioneller Regeln und Zwänge genießen konnte. Doch die Realität sah anders aus. Minderwertigkeitsgefühle, Lebensangst und Depression trieben mich in die Praxis einer Urschrei-Therapeutin, wo ich mich mit all dem Schmerz, dem Hass, der Ohnmacht und der Verzweiflung in mir konfrontiert sah.

Diese ersten therapeutischen Bemühungen reichten bei weitem nicht aus, mir seelischen Halt zu geben; sie linderten bestenfalls meine Not. Ich verfiel indes nicht in Lethargie, sondern strampelte mich ab wie ein Ertrinkender, suchte, probierte und tat vieles, um wieder festen Boden unter die Füße zu kriegen, nahm Jobs an (zum Beispiel in einem Jugendzentrum und bei der Post), aber nichts war von Dauer, und die meisten Projekte, die als Idee in meinem Kopf herum spukten, wurden nie realisiert. Am 15. September 1978 notierte ich: *Gestern in der Selbstdarstellungsgruppe wurde mir wieder einmal bewusst, dass ich viel zu viel erreichen und festhalten will, dass ich vor mir selbst davonlaufe und nach der Pfeife meines größenwahnsinnigen Über-Ichs tanze. Was mich alles treibt und bedrängt: Mitarbeit beim SSK, Theaterstück zum Severinsviertel, Musik machen (ESG-Songgruppe, Mittwochsgruppe), Mitarbeit bei den Falken, Teestube, Geld verdienen (Berufsbildungszentrum), Arbeitsamt, Selbstdarstellungsgruppe, Männergruppe, Therapiegruppe, Kontaktpflege (Heinz, Uschi, Sabine, Peter, Klaus M.), Partnerinnensuche, Bild malen, Gedanken zum Landprojekt aufschreiben, Bericht für das Aktuelle Forum, Peru-Vorträge, satirische Wortspieltexte, Ausstellung bei Pöngels, sexuelle Störung beheben, Tripper-Verdacht, Ruhe für Selbstbesinnung (dass ich nicht lache!). Klaus Melzer würde mir auf die Schulter klopfen und sagen: Mensch Jung, dat du noch nich in der Klapsmühle bist, ist ein reines Wunder!*

Vor allem aber war ich hinter den Frauen her wie der Teufel hinter den Seelen. Einzig im Schoß einer Frau fand ich – außer dem ekstatischen Lustgefühl und dem tiefen Frieden danach – so etwas wie Geborgenheit, Angenommensein und seelische Erleichterung. Mit meiner Selbstliebe war es nicht gut bestellt, und in den Liebesaffären suchte ich die in frühester Kindheit entbehrte Mutterliebe. Ohne feste Partnerin war ich in diesen Krisenjahren auf immer neue Eroberungen angewiesen, die meinen emotionalen Hunger nur vorübergehend stillten.

Mit Sabine, die in ein vom *SSK* (Sozialistische Selbsthilfe Köln) besetztes Haus am Salierring gezogen war, blieb ich in freundschaftlicher Verbindung. Wir trafen uns öfter – nur mit mir schlafen wollte oder konnte sie nicht. Sie hatte eine regelrechte Abneigung dagegen. Ich vermute, sie konnte meine emotionale Abhängigkeit von ihr und die neurotische Zwanghaftigkeit meines sexuellen Verlangens nicht länger bedienen. Auch steckte ich in einer tiefen Persönlichkeitskrise und war nicht mehr der *starke Typ*, in den sie sich zwei Jahre zuvor verliebt hatte. Wir suchten, um eine Lösung zu finden, sogar einen Sexualtherapeuten auf. Er war ein sehr gut aussehender Mann, und seine *therapeutische Intervention* bestand darin, dass er eine Affäre mit Sabine begann.

Im April 1978 erlebte ich zusammen mit meinem jungen WG-Mitbewohner Edgar, einem immer in weiß gekleideten Anhänger von *Sri Chinmoy*, meinen ersten LSD-Trip, der mir – allerdings erst nachdem ich eine Stunde lang Rotz und Wasser geheult hatte – die Tür zu mir unbekannten Bewusstseinsräumen öffnete, begleitet von Halluzinationen, Kontrollverlust und Ekstase. Zu dieser Zeit etwa habe ich mir auch das Rauchen angewöhnt und hin und wieder gekifft. Und in den seltenen Zeiten von guter Laune konnte man mich auch schon mal in bunter Hippiekleidung auf dem Bürgersteig vor meiner Haustür beim Kopfstand beobachten.

Ein paar Wochen später fragten mich Peter und Martin, Freunde von mir, ob ich im Sommer schon etwas vorhätte. Ich hatte keinen Plan, und sie schlugen vor, komm doch mit ins *Sufi-Camp!* – Und ich: Wat is dat denn!? – Ich ließ mich auf das Unbekannte ein, und so zogen wir, drei junge Männer im *Herr der Ringe*-Fieber, als Gimli, Legolas und Aragorn gen Südfrankreich. Auf einer abgelegenen Almwiese in den Alpen östlich von Grenoble fand das zweiwöchige Meditationscamp statt, in dem wir den spirituellen Lehrer und Sufi-Meister Pir Vilayat Inayat Khan kennenlernten, der mit seinem grauen Gewand, der silbernen Mähne, dem weißen Bart und den glühenden Augen genau so aussah, wie wir uns Gandalf, den Zauberer, vorstellten. Im Kreis von ungefähr hundertfünfzig TeilnehmerInnen aus aller Welt sog ich Pirs spirituelle, psychologische und lebensphilosophische Weisheit dankbar in mich auf. Erstaunlicher Weise gab er mir beim persönlichen *Darshan* sehr zutreffende und hilfreiche Ratschläge – er konnte in meiner Seele lesen! Seinen mystischen Lehren und meditativen Übungen konnte ich zwar nicht immer ganz folgen, doch bei den Gesängen und Tänzen öffnete sich mein Herz. Das Sufi-Camp, an dem ich in den folgenden Jahren noch viele Male teilnehmen sollte, war für mich zum Eingangstor meines spirituellen Weges geworden.

Doch meine Probleme mit der Gestaltung des Alltagslebens waren noch lange nicht gelöst; in Köln zeichnete sich jedenfalls keine tragfähige

Lebensperspektive für mich ab. Weiterhin auf der Suche nach mir selbst zog ich Ende 1978 vorübergehend in eine dreißig Kilometer entfernte Wohngemeinschaft auf dem Lande, die mein Freund Heinz in einem alten Bauernhaus etabliert hatte. Mitten im Winter trampte ich zum *Friedrichshof*, der berühmt-berüchtigten Kommune des Aktionskünstlers Otto Mühl in der Nähe von Wien, in der freie Sexualität und Gemeineigentum praktiziert wurden – allerdings, wie ich sehr bald bemerkte, in einer beinah faschistoiden Gemeinschaftsstruktur mit *Fickplan* und Personenkult (darüber später mehr). Nach einer Woche zog ich tief enttäuscht weiter nach Rom, von wo ich nach zwei Tagen – vor Kälte und Einsamkeit seelisch auf dem Zahnfleisch – den Heimweg antrat.

Im Frühjahr 1979 entschloss ich mich, wieder nach Wuppertal zurückzukehren, wo ich Unterschlupf in einem leer stehenden WG-Zimmer in Unterbarmen fand. In zwei nebeneinanderstehenden Altbauten (sie wurden in den 90er Jahren abgerissen) lebten zwei Wohngemeinschaften, die eine *Sponti*, die andere *Anarcho* (ein Mitglied dieser WG wurde später wegen Unterstützung der *RAF* zu sechs Jahren Knast verurteilt). Ich wohnte in der Sponti-WG, direkt am Wupperufer. Es gäbe viel darüber zu erzählen, aber ich will mich auf ein Ereignis beschränken, nämlich unsere Floßfahrt auf der Wupper. Lange bevor Wupperfloßfahrten an der Volkshochschule angeboten wurden, war ich von dieser Idee besessen und konnte Rüdi, Conni, Nuggi, Kerstin und Rolf ebenfalls davon begeistern. *Sechs leere 200-Liter-Plastiktonnen von der Lackfabrik Herberts als Schwimmkörper, zwei massive Türblätter aus einem Abrisshaus als Plattform und einige Meter Seil, um alles zusammenzuhalten – schon war unser Floß startbereit. Fehlte nur noch der nötige Wasserstand der Wupper. Nach ein paar ortsüblichen Regengüssen konnten wir die Queen Farbmühle an einem Freitagnachmittag im September zu Wasser lassen und mit Dachlatten stakend in die Strömung bugsieren. Wir waren zu fünft an Deck, während Rolf mit seiner Super 8-Filmkamera auf dem Fahrrad vorausfuhr. Als wir uns dem Döppersberg näherten, drängte sich dort am Brückengeländer bereits eine applaudierende Menschenmenge. Richtig spannend wurde es, als wir zwischen den Gebäuden der Bayerwerke entlang schipperten und plötzlich von einem quer über die Wupper führenden Baugerüst aufgehalten wurden. Es war Millimeterarbeit das Floß hindurch zu manövrieren. Am anderen Ende des Bayergeländes stand auf einer Brücke ein Polizist, vermutlich vom Werkschutz*

98

herbeigerufen, und begrüßte uns mit den Worten: Was machen Sie denn da?!
Wissen Sie nicht, dass das Befahren der Wupper verboten ist? – Das wussten
wir nicht. Wo steht das denn? – Es gibt ein Gesetz von 1897 ..., ach, machen
Sie, dass Sie weiterkommen! – So erreichten wir nach vier Stunden den End-
punkt unserer Reise am Wupperklärwerk im Burgholz.

Mari – oder: Das Sufi-Camp

Unsere etwa vier Monate während Bettziehung begann in der *Apfelsine*, einer kleinen Teestube in einem ehemaligen Ladenlokal in Unterbarmen. Der Betreiber dieses sperrmüllmöblierten Etablissements, ein engagierter Vorkämpfer der Wuppertaler linksalternativen Szene, hatte an jenem Samstagnachmittag im Mai 1979 zu einem Mini-Workshop mit dem hochtrabenden Titel *Sensitivity-Training* eingeladen.

Unter den sieben TeilnehmerInnen war ein Mädchen, das gleich beim ersten Anblick meinen Eroberungsinstinkt weckte: eine kesse Göre, zwanzig Jahre jung, freakig, frech und frivol mit orangerot gefärbtem punkig kurzem Haar und einer knackigen Figur. Als es bei einer der Übungen darum ging, Paare zu bilden, um zu zweit von einem großen Tuch umhüllt zu stimulierender Musik von Pink Floyd behutsam Körperkontakt aufzunehmen, stürzten wir zwei wild entschlossen aufeinander los. Unter dem roten XXXL-Bettlaken, das der Seminarleiter über uns warf, dauerte es nur Sekunden, da hatten wir uns schon so ineinander verkrallt und verknallt, dass wir nur noch dem Ende der Veranstaltung entgegen fieberten. Und dann gab es für uns kein Halten mehr. Bis zu meinem Zimmer in der *Farbmühle* waren es nur 200 Meter. Händchenhaltend rannten wir jauchzend über die Wupperbrücke. Schon auf der Leiter zu meinem Hochbett – sie war vor mir, so schnell hatte sie ihre Bluse und ihren Rock abgestreift (mehr trug sie nicht) – drängte ich meine Lenden an ihr opulentes Hinterteil, das mit der schmalen Taille die Form eines auf den Kopf gestellten Herzens bildete, und versuchte mit meinem zaunköniglichen Zepter in ihr saftstrotzendes Heiligtum vorzudringen. Bis zum nächsten Mittag kamen wir nicht aus dem Bett. Unsere Lustschreie müssen im ganzen Haus zu hören gewesen sein.

Mari, wie ich sie nannte (oder auch, wegen ihrer rotblonden Wimpern, die *rote Ratte vom Rott*) lebte mit Joe zusammen. Aber der hatte wohl als Liebespartner schon seit längerem ausgedient. Unsere Verbindung gründete auf unserer zügellosen Gier nach Sex, und da wir beide arbeitslos waren, hatten wir genug Zeit, um unsere Leidenschaft bis zur Neige auszukosten. Wenn sie zur Melodie des Walzers *An der schönen blauen Donau* im Dreivierteltakt intonierte: *ein Walzer von Strauß, steck ihn rein, zieh ihn raus …* bedurfte es keines weiteren Vorspiels.

Natürlich waren wir verliebt ineinander, doch wir waren uns von Anfang an darüber im Klaren, dass es eine vorübergehende Affäre sein würde. Zu groß waren der Altersunterschied und die Diskrepanz im Hinblick auf Bildungshorizont und Lebensperspektive. Außer *Sex* verbanden uns auch *Drugs* und *Rock'n'Roll*. So sind wir beispielsweise einmal zugleich bekifft und auf LSD in die *Börsendisco* gegangen.

Im Halbdunkel des Tanzsaals konnte ich beobachten, wie Kurt W., ein langhaariger ständig bekiffter Künstler, mit dem ich mal einen Saufabend verbracht hatte, anfing, sich Hemd und Hose auszuziehen. Weil ich selber auch schwitzte, zog ich mich ebenfalls bis auf die Unterhose aus und gab Kurt mit Andeutungen zu verstehen, dass ich bereit war, noch einen Schritt weiter zu gehen. Alsbald tanzten wir beide inmitten der mäßig besetzten Tanzfläche vollkommen nackt. Niemand machte ein Aufhebens davon, aber es schloss sich auch keiner unserer Aktion an. Auch Mari nicht, die so tat, als würde sie mich nicht kennen.

Als die Wirkung der Drogen sich voll entfaltet hatte und ich in eine Art Ekstase geraten war – das heißt nicht mehr tanzte, sondern *getanzt wurde* – hörte ich in meinem Kopf, erst unterschwellig dann aufdringlich, das gewisse Sirren, den mir inzwischen fast vertrauten Sirenengesang. Anstelle von Mari tanzte mir gegenüber Luzi Fair, nur mit einem schwarzen Slip bekleidet, und grinste mich spöttisch an. Ihre Stimme in meinem Kopf raunte mir zu: **Wenn du auffallen willst, musst du dir etwas Besseres einfallen lassen als das bisschen Freikörperkultur. Wenn du dich jetzt in die Luft erhebst und über der Menge schwebst, wird das einen nachhaltigen Eindruck auf das Publikum machen. Wenn Du Dich abheben willst, musst Du einfach nur – abheben!**

Ich erinnere mich daran, wie ich schon mehrmals im Traum geflogen bin und bewege zaghaft meine Hände wie Flügel, aber die Schwerkraft hält mich am Boden fest. **Du musst dich fallen lassen – ganz fallen lassen, ohne dabei den Boden zu berühren,** zischelt die innere Stimme. Ich lasse los, bereit zusammenzusacken, aber da ist kein Boden mehr unter mir, ich schwebe bereits ein paar Zentimeter über der Erde. Mit kleinen Abstoßbewegungen meiner Fingerspitzen gewinne ich an Höhe. Jetzt sehe ich den im Stroboskoplicht rhythmisch zappelnden Mob unter mir, spüre schmerzhaft die irre Lautstärke der Punkmusik, die aus meterhohen schwarzen Boxen dröhnt und durch mich hindurch galoppiert. Ich steige noch höher, bis fast unter die Decke, und versuche, mich den anderen bemerkbar zu machen: Seht her, seht alle her, ich kann fliegen, ich bin schwerelos! – Aber *keiner hört mich, niemand blickt zu mir auf.*

Mari hatte ständig einen Vorrat an LSD-Trips in Form von winzigen mit einem Tröpfchen Lysergsäurediäthylamid getränkten Papierschnipseln in ihrer Geldbörse. Ich würde allerdings sagen, es war LSD *light*, denn *voll auf Trip* hätten wir uns nicht in die Öffentlichkeit wagen können. Mari indess schien diesbezüglich keine Hemmungen zu kennen. Eines schönen Junitages fanden wir uns auf LSD im Beichtstuhl des *Altenberger Doms* wieder. Als Mari mich dort zu verführen versuchte – kein Witz! – hatte ich noch genug Kontrolle über mich, um die ohnehin schon prekäre Situation, denn es waren noch andere Besucher in der Kirche, nicht weiter eskalieren zu lassen.

Mitte Juli sind Mari und ich in meinem bunt bemalten *Käfer* zu einer vierwöchigen Reise aufgebrochen. Die ersten zwei Wochen wollten wir im Sufi-Camp verbringen, die darauffolgenden durch Südfrankreich und Nordspanien ziehen. Wie im Jahr zuvor fand das *Camp-des-Aigles* auf dem zweitausend Meter hohen *Sommet-du-Buchet* in den französischen Alpen statt.

Stell dir eine von Gräsern, Kräutern und vereinzelten Nadelbäumen bewachsene Hochalm mit einem Rundumblick auf schneebedeckte Berggipfel vor. An oberster Stelle steht das große runde weiße Meditationszelt, in dem bis zu zweihundert Leute Platz finden. Nahebei stehen Küchen- und Essenszelt und im Gelände verstreut die kleineren bunten Schlafzelte der Teilnehmer. Sanitäre Anlagen sind aus Fichtenbrettern roh zusammen gezimmert. Die Autos stehen außer Sichtweite eine halbe Stunde Fußweg weiter unten auf einer Wiese.

Das Seminarprogramm ist straff organisiert. Um sechs erschallt der Weckruf eines Muschelhorns, um sieben besuchen die meisten Teilnehmer die Morgenmeditation, um acht ist Frühstück. Von 9 bis 18 Uhr, von einer Mittagspause unterbrochen, hält Pir Vilayat seine *Lectures*. Am Abend versammeln sich alle, die Lust dazu haben, noch einmal im großen Zelt zu meditativen Gesängen und Tänzen.

Bei seinen Vorträgen sitzt Pir im Lotussitz auf einem flachen Podest und spricht zu ungefähr einhundertfünfzig *Mureeds* (SchülerInnen), die auf Meditationskissen vor ihm auf dem Bretterboden sitzen. Der 63 Jahre alte Sufi-Meister gibt seine Belehrungen auf Englisch oder Französisch, manchmal rutscht er auch ins Deutsche; das sind die Sprachen der meisten Teilnehmer. Dass Pir *Vilayat Inayat Khan*, der in der Nähe von Paris und in den USA lebt und einer indischen Sufi-Dynastie entstammt, auch noch weitere Sprachen wie Hindi und Arabisch perfekt beherrscht, sei am Rande erwähnt. Wenn er so im schlichten indischen Gewand, mit halblangem Silberhaar, weißem Vollbart, dunklem Teint und funkelnden Augen vor uns sitzt, geht die Ausstrahlung eines Königs, eines Magiers oder eines Buddha von ihm aus. Und wenn er, den Kopf ein wenig in den Nacken gekippt, ins *Samadhi* (eine Sphäre jenseits von Raum und Zeit) eingetreten ist, fällt ein Abglanz der hohen geistigen Schwingung auf jeden von uns.

Mit der Art und Weise, wie Pir Vilayat seiner ein paar tausend Köpfe zählenden Anhängerschaft den Sufismus nahe bringt, unterscheidet er sich deutlich von traditionellen Sufi-Richtungen. Das Sufitum, womit im traditionellen Verständnis die Mystik des Islam gemeint ist, hat im Laufe seiner über tausendjährigen Entwicklungsgeschichte viele unterschiedliche Ausprägungen erfahren (davon in einem späteren Kapitel mehr).

Doch was bedeutet Sufismus oder Sufitum überhaupt? Wie gerne würde ich diese Frage hier in wenigen Sätzen abhandeln, aber wie kann ich mir anmaßen, in Worte zu fassen, was in Tausenden von Büchern über die Sufi-Mystik geschrieben worden ist, was Zigtausende spiritueller Sucher auf dem Sufi-Weg an Spuren hinterlassen haben. Zwar habe ich zwanzig Jahre dem *Internationalen Sufi-Orden* (mit Pir Vilayat als Oberhaupt) angehört und nebenher einschlägige Erfahrungen mit anderen Sufi-Lehrern und Sufi-Strömungen gesammelt – doch wie wenig hat mein Kopf davon verstanden, wie wenig mein Herz? Und wie wenig davon ist in meinem Gedächtnis hängen geblieben?!

Der Sufismus ist nur eine von zahllosen Weisheitslehren und spirituellen Wegen – von altägyptischen Mysterienkulten über die Mythen der Naturvölker, die Jüdische Kabbala und die Christliche Mystik bis hin zu Schamanismus, Taoismus, Yoga und Zen-Buddhismus. Sie alle stellen Schlüssel bereit, um die Türen zur Transzendenz zu öffnen. Pir hat aus all diesen Brunnen geschöpft, ebenso aus der klassischen Philosophie, der Erkenntnistheorie, der Musikwissenschaft, der Humanpsychologie sowie den Naturwissenschaften.

Die geistige Botschaft der Sufis wird oft als *Weg des Herzens* oder *Pfad der Liebe* bezeichnet. Das Enblem des Internationalen Sufi-Ordens ist ein geflügeltes Herz. Es symbolisiert das Herzchakra, das spirituelle Zentrum in der Mitte der Brust, das mit der universellen göttlichen Liebe verbunden ist. Bei vielen Menschen unserer westlichen, kopflastigen, von Gier und Konkurrenz geprägten Konsum- und Leistungskultur ist das Herz mehr oder weniger verschlossen. Für die Sufis ist die Erweckung der Herzensqualitäten ein zentrales Ziel der spirituellen Praxis, wie etwa die Ausführung des *Dhikr*. Dabei handelt es sich um ein *Körpergebet*, das durch mantrische Gesänge in Verbindung mit energetischen Körperbewegungen das stete Gottesgedenken in uns verankern soll; dabei wird unter anderem *la ilaha illa llah hu* skandiert (sinngemäß: Es gibt nichts außer Gott).

Ein großer Teil von Pir Vilayats Lehrinhalten bezieht sich auf die *Wazaif.* Als *Wazaif* werden die 99 Namen Allahs bezeichnet, die jeweils eine der göttlichen Qualitäten benennen, die rudimentär in jedem von uns schlummern und durch meditative Praktiken wie Kontemplation und mantrische Rezitation erweckt werden können. In der esoterischen Sichtweise ist der einzelne Mensch weit mehr als seine Persönlichkeit. Er ist der Tropfen, der den Ozean in sich trägt. Ziel der Meditation ist es, die Grenzen des Verstandes zu überwinden und das Bewusstsein auszuweiten bis zu dem inneren Erleben des Kosmos als einem einzigen lebendigen Ganzen, in dem alles mit allem in einem universellen Schwingungsfeld verbunden ist.

In der Physik ist man schon vor längerer Zeit auf die paradoxe Erkenntnis gestoßen, dass kleinste Teilchen sich sowohl wie Wellen als auch wie Partikel verhalten können (wobei die Gedanken der beteiligten Forscher einen Einfluss auf das Ergebnis haben!). Geist und Materie sind nicht getrennt. Pir Vilayat zitierte gerne den Einstein-Schüler David Bohm: *Die Ergebnisse der modernen Wissenschaft ergeben nur dann einen Sinn, wenn wir eine innere, einheitliche, transzendente Wirklichkeit annehmen, die allen äußeren Daten und Fakten zugrundeliegt.* Durch diese naturwissenschaftliche Betrachtungsweise konnte Pir mich, den vom dialektischen Materialismus beeinflussten Atheisten, davon überzeugen, dass außer der dreidimensionalen Realität ein unermesslicher mit den Sinnen und dem Verstand nicht erfassbarer geistiger Kosmos existiert, der alle Bereiche des Seins durchdringt. Pir gebrauchte häufig die Formulierung: Wir sind *in* dieser Welt, aber nicht *von* dieser Welt.

Während dieser detailreichen, hochgeistigen Vorträge war ich manchmal kurz davor einzunicken oder abzuschweifen. Womöglich ausgelöst durch den Anblick der hübschen Sufi-Frauen glitt meine Aufmerksamkeit gelegentlich von den hehren Sphären der Spiritualität hinüber in den Gegenpol einer deftigen sexuellen Phantasie. Einmal passierte folgendes: Als sich soeben mit hardcore-pornografischer Unverblümtheit der Anblick eines gewaltigen Ständers, der bis zum Anschlag in eine froh-lockende Muschi eintaucht, vor meinem inneren Auge entfaltete, unterbrach Pir jäh seinen Redefluss, fixierte mich sekundenlang mit zornigem Blick und räusperte sich vernehmlich. Er hatte meine ausschweifende Imagination als Gedankenbild in meiner Aura wahrgenommen. Ich hätte vor Scham im Boden versinken mögen. Auch die vage Ahnung einer Verbindung von Sexualität und Spiritualität, wie sie im indischen Tantra praktiziert wird, konnte die Peinlichkeit nicht abmildern.

Zeit, das Meditationszelt zu verlassen und nach meiner Geliebten Ausschau zu halten, die sich schon vorher der geistigen Berieselung entzogen hatte. Ihr war das alles *zu hoch*. Ich fand sie im Schatten einer Kiefer an einem Pullover strickend. Wie sie die weinroten, safrangelben und orangenen Wollfäden ineinander verstrickte, das wirkte in Verbindung mit ihrem bestrickenden Augenaufschlag auf mich wie ein willkommener Phallstrick. Bis zum Abendessen blieb uns noch ein gutes (Schäfer)stündchen.

In der ersten Woche des Sufi-Camps bin ich ein durchschnittlich strebsamer Seminarteilnehmer, der so viel von dem Lernstoff mitbekommen will, wie er fassen kann. In der zweiten Woche ist *Retreat* angesagt. Die meisten CampteilnehmerInnen ziehen sich mit ihren Zelten an vereinzelte Plätze im abschüssigen Gelände zurück, um in äußerer Abgeschiedenheit die für sie bestimmten Meditationsübungen auszuführen. Sie werden einmal am Tag von einem *Retreat-Guide* besucht und holen sich zu den Mahlzeiten schweigend ihre Rationen ab.

Ich kann mich nicht dazu durchringen, am Retreat teilzunehmen. Nicht nur weil mir das viele Sitzen Rückenschmerzen bereitet und weil ich in der Meditation noch zu wenig fortgeschritten bin, um nicht in Frust und Langeweile abzugleiten, sondern auch, weil der Wunsch nach irdischen Freuden wie Wanderungen in der Natur, geselliges Beisammensein am abendlichen Lagerfeuer und lustvolle Zweisamkeit mit Mari stärker ist als mein Ehrgeiz, spirituell voran zu schreiten. Für die nicht am Retreat

Teilnehmenden werden kleinere Workshops angeboten, die mich aber auch nicht genügend interessieren. – So beschließe ich, eines Morgens den markanten Berggipfel zu besteigen, der ungefähr drei Kilometer Luftlinie entfernt über einer weitläufigen Senke emporragt.

Nach ungefähr dreistündigem erst Ab- und dann Aufstieg im pfadlosen Gelände gelange ich zweihundert Meter vor dem Gipfel an einen Felssturz, der zehn Meter senkrecht nach unten führt. Um nicht einen riesigen Umweg machen zu müssen, wage ich den gefährlichen Abstieg. Ohne Bergausrüstung und alpinistische Vorerfahrungen gelingt es mir, mit Händen und Füßen an kleinsten Vorsprüngen und Vertiefungen im Fels Halt findend das Hindernis zu überwinden. Als ich wieder auf festem Boden stehe, zittern mir die Knie. Was wäre gewesen, wenn ich abgestürzt wäre? Selbst wenn ich mir nur eine mittelschwere Verstauchung an einem Fußgelenk zugezogen hätte, es hätte mein Ende bedeuten können. Zwar kann ich das gegenüberliegende Zeltlager mit bloßen Augen erkennen, habe aber in dieser Situation (Handys und Smartphones gibt es noch nicht!) keine Möglichkeit, mich bemerkbar zu machen. Dankbar aufatmend setze ich die Gratwanderung fort.

Auf dem 2631 Meter hohen Gipfel reiße ich mir die Kleider vom Leib. Das Unterhemd ist so nass geschwitzt, dass ich es auswringen kann. Es ist früher Nachmittag, die Sonne steht beinahe im Zenit und krallt sich in Schultern und Nacken. Ein leichter Wind weht, als ich beginne, auf einer flachen Felsoberfläche den Dhikr auszuführen. Mit den Knien auf dem Boden auf den Fersen sitzend, den Oberkörper aufgerichtet rezitiere ich halblaut das *la ilaha illa llah hu*. Bei *la ilaha* drehe ich den Kopf über die linke Schulter nach vorne und über die rechte Schulter wieder in die Ausgangsposition (Verneinung der Illusion). Bei *illa* lasse ich den Oberkörper nach vorne fallen, bis die Stirn fast den Boden berührt (Loslassen des Ego). Und bei *llah* erhebe ich den Oberkörper wieder (Eintauchen in die Transzendenz). Mit dem *hu* hauche ich den göttlichen Geist in die äußere Welt. Fünfzigmal das Ganze. Diese Szene, ich splitternackt in Gebetshaltung vor einem grandiosen Gipfelpanorama, hat mein Fotoapparat mit Selbstauslöser auf einem Dia festgehalten. Ich sitze noch eine Weile still, spüre die Sonnenstrahlen auf der Haut, lausche dem Geflüster des Windes, bin eins mit dem Felsen und fühle eine grenzenlose Freiheit. – Nachdem ich mich wieder angezogen und meinen Proviant aufgegessen habe, trete ich den Heimweg über ein weites abfallendes Geröllfeld an, trinke von einem sprudelnden Quell und erfreue mich an den violetten Alpenveilchen, die aus kleinen Felsspalten lugen.

Als wäre dies alles nicht schon Abenteuer genug für einen Tag, kommt mir unten in der Senke, ungefähr einen Kilometer vom Camp entfernt, eine Frau in einem braunen Kleid entgegen. Beim Näherkommen erkenne ich sie. Wir haben in den Seminarpausen öfter miteinander geredet und uns von Anfang an als verwandte Seelen erkannt. Ella ist ein Jahr älter als ich und zum ersten Mal im Sufi-Camp. Uns verbinden: Flüchtlingsschicksal, linksradikale Vergangenheit, die Beschäftigung mit Carlos Castaneda, Drogenerfahrungen und das Interesse an Psychotherapie, Philosophie und Mystik. Ella ist ungarisch-jüdischer Herkunft und in vieler Hinsicht eine außergewöhnliche Frau. Sie verfügt über das Potential einer Linksintellektuellen ebenso wie über das Wissen einer Hexe oder Heilerin. Bei einem Suizidversuch, fünf oder sechs Jahre zuvor, hat sie ihren linken Arm verloren, und so umarmt mich bei unserer Begrüßung auf der einen Seite nur ein Stumpf von zwanzig Zentimetern. Als wir uns aus einem Gemisch von Tabak und wildem Majoran Zigaretten drehen und sie mich dabei mit ihren wasserblauen Augen anstrahlt und kokett ihre rotblonde Mähne schüttelt, fällt mir plötzlich ein, dass sie im Sternzeichen des Löwen geboren ist, und ich frage sie, wann sie Geburtstag hat. – Heute, erwidert sie trocken. – Ob sie sich etwas von mir wünsche? – Wenn du so fragst, lächelt sie mich verschmitzt an, an meinem Vierunddreißigsten – Quersumme sieben – wüsste ich schon etwas, ich weiß aber nicht, ob du dir das vorstellen kannst? – Ich kann es mir vorstellen. Wir suchen uns ein schattiges Plätzchen und fallen, so als wären wir schon lange aufeinander eingespielt, völlig unverkrampft übereinander her. Und wieder komme ich ins Schwitzen. Noch ein Gipfelerlebnis. Das Leben kann ganz schön aufregend sein!

Doppelt befriedigt und stolz, nacheinander einen Berg und eine Frau bestiegen zu haben, kehre ich an Ellas Arm untergehakt zum Lager zurück. Als wir uns in den großen Kreis einfädeln, der vor dem Abendessen gebildet wird, mustert uns Mari mit argwöhnischen Blicken. Später fragt sie mich mit beleidigtem Unterton, na, wie war der Gipfel, war deine einarmige Freundin auch auf dem Gipfel? – Mari wird diese Nacht nicht in meinem Zelt verbringen. Als ich am nächsten Morgen ihren Kopf neben dem Kopf eines gutaussehenden Italieners aus einem Zweierschlafsack hervorschauen sehe – sie haben die Nacht unterm Sternenzelt verbracht –

ist es an mir, meine Eifersuchtsgefühle diskret herunterzuschlucken. Mari brauchte wohl die Revanche, um sich mir wieder zuwenden zu können, und damit lässt sie nicht lange auf sich warten. Ich bin bass erstaunt, als sie sich kurze Zeit später in der Essensschlange zu mir stellt, mit mir Händchen hält und so tut, als wäre nichts gewesen.

Zu Pirs Anhängerschaft zählen in etwa zu gleichen Teilen Männer und Frauen aller Altersstufen. Einige sind Neulinge, andere alte Hasen auf dem Sufi-Pfad. Sie sind aus Frankreich, Deutschland, England, den USA, Italien, Spanien, Holland und anderen Ländern angereist. Viele von ihnen tragen von der Hippiekultur beeinflusste orientalisch anmutende Gewänder. Sie sind intelligente, aufrechte, offene und in sich ruhende Menschen *auf der Suche* (auf dem Weg vom *SU*cher zum *FI*nder, wie ich scherzhaft *SUFI* definierte). Einige haben Musikinstrumente mitgebracht, wie Fredi Alberti, ein begnadeter Cellospieler, der mit Pir, der auch Cello spielt, den gemeinschaftlichen Gesang improvisierend begleitet. Fredis Frau verkauft selbstgenähte robuste kragenlose Baumwollhemden, von denen ich ihr je eins in Türkis, Gelb und Ultramarin abkaufe. Es gibt auch einen Büchertisch mit Sufi-Literatur, an erster Stelle die Schriften von Hazrat Inayat Khan (Pirs Vater), der als Musiker und Sufi-Meister ab 1910 in Europa und den USA seine Botschaft von Liebe, Harmonie und Schönheit verbreitet hatte.

Da ist auch Martin, ein Student aus Heidelberg, der jeden Morgen nach dem Weckruf des Muschelhorns das ganze Lager mit filigranen Querflötenmelodien beschallt. Und ein junges Paar aus Frankreich, das sich in einer feierlichen Zeremonie von Pir trauen lässt. Und Munir, Pirs Übersetzer und Assistent, der die Morgenmeditation leitet und in den Pausen raucht wie ein Schlot. Besonders gerührt bin ich von einem Schweizer Ehepaar in Bergbauerntracht; beide sind über Siebzig, turteln aber miteinander wie frisch verliebte Teenies und strahlen immerzu Güte und Zufriedenheit aus. Nicht zu vergessen: Joseph Cohen, ein Kabbalist aus New York, um den sich zeitweise eine kleine Gruppe von Wissbegierigen schart und fasziniert seinen humorvollen Ausführungen über die spirituelle Psychologie des *Lebensbaumes* lauscht.

Und da sind die Adler und Eisvögel, die Zauneidechsen und Salamander, die Mücken, Spinnen, Schnaken und Wespen. Und eine dünne Schneeschicht nach der kältesten Nacht. – Ein Höhepunkt des Sufi-

Camps ist der *Universelle Gottesdienst*, in dem für jede der sechs großen Weltreligionen jeweils eine Kerze angezündet, ein Lied gesungen, ein heiliger Spruch zitiert und ein Gebet gesprochen wird – für Christen, Buddhisten, Muslime, Hindus, Juden und Sikhs.

An einem der letzten Tage des Camps leistete ich mir das profane Vergnügen, Mari, Ella und Christel zu einem Eis einzuladen. Christel hatte ich im Jahr zuvor in Köln kennengelernt und eine laue Affäre mit ihr gehabt, die aber, da sie für Sex nicht viel übrig hatte, bald wieder einschlief. Sie war Grundschullehrerin, hatte ein Püppchengesicht unter langen lockigen kupferroten Haaren, und ihre Brüste waren so flach wie bei einem Mann. Sie wirkte oft wie abwesend, und im Nachhinein fragte ich mich, ob sie als Kind oder Jugendliche sexuell missbraucht worden sei. Wir fuhren in Christels Auto die elf Kilometer lange äußerst kurvenreiche unbefestigte Straße bis zum achthundert Höhenmeter tiefer gelegenen Örtchen *Chateau-Queyras*. Auf dem von Platanen überschatteten Dorfplatz fanden wir ein Café und setzten uns an einen Tisch im Freien. Wir warteten ungeduldig auf die Bedienung, denn uns quälte ein großes Verlangen, der Heißhunger auf Süßes, den wohl fast jeder kennt, der mehrere Tage hintereinander meditiert und hochgeistigen Vorträgen gelauscht hat.

Es blieb nicht beim Eis. Kaffee und Kuchen und Likörchen folgten, und Ella, die unser Zusammensein als nachträgliche Geburtstagsfeier reklamierte, bestellte für alle noch eine Portion Tirami*sufi*. Da saß ich nun mit meinen drei rothaarigen Geliebten, der ersten fehlte ein Arm, die zweite hatte keine Brust und die dritte strickte an einem Babypullover, der ihr später passen sollte. Alle vier waren wir froh, dem heiligen Berg für ein paar Stunden entronnen zu sein. Und unsere dissidentische Ader veranlasste uns, über das, was wir in den vergangenen Tagen an trockener Geisteskost in uns aufgenommen hatten, spielerisch unseren Spott auszuschütten. Mari fing plötzlich an, ohne vom Stricken aufzublicken: *Liebe Mutti, lieber Vati, viele Grüße vom Samadhi.* Ella dozierte: *Die Kundalini krabbelt munter die Wirbelsäule rauf und runter.* Und Christel parodierte einen Ausspruch von Pir: *Mit dem Kopf im Himmel und mit beiden Füßen fest im Sumpf.* Mir fiel ein: *Wer zweimal zum selben Guru rennt, gehört schon zum Establishment.* Und die *Müslis* haben auch ihr Fett abgekriegt.

Natürlich war diese spöttische Betrachtungsweise nur die eine Seite der Medaille. Die geistigen Impulse des Sufismus eröffneten mir eine neue Dimension auf der Suche nach meiner *Bestimmung*. Doch zu diesem Zeitpunkt ahnte ich noch nicht, dass ich in den folgenden acht Jahren in jedem Sommer am Sufi-Camp teilnehmen, in den Sufi-Orden eintreten und ihm insgesamt zwanzig Jahre treu bleiben würde. Wenn mir jemand vorausgesagt hätte, dass ich drei Jahre später eine Esoterik-Buchhandlung eröffnen und in der Folge den Büchertisch im Camp betreiben, sowie eine Sufi-Gruppe aufbauen und damit den Sufismus nach Wuppertal bringen würde, hätte ich das vermutlich als Spinnerei abgetan. Und schon gar nicht hätte ich für möglich gehalten, dass ich in den Neunziger Jahren eigene spirituelle Workshops mit dem Schwerpunkt *Sufi-Tanz* anbieten würde.

Am Abend vor der Abreise aus dem Camp wurde offenbar, was ich schon vorher beim Sex mit Mari gespürt, aber nicht weiter beachtet hatte: In ihrer Scheide hatten sich eigenartige Nippel gebildet. Und die waren weiter gewachsen, so dass sie jetzt, nachdem ich sie mit dem Mittelfinger abgetastet hatte, nicht mehr ignoriert werden konnten. Mari war darüber ziemlich verärgert. Ich versprach ihr, mit ihr gleich am nächsten Tag zu einem Gynäkologen zu fahren. Also brachen wir früh genug auf, um noch vor dem Mittag in der nächsten größeren Kleinstadt einzutreffen.

Der Gynäkologe, ein smarter lockerer Typ mit gelocktem dunklen Haar, war sehr freundlich und hilfsbereit. Da Mari kein Französisch sprach, war ich als Dolmetscher bei der Behandlung zugegen und beobachtete mit glühendem Interesse, wie das Spekulum, auch Storchenschnabel genannt, die Scheide langsam öffnete, bis mehrere etwa einen Zentimeter lange Feigwarzen zum Vorschein kamen. *Crête du Coque*, diagnostizierte der Doktor. *Hahnenkamm*, übersetzte ich. Die wohl eher harmlosen Teile wurden mit einem vereisten Wattestäbchen weggeätzt. Es qualmte ein bisschen und roch verbrannt. – *C'est tout*, das wars schon. Der Doktor gab uns ein paar gute Ratschläge die Hygiene betreffend, gab mir eine Tube mit einer wunderbaren Salbe für meinen Penis, gab Mari einen herzhaften Klaps auf den Po und gab grünes Licht: In ein paar Tagen könnt ihr wieder Liebe machen. Er wollte kein Honorar, Glück muss man haben!

Als wir in das grelle Sonnenlicht der Straße hinaustraten, sahen wir ein Hundepärchen, das sich auf eigenartige Weise ineinander verhakt hatte. Die Hündin hatte bei der Paarung einen Scheidenkrampf bekommen, und der Rüde konnte seine Rute nicht aus ihr herausziehen. Ein angetrunkener Passant warf einen Stein nach den Tieren, und das unglückliche Paar hetzte mitleiderregend auf sechs Beinen humpelnd davon. Man müsste einen Eimer Wasser über sie gießen, sagte ich. – Was du alles weißt, frotzelte meine Süße. Da ahnte ich noch nicht, dass Mari bald schon nicht mehr uneingeschränkt die Süße sein würde. Aber der Reihe nach.

Einer Empfehlung von Ella folgend lenkte ich das Auto südwestwärts zu einem abgelegenen Tal in den Cevennen. Dort hatten sich in den Dörfern St. Jean und Pégairolles einige deutsche Aussteiger in leer stehenden Bauern- und Winzerhäusern niedergelassen. Einer von ihnen war Attila, ein Künstler aus Berlin; er lebte mit zwei Frauen und einem kleinen Kind in einem Jahrhunderte alten Natursteinhaus und arbeitete gerade an einer Bilderserie zu den vierundsechzig Zeichen des chinesischen *I-Ging* Orakels. Von ihm bekamen wir einen Tipp, wo wir an der Buèges, dem Bach, der das nach ihm benannte Tal durchfließt, ungestört unser Lager aufschlagen konnten. Da, wo der Bach zu einer Badestelle verbreitert ist, bauten wir im Schatten einer Pinie unser Zelt auf, machten Feuer – und kamen an. Ich jedenfalls, denn dieser Platz war so ganz nach meinem Geschmack, eingebettet in eine liebliche Umgebung mit Weingärten, Schaf- und Ziegenweiden, vereinzelten Zypressen, sanften Hügeln und schroffen Felsmassiven. Himmlische Ruhe, kein Auto, nur Frösche und Nachtigallen waren zu hören. Ich werde dieses Tal immer als *Paradies* in Erinnerung behalten und in den folgenden Jahren auf vier weiteren Reisen jeweils einige Tage hier verbringen – jedes Mal mit einer anderen Begleiterin.

Mari dagegen, die schon im Sufi-Camp mit dem Unbehagen zu kämpfen hatte, fehl am Platz zu sein, stellte fest, dass dies nicht ihre Traumgegend sei und dass sie mit den Menschen in diesem Tal, den Einheimischen wie den Zugezogenen, nicht warm werden könne. Sie war weder eine Leseratte noch eine Wasserratte und auch keine ausgesprochene Naturliebhaberin und wusste in dieser Einöde nichts mit sich anzufangen. Sie sehnte sich nach Kontakt mit Ihresgleichen und plädierte dafür, ans Meer oder in eine größere Stadt weiterzureisen. Wir einigten uns darauf, noch drei Tage zu bleiben. Allerdings wurde meine Reisebegleiterin von Tag zu Tag unzufriedener, war schlecht drauf, nörgelte an mir herum und verweigerte sich auch körperlich. Es herrschte dicke Luft zwischen uns. Meine Reisefreude war getrübt, mein Selbstwertgefühl sank in den Keller, und ich fühlte mich einsam. Als wir dann wieder unterwegs waren, verbesserte sich Maris Laune zusehends, und sie war wieder die zu aller-

111

lei Schandtaten aufgelegte kokette Punk-Lady. In einem Café in Montpellier bestellte sie einen Eiswürfel, den ich einige Minuten an mein linkes Ohrläppchen pressen sollte, und dann stach sie mir mit einer groben Nähnadel ins eisbetäubte Gewebe. Von da an trug ich einen silbernen Ohrstecker mit einem kleinen Türkis.

Am Nordrand der Pyrenäen entlang fuhren wir weiter in Richtung Baskenland. Wir besuchten den am Weg liegenden Wallfahrtsort *Lourdes* und löschten in der Grotte der Bernadette unseren Durst an der Heilquelle, die jährlich Millionen von Pilgern anlockt. Gegen Abend kamen wir in *San Sebastián* an und gönnten uns nach all den vegetarischen Mahlzeiten im Camp in einem preiswerten Lokal im Stadtzentrum ein reichhaltiges Menü. Danach schnupperten wir noch ein wenig in das Nachtleben der baskischen Metropole und übernachteten schließlich im Treppenhaus eines sechsstöckigen Wohngebäudes ganz oben neben dem Eingang zum Dachboden. Ein großer Blumentopf mit einem Papyrus diente uns als Toilette.

Am nächsten Mittag erreichten wir nördlich von Biarritz die französische Atlantikküste. Mari wollte unbedingt noch einen Trip einwerfen und ließ sich nicht davon abbringen. Als sie darauf begann, über parkende Autos hinweg zu klettern, konnte ich sie nur unter Aufbietung meiner ganzen Überzeugungskraft daran hindern. Danach beging ich selber die Dummheit, trotz hohen Wellengangs ins Wasser zu gehen. Ich genoss die Abkühlung und den erfrischenden Tanz mit den Elementen, bis mich eine über zwei Meter hohe Brandungswelle erfasste und so gewaltig herumschleuderte, dass ich mit dem Kopf zuerst auf dem kiesigen Untergrund aufschlug. Dabei wurden meine Nackenwirbel gestaucht, und ich konnte ungefähr zwei Wochen lang meinen Kopf nicht drehen. Die Rückfahrt nach Wuppertal gestaltete sich dementsprechend stressig und langwierig. Noch Monate später traten stecknadelkopfgroße Sandkörner aus meinen Ohren heraus.

Wieder in Wuppertal war die Verbindung mit Mari so gut wie am Ende. Wir trafen uns noch zwei drei Mal, führten die üblichen Trennungsgespräche und schliefen noch einmal freudlos miteinander. Zu unserer letzten Verabredung erschien sie nicht. Ich war angesichts der Tatsache, wieder allein zu sein, längst in ein tiefes seelisches Loch gefallen, und der

Frust darüber, dass sie mich an diesem Abend sitzen ließ, löste in mir eine fatale Reaktion aus.

Ungefähr ein Jahr zuvor hatte ich am Rande einer Kiesgrube im *Vogelsberg* Tollkirschen entdeckt. Die schwarzvioletten Teufelsbeeren wuchsen dort in solchen Mengen und lachten mich so verführerisch an, dass ich sechzig Stück davon pflückte, um sie zu Hause auszupressen und den Saft in Alkohol zu konservieren. Seitdem stand ein Medizinfläschchen mit einer dunklen Flüssigkeit und einem Totenschädel-Etikett zwischen allerlei Krimskrams unberührt in meinem IKEA-Bücherregal. Jetzt schien mir der passende Zeitpunkt gekommen, das Zeug auszuprobieren und auf Belladonna-Trip zu gehen. Nach meinen Berechnungen entsprach ein Teelöffel der Tinktur fünf Tollkirschen, der Menge, die für einen psychodelischen Rausch ausreicht. Ich schluckte einen Teelöffel voll, und als nach einer halben Stunde noch keine Wirkung eingetreten war, nahm ich noch einen Löffel. Nachdem eine weitere halbe Stunde vergangen war und ich immer noch nichts spürte, sagte ich mir, der Wirkstoff ist zu schwach und nahm weitere drei Teelöffel vom Tollkirschenextrakt, was unter normalen Bedingungen einer tödlichen Dosis entspricht. Dem trotzigen Kind in mir war nun alles egal.

Kurze Zeit später setzt schlagartig die Wirkung des Nervengiftes *Atropin* ein. *Nacht...Schatten...Gewächs*, lalle ich mit offen stehendem Mund, ehe ich unter Atemnot und Muskelkrämpfen mit letzter Kraft auf mein Hochbett klettere. Was folgt, ist der Überlebenskampf meines sich in Spasmen windenden Körpers. Durch die gleichzeitig eintretende Betäubung und Bewusstseinstrübung nehme ich die Zuckungen und Kontraktionen, den rasenden Herzschlag, den panischen Stoßatem, die verdrehten Augen, den trockenen Mund und die schmerzende Kehle in einem ohnmachtsähnlichen Dämmerzustand wahr, der sich über Stunden hinzieht und langsam in einen albtraumschwangeren Halbschlaf übergeht. Im ersten Tageslicht komme ich allmählich zu mir. Mein Körper ist immer noch wie gelähmt und fiebrig, aber die Atemnot ist vergangen, und die Krämpfe haben nachgelassen. Ein Reigen faszinierender Sinnestäuschungen spielt sich vor meinen halb geöffneten Augen ab: Die Zimmerdecke über mir flattert wie ein Segel im Wind, graue Nebelschwaden wabern durch die Luft, eine vorbeischwirrende Eintagsfliege hinterlässt den Eindruck eines Bombergeschwaders im Anflug. Die Halluzinationen gehen danach erst richtig los: Einzeln oder zu zweit tauchen wie aus dem Nichts immer neue Besucher an meinem Bett auf, Freunde und Bekannte, aber auch Fremde. Eine perfekte 3D-Animation aus meinem Kopf in den Raum projiziert. Mit einigen kommuniziere ich – ohne Worte – irgendwelchen Nonsens, und wenn ich sie nicht mehr sehen möchte, verschwinden sie augenblicklich. Erst gegen Mittag gelingt es mir, auf wackeligen Beinen vom Hochbett herunter zu steigen, um die Toilette aufzusuchen. Mein Gesicht ist verquollen, der Mundraum ausgetrocknet, und die Pupillen sind so weit geöffnet, dass ich für den Rest des Tages alles nur verschwommen sehe.

Heute sehe ich klar, dass sich hinter diesem drastischen Tollkirschentrip ein unbewusster Beinahe-Suizid verbarg. Ich war an einem Tiefpunkt angelangt. Mit dreiunddreißig Jahren wusste ich immer noch nicht, was aus mir werden sollte, und wie ich meine seelische Krise – ohne die beiden wichtigsten Faktoren für ein erfülltes Leben, nämlich Liebe und Arbeit – überwinden könnte. Die Tatsache, dass ich bereits seit vier Jahren Arbeitslosengeld bezog (zwischen sechshundert und siebenhundert DM im Monat) und noch keine einzige Bewerbung geschrieben hatte, ist im Vergleich mit den heutigen Bedingungen für Arbeitslose unvorstellbar. Ich wurde in Ruhe gelassen und war dadurch ungebunden und frei für neue Anläufe auf der Suche nach meinem Platz in der Welt.

Bauhütte

Im Herbst 1979 packte ich meine gesamte Habe, bis auf ein paar Bücherkisten, die ich auf dem Dachboden meines Elternhauses abgestellt hatte, in meinen alten VW-Käfer und brach zu neuen Ufern auf, will sagen zu einem mehrmonatigen Trip von Landkommune zu Landkommune.

Nur dunkel erinnere ich mich an die einzelnen Stationen dieser Expedition durch die Alternativszene. Einige Projekte und Orte fallen mir spontan wieder ein: Die *Wassermühle* in der Rhön, die *Alte Schule Ulmbach* im Vogelsberg, der *Adorfer Bahnhof* in der Eifel, die *Frankfurter Arbeiter Selbsthilfe* und ein Dutzend weiterer Projekte, bei denen ich jeweils ein paar Tage, bis zu zwei Wochen, verweilte. Darunter einige kleinere Landkommunen, die versuchten, aufgegebene bäuerliche Betriebe im Stil des Neunzehnten Jahrhunderts wieder in Gang zu setzen – meist mit einem selbsternannten Patriarchen oder Guru an der Spitze. Ein Bild steigt aus meinem Gedächtnis auf: ein uriger Typ mit langem Bart, Gummistiefeln und Latzhose, mit abgebrochenem Philosophiestudium und einer hübschen zwanzig Jahre jüngeren Neubäuerin nebst einem kleinen Kind an der Seite, in einem heruntergekommenen Bauernhof voll altem Gerümpel, mit ein paar Ziegen und Hühnern und Katzen und Spatzen – alles traulich umhüllt von einer Duftkomposition aus Misthaufen und Marihuana.

Das Fazit meiner Beobachtungen in der Alternativszene bestand in der Feststellung, dass bei fast allen Projekten von drei wichtigen Voraussetzungen – damit meine ich das Geld, das Gruppenklima und das gemeinsame Ziel – eine fehlte. In vielen der ländlichen Gemeinschaften ging man offen und liebevoll miteinander um, hatte idealistische Vorstellungen von Konsumverzicht und ökologischer Landwirtschaft, lebte aber unter dem Existenzminimum. In einem anderen Fall hatte eine Gruppe, die vom Verkauf selbstgebauter luxuriöser Lautsprecherboxen lebte, reichlich Geld, alle waren leidenschaftliche Anhänger einer bestimmten Richtung der Popmusik, aber sie waren untereinander heillos zerstritten. Der dritten Variante begegnete ich in einem Barockschloss in Unterfranken, dort wohnte ein Dutzend gut betuchter linksliberal angehauchter Mittelschichtler friedlich beieinander, aber es gab keine verbindende Idee oder Zielsetzung.

115

Den mit Abstand nachhaltigsten Eindruck auf mich machte die *Bauhütte*, ein ganzheitliches Alternativprojekt in Baden-Württemberg. In einem Bauernhaus bei Jagsthausen an der Jagst, zu dem eine Scheune und ein großes Grundstück gehörten, wohnte eine (noch) kleine, fünf Köpfe zählende Kerngruppe, um die sich bei bestimmten Anlässen eine wachsende Zahl von Sympathisanten versammelte. Intellektueller Kopf der Bauhütte war Dieter Duhm, der sich 1972 mit seinem Buch *Angst im Kapitalismus* (eine viel beachtete Systemkritik unter Einbeziehung des *Subjektiven Faktors*) in der linken Szene einen Namen gemacht hatte. Sieben Jahre später, als wir uns begegneten, hatte er seine Vision von einer *gewaltfreien Gesellschaft* um wesentliche psychologische, ökologische und spirituelle Aspekte erweitert. Eine zentrale Rolle spielte für ihn das Verhältnis zwischen Mann und Frau, insbesondere im Umgang mit der Sexualität. An die Stelle der bürgerlichen Kleinfamilie und der konventionellen Zweierbeziehung sollten neue Formen des Zusammenlebens treten, die ein Liebesleben frei von Zwang, Angst, Lüge und Verstellung ermöglichen.

Während der zwei Wochen meines Aufenthaltes bei der Bauhütte diskutierten Dieter und ich stundenlang über die materiellen und ideellen Grundlagen einer neuen Gesellschaftordnung. In der sich stetig vergrößernden Projektgruppe Bauhütte sollten die dafür notwendigen sozialen Strukturen entwickelt und erprobt werden. Das hieß, nicht nur das Verhältnis der Geschlechter zueinander neu definieren, sondern auch das Individuum von einengenden Konditionierungen und reaktionären Glaubenssystemen befreien – als Voraussetzung für die Entfaltung des vollen menschlichen Potentials einschließlich der spirituellen Entwicklung. Im Zusammenhang damit streiften unsere Gespräche psychologische, philosophische, naturwissenschaftliche und künstlerische Themen.

Wir redeten auch offen über unsere persönlichen Probleme. Dabei wurde deutlich, dass Dieter eine vergleichbare Lebenskrise, wie ich sie gerade durchmachte, erst ein oder zwei Jahre vorher überwunden hatte. Auch er war durch *die dunkle Nacht der Seele* gegangen. Ein sechsmonatiger Aufenthalt bei der *AAO (Aktionsanalytische Organisation)* auf dem *Friedrichshof* hatte ihm entscheidende Impulse für seine psychische Stabilisierung und für das Konzept der Bauhütte gebracht. – Es behagte ihm keinesfalls, in meiner Person seine Schwächen und dunklen Seiten widergespiegelt zu sehen. Daher beantwortete er meine Anfrage, ob ich in die Bauhütte aufgenommen werden könne, mit einem klaren Nein. Er sah in mir den Selbstmordkandidat par excellence, und meinte, für Leute wie mich seien die psychosozialen Bedingungen in der Bauhütte nicht geeignet, ich solle doch zum Friedrichshof gehen. Ich sagte darauf nichts und verschwieg, dass ich mir bereits mein eigenes Bild vom Friedrichshof gemacht hatte.

Im eisigen Januar 1979 war ich vom *Heiderhof* bei Köln zum *Friedrichshof* bei Wien getrampt, um im Rahmen meiner Erkundungsreisen durch die Alternativszene auch dieses einzigartige Projekt kennenzulernen, zusätzlich motiviert von der Aussicht auf mögliche Sexualkontakte, denn Sabine, die ein halbes Jahr vorher im Sommer dort gewesen war, hatte mir begeistert davon erzählt, wie sie innerhalb von einer Woche mit zwölf Männern geschlafen hat. Doch gleich nach meiner Ankunft stellte sich heraus, dass im Winter die Rahmenbedingungen dafür nicht gegeben waren, es waren außer mir nur sechs Gäste da, davon eine einzige Frau. Und Sex zwischen Kommunenmitgliedern und Gästen war tabu.

Die zirka einhundert Angehörigen der Friedrichshof-Kommune betrieben neben landwirtschaftlichen Tätigkeiten eine florierende Latzhosen-Fabrikation in einer Halle auf dem Hof. Auf das Konzept des Gemeineigentums, die brachialen Therapiemethoden, die hierarchische Gemeinschaftsstruktur und die von *Fickplänen* diktierten sexuellen Interaktionen möchte ich nicht näher eingehen (wenn du mehr darüber erfahren willst, informiere dich im Internet). Drei oder viermal nahm ich an den abendlichen *Selbstdarstellungen* teil; dabei machte jeder, dem danach zumute war, so etwas wie einen Seelenstriptease in der Mitte des Zuschauerkreises, während Otto Mühl, umgeben von seiner Entourage auf der Ehrentribüne thronte. In meiner eigenen Selbstdarstellung machte ich eine klägliche Figur. Ich gab das heulende Elend, überwältigt von Bedürftigkeit und Negativität. Wenn ich zur Kommune gehört hätte, wäre ich damit als *Nego* in die unterste *BAG* (Bewusstseinsarbeitsgruppe) einsortiert worden (die mit dem starken *Ego* bezeichnen die Schwachen als *Nego*). Mein ohnehin ramponiertes Selbstwertgefühl bekam einen weiteren Dämpfer.

Um meine Diaserie über die Alternativszene mit einem Porträt von Otto Mühl zu schmücken, ließ ich mir einen Termin für eine *Audienz* in seinem Atelier geben. Später notierte ich über diese Begegnung unter vier Augen: *Mir gegenüber sitzt die Selbstherrlichkeit in Person. Ottos gewal-*

117

tige Ausstrahlung erfüllt den ganzen Raum; kein Wunder, da doch sein hundertköpfiges Gefolge unentwegt Verehrung, Liebe, Geilheit und Hingabe auf ihn projiziert. Als ich ihn (mit weichen Knien) frage, ob ich ein Foto von ihm machen dürfe, lässt er mich eiskalt abblitzen, was für ein pubertärer Wunsch das sei, ob er denn mein Vater sei, oder der Papst ... (oder so ähnlich). Ich stehe da wie ein begossener Pudel und ziehe beschämt den Schwanz ein. Gnädigerweise lässt Otto mich mehrere von ihm gemalte Ölgemälde ablichten – in expressionistischem Duktus mit knalligen Farben hingeschmierte üppige, verknotete und verknäulte textilfreie Frauenleiber.

Was für ein Arschloch, stöhnte ich noch wie benommen, als ich wieder draußen im Hof stand, und wünschte mir gleichzeitig, an seiner Stelle zu sein: mächtig, bewundert und begehrt, unbeschränkter Herrscher über ein halbes Hundert ergebener Gespielinnen. Es war dunkel geworden. Jetzt nur nicht zu den anderen! Mit ihren Machtspielen wollte ich nichts zu tun haben. Lieber allein mit meiner Seelenpein (von der mich allenfalls eine mich liebende und bemutternde, sich mir hingebende und zudem attraktive Frau erlösen könnte). Ich zog die Stiefel an und meinen Parka über und trat fröstelnd hinaus in die Kälte, Dunkelheit und Ödnis, die König Ottos Hof umgab. Vom fast vollen Mond, der immer wieder zwischen dahin eilenden Wolken aufleuchtete, fiel fahles Licht auf schwarze Ackerflächen mit vereinzelten Schneeresten. Wie ließ doch Goethe seinen *Faust* sprechen? *O sähst du voller Mondenschein zum letzten Mal auf meine Pein!* – Der Schrei einer Krähe erinnerte mich an Nietzsches Gedicht *Vereinsamt*: *Die Krähen schrein und fliegen schwirren Flugs zur Stadt: Bald wird es schnein, – weh dem, der keine Heimat hat!*

Irgendwann blieb ich stehen und starrte in die Finsternis – die äußere wie die innere. Ein Schrei formte sich in meiner Brust: Ich bin ein *Nego!* brüllte ich in das Nichts. Die Stille verschluckte den Schrei. Ich erhob noch einmal die Stimme und rief so laut ich konnte: Ich bin eine *Niete!* – eine *Null!* – ein *Nichts!* – ein *Niemand!* – ein *N-o-b-o-d-y !!!* – Plötzlich bewegte sich etwas rechts von mir auf dem Acker. Ich strengte meine Augen an und erblickte einen großen Fuchs, der schnurgerade auf mich zulief. Er war zu groß für einen Fuchs, und jetzt erhob er sich auf die Hinterläufe – ein Bär?! – das konnte nicht sein. Ich stand wie erstarrt und erkannte nach einer Schrecksekunde eine menschliche Gestalt, ein kräftig gebauter untersetzter nackter Mann mit erigiertem Glied von gewaltiger Größe. Das Mondlicht fiel auf sein Gesicht: ein Fuchsgesicht? – eine

Teufelsfratze? – Nein, es war Otto, der wie ein trunkener Faun mit wippendem Gemächt vor meiner Nase herumtanzte! Dabei grinste er mich hämisch an und äffte mich nach: **Ein Nobody, hahaha, ein Nobody will er sein?**! Dann drängte er seinen Körper so dicht an mich, dass ich den Druck seiner Lanze auf meiner Brust spürte, schaute mir mit einem verächtlichen Blick in die Augen und presste die Worte hervor: **Nobody is perfect!** – Während ich noch den Doppelsinn dieser Phrase zu erfassen suchte, trat er einen Schritt zurück, ließ einen infernalischen Furz und schnauzte mich an: **Fort mit dir! Hau ab! Verschwinde! Verpiss dich! Machn Satz! Hebe dich hinweg! Geh mir aus den Augen! Lass dich nie wieder hier blicken!**

Ein paar Wochen später nahmen Sabine und ich an einem Workshop unter dem Titel *Materialaktionen* teil, der von einem Düsseldorfer AAO-Ableger in einem zum Seminarraum umfunktionierten gutbürgerlichen Wohnzimmer durchgeführt wurde. Vier Frauen und drei Männer unterzogen sich einem Übungsprogramm, das dazu beitragen sollte, Hemmungen und Schamgefühle abzubauen und in den sinnlich-sexuellen Kontakt neue Varianten des Lustgewinns einzuführen. Gleich zu Anfang der ersten Übung sollten wir uns alle komplett ausziehen. Danach durften wir uns auf einer großen Plastikfolie, die auf dem Parkett ausgebreitet war, gegenseitig am ganzen Körper zuerst mit Margarine und danach mit Speiseöl einschmieren, bis die Haut extrem fettig und glitschig war. Eine exzellente Gleitcreme! Dann folgte die Aufforderung, gemeinsam engen Körperkontakt aufzunehmen und unsere ineinander verschlungenen Leiber Haut an Haut aneinander entlang gleiten zu lassen und die dynamischen Berührungen an möglichst vielen Körperstellen zu spüren. Bei dieser lustvollen Ganzkörpermassage stellte sich eine Empfindung von Verschmelzen und Schwerelosigkeit ein. Wir verloren die Orientierung: Wessen Arm oder Brust oder kleinen Zeh betastete ich gerade? Wessen Kopf oder Bauch oder Ellbogen rutschte über meinen Hintern? Es war völlig egal. Wir hatten einen Heidenspaß, und niemand bedauerte es, dass gemäß der Spielregel Sex während der Übung nicht erlaubt war.

Irgendwann wurde eine Wanne voll gekochter Nudeln über uns ausgeschüttet. Alle begannen zu manschen und zu panschen, bis die Nudeln zu einem klebrigen Brei zerquetscht waren, mit dem wir uns gegenseitig einkleisterten. Als nächstes wurde der Inhalt von drei Päckchen Kakaopulver über uns ausgeleert (Sigmund Freud lässt grüßen!). Am Ende der Übung, als letzter Gang sozusagen, kam eine Fuhre frisch gemähtes Heu zum Einsatz, das den vorangegangenen Materialien einen unangenehm kratzigen taktilen Reiz hinzufügte. Das anschließende ausgiebige gemeinsame Duschen war eine weitere Quelle der Lust.

Eine andere Übung, die nur die Frauen betraf, möchte ich noch erwähnen. Sie wurden aufgefordert, sich nach mentaler oder manueller Stimulierung ein rohes Hühnerei in die Vagina zu schieben und es später in der Hocke sitzend und wie ein Huhn gackernd auf Kommando wieder heraus flutschen zu lassen. Man kann über derlei Spielereien denken wie man will, wir wollten damals alles ausprobieren. – In der Nacht, im Gemeinschaftsschlafraum, durfte ich dann noch miterleben, wie Sabine im Nachbarbett mit einem schleimigen Typ aus der Gruppe laut und lange gevögelt hat, während ich vor Eifersucht Magenkrämpfe, Ohrensausen und Mordgelüste bekam.

Doch zurück zur Bauhütte. Am 13. August 1980 begann das einwöchige *Sommercamp*. Ich war dabei, einer von ungefähr sechzig Männern, auf die (beziehungsweise unter die) sich etwa fünfzig Frauen verteilten. Die facettenreiche Veranstaltung war vom Sturm und Drang der Achtundsechziger ebenso durchdrungen wie vom Geist des *New Age* und erfüllt von einer Atmosphäre der Spontanität, Originalität, Sensibilität und politischer Aufbruchsstimmung. Im Verlauf der Tage baute sich ein gleichermaßen von Spiritualität und Sinnlichkeit getragenes *morphogenetisches* Energiefeld auf, dessen Strahlkraft weit über das Lagergelände hinaus spürbar war (wenn man daran glaubte).

Springen wir hinein in die Wogen des Geschehens! Es ist ein heißer Hochsommertag – auf einer gemähten Wiese, umgeben von sanft gewellter Feldwaldwiesenlandschaft unter einem hellblauen Himmel, in dem sich strahlend weiße Cumuluswolken dekorativ auftürmen, haben die TeilnehmerInnen ein buntes Zeltdorf errichtet. Gerade ist Mittagspause. Ein paar Hartgesottene spielen nackt und schweißüberströmt Volleyball. Andere sitzen in kleinen Gruppen irgendwo im Schatten und reden miteinander. Eine Horde Kinder stürmt lärmend über das Lagergelände. Mehrere Leute sind im Küchenbereich mit der Vorbereitung des Mittagessens beschäftigt. Wieder andere halten mehr oder weniger diskret Ausschau nach potentiellen SexualpartnerInnen.

Am Nachmittag läuft im Versammlungszelt der *Philosophische Gesprächskreis*. Dieter Duhms frei vorgetragene Reden sind rhetorische Meisterwerke. Er ist ein wahrhafter Visionär, der seine philosophischen, psychologischen und politischen Ansichten in brillante sprachliche Formulierungen zu kleiden versteht. Nicht nur, was er sagt, sondern auch wie er es mit klangvoller, leicht vibrierender Stimme vorträgt, geht seinen ZuhörerInnen unter die Haut. Das Thema heute lautet: *Krankheit und Neurose als Wege der Befreiung.*

14.08.1980: Ich mache mit Liane und Kristin einen Ausflug. Wir fliegen über das Kuckucksnest des Götz von Berlichingen an die Jagst. Kristin schlüpft als erste in das sanfte Gewässer. Liane folgt ihr mit einem kühnen Kopfsprung. Dann ich. Als ich aus dem kalten Wasser auftauche, sind sie vor mir, um mich mit Küssen zu empfangen. Wie drei Lausbuben tummeln wir uns zwischen der Sonne und ihrem tanzenden Spiegelbild. Bauch an Bauch schwimmen Liane und ich eine Weile übereinander. Später liegen wir Arm in Arm in Arm. Der Angler macht Augen. Ich fühle mich wie in einem Roman. Um meine erfrischten Kräfte zu erproben (und zu demonstrieren), nehme ich die beiden wie zwei kleine Kinder eine auf den rechten und eine auf den linken Arm und staune, dass knappe zwei Zentner so leicht sein können.

An einem der Nachmittage hat sich im Schatten einer mächtigen alten Linde eine Gruppe von zehn oder zwölf Frauen zu einer Gesprächsrunde zum Thema *Weibliche Sexualität* versammelt. Zutritt für Männer untersagt. Ich liege etwa dreißig Meter entfernt in meiner Hängematte und döse vor mich hin, kann aber meine voyeuristische Neigung nicht unterdrücken, hin und wieder einen Blick auf die Frauen zu riskieren, die unbekleidet auf Decken oder im Gras sitzen und einen paradiesischen Anblick bieten. So viel nackte Haut regt meine Fantasie an. Ich stelle mir vor, ich bin unsichtbar und bewege mich auf lautlosen Sohlen in das Hoheitsgebiet der Vertreterinnen des schwachen Geschlechts und bekomme gerade noch mit, wie eine der Walküren die Dichotomie von der *Heiligen* und der *Hure* poetisch in Worte fasst. Doch meine Aufmerksamkeit lässt sich davon nicht fesseln, sie richtet sich auf die physische Beschaffenheit all der Schönen im Kreis. Ich schaue mich um und kann mich gar nicht satt sehen an den *obst-zön* präsentierten appetitlichen Früchten, den Äpfeln, Birnen und Honigmelonen im praktischen Doppelpack. Unsichtbar wie ich bin, schleiche ich auf Händen und Knien näher heran, lasse meine Blicke weiter nach unten wandern zu den Schambereichen und Feuchtgebieten zwischen sonnengebräunten Schenkeln, um die halb verborgenen und halb zur Schau gestellten aphrodisiakischen Köstlichkeiten zu inspizieren und nach Sorten zu klassifizieren: hier ein noch unreifes Pfläumchen, hier eine reife Zwetschge, da eine vollreife Feige und dort eine überreife Dattel! Erscheinungsbild, Duft und Ausstrahlung offenbaren die Wesensmerkmale des jeweiligen Schoßes: Stolz oder bescheiden? Einladend und aufreizend, oder unnahbar und geheimnisvoll? Wovon sprechen diese Lippen? Aha, sie möchten erkannt und beim Namen genannt werden – man unter *Scheide: Vulva, Muschi, Möse, Pussi, Brötchen, Schnecke, Rose, Tulpe, Pimpernelle, Wundertüte, Freudenquelle, Liebesgrotte, Himmelspforte* – ach, es fehlen mir die Worte! – Siehe da, jetzt öffnen die Damen synchron ihre Schenkel und senken Oberkörper und Köpfe, um sich *da unten* akribisch zu betrachten. Ihre langen Haare fallen wie ein Vorhang herunter und verhüllen die Objekte meiner verdeckten Beobachtung. Daher, liebe Verehrer und Verehrerinnen des schönen Geschlechts, beende ich meine (cunni)-linguistische Feldforschung auf dem Gebiet der primären weiblichen Geschlechtsmerkmale und meine glühende Apotheose auf das weibliche Genital – ein Hoch auf das *Delta der Venus* und auf den *Heiligen Gral!*

Der überaus freizügige Umgang mit Sinnlichkeit und Sexualität im Sommercamp der Bauhütte treibt vielerlei Blüten und Früchte hervor. Ein erotisches Knistern liegt in der Luft, begehrliche Blicke treffen sich, frivole Sprüche springen von den Lippen, vielsagende Küsse werden getauscht, Stelldicheine geplant – Östrogen und Testosteron befeuern sich gegenseitig. Von früh bis spät erschallen von irgendwoher spitze Schreie der Lust – trotz (oder wegen?) der Bullenhitze – besonders in den Zelten.

Einige der Kinder beobachten sehr genau, was auf dem Sektor der Sexualität vor sich geht: wer mit wem, wo und wie oft? Die siebenjährige Elisabeth, jüngste Tochter des Bauern vom Nachbarhof, ist die Coolste, sie erhebt statistische Daten und notiert sie in ihrem Schreibheft. Das liest sich dann so: Rainer Sübille Zappel. Helmut Siggi Zappel. Dieter Heide Zappel (und so weiter).

Die sexuelle Hackordnung unter den Männern wird von einer Handvoll sich gegenseitig duldender Platzhirsche dominiert. Einer von ihnen prahlt damit, dass er *stundenlang ekstatisch vögeln* könne. Andere debattieren aufgeregt darüber, wie es möglich ist, mit Hilfe des *Positiven Denkens* seinen Schwanz zu einem Wachstum von bis zu fünf Zentimetern anzuregen (bei dem einen oder anderen hat es angeblich funktioniert). Da ergreift mich wieder mal das alte verdammte sexuelle Minderwertigkeitsgefühl: mein Penis zu kurz, meine Ausdauer zu gering, mein Stoßrhythmus zu langsam?! – Zu den Platzhirschen kann ich mich jedenfalls nicht zählen.

Die Frauen unter den Bauhütte-Fans sind zum größten Teil selbstbewusste, attraktive, kämpferische und sexuell aktive Individuen, die gerne die vermeintlich männliche Rolle übernehmen und sich ihre Sexualpartner gezielt aussuchen. Einige von ihnen haben früher als *Sexarbeiterinnen* (eine emanzipierte Spielart der Prostitution) *angeschafft* oder tun es immer noch – aus drei Hauptgründen: Erstens macht es ihnen Spaß, zweitens verdienen sie Geld für sich und das Projekt, drittens tragen sie zur allgemeinen sexuellen Befreiung bei (nach der Devise, je mehr Männer und Frauen sexuell befriedigt sind, desto größer ist die Chance für den Frieden in der Welt).

Bevor ich davon erzähle, welche Frauen sich sexuell auf mich eingelassen haben, möchte ich noch kurz mit dir, lieber Leser, liebe Leserin, hinüberschlendern an die Bar (ja, es gibt im Sommercamp der Bauhütte auch eine Lagerkneipe!). Hier haben die *Underdogs*, die Verlierer, Außenseiter, Nestbeschmutzer und Sexverweigerer ihr Hauptquartier, eine Handvoll frustrierter Großstadtintellektueller, wie Peter und Wolfgang aus Berlin, die nicht teilnehmen am allgemeinen Ringelpietz, die lieber Bier trinkend die Zeit totschlagen und – irgendwo zwischen Neid, Überheblichkeit und berechtigter Kritik – das Spektakel zynisch kommentieren. Sie empfinden die psychosozialen Strukturen und das Konzept der Bauhüttler als zu elitär, zu *yang*lastig, zu wenig empathisch, zu wenig liebebetont. Ich kann mich ihrer Sichtweise zum Teil anschließen.

Den ersten und nachhaltigsten meiner erotischen Kontakte während des Camps hatte ich mit Siggi, einem zwanzig Jahre jungen liebenswerten Mädel aus dem Odenwald, das erst am Tag zuvor von Dieter Duhm entjungfert worden war. Es schmeichelte meinem Ego, als Siggi mir später verriet, dass sie lieber mit mir ihr *erstes Mal* erlebt hätte. Weil sie ein wenig in mich verliebt war, fühlte ich mich bei unserem Zusammensein frei von sexuellem Leistungsdruck. Siggi und ich blieben noch über viele Jahre in sporadischem freundschaftlich-sexuellem Kontakt.

Es ergab sich, dass ich noch am selben Tag mit Siggis Freundin Petra schlief. Sie war ein verträumtes, braunlockiges, sommersprossiges Mauerblümchen, das auch ein paar Tröpfchen von der *gewissen* im Camp so verschwenderisch ausgeschenkten Flüssigkeit abbekommen wollte, um nicht seelisch zu verdursten.

Die wunderschöne dunkelblonde, kühle, stolze und doch hingebungsvolle Bernadette kommt in ihrem Aussehen der Frau meiner Träume sehr nahe. Man sieht ihr nicht an, dass sie es ist, die von den anwesenden Frauen den meisten Sex praktiziert. Auch mich wählt sie aus, mit ihr für eine Nacht die Matratze im Gruppenschlafraum unterm Dach zu teilen. Mit Lippen und Zunge saugt sie sich in mein Herz, und dann nimmt sie mich huldvoll in sich auf – aber die Anwesenheit der anderen im Raum, die jeden Laut und jede Bewegung mitbekommen, hindert mich an der vollen Entfaltung meiner Leidenschaft.

Mit Kristin hatte ich gestern bei einem Spaziergang durch die märchenhafte Landschaft ein Gespräch über unsere Sehnsüchte und Träume. Wir gelangten zu der Erkenntnis, dass wir beide gierig nach Liebe suchen – weil wir in unserer frühen Kindheit nicht genug davon bekommen haben. Ich fühlte mich ihr sehr nah, hatte aber gleichzeitig Angst, dass ihre Zuwendung sehr schnell in Ablehnung kippen könnte, denn ein befremdlicher Zug von Kälte huschte manchmal über ihr hübsches Gesicht. Wir verabredeten uns für den Abend zum Sex in ihrem Zelt. Als ich später zu ihr kam, war Kristin wie ausgewechselt. Eine eigenartige motorische Unruhe hatte sich ihrer bemächtigt (hatte sie vielleicht eine Droge geschluckt?). Ich war einigermaßen verunsichert. Ihre genitalfixierte Geilheit (nach dem Motto: besorgs mir!) – ohne Zärtlichkeit und emotionale Nähe – ließ mich viel zu schnell kommen, was sie mit verächtlicher Abwendung quittierte.

Liane, mal exzentrisch, mal introvertiert, tief in ihren Gefühlen, launig und flippig, hoch begabt in vielen Künsten, durch und durch erotisch (ihre Küsse: Milch und Honig!). Jede ihrer Bewegungen lässt eine Liebesgöttin ahnen. Sie hat mit ihren neunzehn Jahren bereits so viel erlebt wie andere in ihrem ganzen Leben nicht. Mit fünfzehn ist sie der kaputten Familiensituation entflohen, bei ihren verschiedenen Jobs immer nach kurzer Zeit rausgeflogen, weil sie sich nicht an beknackte Regeln hält. Auch im Sommercamp der Bauhütte ist sie das Enfant terrible. – Wir verstehen uns gut und spüren eine gewisse Seelenverwandtschaft. Doch als wir am vorletzten Abend in ihr Zelt kriechen, um miteinander zu schlafen, besteht kein erotischer Draht zwischen uns. Die Absicht, miteinander Sex zu haben, ist eine Kopfgeburt. Wir versuchen es dennoch und bereuen es später. Kein sensibles Herantasten, keine innige Verbindung. Liane setzt sich auf mich und legt los wie eine Fickmaschine – ich komme mir vor wie vergewaltigt. Nach weniger als einer Minute hat sie mir mit ihrem angespannten Körper einen runtergewichst und schaut dann drein, als hätte sie die größte Beleidigung ihres Lebens erfahren.

Der spektakuläre Höhepunkt des Gesamtkunstwerkes *Sommercamp der Bauhütte* sollte sich am Samstagabend ereignen. Zu den logistischen Vorbereitungen des Abschlussfestes gehörte es, dass zwanzig Leute am Vormittag die große Scheune in einen Festsaal verwandelten. Da waren Berge von Müll und haufenweise Stroh und Heu heraus zu räumen – ich habe selten so viel Staub geschluckt. In der grundgereinigten *Eventarena* wurden auf verschiedenen Ebenen Stühle verteilt, Dutzende Kerzen auf Böden und Balken platziert und mit Birkenzweigen die hässlichen Ecken verdeckt.

Das Nachmittagsprogramm sah vor, dass alle CampteilnehmerInnen, die Lust dazu hatten, sich zu Teams von jeweils fünf bis zehn Akteuren zusammenschließen und – gemäß der Devise *Jeder ist ein Künstler* – einen zehnminütigen Beitrag für das Abendprogramm erarbeiten sollten. Das Thema war freigestellt. Schnell hatten sich mehrere Gruppen gebildet und waren in alle Richtungen ausgeschwärmt, um sich an einem schattigen Plätzchen der künstlerischen Inspiration zu öffnen, Musenküsse in Empfang zu nehmen, etwas Originelles auszuhecken, Rollen zu verteilen und zu proben.

Nach einem besonders reichhaltigen Abendessen inklusive Mousse au Chocolat als Nachtisch strömten alle Anwesenden (es waren am Wochenende noch einige interessante Menschen hinzugekommen) in die Scheune, wo bereits die Kerzen brannten, Getränke bereitstanden und der Duft vieler Räucherstäbchen in der Luft lag. Wir verteilten uns in allen Ecken und Nischen auf Stühle und Sitzkissen – in freudiger Erwartung eines außergewöhnlichen Kulturereignisses. Nach Dieters salbungsvollen Begrüßungsworten und einem gemeinsamen Lied kamen in der Tenne die von den Kleingruppen erarbeiteten Stücke zur Aufführung.

Ich erinnere mich nicht mehr an konkrete Inhalte der Darbietungen, aber an die beeindruckende Qualität und die Vielfalt kreativer Einfälle. Einige Stücke orientierten sich in Stil und Inhalt am politischen Straßentheater, andere widmeten sich mal einfühlsam mal deftig der Liebes- und Beziehungsthematik. Am besten erinnere ich mich an den Beitrag des achtköpfigen Teams, zu dem ich gehörte.

Für den Auftritt legten wir uns bunte Tücher über die Schultern und schreiten in einer Art Prozession – ein kraftvolles Huuu tönend – auf die Bühne, wo wir einen Halbkreis bilden. Zwei, drei Minuten lang lassen wir uns von dem Mantra durchströmen, bis einer nach dem anderen verstummt und dann seinen Umhang fallen lässt. Was folgt ist das krasse Gegenteil, wir improvisieren aus dem Bauch heraus eine expressive Kakophonie von Jauchzen und Seufzen, Kreischen und Grölen, Schimpfen und Stöhnen, Lallen, Jaulen, Jodeln und Japsen. Die Nerven der Zuhörer werden strapaziert, um dann in der dritten Phase der Performance auf das Wunderbarste gestreichelt zu werden. Der schrille Ton einer Zimbel ruft uns zurück in die Harmonie; wir beginnen aus dem Herzen tönend musikalische Beziehungen zu knüpfen und einen schwebenden Klangteppich zu weben mit reizvollen Dissonanzen, Obertönen und filigranen Soli.

Dann fallen einzelne Stimmen aus dem Publikum ein, weitere kommen dazu, dröhnende Bässe, engelsgleiche Soprane. Bald sind mehr als hundert Stimmen in einer Kathedrale aus Ton und Licht vereint. Unseren Kehlen entströmt eine kosmische Symphonie, eine Hymne der Lebensfreude – der Urklang des Seins. Alle sind wie berauscht von den vibrations, durchdrungen von der sound energy, die alle Zellen in Schwingung versetzt. Was wir erleben, ist mehr als die Summe der Töne, ist ein Mysterium, ist göttlicher Atem, ist Balsam für Körper, Seele und Geist. Heilige Schauer laufen mir über den Rücken. Mein Bewusstsein verliert sich in anderen Dimensionen, mein Herz ist erfüllt von Liebe und Dankbarkeit. Etwa zwanzig Minuten vergehen, ehe die Flut der Töne allmählich verebbt und eine lang anhaltende Stille eintritt, in der das Echo des Universums nachklingt.

Die Begegnung mit den Menschen und den Ideen der Bauhütte, die ich hier nur unzureichend dargestellt habe, hatte einen erheblichen Einfluss auf meine weitere Entwicklung. Auch wenn ich psychisch nicht stabil genug war, mich dem Projekt anzuschließen, zehrte ich noch lange von den Impulsen und den Kicks, die ich dort bekommen habe.

Was ist aus der Bauhütte geworden? Zwei vorbildliche und erfolgreiche Gemeinschaftsprojekte sind aus ihr hervorgegangen. 1991 wurde in Bad Belzig, sechzig Kilometer südlich von Berlin, auf einem ehemaligen *Stasi*gelände das noch stark vom Geist der Bauhütte geprägte *ZEGG* (*Zentrum für Experimentelle Gesellschaftsgestaltung*) gegründet. Dort leben heute über hundert Menschen aller Altersstufen. Sie ernähren sich zu fünfzig Prozent von Gemüse und Obst aus eigenem Anbau und empfangen in ihren Workshops und auf ihren Festen bis zu viertausend Gäste im Jahr. Ihre Seminare kreisen um die Themen: Gemeinschaft, Ökologie, Emotionale Kompetenz, Kommunikation, Kunst, Liebe und Partnerschaft. Mein letzter Aufenthalt beim ZEGG ist schon viele Jahre her, mein damaliger Eindruck war der einer lebendigen experimentierfreudigen umweltbewussten, allerdings ziemlich elitären Gemeinschaft.

Ein weiterer Ableger der Bauhütte entstand 1994 auf einem abgelegenen Gelände im Süden Portugals. Dieses Projekt firmiert unter dem Namen *Tamera*. In einer sehr dünn besiedelten Gegend, wo unter Korkeichen vereinzelt Schafe grasen, leben um die hundert Tameraner, die sich – in Kooperation mit anderen Gemeinschaften wie *Findhorn* in Schottland – der internationalen Friedensarbeit widmen. Die Entwicklung spiritueller Fähigkeiten spielt dabei ebenso eine Rolle wie der Einsatz sanfter Technologien und der bewusste Umgang mit den Kräften der Natur. Ich habe Tamera nur einmal auf einer Spanienreise 1999 für drei Tage besucht, da steckte es noch in den Anfängen. Ich bewunderte den Pioniergeist der *Tameraner*, den Mut und die Entschlossenheit, wie Siedler im *Wilden Westen* bei Null anzufangen, Gebäude zu errichten, Gärten und Seen anzulegen und eine von hehren Idealen durchdrungene und von selbstbestimmten Strukturen getragene Gemeinschaft aufzubauen, in der übrigens auch Dieter Duhm lebt.

Barbara – oder: El Rocio

Das erste Mal begegnet war ich ihr im Bioladen, da hatte ich schon ein Auge auf sie geworfen, aber nicht getroffen. Oder vielleicht doch? Ein klein wenig schien Amors vergifteter Pfeil sie doch geritzt zu haben, denn ein paar Wochen später kam sie in der Börsendisco mit erwartungsvollem Lächeln wie auf einen alten Bekannten auf mich zu, Barbara, neunzehn Jahre, strohblondes leicht lockiges Langhaar, blaue Augen, ovales Gesicht, rosige Haut, volle Lippen und eine auffallend schmale Hüfte. Sie hatte zwei Monate zuvor das Abitur gemacht und war auf Abenteuer eingestellt. Um es kurz zu machen, zwischen uns entfaltete sich eine für beide Seiten bezaubernde Liaison. Nachdem ich ihr von meinem Vorhaben einer zehnwöchigen Reise durch Spanien, Portugal und Nordafrika erzählt hatte, war sie davon so begeistert, dass sie mich spontan fragte, ob ich sie mitnehmen würde. Aber nur zu gerne!

So kam es, dass wir, obwohl wir uns erst wenige Wochen kannten, Mitte Januar 1980 im Zug nach Valencia saßen, ohne ein konkretes Ziel und offen für das, was auf uns zukommen sollte. Vorher hatte Barbara noch einen verbissenen Kampf mit ihrem Vater (einem leidenden Angestellten einer sehr bekannten Bank) ausgefochten, der sie mit allen Mitteln davon abzuhalten versuchte, sich von einem vierzehn Jahre älteren dahergelaufenen Taugenichts zu einer Reise ins Ungewisse entführen zu lassen.

Von Valencia trampten wir an der spanischen Ostküste entlang bis Cullera, wo wir im 18. Stock eines im Winter leer stehenden Urlaubshotels sehr günstig ein Zimmer bewohnen konnten. Ohne Heizung versteht sich; aber im Bett hatten wir es kuschelig warm. In den zweieinhalb Wochen in Cullera nutzten wir die Gelegenheit mit einem Fischkutter auf das Mittelmeer hinaus zu fahren. Um fünf Uhr in der Frühe legten wir vom Hafen ab. Als später im Osten der sinkende Meereshorizont die Sonne zum Vorschein kommen ließ und Himmel und Wasser in zartestem Rosa erstrahlten, waren wir schon drei oder vier Seemeilen vom Land entfernt. Im Laufe der nächsten Stunden warfen die Fischer mehrmals die Fangnetze aus und holten sie wieder ein. Beim ersten Mal trauten Barbara und ich unseren Augen nicht, der Fang bestand zu einem Drittel aus Fischen und anderem Meeresgetier, aber zu zwei Dritteln aus Müll: Plastiktüten, Plastikeimer, Plastikstiefel, Plastikklobrillen, Plastikpuppen, Plastikbälle und sonst noch allerlei Plastikplunder, farbenprächtig ineinander verschachtelt und nachhaltig bis in alle Ewigkeit!

Trotz unseres verhaltenen Protestes warfen die Fischer den lästigen Beifang ins Meer zurück. Die Fischsuppe jedoch, die sie auf der Rückfahrt in einem großen Topf auf einer Gasflamme aus den besten Teilen des Fangs zubereiteten, war die delikateste, die ich je gegessen habe. Beim Schlürfen der heißen Suppe beobachtete ich, wie ein alter grauer, aber schlauer Tintenfisch klammheimlich aus einem der Fangkörbe herauskletterte, mit seinen acht Fangarmen über die roten Planken glitt und sich zu meiner großen Freude durch einen kleinen Schlitz in der Reling zurück ins Meer rettete.

Irgendwie, frag mich nicht, sind wir ein paar Tage später in den Sandsteinklippen von *Sagres* am südwestlichsten Zipfel Europas angekommen und haben uns dort ein Nest gebaut, will sagen, wir hausten unbehaust in einer Höhlung im ocker- und zinnoberfarbenen Sandstein auf halber Höhe einer ungefähr zwanzig Meter hohen, schroffen Uferböschung. Wir konnten den Blick nach links auf den wild brausenden Atlantik oder nach rechts auf die ein bis zwei Kilometer weit ins Meer ragende Landzunge richten, oder hügelwärts, wo einige Gräser und Blumen sich redlich mühen, in dem kargen Boden Nahrung zu finden.

Unsere wohntechnische Infrastruktur bestand aus einem als Regen-, Sonnen- und Windschutz aufgespannten Armeeponcho, einer Feuerstelle, den Schlafsäcken und Isomatten und dem sonstigen Gepäck. Eine am Strand angetriebene Schranktür diente als Tisch, Gemüsekisten als Stühle. Kerzen, Tücher, Blumen, dekorativ in Felsnischen platziertes Obst und Gemüse sowie meine orange gestrichene Gitarre verliehen unserem Tausend-Sterne-Hotel einen Anschein von uriger Gemütlichkeit.

Hier saßen wir an den ersten Abenden, tranken Rotwein, probierten ein paar Lieder zur Gitarre und bemühten uns, die Gesprächsthemen nicht ausgehen zu lassen. Tagsüber erkundeten wir das Fischerdorf und den Strand und stellten fest, dass hier an der Algarve im Winter nicht viel los ist. Bis wir am dritten Tag bei einer Wanderung über die Halbinsel zwei langhaarigen Typen begegneten, die uns mit Grüßgott und Hallo zu sich heran winkten. Sie waren gerade dabei, ein großes Lagerfeuer vorzubereiten. Der eine war in einen marokkanischen Burnus gehüllt, der andere steckte in einer braunen Latzhose; beide trugen wild wuchernde

Vollbärte, und ihre Gesichter waren von Wind und Wetter gegerbt. Zwischen ihnen stand ein Maulesel mit einem ansehnlichen Haufen Treibholz auf dem Rücken. Die beiden Freaks stellten die ausgebleichten Äste bedächtig aneinander und strahlten eine wohltuende Gelassenheit aus. Fred und Karl kamen aus Bayern und waren schon seit anderthalb Jahren unterwegs. Nachdem wir uns kurz miteinander bekannt gemacht hatten, setzten Barbara und ich unsere Wanderung fort, und Karl rief uns nach: Kommt heute Abend rüber, und bringt was zu trinken mit!

Nach dem Abendessen spazierten wir die fünfhundert Meter auf dem leicht ansteigenden Fußpfad hinauf zum Treffpunkt mit Fred und Karl. Dort hatten sich neben den beiden noch Patrick, ein Schweizer Doktorand mit Schnauzbart, Baskenmütze und Gitarre, sowie ein junges in Verliebtheit versunkenes Pärchen aus Irland ums lodernde Feuer geschart. Karl war gerade dabei, einen Joint zu drehen, eine Portweinflasche wurde uns zur Begrüßung entgegengestreckt. Wenig später holte Patrick seine Gitarre aus dem Kasten und begann, melancholische Melodien zu improvisieren. Als sein Gitarrenspiel in den Blues überging, stieg ich ein und entlockte meiner Mundharmonika zaghafte Schluchzer und verspielte Synkopen. Barbara fiel mit rasselnden Tamburin-Rhythmen ein. Fred folgte mit seiner afrikanischen Trommel und bald ergoss sich noch der quellfrische Klang einer Tin-Whistle in die Gehirnwindungen, und der *Rote Marokkaner* aus dem Rifgebirge entfachte zu den Rhythmen der Musik ein buntes Feuerwerk in den kleinen grauen Zellen.

Irgendwann lauschten alle nur noch der Stille ringsum, die mit ihrer kraftvollen Kühle die Hochebene erfüllte – leise untermalt vom Rauschen der Brandung. Ich saß mit Barbara Rücken an Rücken, die Augen mal auf die tanzenden Flammen, mal auf den grandiosen Sternenhimmel gerichtet. Oder mit geschlossenen Augen und offenem Herzen einfach nur spüren – *total entspannt im Hier und Jetzt.*

Gegen Mitternacht verabschiedeten Barbara und ich uns als Letzte von Fred und Karl, die noch eine Weile das Feuer behüteten und sich dann in ihre Schlafsäcke eingehüllt von den schimmernden Kristallen des Kronleuchters am schwarzen Baldachin der Nacht in eine angenehme Traumtrance geleiten ließen – während über dem Wasser die silberne Sichel des Mondes mit der Wolkenernte beschäftigt war.

Auf dem Rückweg zu unserem Lagerplatz schlug ich mich seitlich in die Büsche, um meine Notdurft zu verrichten. Barbara rief mir den spanischen Slogan hinterher, den wir am Nachmittag als Graffito auf einem LKW-Wrack unten am Strand gelesen hatten: *Caque cantando y la mierda saltra bailando!* (Singe beim Kacken, und die Kacke wird tanzen.)

Am nächsten Abend liefen wir im Angesicht des rotglühenden Infernos am Firmament wieder den Berg hinauf und trafen rechtzeitig zum Joint in der Lagerfeuerrunde ein. Kurz nach uns erschienen noch zwei blonde Mädels, Elke und Karin aus Itzehoe. Jetzt waren wir schon Neun. Am Anfang plätscherten die Gespräche dahin. Ich hätte lieber Stille, oder Gesang, oder Erzählen, oder Nonsens. Doch nach ein paar tiefen Schlucken vom Portwein und ein paar tiefen Zügen vom Joint wand ich mich mit einem Anflug von Gemeinschaftsgefühl im Herzen den anderen zu.

Da erschallte plötzlich Freds männlich melodische Stimme und brachte mit den Worten, alle mal weghören! die anderen zum Schweigen. Der Helmut, fuhr er fort und zeigte auf mich, hat mich gestern gefragt, wie und auf welchem Wege Karl und ich an diesen Platz gekommen sind. (Stimmt, ich hatte diese Frage gestellt, aber danach wieder vergessen.)

Wir, jetzt meldete sich Karl zu Wort, sind mit der Absicht, zu Fuß das Mittelmeer zu umkreisen, vor einem Jahr, sieben Monaten, elf Tagen und zwölf Stunden in München aufgebrochen, wir konnten uns aber, als wir in Saint-Tropez das Mittelmeer erreichten, nicht einig werden, ob wir nun links herum oder rechts herum laufen sollten. – Ist ja auch scheißegal, fiel ihm Fred ins Wort, wenn ich mit dem Arsch zum Meer stehe, ist links hier und rechts da, wenn ich mit dem Pimmel zum Meer stehe, ist links da und rechts hier. – Wenn es dir völlig egal gewesen wäre, kontert Karl, warum hast du dich dann geweigert, mit mir in östlicher Richtung …? – Scheißegal! unterbrach ihn Fred, haben wir uns nicht darauf geeinigt, nach Israel zu fliegen und dort erneut die Frage zu diskutieren!? Und weil wir uns wieder nicht einigen konnten, sind wir getrennt gelaufen, jeder um das halbe Mittelmeer, ich über Afrika und du über Europa. Als wir uns dann am 1. April erstaunlicherweise am Hafen von Gibraltar wieder über den Weg liefen … – hatten wir uns viel zu erzählen, ergriff Karl wieder das Wort, und ehe wir auf getrennten Wegen weiterziehen, gönnen wir uns hier an der vielgepriesenen Algarve zur Halbzeit gemeinsam eine Auszeit, vielmehr eine Eiszeit, oder eine Steinzeit, wenigstens eine Brotzeit …

Für mich klang das alles wie Seemannsgarn oder Münchhausens Abenteuer, auf jeden Fall wie absurdes Theater. Und es ging noch eine Weile so weiter. Ich verhakte mich in der verflixten Frage, ob das alles frei improvisiert oder vorher einstudiert worden war? Wahrscheinlich beides, teils teils, wie das im Leben und in der Kunst so ist. Über diesem Gedanken hatte ich die Schlusspointe verpasst. Die beiden Komödianten waren inzwischen bei einem ganz anderen Thema angekommen. Karl hatte sich breitbeinig aufgestellt, wippte kraftstrotzend mit dem Becken und zählte mit seinem bierbayrischen Akzent auf: Ich kann gleichzeitig Autofahren, Kaugummi kauen, eine Zigarette rauchen, Radio hören, mit den Ohren wackeln, mich am Bart kraulen, Selbstgespräche führen und meine Hühneraugen spüren. – Das ist noch gar nichts, trumpfte Fred auf, ich kann gleichzeitig pissen, furzen, spucken, popeln, mit den Zähnen knirschen, mich am Kopf kratzen, den Sternenhimmel betrachten und über meinen Kontostand nachdenken.

An dieser Stelle, lieber Leser, liebe Leserin, kam der Geist *Mullah Nasruddins*, des weisen Narren aus dem Orient, über mich. Von Haus aus Multitasking erprobt, von Shit und Alkohol angeturnt und aller Hemmungen entledigt, betrat ich die unsichtbare Bühne und mischte mich in den kuriosen Wettstreit ein: Hoch verehrtes Publikum, ich versichere Ihnen beim Barte des Proleten, ich kann gleichzeitig, das heißt, im selben Moment, will sagen, synchron: furzen, spucken, rülpsen, popeln, mit den Zähnen fletschen, mit den Wimpern klappern, mich am Kopf und am Schwanz kratzen, an das Leben nach dem Tod denken und dazu, man höre und staune – im selben Atemzug wohlgemerkt! – die ganze Welt auf den Kopf stellen.

Nach diesen Worten beförderte ich meinen Körper, schwuppdiwupp, in den Kopfstand (freundlicher Applaus). Als ich daran ging, all die anderen Wundertaten zu vollbringen, blieb mir die Spucke weg, einen Furz hatte ich nicht auf Lager, den mühsam hervor gepressten Rülpser hörte niemand. Ich fletschte zwar mit den Zähnen, aber niemand bemerkte es, und blinzelte mit den Augen, aber das brachte mich fast aus dem Gleichgewicht. Als ich dann meine Hände vom Boden löste, um mich mit der einen am Kopf und mit der anderen am Schwanz zu kratzen, kippte ich um und fiel vornüber auf die Füße. – Na immerhin hatte ich für drei Minuten die Welt auf den Kopf gestellt! So oder so ähnlich muss es gewesen sein, liebe Freunde. Mein halbes Königreich für den, der mir das Gegenteil beweist.

Nach drei weiteren vergnüglichen oder besinnlichen Lagerfeuerabenden zogen Fred, Karl und das Muli weiter, wer weiß wohin. Die genialen Interpreten einer allen Konventionen enthobenen Lebenskunst waren eine Inspiration für mich gewesen und eine Herausforderung, mir von ihrer Charakterstärke eine Scheibe abzuschneiden.

Die Tage in Sagres waren ausgefüllt mit wiederkehrenden Tätigkeiten wie Wasserkanister auffüllen oder Einkaufen im kleinen Dorfladen (mit dessen Inhabern, einem älteren Ehepaar, wir Freundschaft geschlossen hatten), wo wir auch gerne Kaffee oder Tee tranken und mit Begeisterung aromatisierte, filterlose, portugiesische Zigaretten rauchten. Oder am menschenleeren Strand entlang schlendern, Steine sammeln und bei Bedarf im eiskalten Salzwasser ein kurzes Reinigungsbad nehmen. Und natürlich: Kochen, Essen, Vögeln, Diskutieren, Meditieren, Gitarre spielen, Lesen, Singen, Malen. Ich malte jeden Tag zwei bis drei Stunden. Am Ende waren es nur zwei DIN A4-Blätter, die ich mit Ausziehtusche, Buntstiften und Aquarellfarben in komplexe Miniaturgemälde verwandelte – voller Poesie, Komik, Mystik, Symbolik und Vieldeutigkeit, eingewoben in surrealistische Landschaftsimpressionen.

Ungefähr zwei Wochen nach unserer Ankunft an der Algarve verschlechterte sich das Wetter. Als die Regenfälle immer häufiger wurden, sahen wir uns nach einer regenfesten Behausung um. Mit Patrick und den beiden Mädels aus Itzehoe zogen wir in eine leerstehende, von blühenden Mandelbäumen umgebene Bauernkate am Rande von Salema, dem Nachbarort von Sagres. Ein paar Tage später spürten Barbara und ich, dass jetzt die Zeit gekommen war, unsere Reise fortzusetzen.

Am Morgen des Aufbruchs trampten wir zunächst in Richtung Sevilla. Gleich im ersten Auto wurden wir von zwei jungen Spaniern zum Kiffen eingeladen, und wir lehnten nicht ab. Und so war es auch im zweiten Auto, einem Lieferwagen, dessen Fahrer plötzlich am Straßenrand hielt, um einen Joint zu drehen. Später standen wir bei strahlendstem Sonnenschein relativ lange an einer wenig befahrenen Landstraße, gut bekifft und guter Dinge. Ich habe das mit Selbstauslöser geschossene Diabild vor Augen, für das wir uns so zusammengestellt hatten, dass unser Schatten aussah wie eine einzige Person mit vier ausgestreckten Armen und vier erhobenen Daumen. Endlich hielt wieder ein Auto, es war ein Jeep. Der Fahrer, ein Mann um die Vierzig mit Afro-Look, war, wie seine Augen verrieten, schon ziemlich *stoned*. Instinktiv nahmen Barbara und ich auf der hinteren Sitzreihe platz.

So viele kiffende Autofahrer, das fanden wir erstaunlich. Es war wohl tatsächlich so, dass nach dem Tod des Diktators Francisco Franco (1975) in Spanien eine große Veränderung vor sich gegangen war. Die Freiheits-euphorie großer Teile der Bevölkerung hatte jahrzehntelang unterdrück-te soziokulturelle Freiräume eröffnet. Ein Hauch von Anarchie durch-wehte das Land.

Als der Fahrer, Pedro, uns deutsch reden hörte, grinste er. Wo kommt ihr her? fragte er auf Deutsch mit spanisch-schwäbischem Akzent. Er hatte ein paar Jahre in Stuttgart gelebt und bei Mercedes gearbeitet. Jetzt arbeitete er in Malaga in der Tourismusbranche. Uns zuzwinkernd griff er zu einem tischtennisballgroßen rotbraunen *Piece*, das vorne auf dem Armaturenbrett lag. Ehe das Verhängnis seinen Lauf nahm, konnten wir gerade noch mit ihm aushandeln, dass er uns an einem günstigen Nacht-quartier absetzen würde. Während Pedro im Fahren, mit den Knien am Lenkrad, eine stattliche Tüte bastelte, war mir mulmig zumute, obwohl die Straße nur geradeaus verlief. Als er dann den angerauchten Joint nach hinten reichte, warf ich meine Bedenken leichtfertig über Bord und nahm ein paar Züge. Barbara enthielt sich zum Glück. Die Abenddämmerung breitete sich über Andalusien aus, und die untergehende, von dünnen Schleierwolken leicht verhüllte Sonne warf ein diffuses Licht über die eintönige Landschaft, als mich die Wirkung des Haschischs mit einer mir bis dahin unbekannten Wucht erfasste.

Zuerst begann sich alles um mich herum zu drehen, meine Lebensener-gie wurde in ein inneres Vakuum gesogen, ein schwarzes Loch irgendwo zwischen Herz und Magen. Ich war nahe daran, das Bewusstsein zu ver-lieren. Dann wurde mir speiübel. Ich wagte kaum, mich zu bewegen und konnte die Augen weder schließen, dann wuchs die Übelkeit, noch sie offen halten, dann ergriff mich eine grauenhafte Panik. So verharrte ich mit verkrampften Gliedern wie gelähmt mit flachem Atem und einem halb geöffneten Auge, und dann wurde ich auch noch von Schüttelfrost heimgesucht. Ich fühlte mich so elend wie nie zuvor.

Längst war es draußen stockdunkel geworden, als ich irgendwann bemerkte, dass das Motorengeräusch sich geändert hatte und wir auf einer kurvenreichen Strecke bergan fuhren. Immer noch in desolater Verfassung kriegte ich vage mit, dass wir in eine Ortschaft kamen. Dort hielt das Auto. Pedro und Barbara halfen mir beim Aussteigen. Nun stand ich mit bebenden Knien auf regennassem Kopfsteinpflaster am Rande eines von grauen Bruchsteinhäusern eingerahmten und von schummrigen Straßenlaternen spärlich beleuchteten Platzes. Stille. Außer uns keine Menschenseele weit und breit. Das Gebäude, vor dem wir standen, sah aus wie ein Gefängnis aus dem 18. Jahrhundert. Von Barbara gestützt schaffte ich die wenigen Schritte bis zur Pforte, wo Pedro soeben an dem Strick zog, der die Hausglocke zum Läuten brachte, ein schrilles schauriges Geräusch, das sich mehrere Male wiederholte, bis sich die Sichtklappe in der Tür öffnete und zwischen Pedros sonorem Bass und einer an das Rasseln einer Kette erinnernden Greisinnenstimme ein kurzer Dialog ablief. Dann öffnete sich quietschend die Tür – ja, es ist wirklich so gewesen – wie in einem Schauerroman oder Horrorfilm! Am Fuße einer schmalen Steintreppe empfing uns ein uraltes Weiblein, in Schwarz gekleidet mit krummem Rücken und einem Gesicht, das nur aus Furchen und Falten bestand, bis auf die milchigen halbblinden Augen und die exorbitant große triefende Nase. Ob sich darauf eine Warze befunden hat? Ich möchte meine Hand nicht dafür ins Feuer legen, zumal ich die ganze Szene aus meinem immer noch vorherrschenden inneren Chaos heraus nur schemenhaft wahrnahm. Ob die Alte merkte, dass ich so voll bedröhnt war?

Äußerst langsam stieg ich, mich am eisernen Geländer festklammernd, Stufe um Stufe die endlos lange steile Treppe hinauf, die auf einen finsteren Gang führte. – Irgendwann danach fand ich mich in einem halbdunklen Zimmer (will sagen einer schmalen Zelle) lang ausgestreckt auf einer Pritsche liegend wieder. Ich fühlte mich besser, öffnete die Augen und erblickte Barbara, die nahe bei mir auf einem Schemel saß. O, ich hab wohl geschlafen? fragte ich. – Ungefähr zweieinhalb Stunden, sagte sie, fühlst du dich besser? – Ja, sagte ich, hast du die ganze Zeit auf mich aufgepasst? – Nein, ich habe nur alle halbe Stunde mal nach dir geschaut, aber jetzt möchte ich endlich schlafen, mein Zimmer ist nebenan.

Am Morgen war ich wieder einigermaßen fit. Ich hätte mich gerne in einem Spiegel betrachtet, aber dergleichen suchte ich in dieser ehemaligen Gefängniszelle vergebens. Durch das vergitterte Fensterchen blickte ich auf einen lichtüberfluteten Marktplatz, sah in allen Farben leuchtende Dächer von Zelten und Buden, sah bunt gekleidete Frauen mit Einkaufstaschen und Körben, sah spielende Kinder – und in der Mitte des Platzes eine freundliche kleine Parkanlage mit Blumen und Sträuchern und vier prächtigen Palmen. Das ganze Panorama untermalt von lieblichem Gesang aus zahlreichen Vogelkehlen. War das derselbe Platz, auf dem wir gestern angekommen waren?

Wir kauften uns auf dem Markt ein reichhaltiges Frühstück zusammen – Brot, Oliven, Schafskäse, Tomaten, Zwiebeln, Bananen, Orangen – und dann kraxelten wir mit schwerem Gepäck auf einem Ziegenpfad den Berg hinunter, der, wie wir später aus der Ferne sahen, als einzige Erhebung aus der ansonsten mehr oder weniger flachen Landschaft empor ragte. Nach einem halbstündigen Fußmarsch erreichten wir die Landstraße nach Sevilla. Als ein VW-Käfer hielt, hatten wir gerade unser spätes Frühstück am Straßenrand beendet. Ein junges Paar stieg aus und hieß uns willkommen. Im Auto mussten wir grinsen, als wir uns fragten, ob die wohl auch …?! Ihr konventionelles Äußeres ließ nicht darauf schließen. Aber dann begann die Dame etwas in ihrer Handtasche zu suchen und hielt plötzlich freudestrahlend ein schwarzes Kügelchen in der Hand. Sie fragte uns auf Englisch, ob wir etwas rauchen wollten. Unsere Ablehnung erfolgte mit solch strikter Entschiedenheit, dass unsere Gastgeberin ein wenig beschämt um Entschuldigung bat.

Ein paar Kilometer weiter fiel mir ein Hinweisschild am Straßenrand ins Auge: *EL ROCIO 26*! Eine Erinnerung durchzuckte mich, ich riss den Kopf nach rechts und erhaschte im Vorbeifliegen einen flüchtigen Blick auf eine schmale unbefestigte Straße, die durch Heide- und Sumpflandschaft geradlinig nach Süden verlief. Das muss ich dir erzählen, sagte ich aufgeregt zu Barbara, hast du Lust, etwas über meine Erlebnisse in *El Rocio* zu erfahren? – Ja, wenn keine Schweinereien darin vorkommen, war ihre kryptische Antwort.

Ich muss dazu ein wenig ausholen, begann ich. Es war Ende Mai vor zwei Jahren, da war ich mit meinem Bruder Klaus in seinem Auto nach Cullera gereist zu Alwin und seiner Frau Heiderose, genannt Niki, mit der mein Bruder mit Alwins Einverständnis ein Verhältnis hatte. Von Cullera aus bin ich per Daumen alleine weiter gereist, habe das zerklüf-

tete Bergland von Cuenca bestaunt, habe in Madrid protzige Prachtbauten fotografiert und habe mich im *Prado* von den faszinierenden religi-
ös verbrämten Horror-Fantasy-Meisterwerken des Hieronymus Bosch
bezaubern lassen, insbesondere vom *Garten der Lüste*. Habe in Bodegas
rumgehangen, mich einsam gefühlt, nach drei Tagen den Nachtzug nach
Sevilla genommen und dort auf der Suche nach einer billigen Bleibe eine
Schweizerin kennengelernt.

Regula, zwei Jahre jünger als ich, hatte ein hübsches Gesicht, das allerdings von einer abnorm großen Brille verunstaltet wurde. Sie war nach-
lässig und unattraktiv gekleidet, was sie vor männlicher Zudringlichkeit
schützen sollte und ihr die abweisende Grazie einer grauen Maus verlieh.
Sie wusste von einem nahe gelegenen günstigen Doppelzimmer, konnte es sich aber alleine nicht leisten. Da wir uns von vornherein sympathisch waren, zögerten wir nicht, uns auf das Abenteuer einer (wie ich
hoffte amourösen) Reisebekanntschaft einzulassen. Wir hatten ein paar
Gemeinsamkeiten, die wir gut miteinander ausleben konnten, sofern ihre
jeweils aktuelle Laune es zuließ. Denn Regula war als Wassermann-Frau
konsequent auf Unabhängigkeit bedacht und, wie sich bald zeigen sollte,
sprunghaft und unberechenbar. Noch am ersten Abend haben wir uns eine
Flasche Wein geteilt, uns ins französische Bett gekuschelt und geschmust.
Mit mir schlafen wollte sie nicht, aber sie vertröstete mich auf später.

Meine temporäre Reisebegleiterin war sehr belesen (sie arbeitete in
einer Buchhandlung in Basel) und allgemein kulturell interessiert. So
verbrachten wir viel Zeit in Museen, Kirchen und Galerien. Auch einen
Stierkampf haben wir uns angesehen. Und, nicht zu vergessen, ich habe
in einem der vielen Musikgeschäfte Sevillas für 270 DM eine Gitarre
gekauft, und die hatte einen Klang zum Verlieben – in ihm tanzten die
Flammen der andalusischen Sonne.

Bei unseren Rundgängen auf den Plätzen und in den Gassen der Altstadt hörten wir im Vorübergehen aus den Gesprächen der Anwohner
immer wieder die Worte *El Rocio* und *Romeria* heraus. Ich wusste, dass
Romeria Wallfahrt bedeutet, aber El Rocio? Neugierig geworden sprachen
wir ein Fotografenpaar darauf an, José und Sabina, Journalisten aus Granada. Sie erklärten uns in einer Mischung aus Englisch und Spanisch …

An dieser Stelle musste ich die Erzählung über meine Erlebnisse mit
Regula unterbrechen, denn die Abzweigung nach *Jerez de la Frontera* kam

in Sicht. Barbara und ich verließen das Auto, das nach Sevilla weiter fuhr, und brauchten nicht lange zu warten. Wir hatten doppeltes Glück, denn der nächste Wagen fuhr nach Gibraltar, und der Fahrer war bereit, uns am Hafen von Algeciras abzusetzen. Kaum waren wir wieder *on the road*, drängte Barbara auf die Fortsetzung der Geschichte mit Regula. Später sollte mir klar werden, warum.

Was José und Sabina Regula und mir mitteilten, fuhr ich mit meiner Erzählung fort, verstand ich in etwa so, dass El Rocio ein Dorf sechzig Kilometer südwestlich von Sevilla inmitten eines sumpfigen Naturschutzgebietes sei, und dass dort jedes Jahr zu Pfingsten ein außergewöhnliches Event stattfände, eine Wallfahrt von einigen Hunderttausend mehr oder weniger gläubigen Gläubigen, die in einer Art Sternmarsch aus allen Himmelsrichtungen – die meisten aus den größeren Städten der Region wie Sevilla, Jerez, Sanlúcar und Huelva – in zwei bis drei Tagesetappen in eben dieses Dorf zögen, um der *Heiligen Jungfrau von El Rocio* zu huldigen. Die ganze Festivität würde sich bis einschließlich Pfingstmontag hinziehen. José und Sabina, die in El Rocio Aufnahmen für eine Illustrierte machen wollten, schilderten uns ihre im Vorjahr gesammelten Eindrücke mit ansteckender Begeisterung. Sie verrieten uns, mit welchem Bus wir zum Ausgangspunkt eines der Pilgerwege gelangen würden und gaben uns auch noch ihre Anschrift in Granada, damit wir sie dort eine Woche später besuchen konnten.

Am Donnerstagnachmittag vor Pfingsten quittierten wir das Hotel, deckten uns mit Lebensmitteln ein und nahmen den Bus. Nach einer knappen Stunde war Endstation an einer großen sandigen mit stacheligen Gräsern bestandenen Freifläche am Rande des Naturschutzgebietes, der Sammelplatz für die Pilger. Von hier aus würden am nächsten Tag Zigtausende den fünfunddreißig Kilometer langen Weg antreten, und wir wollten uns ihnen anschließen.

Wir übernachteten in unseren Schlafsäcken in einem Eukalyptushain. Beim Erwachen musste ich mehrere Male kräftig niesen – oder umgekehrt: durch mehrmaliges Niesen wachte ich auf – so oder so, der Auftakt zu einem lästigen Schnupfen. In geringer Entfernung von uns hatten sich einzelne Gruppen festlich gekleideter Menschen mit Pferden und

Wagen versammelt. Und laufend kamen neue hinzu. Die Ersten bogen bereits auf den Weg nach El Rocio ein.

Gerade hatten wir unser kärgliches Frühstück beendet, da sprang Regula plötzlich auf, rannte zu einem von zwei braunen Pferden gezogenen Erntewagen und rief mir nach kurzer Verhandlung mit dem Kutscher zu: Wir können hier mitfahren! – Ich kann nicht, schniefte ich mit verstopfter Nase zurück, nimm bitte die Gitarre mit. (Ich glaubte, dass sie in dem Wagen sicherer aufgehoben sei.) Erst als Regula und die Gitarre meinen Blicken entschwunden waren, wurde mir bewusst, dass es später sehr schwierig, beinah unmöglich sein würde, sie in dem sich abzeichnenden Tohuwabohu wieder zu treffen. Mich hielt jedoch zu diesem Zeitpunkt der Schnupfen so erbarmungslos in seinen Klauen, dass ich sie wegfahren ließ.

Ich ließ mich im Schatten eines Eukalyptus auf meinem Schlafsack nieder und überlegte trotz Kopfschmerz und Benommenheit, was zu tun sei. Die getrockneten Kamillenblüten in meinem Rucksack, mein Allheilmittel für Notfälle, könnten helfen. Alsbald erhitzte ich über einem kleinen Holzfeuer in meinem Campingtopf Wasser, gab eine Handvoll von der Kamille und zerbröselte Eukalyptusblätter dazu und ließ es ziehen, um dann den aufsteigenden Dampf zu inhalieren. Der Umstand, dass ich dabei mein Handtuch über den Kopf und den Topf zog, damit mir nichts von den heilsamen ätherischen Ölen verloren ging, muss für die Pilgerschar ein befremdlicher Anblick gewesen sein!

Ich fühlte mich danach nicht besser; ein garstiger Wind piesackte meine entzündete Nasenschleimhaut, während die Sonne zu stechen begann, ebenso wie die Moskitos, die mich blutdürstig umkreisten. Ich sah keinen anderen Ausweg als mich in meinen Daunenschlafsack zu verkriechen. Auch das machte meine Situation nicht besser, mir floss der Schweiß aus allen Poren, die Luft war stickig, und mein Schädel dröhnte. Währenddessen kamen Stimmen, Motorengeräusche, Peitschengeknall und das Schnauben der Pferde immer näher. Nach ein oder zwei Stunden steckte ich meinen Kopf aus dem Schlafsack und – es war wie in einem Albtraum! – erblickte um mich her eine unüberschaubare Menschenmenge auf bunt geschmückten, von Pferden, Mulis, Traktoren oder Jeeps gezogenen Festwagen. Zwischen ihnen ragten zweirädrige, vergoldete Votivkarren hervor, die mit Blumengirlanden und Bildnissen der *Heiligen Jung-*

frau von El Rocio geschmückt waren. Nur zwei Schritte von mir entfernt thronte auf einer weißen Stute eine hübsche junge Spanierin in einem rostfarbenen, doppelt gesäumten, knöchellangen andalusischen Trachtenkleid und schaute mich von oben herab mitleidig an. Außer ihr nahm anscheinend niemand Notiz von mir. Alle warteten geduldig darauf, sich in das Nadelöhr der einspurigen Sandpiste nach El Rocio einzufädeln.

Das Schwitzen schien geholfen zu haben. Auch hatte der Wind nachgelassen und eine Wolke sich schützend vor die Sonne geschoben. Ich packte meine Siebensachen zusammen und machte mich zu Fuß auf den *Camino*, den Pilgerweg. In gemächlichem Tempo überholte ich größere und kleinere Gruppen des kilometerlangen Zuges, der sich wie ein schillernder Tausendfüßler in Zeitlupe zwischen Gestrüpp und Sumpf entlang schlängelte. Nach ungefähr einer Stunde überholte ich einen voll besetzen, mit Palmwedeln und Lampions geschmückten Leiterwagen, der von einem uralten Trecker gezogen wurde, dessen Zweitakter-Geknatter der allgemeinen Geräuschkulisse einen hypnotisierenden Zweiertakt überstülpte. Ein Mann saß hinterm Lenkrad und zwei weitere rechts und links auf den Schutzblechen. Sie riefen mir etwas zu und gestikulierten, bis ich begriff, dass ich hinten auf den Anhänger klettern sollte. Und dann saß ich verlegen zwischen den festlich herausgeputzten überwiegend weiblichen Mitgliedern einer Großfamilie mit sieben oder acht fröhlichen Kindern, die Jungs in Anzügen, die Mädels in farbenfrohen Rüschenkleidern. Ich wurde mit Tapas und Wein bewirtet, man prostete mir lachend zu – *a su salud!* – und fragte, woher ich komme und ob es mir hier gefiel. Als das Interesse an meiner Person abgeklungen war, kam der Zug plötzlich ins Stocken, weil vor uns eine Gruppe sichtlich alkoholisierter junger Männer, zum Rhythmus einer Trommel und einer Gitarre klatschend singend und tanzend, den Weg blockierte. Ein paar Schritte weiter feierte, ebenso angeheitert und vergnügt, eine Gesellschaft von ungefähr einem Dutzend Männern und Frauen in historischen Trachten. Da wurde gegessen und getrunken, geschäkert und gescherzt und mit Cognac auf die *Blanca Paloma* angestoßen. Ein Mann mit Cowboyhut und Sporen an den blank gewichsten Stiefeln bot auch mir ein Gläschen an und schenkte nochmal nach.

Obwohl die Sonne schien, Vögel in den Büschen sangen, Frösche in den Tümpeln quakten und die Leute offen und freundlich zu mir waren, konnte ich mich an dem fröhlichen Spektakel nicht wirklich erfreuen. Ich fühlte mich fremd und einsam, und wünschte mir, Regula wiederzusehen, und der Schnupfen tat das Seinige dazu. Kurz nach Sonnenuntergang erreichte ich das Ziel der Tagesetappe. Auf einem weitläufigen Wiesengelände bereiteten Tausende von Wallfahrern vor dem tiefroten Abendhimmel ihre Nachtlager. Eine ehemalige Hazienda war das einzige feste Gebäude weit und breit.

Als ich nach einer kühlen Nacht aus meinem Schlafsack stieg, waren fast alle Pilger schon auf den Beinen. Nur ein älterer Mann in einem Alpaka-Poncho, von einer glorreichen Alkoholfahne umweht, konnte sich ohne meine Hilfe nicht vom Boden erheben. Doch kaum hatte ich ihn hoch gezogen, sackte er schon wieder auf seine vier Buchstaben zurück. Als sich dann Andere um den *Borracho* (Saufbold) kümmerten, schnappte ich mein Bündel und stieg auf einen der gastfreundlichen Wagen, die sich bereits in Bewegung gesetzt hatten.

Gegen Mittag stand ich dann in der Wallfahrtskirche von El Rocio vor der Statue der heiligen Gastgeberin und fragte mich, was ich hier eigentlich verloren habe. Noch waren die meisten Pilger nicht eingetroffen, aber der Zustrom von allen Seiten war in vollem Gange. Alle Straßen, Plätze, Höfe und Wiesen des Achthundertseelendorfes würden in ein paar Stunden von mehr als einer halben Million Menschen, Tieren und Fahrzeugen komplett ausgefüllt sein, und alle Pilger würden danach trachten, der Blanca Paloma in der Kathedrale ihre Aufwartung zu machen. (Weil das aber aufgrund der riesigen Menschenmenge praktisch unmöglich ist, wird die Statue der Heiligen traditionell am Pfingstsonntag – von Mitgliedern verschiedener religiöser Bruderschaften bewacht – in einer feierlichen Prozession auf einer goldenen von weißen Pferden gezogenen Karosse durch den Ort gefahren.)

Mittlerweile ist die Menge der Wallfahrer und der sie überragenden goldblitzenden blumenverzierten Votivkarren vor der Kirche so dicht, dass ich mir mühsam einen Weg bahnen muss, um von hier weg zu kommen, weg vom Zentrum des Ansturms. Aber wo will ich eigentlich hin? Den Gedanken, Regula und mit ihr meine Gitarre wiederzufinden, habe ich mir längst aus dem Kopf geschlagen. Am liebsten wäre mir jetzt ein ruhiges Plätzchen, um ein wenig auszuruhen. Aber keine Chance! Und wo kann ich hier übernachten? Hunger und Durst habe ich auch, und die Nase läuft noch immer. Ich schlängele mich missmutig durch das Gewusel und Gewimmel, vorbei an musizierenden und tanzenden Grüppchen, an immer noch eintreffenden Kutschen, LKWs und Traktoren und an allerlei kuriosen Figuren, wie man sie sonst am ehesten im Karneval antrifft. Da trommelt einer auf einem Blecheimer, ein anderer bläst dazu auf einer Gießkanne, dort kommt ein Männerpaar in Sportklamotten mit einem Joch aus Holz über den Schultern auf allen Vieren angekrochen – so haben sie den ganzen Weg von Sevilla bis hierher zurückgelegt! Je weiter ich in die Peripherie vordringe, desto weniger ist von dem religiösen Bezug der Festivität zu spüren. Hier gibt es im weiten Umkreis Tausende von Stellplätzen, die von den Besuchern als Quartier genutzt werden. Es sind zu einer Seite hin offene, mit Tischen und Stühlen eingerichtete schlichte Hallen aus Beton, in denen sich Familien und andere Gruppen niedergelassen haben und essen, trinken, rauchen, reden, Fleisch grillen, Babys stillen – und zwischendurch klatschen, singen und tanzen.

Diesen Unterständen gegenüber stehen mit Plastikbahnen überdachte Lkws, mit denen der Proviant und das Gestühl herangeschafft wurden und deren Ladefläche als Schlafraum gebraucht wird. In einem der Verschläge nehme ich an einem halb besetzten Tisch Platz und werde eingeladen, mich an den üppigen Resten des Abendessens zu bedienen. Eine weißhaarige Dame reicht mir ein randvolles Glas Wein und heißt mich in dem Kreis der Feiernden willkommen. Zum Glück fängt niemand ein Gespräch mit mir an, denn meine Aufmerksamkeit wird von einem anderen Geschehen angezogen. Feurige Flamencoklänge perlen durch die Luft, durchdringen die Düfte von Tapas, Tabak, Wein und Rosen und lassen meine Zigeunerseele frohlocken. Ich suche die Quelle der aufreizenden Musik und erblicke im Flackerlicht von Fackeln und Kerzen einen Gitarristen und eine castagnettenschlagende Sängerin in einem Kreis von Menschen – einfache Leute, Bauern, Handwerker, Tagelöhner – die den Rhythmus klatschen. Im Mittelpunkt der Szene tanzen mit rauschhafter Hingabe zwei junge Männer miteinander. Wie sie ihre Körper in kreisenden Bewegungen hautnah aneinander vorbeifließen lassen, wie sie sich dabei verliebt in die Augen blicken, da sprühen die Funken, das ist pure Erotik!

Überall wird noch bis tief in die Nacht gefeiert. Aber da ich hundemüde, um nicht zu sagen am Ende meiner Kräfte bin, beschließe ich gegen Mitternacht, mir einen Schlafplatz zu suchen. Weil ich nichts Besseres finde, lege ich mich unter einen Lkw, der in der Nähe der Kathedrale geparkt ist, wo um diese Zeit nichts mehr läuft. – Nichts mehr läuft? Muss dieser besoffene Typ ausgerechnet an den Wagen pinkeln, unter dem ich liege?!

Der Pfingstsonntag wird von der Prozession beherrscht. Als eigentlicher Höhepunkt der Wallfahrt zieht sie die Massen in das Zentrum des Ortes. Ich habe keine Lust auf das Gedränge von Hunderttausenden und mit religiöser Inbrunst eh nichts am Hut, daher ziehe ich es vor, die Stunden bis zum Abend träge auf einer hölzernen Bank in einem der Unterständen lesend, schreibend, dösend und träumend verstreichen zu lassen. Ein paar Tische weiter sitzen einige andere, die ebenfalls der Prozession fern bleiben. Sie unterhalten sich mit emphatischer Mimik und ausgreifender Gestik, trinken Kaffee und Sherry und lassen den lieben Gott einen guten Mann sein.

Irgendwann am Nachmittag steht plötzlich Regula vor mir und verkündet nach flüchtiger Begrüßung, dass die Gitarre, es täte ihr furchtbar leid, im Gedränge unter die Räder geraten sei. Und tatsächlich, im Korpus des Instruments klafft ein beträchtlicher Riss. Das gute Stück ist offensichtlich hinüber, kaputt, futschikato, Totalschaden! Seltsamerweise ist mir das in diesem Moment ziemlich egal, ich habe sowieso damit gerechnet; und vielleicht kann ein Gitarrenbauer in Granada sie doch noch reparieren. In erster Linie bin ich froh, dass wir uns wieder getroffen haben. Aber es entsteht keine rechte Verbindung zwischen uns. Regula wirkt irgendwie entrückt oder bedrückt. Sie hat bei einer Familie aus Sanlúcar Unterschlupf gefunden und will wieder dahin zurück. Wir verabreden uns für Donnerstag bei José und Sabina in Granada. Und wir planen darüber hinaus, dass mein Bruder und ich sie auf der Rückreise von Cullera bis Basel in unserem Auto mitnehmen.

Bald darauf geht um mich herum die Party wieder los. Wieder wird ausgiebig diniert, knallen die Sektkorken, schallt aus allen Richtungen Musik, wird getanzt, dass die Fetzen fliegen. Promillepegel und Adrenalinspiegel steigen in schwindelerregende Höhen. An diversen Tischen und Bars schütte ich Alkoholisches in mich hinein, um in Stimmung zu kommen, und stürze mich fatalistisch in den brodelnden Hexenkessel dieser feuchtfröhlichen, der Heiligen Jungfrau von El Rocío – oder doch wohl eher Bacchus und Dionysos – gewidmeten Megafiesta.

Ich sehe noch die von Schlafentzug, Alkohol und anderen Drogen ins Vordelirium entrückten Männer und Frauen durch die Gassen taumeln.

143

Gut, dass ich mir kürzlich noch einmal die Dias von dieser Reise angeschaut habe; die Bilder haben mich wieder an viele Szenen und Figuren erinnert, die ich längst vergessen hatte. Zum Beispiel dieser sturzbesoffene zahnlose Greis in Frauenkleidern, der – kokett mit einem Fächer vorm Gesicht herumwedelnd – mit den vorbeiströmenden Männern seinen clownesken Schabernack treibt. Oder der etwa achtjährige Knabe mit einer Trommel vorm Bauch, dem vor Müdigkeit immer wieder die Augen zufallen. Oder das verwackelte Portrait, das irgendjemand von mir gemacht hat, als ich mitten im Getümmel auf einem Klappstuhl zusammengeklappt eingenickt bin.

Und hier, liebe LeserInnen, musste ich meine Erzählung erneut unterbrechen. Wir, also Barbara und ich, waren am Hafen von Algeciras angekommen. Nachdem wir uns um die Schiffspassage und die Einreiseformalitäten für Marokko gekümmert hatten, fanden wir in einiger Entfernung vom Hafengelände zwischen Felsenklippen ein kleines Plateau mit Blick auf das Meer zum Übernachten. Am Horizont zeichnete sich als schmaler dunkler Streifen die Küste Afrikas ab. Beim Abendessen erzählte ich den Rest der Geschichte: Als der pseudoreligiöse, orgiastische Spuk weit nach Mitternacht allmählich abgeflaute, schlief ich noch eine halbe Nacht unter dem LKW. (Das muss man sich mal vorstellen: Zwischen meinem Körper und der schmierigen Ölwanne war ein Zwischenraum von gerademal einer Handbreit!) Ich erwachte früh und mein Schädel brummte. Fest entschlossen, das allgemeine Durcheinander und die damit verbundenen Strapazen so schnell wie möglich hinter mir zu lassen, schulterte ich Rucksack und Gitarre und sah mich nach einer Mitfahrgelegenheit um. Ein nach Sevilla zurückfahrender Lieferwagen nahm mich mit. In Sevilla kaufte ich Lebensmittel ein, trampte ein paar Kilometer in Richtung Granada aus der Stadt heraus und setzte meinen Weg zu Fuß fort.
Von der Mittagssonne grell ausgeleuchtet breitete sich die weite traumhaft schöne andalusische Landschaft in alle Himmelsrichtungen vor mir aus. Von Klatschmohn und Margeriten übersäte Felder und Wiesen, von fernen Höhenzügen überragte sanfte Hügel mit Oliven- und Feigenbäumen. Störche kreisten am tiefblauen Himmel. – Ich träumte nicht, ich spürte das Gewicht des Rucksacks auf dem Rücken und aß im Gehen die dritte oder vierte Apfelsine, um den Kater zu vertreiben. Bei Einbruch der Dunkelheit fand ich einen Lagerplatz, machte ein kleines Feuer und ließ

bei einer Flasche Rotwein die schöne, aber hoffnungslos kaputte Gitarre in Flammen aufgehen.

Ich will es kurz machen: Drei Tage später traf ich im *Albaicin* ein, dem Stadtteil Granadas, wo José und Sabina wohnten. Regula war schon angekommen und freute sich über das Wiedersehen. Wir teilten für die nächsten drei Nächte in einem kleinen Gästezimmer wieder das Bett miteinander, schmusten auch, aber in punkto Sex vertröstete sie mich auch dieses Mal auf später.

Den stärksten Eindruck in den drei Tagen Granada machte auf mich der in einem drittklassigen Fußballstadion abgehaltene Kongress der Spanischen *Anarcho-Syndikalisten*, der – ein historisches Ereignis! – nach vierzig Jahren Franco-Diktatur das erste Mal wieder öffentlich stattfinden durfte. Einige der Genossen, die viele Jahre im Knast oder im Untergrund zugebracht hatten, traten im Zehnminutentakt vor das Mikrofon auf der Rednertribüne, um fanatische Kampfparolen ins zahlenmäßig spärliche Publikum zu schreien. Sie waren zwischen siebzig und neunzig Jahre alt und in ihren politischen Anschauungen in den 30er Jahren hängen geblieben. Eine groteske, geradezu makabre Politposse, wie sie kein Filmregisseur fulminanter hätte inszenieren können.

In Cullera trafen Regula und ich wieder auf meinen Bruder Klaus und genossen noch ein paar Tage Sandstrand und Meer. Am Abend vor der Rückreise schliefen wir miteinander. Aber die Zurückhaltung, mit der Regula sich daran beteiligte, ließ darauf schließen, dass es ihr nur um das Einlösen ihres Versprechens ging. – Ende.

Barbara hatte, wie sich in der folgenden Aussprache herausstellte, während meiner Erzählung ihre eigene Rolle, die sie auf unserer Reise spielte, mit Regulas Rolle verglichen und war zu der Erkenntnis gelangt, dass Regula unbeeinflusst von meinen Wünschen und Erwartungen stets ihre eigenen Interessen verfolgt hat, während sie, Barbara, in den vergangenen fünf Wochen nur brav nach meiner Pfeife getanzt hat. Doch jetzt brachen Enttäuschung und Empörung ungehemmt aus ihr hervor. Sie habe die Nase voll, die allzeit willfährige Geliebte und Muse an meiner Seite zu spielen, sie habe sich unter dieser Reise etwas anderes vorgestellt und so weiter.

Ihr Unmut und ihr Protest haben mich nicht überrascht. Schon in den Sandsteinklippen an der Algarve hatte ich die leise Befürchtung gehabt, dass Barbara von den rauen und asketischen Reisebedingungen überfordert sein könnte, dass sie sich möglicherweise gelangweilt hat, wenn ich stundenlang an meinen Bildern gemalt habe, dass ihr, die sich extra einen Reiseführer gekauft hatte, der Besuch touristischer Sehenswürdigkeiten gefehlt hat und dass sie meine Dominanz irgendwann satt haben würde.

Mir fiel die Situation wieder ein, wie wir im Urlaubersilo von Cullera, als ich auf LSD war und sie nüchtern, Sex miteinander hatten (für mich die irre Erfahrung einer lang andauernden Ekstase, bis mich ein explosiver Orgasmus förmlich aus dem Bett katapultierte). Wie mag Barbara mit vergleichsweise wenig Erfahrung mit Sex und Drogen diesen Vorgang erlebt haben? Sie sagte zwar danach, es sei für sie okay gewesen, aber war es das? Hätte sie doch früher etwas gesagt! Vielleicht befürchtete sie, dass ich sie verachten würde, wenn sie nicht alles tapfer erträgt. Dass ich in meinem blinden Egoismus keine Rücksicht auf ihre unausgesprochenen Befindlichkeiten genommen hatte, erfüllte mich jetzt mit Schuldgefühlen und Reue. Aber anstatt sie inständig um Verzeihung zu bitten – nicht, um sie umzustimmen oder mich rein zu waschen, sondern um ihr ihre Würde zurück zu geben – gelobte ich lau Besserung für den Rest der Reise.

Am schmerzlichsten war für Barbara die Einsicht, dass sich ihr Wunsch nach einer dauerhaften Liebesbeziehung mit mir nicht erfüllt hatte. Der Verliebtheitsbonus war aufgebraucht. – Betroffen starrten wir in den überm Atlantik aufgehenden abnehmenden Mond und versprachen uns mit feuchten Augen, die bevorstehende Rückreise trotzdem freundschaftlich und fair über die Bühne zu bringen. Immerhin hatten wir noch knapp zwei Wochen und ein paar Tausend Kilometer Zugfahrt über Marokko, Algerien, Tunesien, Italien und die Schweiz vor uns.

Wieder in Wuppertal trennten sich unsere Wege. Und mich erwartete noch eine weitere Enttäuschung: In das Zimmer in der *Farbmühle* war wieder der ursprüngliche Bewohner eingezogen, der von einem einjährigen Indienaufenthalt zurückgekehrt war.

Die Dachkammer

Mein nächstes Zuhause ist eine drei mal drei Meter große Kammer auf dem Dachboden eines vierstöckigen Altbaus aus der Gründerzeit in einem der typischen Wuppertaler Straßenzüge in Hanglage. Ein alter Kohleofen, eine Matratze auf dem Boden, ein selbst gezimmerter Arbeitstisch, ein selbst gebautes Bücherregal, eine Kommode als Kleiderschrank, ein Korbsessel vom Sperrmüll, eine Musikanlage, die Gitarre an der Wand – mehr hat nicht Platz in dem Raum, der vor Jahrzehnten von dem ansonsten leer stehenden Dachgeschoss des Hauses Grönhoffstraße 13 abgetrennt worden ist. Durch das relativ große Fenster bietet sich ein pittoresker Ausblick auf eine vielfältig verschachtelte Dachlandschaft, aus der die Türme der Unterbarmer Hauptkirche hervorragen.

Hierher geraten bin ich durch die Bekanntschaft mit Deva, einer *Sannyasin* (Anhängerin von *Bhagwan Shree Rajneesh*, dessen Ashram im indischen Poona sich Anfang der Achtziger Jahre zu einem stark frequentierten Anziehungspunkt für spirituell Suchende aus Europa und den USA entwickelt hat). Deva hat vor einem Jahr den ersten Bioladen in Wuppertal eröffnet, in dem ich seit ein paar Monaten für fünf Mark in der Stunde aushelfe. Meine Tätigkeit besteht hauptsächlich darin, die in fünfzig Kilo schweren Papptonnen angelieferten Waren (biologisch angebaute Sojabohnen, Kichererbsen, Rote Linsen, Trockenfrüchte et cetera) als 250 oder 500 Gramm Portionen in Zellophantüten abzupacken. Als Deva von meiner Wohnungssuche erfährt, bietet sie mir an, zu ihr zu ziehen, als Zimmer stünde zwar nur eine Dachkammer zur Verfügung, doch Küche und Dusche könne ich in der Etage darunter mit ihr und ihrer Mitbewohnerin Renate gemeinsam benutzen. Klo eineinhalb Treppen tiefer, Miete fünfzig Mark.

Das ist die Ausgangslage für meine fünfte Wohngemeinschaft und zwei Jahre meines Lebens, die ich später als die zugleich schwärzesten und buntesten betrachten werde. Der Höhepunkt meiner Persönlichkeitskrise ist hier ebenso verortet wie die Trendwende, die mich wie Phönix aus der Asche zu ungeahnten Höhen emportragen wird (kicher!). Das lose Zusammenleben mit Deva spielt dabei eine nicht geringe Rolle. Sie ist zweiundzwanzig Jahre jung, groß und schlank und erinnert trotz blauer Augen mit ihrem dunklen Teint an eine Inderin, was durch ihr orangegefarbenes Sannyasingewand und eine silberne Piercingperle im linken

Nasenflügel noch unterstrichen wird. Dazu ist sie selbstbewusst, willens-stark, energiegeladen und hochintelligent.

Es gibt viele Berührungspunkte zwischen uns. Einige Monate lang machen wir jeden Morgen um sieben die *Dynamische Meditation* (Phase 1: zehn Minuten Hecheln zu Musik. Phase 2: *Explodiere, werde verrückt, schreie, heule, hüpfe, tanze, lache, tobe herum, halte nichts zurück* – zu Musik. Phase 3: *Springe mit erhobenen Armen auf und ab, und rufe dabei das Mantra Huh! Huh! Huh!* – zehn Minuten zu Musik. Phase 4: *Stop! Friere auf der Stelle ein, genau in der Haltung, in der du dich gerade befindest* – fünf-zehn Minuten Stille. Phase 5: Fünfzehn Minuten fröhliche Musik – *Sei ausgelassen, tanze, nimm dein Glücksgefühl mit in den Tag hinein.*)

Auf ähnliche Weise verläuft die *Kundalini*-Meditation, die Deva und ich hin und wieder vor dem Abendessen praktizieren – und auch schon mal in eine sexuelle Umarmung einmünden lassen. (Die aufgebaute Ener-gie ist eine gute Voraussetzung für guten Sex.)

Zum Essen und zum Gedankenaustausch treffen Deva, Renate und ich uns allabendlich in der Küche. Deva bringt oft Waren aus dem Bioladen mit, deren Verfallsdatum abgelaufen ist. So lerne ich viele Lebensmit-tel kennen, die ich vorher nie probiert habe, wie Grünkern, Sojabohnen, Tofu, Miso, Tahin, Hummus und Hefepaste. Wir ernähren uns gesund und preisgünstig. Es kommt allerdings auch vor, dass in einer Tüte mit Sonnenblumenkernen oder Dinkelkörnern eine Lebensmittelmotte von uns unbemerkt ihre Eier abgelegt hat, deren geschlüpfte Larven ein Schla-raffenland vorfinden und später als fette Maden auf der Küchenwand hochkriechen, um sich unter der Zimmerdecke zu verpuppen.

Deva, Renate und ich *chanten* auch öfter miteinander die damals kur-sierenden *New-Age-Songs* und Indische Mantren. Das hebräische Klage-lied *Haschi Venu* singen wir einmal zusammen mit einer Freundin Devas als vierstimmigen Kanon eine geschlagene Stunde lang wie im Rausch.

In der Grönhoffstraße 13 wohnten in der ersten Etage ein unauffälliges älteres Ehepaar, von dem man kaum etwas hörte oder sah, und in der zweiten Etage ein sich ständig zoffendes junges Paar mit Kind. Der Mann war Alkoholiker und behandelte seine Frau wie seine Sklavin. Wenn er sie mal wieder allzu heftig traktiert hatte, kam sie tränenüberströmt zu Deva, um sich trösten zu lassen.

Im Erdgeschoss hauste in zwei kleinen Zimmern wie in einer Räuberhöhle ein abgedrehtes Häuflein von Punks und Kleinkriminellen – die etwas andere Variante des Aussteigertums – mit denen ich selten in Berührung kam, deren zwielichtiges Treiben ich aber im Vorübergehen durch die meist offen stehende Wohnungstür oder das offene Fenster gleichermaßen angewidert wie fasziniert verfolgte. Nur einmal, als ich meinem Vorsatz, weniger zu kiffen, untreu wurde, und mir *bei denen da unten* ein wenig Gras besorgen wollte, betrat ich deren Wohnung. Zuerst fiel mir der Gestank auf. Kam er von der behelfsmäßigen Kochstelle her, wo ungespültes Geschirr sich türmte und in einer Pfanne Blutwurst und Zwiebelringe brutzelten, oder von den anwesenden Leuten, die allesamt den Eindruck machten, als wäre Hygiene für sie ein Fremdwort? Die Gerüche von abgestandenem Bier, überfüllten Aschenbechern und Haschisch ließen sich zweifelsfrei identifizieren. Mein Blick fiel unwillkürlich auf zwei halbnackte junge Frauen, die im oberen Stock eines Etagenbettes miteinander knutschten und darin so vertieft waren, dass sie mein betont lässiges *Hi!* völlig ignorierten. Um einen runden Holztisch saßen drei Typen, schätzungsweise Anfang Zwanzig; sie waren gerade dabei, die Beute von einer *Einklaufstour* in einem Supermarkt zu begutachten: zwei Gläschen echter Kaviar, eine Flasche Whisky, eine Packung Kartoffelpüree, zwei Dosen Bier, vier Schachteln Zigaretten und einiges mehr. Hajo, ein Schlägertyp mit gebrochenem Nasenbein, fragte mich grinsend, na, willste was davon abhaben? (Mit ihm, Hajo, sollte ich ein paar Tage später im Botanischen Garten auf der Hardt Bilsenkraut und Stechapfel pflücken und in einer weiteren gemeinsamen Aktion an die Außenwand des vierten Stockwerks vom Neubau des Arbeitsamtes mit roter Farbe ein mannshohes von einem Kreis eingefasstes *A* sprühen, das Symbol des Anarchismus.)

Ein weiterer Spießgeselle der Ganovenbande war Andreas, ein dümmlicher, aber hinterlistiger Schnorrer mit dicken Brillengläsern. Er schaute verlegen zur Seite, denn er war ein paar Wochen zuvor in die Wohnung im dritten Stock eingedrungen und hatte Devas Ladenkasse mit zirka 1000 DM Inhalt mitgehen lassen. Deva hatte ihn des Diebstahls überführt, und Andreas hatte sich reuig gezeigt und ihr versprochen, das Geld zurückzugeben. Einen Teil des Betrages hat er später nach Androhung einer Anzeige abgestottert. Der Dritte im Bunde war Friedhelm, ein schlaksiger Polit-Punk in wasserwerfererprobter Öljacke. Er wohnte in einem besetzten Haus in der Nähe und schickte sich soeben an, einen Joint zu drehen. Und dann lag da noch im Nebenraum auf einem roten Samtsofa Marke Sperrmüll eine unscheinbare, verwahrloste Type und rollte ihren Körper zu Musik aus dem Kopfhörer autistisch hin und her.

Als ich mein Anliegen vorgebracht hatte, dass ich für fünf oder zehn Mark Gras kaufen und dann wieder verschwinden wolle, forderte Friedhelm, der Punker, mich provokativ auf, bleib doch hier und rauch einen mit uns, oder sind wir dir nicht fein genug?! – Damit traf er den Nagel auf den Kopf. Zwar hatte ich keine ethisch-moralischen Bedenken gegen ihren Lebenswandel, aber ich wollte mich mit ihnen nicht gemein machen. Immerhin hatte ich ein abgeschlossenes Studium, war durch marxistische Schulungen gegangen, hatte große Reisen gemacht, hatte mich an alternativen Projekten beteiligt, war künstlerisch aktiv, beschäftigte mich mit spirituellen Themen und hatte hochfliegende Ambitionen, aus meinem Leben etwas Bedeutendes zu machen. Das sprach ich natürlich nicht aus, sondern ich setzte mich folgsam an ihren Tisch, um zu zeigen, dass ich nichts gegen sie hatte. Ich hoffte, mich bald aus dem Staub machen zu können, um mich wieder in meiner Höhle unterm Dach zu verkriechen.

Bald waren alle mehr oder weniger zugedröhnt und aufgekratzt – bis auf die Frau im Nebenraum, deren abwesende Anwesenheit niemand beachtete. Sogar meine Befangenheit hatte sich dank des guten Grases und des Whiskys gelöst, als plötzlich ein später Gast auftauchte: Ilona, die Punkerin. Armeeparka, zerschlissene Jeans, hohe Schnürstiefel ohne Schnürsenkel, eigenhändig zurechtgeschnippelter Igelhaarschnitt, hübsches offenes Gesicht, sympathische Stimme. Sie gefiel mir auf Anhieb; und auch sie zeigte mehr Interesse an mir als an den anderen in der Runde. Nach kurzem Wortwechsel war sie bereit, sich mit mir in die Dachkammer zurückzuziehen, weil man sich dort besser unterhalten könne. Sich besser unterhalten, das hatte für uns beide zunächst einen buchstäblichen Sinn: Ilona spulte eine Reihe punkiger Sprüche ab, ich versuchte mit linksintellektuellen Gemeinplätzen zu punkten. Doch wir beide strebten eigentlich etwas anderes an, und die niedrige Zimmertemperatur half uns, dahingehend übereinzukommen, dass es doch sinnvoll und angenehm wäre, sich ins Bett zu kuscheln. Um uns gegenseitig zu vergewissern, dass wir unter Kuscheln dasselbe verstanden, begannen wir beide ohne zu zögern, unsere Kleidung abzulegen. Mit freudigem Erstaunen nahm ich zur Kenntnis, dass unter Ilonas schäbiger Jeans ein Slip zum Vorschein kam, der genau meinen Vorstellungen von Reizwäsche entsprach. – Aber umgekehrt passierte das Gegenteil: Als Ilona, die in ihren Dessous einen höchst verführerischen Anblick bot, die ausgebeulte, verwaschene graue lange Unterhose erblickte, die ich der Witterung entsprechend seit einer Woche Tag und Nacht trug, fiel ihr buchstäblich die Kinnlade herunter, und sie stöhnte mit verdrehten Augen: O nein! So nicht! Nicht mit mir! – Im Nu hatte sie sich wieder angezogen und verließ ohne jeden weiteren Kommentar meine Liebeslaube. Ich war zur Salzsäule erstarrt und konnte mein Unglück gar nicht fassen – soeben noch die unverbaubare Aussicht auf eine lang ersehnte amouröse Umarmung – und jetzt?! Der Frust konnte größer kaum sein.

Als ich am folgenden Vormittag die Küche betrat, um mir mein Müslifrühstück zuzubereiten, waren Deva und Renate schon seit zwei Stunden an ihren Arbeitsplätzen. Ein Zettelchen lag auf dem Tisch, auf dem Deva mir mitteilte, dass vorübergehend eine junge Frau in der Abstellkammer untergebracht sei. – Da trat sie auch schon aus der Tür, den rechten Daumen im Mund, die Haare zerzaust, etwa zwanzig Jahre alt, klein, pummelig, schmuddelig und irgendwie verpeilt. Es war die Frau, die am Vorabend im Nebenraum der Räuberhöhle gelegen hatte. Zum Schlafen gab es für sie dort keinen Platz. Wie sie da verloren mit dem Rücken an der Wand stand und mit einem aufgesetzten Lächeln in den Mundwinkeln lasziv die Hüften kreisen ließ, so als wolle sie augenblicklich *genommen* werden, wäre sie für mich, der ich mir nichts heißer wünschte als einen behaglichen Fick, eine leichte Beute gewesen. Aber mit dieser armseligen Kreatur, die anscheinend nur einen Weg kannte, sich ein wenig menschliche Wärme und eine trügerische Existenzberechtigung zu erkaufen, ins Bett zu steigen, schien mir dann doch unter meiner Würde. (Für mich verkörperte sie jene Anteile meiner eigenen Person, die ich verachtete und fürchtete und daher verdrängte; aber ich war mir dessen nicht bewusst.) Mit einem Anflug von Mitgefühl meine Abscheu unterdrückend, fragte ich sie, ob sie schon gefrühstückt hätte. – Ich frühstücke nie, war ihre Antwort.

Ein paar Wochen später schrieb ich in mein Tagebuch: *Sie heißt Manuela, ist im Heim aufgewachsen und flippt seit ihrer Volljährigkeit in der Szene herum. Über die Teestube und Wolfgang S. landete sie schließlich bei uns. Mit einigem Widerwillen und der Illusion, ihr vielleicht irgendwie weiterhelfen* zu können, haben wir sie zunächst für ein paar Tage bei uns aufgenommen, aber daraus sind vier Wochen geworden! Es zeigte sich bald, dass Manuela in einer anderen Welt lebt. Nicht nur, dass sie Fanta und Hamburger von McDonalds in unsere vom Biofraß geheiligte Küche schleppt, nicht nur, dass sie sich den ganzen Tag in Ultralautstärke Discomusik reinzieht und sich dabei auf einer Matratze hospitalistisch hin und her wälzt; nicht nur, dass sie das Geld vom Sozialamt sofort in eine Digitaluhr und einen Klumpen Shit verwandelt, den sie innerhalb einer Woche aufraucht! – Es ist vor allem ihre perfide Art, sich jeglicher verbalen Auseinandersetzung mit einem dümmlichen Grinsen zu entziehen, womit sie mich auf die Palme bringt. Dass sie sich alle halbe Stunde von meinem Tabak eine Zigarette zu drehen wünscht, nervt ebenso. Auch dass sie heimlich unser Telefon benutzt und die Rechnung sich verdreifacht (das bemerken wir erst, nachdem sie verschwunden ist). Ihre Schweißfüße stinken mir, genau wie die Flohstiche, die sie mir treudoof vorzeigt. Ich möchte sie am liebsten nicht mehr in die Wohnung lassen. Aber irgendwie fühlen wir uns verpflichtet, ihr zu helfen. Doch braucht sie uns wirklich? Sie kann ungeheuer anspruchslos sein; wenn sie keinen Shit hat, schreit sie nicht danach, wenn sie nichts zu essen hat, isst sie nichts. Und während ich an der Komplexität der Welt und meiner Psyche leide, ist sie in ihrer Unbekümmertheit und Einfalt meistens gut drauf. Mit der Zeit werde ich ihr gegenüber immer herzloser und aggressiver, was ihr nichts auszumachen scheint, wahrscheinlich weil sie es nicht anders kennt. Nachdem Renate und ich (Deva ist für drei Monate zu Bhagwan nach Poona gereist) Manuela am Ende mehr oder weniger hinausgeworfen haben, pennt sie in den folgenden Nächten in einer nahegelegenen Sponti-WG. Dort lässt sie sich bei Tag und bei Nacht von verschiedenen Typen vögeln.

Den größten Teil dieses Winters verbrachte ich im stillen Kämmerlein unterm Dach. Finanziell ging es mir gut, denn ich hatte keine hohen Ansprüche, und bei meinen extrem niedrigen Lebenshaltungskosten konnte ich von dem Betrag, den das treusorgende Arbeitsamt jeden Monat auf mein Girokonto überwies, einen Gutteil auf die hohe Kante legen. Ich genoss das Privileg, meine kostbare Lebenszeit nicht in einem nervtötenden Job verplempern zu müssen. Natürlich war ich mir darüber im Klaren, dass die Abhängigkeit von staatlicher Unterstützung kein Dauerzustand sein konnte. Einmal war ich nahe daran gewesen, mich auf ein Stellenangebot der Wuppertaler Volkshochschule zu bewerben. Ich entschied mich aber dagegen, nicht allein, weil ich es aus politischer Sicht ablehnte, in dieser in meinen Augen kranken Gesellschaft eine system-stabilisierende Funktion zu übernehmen, sondern weil mir übel wurde bei der Vorstellung, allmorgendlich um halb sieben oder noch früher das Bett zu verlassen und in Anzug und Krawatte zehn Stunden oder mehr fremdbestimmte Handlungen auszuführen, für die ich mich irgendwelchen ebenso fremdbestimmten bürokratischen Arschlöchern gegenüber zu verantworten hätte. Vermutlich wurde meine Ablehnung eines normalen Beschäftigungsverhältnisses verstärkt durch die Befürchtung, dem zu erwartenden Leistungsdruck nicht gewachsen zu sein und mich im allgemeinen Konkurrenzkampf und Prestigegerangel als Verlierer zu erweisen.

Halten wir fest: Ich war arbeitsscheu, und ich konnte froh sein, dass das Arbeitsamt mich nicht unter Druck setzte. Aber das ist nur eine Seite der Wahrheit. Ich wollte keinesfalls dauerhaft in der sozialen Hängematte baumeln, ich war äußerst unzufrieden mit meiner Situation, alles in mir schrie nach Veränderung. Ich wünschte mir eine Tätigkeit, die meinen Vorstellungen und Möglichkeiten entsprach, verbunden mit Erfolgser-lebnissen und aufbauenden Sozialkontakten. Ich sehnte mich nach einer festen Beziehung und träumte von der Umsetzung meiner künstlerischen und politischen Ideen. Doch meine verkorkste Psyche hinderte mich an all dem, und ich verfiel immer wieder in Resignation und Selbstmitleid. Immer deutlicher erkannte ich die neurotische Komponente meines Scheiterns, die traumatisierende Tragweite der seelischen Verletzungen und Deformationen meiner Kindheit. Auf die bedrückende Enge, die körperlichen Sanktionen, das Leiden der Mutter, den Mangel an Liebe und Geborgenheit, hatte ich mit Trotz und Abkehr reagiert. Einsamkeit, Ohnmacht und Minderwertigkeitsgefühle versuchte ich, mit Größenwahn und Allmachtsfantasien zu kompensieren: ich werde es den anderen *zeigen,* irgendwann zu den ganz Großen zählen, seien es Künstler, Philo-sophen, Revolutionäre, Spaßmacher, Weiberhelden oder sonst was. Mit dem Mittelmaß werde ich mich niemals zufriedengeben!

Betrachten wir die Sache noch aus einer anderen Perspektive: Ich war, sagen wir, drei Jahre alt – da gab es meinen zwei Jahre älteren Bruder, der war im Vergleich zu mir klug und folgsam, ihm gelang schon vieles, und er wurde gelobt und ernst genommen. Also wollte ich wie der große Bruder sein. (Mehr noch, ich wollte größer als mein großer Bruder sein, und ich habe ihn bereits im Alter von sieben Jahren im Längenwachstum überholt). Und dann war da der zwei Jahre jüngere Bruder, dem wurden noch alle Dummheiten und Schwächen nachgesehen, dem stand regelmäßig die Mutterbrust zur Verfügung, der wurde gehätschelt und getätschelt. Also wollte ich sein wie mein kleiner Bruder. Aus dieser Geschwisterkonstellation erwuchsen vermutlich die gegensätzlichen Bedürfnisse nach Leistung, Erfolg und persönlicher Größe auf der einen und nach kindlicher Triebbefriedigung, Rausch und Regression auf der anderen Seite – und damit verbunden ein gestörtes Selbstwertgefühl sowie die latente Angst, im Hinblick auf Liebe und Anerkennung immer *zu kurz zu kommen*.

Es war in erster Linie der überhöhte Anspruch an mich selbst und an das Leben, der mich fortwährend mit Niederlagen und Minderwertigkeitsgefühlen konfrontierte. Aber das muss man wiederum dialektisch betrachten: Mein neurotischer Anspruch lähmte mich einerseits, doch er spornte mich auch an zu suchen, zu kämpfen und mich weiterzuentwickeln. *Wenn ein Vogel versucht, in den Himmel zu fliegen, so wird ihm das nicht gelingen, dennoch wird er sich höher emporschwingen als die anderen Vögel*, sagte einmal ein Sufi-Meister. Eine psychische Belastung kann uns in der Drogenabhängigkeit versinken lassen, aber auch auf den Weg der Heilung führen.

Neurose hin, Charakterstruktur her, ich befand mich in einem Dauerzustand von Anspannung und innerer Zerrissenheit. Ich musste etwas ändern, wusste aber nicht was oder wie. Statt *Total entspannt im Hier und Jetzt*, wie es der Titel eines Esoterik-Bestsellers propagiert, fühlte ich mich oft total verspannt im Nirgendwo und Nie. Manchmal spürte ich in meiner Brust so etwas wie ein *Schwarzes Loch*, ein schmerzhaftes energetisches Vakuum zwischen Magen und Herz, zwischen dem *Dritten Chakra*, das für Selbstwert steht und dem *Vierten Chakra*, das für Liebe steht. Ich notierte in meinem Tagebuch: *Der Schmerz in der Brust fühlt sich an, als wenn mir das Leben herausgerissen würde.* Um diesen existentiellen Schmerz zu mildern und mich in einen hedonistischen Rausch zu retten, griff ich zu Drogen – immer in Maßen; Überlebenswille und Hoffnung auf bessere Zeiten bewahrten mich davor, zum Alkoholiker oder Junkie zu werden.

Eine wertvolle Hilfe, diese Krisenzeit durchzustehen, waren meine künstlerischen Aktivitäten. An dem kleinen aus rohem Holz gezimmerten Arbeitstisch in der an den *armen Poeten* von Spitzweg erinnernden Dachkammer malte ich mitunter wochen- oder monatelang an einem Bild. Was ich gemalt habe, ist überliefert, und könnte einer psychoanalytischen Betrachtung unterzogen werden – aber lassen wir das lieber! – Von Januar bis März 1981 gestaltete ich zusammen mit Kurt W. bei Eiseskälte ein elf Meter breites und sechs Meter hohes Wandbild auf einer Mauer am *Viehhof* in Elberfeld, eine Auftragsarbeit des Stadtteilbüros, das noch Gelder aus dem *Feuerwehrtopf* des Kulturamtes zu vergeben hatte. Es stellt Szenen aus dem Alltag der Stadtteilbewohner dar und ist bis heute ein Hingucker.

Im selben Zeitraum schrieb ich an einem Roman, der nie vollendet wurde. Die Grundidee: Im Wuppertaler Bayer-Werk wird bei einer Explosion ein Gasgemisch freigesetzt, das so ähnlich wie LSD wirkt. Einige Tausend Anwohner geraten davon in einen psychodelischen Prozess, der die anerzogenen Denk- und Verhaltensmuster auflöst und sie befähigt, das zu erkennen, zu fühlen und zu tun, was ihrer wahren Natur und innersten Überzeugung entspricht. Der größte Teil von ihnen wird von Polizei und Militär eingefangen und in Gefängnisse und Psychiatrien eingesperrt, um nach Entwicklung eines Gegengiftes wieder an die gesellschaftlichen Normen angepasst zu werden. Ein paar Dutzend Entkommene schließen sich zusammen und führen einen psychologischen und spirituellen Guerillakrieg für die Befreiung der Menschheit vom Joch des kapitalistischen Leistungs- und Konsumzwangs und der damit verbundenen ideologischen Verblendung und Selbstversklavung. – Im Reich meiner Fantasie gab es noch wahre Helden, und ich war einer von ihnen.

Parallel dazu arbeitete ich an einem Comic, der vollendet, aber nie veröffentlicht wurde – bis auf die zwanzig Exemplare, die ich im Copy-Shop machen ließ und die bei etlichen meiner Freunde und Bekannten großen Anklang fanden. Es handelt sich um eine *Perversiflage* auf Goethes *Faust* im Stil der *Underground-Comics*, voll sexistischer Wortspielereien, mit mir selbst in der Hauptrolle als frustrierter Intellektueller, der ständig auf der Jagd nach Frauen ist. Die wiederholt verabreichten Frust-Rationen (*Väterchen Frust* verkörpert den geistigen Lehrmeister) führen den Protagonisten schließlich zur Überwindung der (n)e(u)rotischen Zwanghaftigkeit und zur charakterlichen Läuterung. – In Briefen, Tagebuchaufzeichnungen, Gedichten und Liedern fand ich weitere Ventile für den emotionalen *Sturm* und den kreativen *Drang*.

Meine Lektüren im Winter 1981: *Trevelyan, Eine Vision des Wassermann-zeitalters – Huxley, Die Pforten der Wahrnehmung – Dürckheim, Zen und wir – Miller, Wendekreis des Steinbocks – Golas, Der Erleuchtung ist es egal, wie du sie erlangst – Goethe, Wilhelm Meisters Lehrjahre.* Diese Aufzählung entnehme ich einer Tagebuchnotiz vom 13. März 1981, in der ich akribisch all die ehrgeizigen Ziele, guten Vorsätze, Ansprüche, Ideen, Illusionen und Tagträume festhielt, die meine To-Do-Liste zu einem unbezwingbaren Gebirge anschwellen ließen und mich über kurz oder lang wieder in die Depression treiben mussten. Ich zitiere daraus einen Abschnitt, der einen Einblick in mein damals gerade aktuelles soziales Umfeld gewährt: *Gerade als ich das notiere und gar kein Bedürfnis nach Kontakt habe, bricht die personifizierte Außenwelt über mich herein. Hans ist gekommen und will mit mir Straßenmusik einstudieren. Sabine gesellt sich unerwarteterweise dazu. Und dann kommt auch noch Marlies nebst Geigenkasten und Hund die Treppe herauf, angelockt von den Gitarren- und Akkordeonklängen. Marlies erzählte mir neulich von ihren übernatürlichen Begegnungen. Sie hat Umgang mit Geistern und hält das für das Selbstverständlichste von der Welt. Während wir am Küchentisch Small Talk halten, ruft Renate an, sie möchte, dass ich ihr einen Kasten Bier in den Garten bringe, und Ina, die möchte, dass ich ihr einen Krankenbesuch abstatte (sie hat Unterleibsentzündung, die Ärmste). Kurzum, ein kommunikatives Tohuwabohu – außerdem bin ich heute Abend mit Wolfgang verabredet.*

Wolfgang S. war der einzige Mann in meinem näherem Umfeld, mit dem mich so etwas wie Freundschaft verband. Wir hatten uns 1971 an der Wuppertaler PH kennengelernt, wo wir beide dem SHB (Sozialdemokratischer Hochschulbund) angehörten. Wolfgang hatte das Studium an den Nagel gehängt, weil er sich dem Lehrerberuf nicht gewachsen fühlte. Er wohnte im Hinterhaus der *Apfelsine* und verdiente seinen bescheidenen Lebensunterhalt mit dem Schreiben von Groschenromanen, die er unter einem Pseudonym veröffentlichte. Er hatte meistens eine schwarze Baskenmütze mit einem roten Stern auf dem Kopf, trug einen schütteren Vollbart und rauchte Zigarren. Mit dieser Aufmachung huldigte er seinem Idol, Ernesto Ché Guevara. Zurzeit stand er unter Druck, weil sein neuer Vermieter, ein Marrokaner ihn mit Mafia-Methoden aus der Wohnung drängen wollte. Unter anderem deswegen schauten Wolfgang und ich uns in der Hausbesetzerszene um, ob nicht vielleicht auf diesem

Wege ein WG-Zimmer zu finden sei. Wir waren in mindestens drei besetzte Häuser vorgedrungen und gaben uns als Unterstützer aus, wurden aber von den Besetzern, die im Durchschnitt zehn Jahre jünger waren als wir und der *Autonomen Szene* angehörten, als *Altachtundsechziger* auf Distanz gehalten. Ihre Argumentation: Ihr diskutiert nur, wir handeln!

Als ich an diesem Abend mit zwei Flaschen Bier in den Jackentaschen und einer Illustrierten unterm Arm in Wolfgangs muffige, von Zigarrenrauch vernebelte, ärmlich möblierte Bude trete, habe ich eigentlich keine Lust, ihn zu treffen. Ich mache es nur, weil ich es ihm versprochen habe. Ich halte Wolfgang für den absoluten *Looser*, und wenn ich ihn jetzt auch noch im Stich lasse, wird er sich womöglich früher oder später das Leben nehmen, wie er es schon einmal angedroht hat. Ich fühle mich ihm in jeder Hinsicht überlegen. Ist es das, was mich an Wolfgang bindet – oder vielleicht mein Mitgefühl für die Verlierer und Schwachen im Allgemeinen? In meinem Comic habe ich ihm die Rolle des *Famulus Wagner* (der *trockene Schleicher,* wie Goethe ihn charakterisiert*)* zugeschrieben und mir selbst die des *Faust*.

Wolfgangs Hauptproblem ist der Umstand, dass er noch nie eine Freundin hatte. Während ich mich hemmungslos durch das Tal vögele, ist mein Freund mit Mitte Dreißig noch Jungfrau und inzwischen so verklemmt, dass die Frauen instinktiv einen Bogen um ihn machen. Ihm treten Schweißperlen auf die Stirn, wenn das Thema Sex zur Sprache kommt. Also dreht sich das Gespräch wie gewohnt um die allgemeine politische Lage, die von uns beiden pessimistisch, das heißt realistisch, gesehen wird. Ein Jahr zuvor ist die Partei *Die Grünen* gegründet worden, in der sich viele Gruppierungen wie Naturschützer, Atomkraftgegner und Teile der Frauen- und Friedensbewegung zusammengeschlossen haben. Obwohl Wolfgang und ich die prekäre Umweltsituation (Waldsterben, Smog, Müllberge und so weiter) beklagen, sehen wir in den Grünen, mit deren Unterströmungen wir durchaus sympathisieren, keine Alternative zu einer Partei, die sich die Überwindung des Kapitalismus, der Ursache allen Übels, auf die Fahne geschrieben hat.

Als alle Gesprächsthemen durchgehechelt sind, schlage ich die mitgebrachte Illustrierte auf. Zwei Wochen zuvor, am 28. Februar 1981, hatten Wolfgang und ich gemeinsam an der Großdemonstration gegen den Bau des Kernkraftwerkes in Brokdorf teilgenommen. Dafür hatte ich mir mit weißer und schwarzer Schminke eine eindrucksvolle Totenschädelmaske auf das Gesicht gemalt, und eine Journalistin der Illustrierten *Quick* hatte ein Foto davon gemacht, das als großformatiges Schwarz-Weiß-Porträt in der aktuellen Ausgabe abgedruckt ist.

Im Frühsommer 1976 hatten wir beiden Ex-SHBler an einer einwöchigen Studienreise in die DDR teilgenommen. Wir wollten uns mit dem *real existierenden* Sozialismus auseinandersetzen und ein authentisches Bild von dem grauen Alltag in der DDR gewinnen. Als ideologiekritische Linke waren wir entsetzt über die dogmatische Engstirnigkeit und das Spießertum der Jungpioniere und FDJler, die uns an einem mit penibel gefalteten Servietten dekorierten Esstisch steif gegenüber saßen und linientreue Phrasen aufsagten. – Wir fanden bestätigt, was wir längst wussten: Die Verstaatlichung der Produktionsmittel allein ist noch keine Revolution, auch die Individuen müssen *revolutioniert* werden.

Doch ich hatte noch ein weiteres Motiv für die DDR-Reise und schrieb fünfundzwanzig Jahre später in *Kurts Geschichten* darüber: *Von unserem Tagungsort irgendwo am Rande des Harzes aus fuhr ich ungeachtet offizieller Bestimmungen eigenmächtig per Eisenbahn über Halle nach Merseburg und von dort mit der Straßenbahn bis Kötzschen, meinem mitteldeutschen Heimatdorf. Die Fahrt in dem Straßenbahnwagen, der vermutlich aus der Zeit vor dem Ersten Weltkrieg stammte, hat sich meinem Gedächtnis tief eingeprägt. Durch halbblinde Fensterscheiben fiel trübes Licht auf abgewetzte Holzbänke und vom Schweiß tausender Arbeiterhände geschwärzte lederne Haltegriffe. Fünfzehn Alu-Pfennige verschwanden in der museumsreifen Schaffnertasche, und das vorsintflutliche Vehikel schaukelte mich zusammen mit einer handvoll geradezu penetrant sächselnder DDR-Bürger-Karikaturen rumpelnd und quietschend im Schneckentempo das holperige Gleis entlang. Als ich in Kötzschen die Dorfstraße betrat, kam ich mir vor wie in einem Traum, mein Heimatdorf hatte sich völlig verändert. Obwohl die Gebäude noch genauso aussahen wie in meiner Kindheit – abgesehen davon, daß sie mir viel kleiner erschienen, puppenstubenhaft winzig – wurde mir schlagartig bewußt, dies ist nicht mehr das Dorf, in dem ich aufgewachsen bin. Kötzschen wirkte wie ausgestorben, keine Kinder auf der Straße, keine Tiere in den Ställen, keine emsige Geschäftigkeit der Bauern. Die Kollektivierung der Landwirtschaft hatte das Dorf seiner Identität, ja seines Lebens, beraubt. Nur noch die Alten lebten einzeln oder zu zweit in den brachliegenden Höfen und pflegten das äußere*

Antlitz des Dorfes, so wie man ein Grab pflegt, sie harkten den sandigen Bür-
gersteig, gossen die Geranien an den Fenstern und trauerten den alten Zeiten
nach. Die Jungen waren in die Industrie abgewandert, einige wenige arbei-
teten in der LPG, der nun die gesamte landwirtschaftliche Produktion oblag.

Es zog mich zu den Höfen von Runkels und Wankes, in denen unsere Familie
gelebt hatte. Im früheren Wohnhaus der Runkels traf ich niemand an. Durch
das unverschlossene Tor betrat ich klopfenden Herzens den Hof, in dem ich
als Kind gespielt hatte und nahm voll Wehmut zur Kenntnis, daß nur noch
die Kulisse einer Schauspielbühne vor mir stand, von der sich die Akteure für
immer verabschiedet hatten. Hier und da waren noch ein paar Requisiten zu
finden; im Durchgang vom Hof zum Garten hing altes Pferdegeschirr und
Arbeitsgerät von Staub und Spinnweben überzogen an der nackten Ziegel-
wand; durch einen Spalt in dem großen, grauen, hölzernen Scheunentor konnte
ich eine alte Kutsche entdecken, so eine, wie sie die wohlhabenderen Bauern für
besondere Anlässe benutzten.

Ich eilte, da mir nur wenig Zeit zur Verfügung stand, weiter in die Dorf-
straße 37. Als Frau Wanke nach meinem Anklopfen die Haustür öffnete, stand
mir eine Achtzigjährige gegenüber, die für mich beinahe genauso aussah, wie
die Sechzigjährige, die ich zwanzig Jahre vorher das letzte Mal gesehen hatte.
Umgekehrt konnte sie mich natürlich nicht spontan wiedererkennen. Nachdem
ich mich ihr als einer von den drei Hartmannjungs vorgestellt hatte, schüttelte
sie zuerst überrascht und ungläubig ihr weißes Haupt, bis endlich ein Lächeln
über ihr faltenreiches Gesicht huschte und sie in die Hände klatschte: Der Große,
der Gleene oder der Middlere?, fragte sie. Der Mittlere, sagte ich. Da strahl-
ten ihre Augen, und sie rief entzückt, na so was, der Hälmud, der immer off
de Bäume gegledderd is un gejodeld had?!

— — —

Als ich im Frühjahr 1981 mal wieder meine Eltern in Solingen besuchte,
wurde ich von meinem Vater mit den Worten empfangen: Da kommt ja
unser Herumtreiber! – Das war nicht gehässig gemeint, aber es klang Enttäuschung darin mit. Kurt hatte mich, seinen Zweitältesten, die Höhere
Schule besuchen lassen – und was war aus mir geworden?! Er sah es so:
Von allem etwas, aber nichts richtig. – Er hatte vollkommen Recht. – Meine Mutter zeigte an diesem Tag viel mehr Verständnis und Empathie
für mich. Sie ging in einer unerwartet warmherzigen und klugen Weise

auf meine existentiellen Probleme ein, so als würde eine weise Frau oder Therapeutin aus ihr sprechen, was mich zutiefst erstaunte und berührte und mir Trost und Zuversicht gab. Da war sie, die entbehrte Mutterliebe, die ich notorisch in den Herzen und Schößen der Frauen suchte.

Womit wir wieder beim Thema Nummer 1 angekommen sind. Was trieb mich in meinen manischen Phasen immer wieder auf den *langen Marsch durch die Betten*? Wie schon gesagt, die sexuelle Umarmung bedeutete mir viel mehr als animalische Triebbefriedigung und schenkte mir nicht nur höchste Lust und Ekstase. Mit einer Frau zu schlafen, war für mich ein Lebenselixier, ein psychosomatisches Wundermittel, das schmerzhafte Spannungen in Lustgefühle und Traurigkeit in Freude verwandeln konnte, das alle Sorgen und Nöte beiseite räumte und das schreiende Innere Kind durch vorübergehende emotionale Sättigung zum Schweigen brachte. Die Anspannung flog davon, das Herz öffnete sich, Nähe und menschliche Wärme stellten sich ein, die Liebe konnte fließen. Psychoanalytisch betrachtet gewährte mir der Koitus die alleinige Verfügungsgewalt über die Mutter (inklusive der Heimkehr in den Mutterschoß). Möglicherweise feierte das unersättliche Kind in mir jede Eroberung als einen Sieg über den Vater. Und möglicherweise schwang in meiner Sexbesessenheit das Zusammenspiel von *Eros* und *Thanatos* mit, die latente Todessehnsucht – der Orgasmus als der *Kleine Tod*. Aus esoterischer Sicht bescherte mir die sexuelle Vereinigung das Erlebnis der *Einheit*, der Verbindung mit Mutter Erde und dem Rest der Welt. Sie war für mich das Licht in der Finsternis, das Höchste der Gefühle, das Ankommen im *Hier und Jetzt*. Und sie war die perfekte Synthese von Aggression und Regression, von Eroberung und Hingabe, von Festhalten und Loslassen. Natürlich verschaffte der Vollzug des Sexualaktes dem Ego eines narzisstischen Schürzenjägers zusätzlich ein persönliches Erfolgserlebnis, die Bestätigung seiner Attraktivität und Verführungskunst und seiner vermeintlichen Macht über die Frau (was rein gar nichts über seine Qualität als Liebhaber aussagt). Ein gewiefter Psychologe könnte diese Betrachtung offensichtlicher und verborgener Beweggründe meiner multikausalen Sexsucht, die Hand, Herz, Hirn und Hoden beständig auf Trab hielt, noch um einige Aspekte bereichern. Etwa, dass ich im Beischlaf ein Stück meiner unbewussten Frauenverachtung auslebte, die, von den Vätern ererbt, noch in vielen Männern meiner Generation steckte – im Verein mit dem halbbewussten Irrglauben, dass alle Frauen der Welt a priori dazu bestimmt waren, mich von meinen Leiden zu erlösen.

Wie auch immer, es war vielerlei, was ich von meinen Sexualpartnerinnen bekam – oder auch nicht. Was aber bekamen die Frauen von mir – oder auch nicht? Was veranlasste sie, sich gerade mit mir auf ein Liebesabenteuer, eine Beziehung, ein Verhältnis, eine Affäre, ein Techtelmechtel, einen One-Night-Stand oder einen peinlichen Ausrutscher einzulassen? Mal abgesehen von ihren individuellen Wünschen und Bedürfnissen folgten die potentiellen Partnerinnen einer gewissen Anziehungskraft, die ich auf Frauen hatte. Mein Äußeres konnte es wohl kaum sein. Ein langer dürrer Leptosom mit schmalen Schultern, Hohlkreuz, flachem Hinterkopf, asymmetrischer Gesichtsform, krummen gelben Zähnen und hervorstechendem Adamsapfel – pfhh! Sexappeal Fehlanzeige. Was aber sonst? Ich passte in keine Schublade. Ich war eine schillernde Figur, ein origineller Typ – der ewige Hippie und Achtundsechziger. Halb Softie und halb Macho konnte ich mal den coolen Intellektuellen, mal den verträumten Romantiker hervorkehren und dann und wann meine Künstlernatur spielen lassen. Ich konnte mit politischer Radikalität protzen und auf spirituelle Erfahrungen verweisen. Vielleicht war es auch der sonore Klang meiner Stimme, der den Frauen gefiel. Auch hatte meine äußere Erscheinung eine entfernte Ähnlichkeit mit Mick Jagger. Und vergessen wir nicht, bei aller Krisenhaftigkeit meiner Persönlichkeitsentwicklung schlummerte in mir ein *Alpha-Männchen*. Mit Mitte dreißig noch ungebunden bot ich deutlich jüngeren Frauen eine Vaterprojektionsfläche – trotz oder wegen meiner stupenden Jugendlichkeit. Mag sein, dass eine Frau mit mir schlief, weil sie meine Bedürftigkeit bemerkte und mir helfen wollte, doch das kam selten vor. Mag sein, dass eine Frau sich ein wenig in mich verliebt hatte und mich näher kennenlernen wollte und ich die Situation ausnutzte, um sie ins Bett zu kriegen – das kam öfter vor.

Auch wenn es nicht immer so ablief, wie ich es mir wünschte, war das sexuelle Zusammensein mit einer Frau für mich die ultimative Droge gegen meinen Weltschmerz. Ihretwegen trieb ich mich wie ein hungriger Wolf auf der Jagd nach Beute in den Szenekneipen der Luisenstraße oder anderswo herum. Meistens vergeblich. Am 23.3.1981 notierte ich: *Die schwarzen Nächte kehren wieder und wieder, wo ich rasend vor Liebessehnsucht ausschwärme, frustriert ein paar Biere kippe und irgendwann nach*

Mitternacht statt mit einer geilen Frau mit dem Gedanken an Selbstmord ins Bett gehe.

Ich rufe mir eine Situation in Erinnerung, wie ich nach langer Durststrecke immer noch unbefriedigt in mein Dachkämmerchen zurückkehre, trotzig zur Cognacflasche greife, einen verzweifelten Schluck nehme, eine Zigarette drehe, das Manuskript meines Faust-Comics (mit dem Titel: *Ein hoffnungsloser Phall*) zur Hand nehme, eine bestimmte Seite aufschlage und mich in die erst kürzlich geschriebenen Verse vertiefe:

> *In dieser schwülen Vollmondnacht allein*
> *ins Bett? O nein! Es muss doch eine Frau*
> *für zwei-samen Genuss empfänglich sein.*
> *Egal wer – nachts sind alle Muschis grau.*

> *Hilft mir kein Gott, hilft mir das böse*
> *Prinzip zuschlechterletzt. – Ich bin*
> *bereit: für eine geile Möse*
> *geb gern ich meine Seele hin!*

Während ich das halblaut vor mich hin spreche, setzt in meinem Schädel plötzlich das gewisse anschwellende Sirren ein, der aufreizende Sirenengesang, der das Erscheinen von Luzi Fair ankündigt. Schon steht sie vor mir, teuflisch schön. Diesmal in einem roten Slip, woraufhin ich mir unwillkürlich Hoffnungen mache, die ich aber ganz schnell wieder fahren lasse, als Luzi Fair die schmalen Lippen öffnet und mich in verächtlichem Tonfall anfährt:

> **Was soll das lüsterne Geleier!**
> **Du bist ein miserabler Freier.**

Schon wieder Goethe?!

Ich bin sein Geschöpf.

Und meines.

Großkotz!

Und dann entfaltet sich die Szene wortwörtlich genau so, wie ich sie in meinem Comic vorausgesehen habe.

Du riefst, ich kam – bereit
dir alle Wünsche zu erfüllen.
Ich werde noch zur rechten Zeit
mein wahres Wesen dir enthüllen.

Enthüllen?! – O ja, ich bitte darum!

Hast du zum Scherzen mich gerufen?
Nun, was ist dein Begehr, erzähle!

Ich – äh, mein Herz liegt dir zu Hufen …

Heb's auf! Ich will nur deine Seele.

Ich blicke kurz in mein Manuskript und murmele:

Die Sinne sind mir wie verhext.
Wie fass ich es? Ich muss es schnallen
nicht mit der Tür ins Bett zu phallen.
Da hilft vielleicht der alte Text.

Dann greife ich zum *Faust – der Tragödie erster Teil –* und deklamiere:

Gib ungebändigt jene Triebe
Das tiefe schmerzensvolle Glück
Des Hasses Kraft, die Macht der Liebe
gib meine Jugend mir zurück!

Genug zitiert. Der Wunsch ist billig.
Doch wohl bedacht sei, was ich mach.
Zum Glück ist ja das Fleisch ganz willig
und der Geist genügend schwach.

Mit den Füßen auf den Boden stampfend, recke mit geballten Fäusten
die Arme empor und schreie mit sich überschlagender Stimme:

Lass mich toben, lass mich rasen
in Wahnsinn, Machtrausch, Sinnengier!
In (S)exzessen und (S)exstasen
verbrenne all den Frust in mir!

Das klingt nach Narrenhaus-Theater
mich dünkt, dir fehlt ein Psychiater!
Doch ich will sehn, was ich vermag –
erst unterschreibe den Vertrag.

Dem Bösen will ich mich verbünden
Dem Bösen will ich mich verbünden
dass Macht und Sex und Völlerei
dass Macht und Sex und Völlerei
die Flammenkrone höchster Sünden
die Flammenkrone höchster Sünden
mir durch Magie beschieden sei.
mir durch Magie beschieden sei.

Mit deiner Seele sollst du zahlen!

Sie ist gewöhnt an Höllenqualen.

Ich steche mir mit einer Stecknadel in den Mittelfinger:

Mit Blut, nicht wahr, das ist die Pflicht
beim bösen Pakte mit der Lust?!

Bei dieser Schrift erkenn ich nicht
ob du nun Faust heißt, oder Frust?

Dieser fiktive Vertrag, in Anlehnung an Goethes Faust, demonstriert in
drastischer Deutlichkeit, wie scheinbar überlebenswichtig die Versorgung
mit Sexualkontakten aufgrund meiner damaligen psychischen Verfassung für mich war; dennoch vergingen mitunter viele Wochen ohne eine

Gelegenheit dazu. Aber in einem guten Monat konnten es schon mal sechs oder sieben temporäre Geliebte sein, die mir ihre Paradiesespforte öffneten. Im Mai 1981 *hatten* mich innerhalb von drei Wochen eine Ina, eine Nina, eine Tina, eine Regina und eine Marina (kein Witz!). Ich habe damals viele meiner amourösen Abenteuer handschriftlich aufgezeichnet. Aus purem Narzissmus? Oder wollte ich ein Buch darüber schreiben? Ich weiß es nicht mehr, aber ein paar kleine Kostproben möchte ich der hoffentlich noch nicht völlig entnervten Leserschaft gerne vorlegen.

Dienstag, 3.3.81. Ein schöner Tag. Im Bioladen steht plötzlich Ina, die aus der Rebirthing-Gruppe vom letzten Mittwoch. Sie will für ein paar Tage mitarbeiten. Es ergibt sich wie selbstverständlich, dass wir in der Mittagspause zusammen schwimmen gehen, nach Feierabend im Opernhaus Wagners »Feen« erleben (wobei wir uns, ohne bezahlt zu haben, hineinschmuggeln), danach auf ein Bier in meine Stammkneipe und dann miteinander ins Bett.

30.3.81. Renate überredet mich, mit ihr auf die Kinderladen-Fete zu gehen. Wolfgang ist auch dabei. Eine Fete, wie sie im Buche steht. Die übliche Konservenmusik, der übliche Nudelsalat, das übliche Zaziki, die üblichen Visagen, der übliche Tal-Klatsch. Ich fühle mich so recht daheim in diesem Milieu von Lehrern, Künstlern, engagierten Müttern und berufsstressgezeichneten Vätern – zugleich angezogen und abgestoßen. Ich tanze mir die aufkommende Langeweile vom Leibe. Irgendwann fällt mich ein Blick an. Er kommt von Aishe, der Türkin, die ich bei Gerda mal so reizend fand. Schon kommen wir miteinander ins Gespräch. Welches Sternzeichen, welche Hobbys und so weiter. Sie redet ziemlich wirr, aber irgendwie tiefsinnig. Als sie mich wissen lässt, dass sie ihren Freund verlassen hat, um frei zu sein, klingen bei mir die Glöckchen. Kurz darauf stehen wir in einer Ecke und knutschen, reiben unsere Hüften heftig aneinander und verabreden uns für die Nacht. Wir brechen bald auf, eine halbe Stunde Fußweg bis zu mir ins Kämmerchen unterm Dach. Mitten auf der Grönhoffstraße, im Funzellicht der Straßenlaternen, beginnt sie, an mir herumzufummeln und meinen Hosenstall zu öffnen. – Später im Bett, zu Musik der Incredible String Band, Shit und Rotwein erscheint sie mir reichlich hippelig, hektisch und egozentrisch. Sie hat einen sehr schönen schlanken Körper. Aber beim Vögeln habe ich den Eindruck, dass sie wenig genitale Lust verspürt. Dennoch machen wir es dreimal. Sie beteuert, dass sie sich mit mir sehr vertraut fühlt, dass ich sehr lieb sei und so weiter.

Am nächsten Morgen ist sie ruhiger, kann sogar zuhören, irgendwie finde ich sie toll. Aber warum kommt mir die Vorstellung in den Sinn, wie sie, die jetzt lebhaft, lächelnd, liebkosend mit mir am Frühstückstisch sitzt, in zwanzig Jahren aussieht? Ihre gekrümmte Nase, die schwarzen Härchen auf den Wangen, die hellen Härchen über der Oberlippe erscheinen mir plötzlich hässlich. – Zwei Tage später begegnen wir uns zufällig vor dem Bioladen. Schon von Weitem ruft sie mir zu: Ich habe noch ein Hemd von dir! – Ich erkenne sie kaum wieder, stark geschminkt, im Pelzmantel und ein schickes Hütchen auf dem Kopf, ganz Dame! Aber ich stehe nicht auf Damen.

7.4.81. Da haben wir den Salat! Ina war die Erste, die mich auf jene Lebewesen anspricht, zwei Tage nachdem ich sie selber bei mir festgestellt habe, und heute ist es auch noch Heidi, die mir mitteilt, dass sie sie hat. Es ist sicher, dass beide sie von mir haben. Ich wusste gar nicht, dass das von einem Hautarzt als Ekzem diagnostizierte, was seit Monaten juckenderweise an meinem Anus dahinvegetiert etwas mit Pilzen zu tun hat, und auch nicht, dass diese Pilze bevorzugt in den Geschlechtsorganen ihre Kulturen entwickeln. Ich frage mich, bei wem ich diese Schmarotzer sonst noch ausgesät habe, kann mir aber gut vorstellen, wie sie sich im Tal epidemisch ausbreiten.

Später esse ich mit Gerda, Rolf und Dieter zu Mittag. Sie tun ganz geheimnisvoll und tuscheln verschämt über etwas, was Rolf und Gerda haben und Dieter jetzt auch. Ich denke an meinen kurzen Fick mit Gerda auf der Frühlingsfete, sehe aber bescheidenerweise davon ab, die anderen auf meine Urheberschaft aufmerksam zu machen. – Mine hat sich, bevor sie nach Spanien abreiste, Zäpfchen zur Behandlung mitgenommen.

– – –

Ein einziges Mal während dieser Dachkammerzeit ließ ich mir, von Frust, Depression und Verzweiflung gebeutelt, ein Antidepressivum verschreiben, weil ich glaubte, damit die mich wiederholt wie verirrte Nachtfalter umflatternden Gedanken an Suizid vertreiben zu können. Nach Einnahme einer Pille kam ich mir vor wie ein graues Mäuschen in einem rosa Wattebausch. Da wurde mir trotz benebelter Birne klar, dass mich Psychopharmaka nicht aus der Misere befreien konnten. Den Schmerz zu spüren, fühlte sich für mich lebendiger an. Ich setzte lieber auf eine Psychotherapie, die ich beginnen wollte, sobald sich ein passendes Angebot finden ließ. Aus tiefer Verzweiflung erwuchs mir eine zarte Knospe der Hoffnung und des Selbstvertrauens.

Ungefähr um dieselbe Zeit hatte ich einen Traum, und ich schrieb ihn nieder, weil ich aus ihm den ersehnten Wendepunkt in meinem Lebenslauf herauslas: *Ich stehe in tiefer Nacht in einer Wüstenlandschaft. Zehn Schritte vor mir lodern die Flammen eines Lagerfeuers und beleuchten im näheren Umkreis den Erdboden von ockerfarbenem und rötlichem Sand. Ein funkelnder Sternenhimmel überwölbt das archaische Bild. Da taucht aus der Dunkelheit jenseits des Feuers eine Gestalt auf, die Gestalt einer aufrecht gehenden Hyäne von ungeheurer Größe. Sie trägt Frack, Fliege und Zylinder und erinnert an eine Fotomontage von John Heartfield aus den dreißiger Jahren, die den Prototyp des Raubtierkapitalisten karikiert. Das schwarz und gelb gescheckte gespenstische Wesen kommt zähnefletschend und bedrohlich knurrend auf mich zu. Der Showdown beginnt. Ich trete beherzt an das Feuer heran, ergreife einen brennenden Ast und warte, bis die Bestie näher gekommen ist. Dann schleudere ich den Ast auf sie. Im Moment des Auftreffens steigt eine gewaltige weiße Stichflamme empor, in der sich die Gestalt in Nichts auflöst.*

Wie Tochter und Buchladen entstanden

Mitte Juni 1981 traf ich ein weiteres Mal auf eine junge Frau, die erst 18 Jahre alte Regine, mit der ich mich auf eine mehrere Monate während Liaison einließ. Es begann in der Pause eines Folklorekonzertes in der *Börse* damit, dass sich Regine – in einem weinroten bauschigen Kleid, das bis zu den Knöcheln reichte, die langen schwarzen Haare zu einem Pferdeschwanz gebunden – mit den Worten, *der gehört mir!* vehement an mich heran machte, als ich gerade mit einer Freundin von ihr, einer kessen Blondine im Minirock, flirtete. Regine trug dabei ihren einjährigen Sohn in einem bunten Tragetuch stolz vor dem Bauch und einen Geigenkasten über der Schulter. Sie war das *schwarze Schaf* einer kinderreichen anthroposophischen Familie, hatte die Schule geschmissen und lebte von der Hand in den Mund, ständig auf der Suche nach einer Bleibe. In mir, der doppelt so alt war wie sie, sah sie die Vaterfigur, die sie unter Einsatz ihrer stets willfährigen Weichteile an sich binden und für ihren chaotischen Selbstfindungstrip instrumentalisieren wollte. Und ich griff nach diesem Strohhalm: eine Frau, die mich wollte! Eine vermeintlich sichere Quelle von Zuneigung, Anerkennung und Sex. Regine war unreif und sprunghaft und ganz gewiss keine Partnerin für eine dauerhafte Beziehung, aber sie hatte ein hübsches Gesicht, himmelte mich mit verliebten Blicken an, trug folkloristische Kleider, die mir gefielen, und der kleine Kolja war so ein allerliebster Wonneproppen, dass ich mich auf das Abenteuer mit ihnen einließ. Die beiden zogen noch am selben Tag zu mir in die Dachkammer. Ich bemühte mich, ihr Leben in halbwegs geordnete Bahnen zu lenken, spielte die Vaterrolle, sorgte für regelmäßige Mahlzeiten, lernte Windeln wechseln und betrachtete amüsiert Koljas niedliche Erektion, wenn Regine ihm die Brust gab.

Regine spielte recht gut Geige und hatte eine kräftige Singstimme. Zusammen mit der Gitarre, dem Kazoo, dem Tamburin und meinem Gesang ergab das einen aufreizenden Sound. Wir studierten eine Handvoll Balkanlieder ein und machten ein paar Mal Straßenmusik. In der Hohen Straße in Köln füllte sich unser Bettelhut in einer Dreiviertelstunde mit weit über 100 DM – nicht zuletzt, weil sich der kleine Kolja in einem weinrot gefärbten Unterhemd von mir zu unseren fetzigen Folk-Rhythmen selig im Kreis drehte. Im Sommer verbrachten wir einige Tage bei der Bauhütte, wo Dieter Duhm Regine beim Sex gönnerhaft als *meine Stute* bezeichnete.

Ende September zog Regine mit Kolja nach Lübeck, um in der Familie eines Priesters der *Christengemeinde* als Kindermädchen zu arbeiten. Als ich sie im November dort besuchte und wir am Abend gerade ins Bett wollten, klopfte jemand kräftig an die Tür, und wir hörten die Stimme der Hausherrin: Herr Hartmann, ich darf Sie nicht bei Regine schlafen lassen, sie ist noch nicht volljährig. Sie können bei Frau Burgdorf im Souterrain übernachten! – So landete ich im Zimmer von Andrea, der Kindergärtnerin, die immerhin 21 Jahre alt war und, wie sich später zeigen sollte, genauso liebesbedürftig wie ich. Zum Schlafen teilten wir uns eine Matratze auf dem Fußboden. Als wir mitten in der Nacht zufällig erwachten und uns im Halbschlaf umarmten, war da noch eine Seele beteiligt, die sich inkarnieren wollte.

Nichtsahnend reiste ich wie geplant am Tag darauf nach Berlin weiter, wo unvorhergesehenerweise eine weitere wichtige Weiche in meinem Lebenslauf gestellt werden sollte. Ich wollte Ella besuchen, die ich im Sufi-Camp kennengelernt hatte, und traf sie in einer Kreuzberger Wohngemeinschaft von ehemaligen Achtundsechzigern an. Dort lernte ich unter anderen Peter S. kennen, der mit Ella zusammen den Verlag *Plejaden* betrieb, und ein lebenslanger Freund von mir wurde. Im Laufe des Abends wurde reichlich diskutiert, getrunken und gekifft, und die Nacht verbrachte ich mit einer kleinen dünnen anarcho-buddhistisch angehauchten voll bedröhnten *Wiehießsiedochgleich* auf einer weich gefederten Matratze in Peters Arbeitszimmer. Das eigentlich Relevante für mich war, dass Peter und Ella mir am Tag darauf das Angebot einer zehntägigen Vertreterreise durch Süddeutschland machten. Ich willigte ein und startete am nächsten Morgen in einem voll beladenen Volvo Caravan Richtung Bayern, um in Bamberg, Nürnberg und weiteren Orten Bioläden und Esoterikläden mit den sechs oder sieben Titeln des Verlags zu beliefern. Die Bücher zu esoterischen und alternativmedizinischen Themen gingen weg wie warme Semmeln. Die Läden kauften sie partieweise (das heißt zehn Exemplare plus ein Gratisexemplar), denn es gab noch nicht sehr viele Veröffentlichungen auf diesen Gebieten. Der Gesamtumsatz belief sich auf rund zehntausend Mark, zehn Prozent davon erhielt ich. – Einen nachhaltigen Eindruck machte die Esoterik-Buchhandlung *Akasha* in München auf mich. Die bunte Fülle exotisch anmutender Accessoires, die Halbedelsteine und Kristallkugeln, tibetischen Thangkas und Mandalas, die säuselnde Meditationsmusik und der Räucherstäbchenduft umschmeichelten meine Sinne und regten mein ästhetisches Empfinden an. Wie ein Blitz durchzuckte mich die Eingebung, dass ein solcher Laden etwas für mich und Wuppertal sein könnte.

Doch ehe ich mich tiefergehend mit dieser Idee auseinandersetzen konnte, rief mich Andrea aus Lübeck an und teilte mir mit, dass sie von mir schwanger war. Die in mir dadurch ausgelösten widerstreitenden Gefühle und Überlegungen kann man sich ausmalen. Die Möglichkeit eines Schwangerschaftsabbruchs wurde erwogen und verworfen. Nach längerer Beratung kamen wir zu dem Schluss: Da ich mich außerstande fühlte, die Verantwortung für eine Familie zu übernehmen, würde Andrea das Kind bekommen, ohne von mir eine aktive Vaterrolle zu erwarten. Sie bestand lediglich darauf, dass ich die Vaterschaft offiziell anerkenne, und ich war einverstanden, wohl wissend, dass ich Alimente zu zahlen haben würde.

Auch wenn ich mir mit Andrea keine Partnerbeziehung vorstellen konnte – ich hätte mit ihr, obwohl ich sie mochte, aufgrund ihres dominanten und *verschlingenden* Charakters auf Dauer nicht zusammenleben können – verbindet uns beide bis heute ein freundschaftliches Band. Die gemeinsame Tochter, Clara, hat später, besonders als Jugendliche, sehr darunter gelitten, dass sie ohne ihren leiblichen Vater aufwuchs. Ich besuchte sie und ihre Mutter nur ein oder zweimal im Jahr, denn die beiden waren zunächst nach Ulm und später in den Schwarzwald gezogen, wo Andrea, als Clara fünf Jahre alt war, Michael heiratete, mit dem sie zwei weitere Kinder bekam und mit dem sie heute noch glücklich ist.

Im Winter und Frühling 1982 steckte ich meine ganze Energie in das Ladenprojekt. Ich stellte mir vor, wie ich mit einem solchen Unternehmen nicht nur meinen Lebensunterhalt verdienen, sondern auch meine politischen, künstlerischen, psychotherapeutischen und spirituellen Vorstellungen und Erfahrungen weitergeben würde. Deva bestärkte mich in meinem Entschluss und versorgte mich als Gründerin und Inhaberin des Bioladens mit praktischen Ratschlägen. Ein Bekannter von mir, Detlef P., gelernter Schreiner und praktizierender Buddhist, bot mir seine Unterstützung an, die hauptsächlich darin bestehen sollte, Regale und

Verkaufstresen anzufertigen. Gemeinsam hielten wir nach einem Laden-lokal Ausschau, und ich suchte nach lukrativen Jobangeboten, um ein Startkapital zu erwirtschaften. Da kam mir wieder einmal eine günstige Fügung zu Hilfe, ein flüchtiger Bekannter, ebenfalls Diplom-Pädagoge, lud mich ein, mit ihm zusammen als Co-Dozent ein Motivations-Semi-nar für Langzeitarbeitslose durchzuführen. Wie absurd, seit fast sieben Jahren gewollt arbeitslos, sollte ich abgehalfterten Malochern, die keinem Arbeitgeber mehr etwas nützten, Arbeitsmoral beibringen! Der Staat ließ sich das etwas kosten: In zweimal sechs Wochen verdiente ich inklusive Spesen knapp 14.000 DM.

Am 17. Juli kam Clara zur Welt. Ich weilte zu dieser Zeit im Sufi-Camp und empfing die Einweihung in den Orden. Anschließend machte ich in München bei der *Akasha-Buchhandlung* ein sechswöchiges Praktikum. Dabei vertiefte ich mich in das Studium des Sortimentes, um bei der für den Herbst geplanten Eröffnung meines Geschäftes für die Kundschaft ein breit gefächertes und qualitativ hochwertiges Angebot bereit zu hal-ten. Ich wohnte in Haidhausen bei zwei Frauen aus dem Sufi-Orden und nutzte die Zeit außerdem für eine *Rolfing*-Therapie, einer schmerzhaf-ten Bindegewebsmassage, die mir für einige Zeit zu einem entspannten und aufgerichteten Körper verhalf. Auf dem Rückweg nach Wuppertal machte ich Zwischenstation in Stuttgart, wo Andrea mit der inzwischen sieben Wochen alten Clara vorübergehend wohnte. Vom Anblick des zarten kleinen Menschenwesens tief berührt, empfand ich Freude und Dankbarkeit darüber, Vater zu sein. Aber die übliche Vaterrolle konnte und wollte ich nicht übernehmen. Anlässlich der Taufe von Clara sah ich vier Wochen später meine Tochter zum zweiten Mal und lernte Andreas Eltern und Geschwister kennen, die alle der Anthroposophie zugeneigt waren. Die würdevolle Taufzeremonie und die spirituelle Ausstrahlung des Priesters der *Christengemeinde* beeindruckten mich tief.

Im Oktober kaufte ich auf der Frankfurter Buchmesse im Verlauf von vier Tagen für 20.000 DM Waren ein. Vorher hatte ich einen Sparkassen-kredit erwirkt, ein Ladenlokal gemietet und mit Detlefs Hilfe eingerichtet, das Geschäft ins Handelsregister eintragen lassen, eine Steuerberaterin engagiert und so weiter. Als die *Atlantis-Buchhandlung* am 5. November 1982 feierlich eröffnet wurde, konnte ich mir noch nicht vorstellen, dass mir das Geschäft für fast dreißig Jahre eine optimale Existenzgrundla-ge bieten und mich mit unzähligen interessanten Menschen und spirituellen Gruppierungen in Verbindung bringen sollte. Ein von mir einige Jahre später verfasster Zeitungsartikel vermittelt einen Eindruck von der äußeren Aufmachung und dem inneren Selbstverständnis meiner Esoterik-Buchhandlung, die sich schnell zu einer beliebten Anlaufstelle für Astrologen, Heilpraktiker, Heilerinnen, Hexen, Therapeuten, Okkultisten, durchgeknallte Spinner und Suchende jedweder Couleur entwickelte.

Von außen bemerkt man es kaum, doch wer das kleine Ladenlokal am Rande der Elberfelder Innenstadt betritt, wird von sanften Klängen, exotischen Düften und einer friedlichen Atmosphäre empfangen. Als am 5. November 1982 in der Luisenstraße 27 die Atlantis-Buchhandlung eröffnet wurde, war sie eines der ersten Esoterik-Fachgeschäfte in der Region. In den darauffolgenden Jahren rollte eine regelrechte Esoterikwelle über das Land.

Was ist Esoterik? In der ursprünglichen Bedeutung bezeichnet Esoterik das Jahrtausende alte geheime Wissen, das in elitären Weisheitsschulen vermittelt wurde. Es beschäftigt sich im Wesentlichen mit der geistigen Welt, die unseren fünf Sinnen verborgen bleibt und doch einen großen Einfluss auf unser Leben hat. Auch im modernen Verständnis von Esoterik geht es darum, sich die verborgenen Kräfte des Geistes nutzbar zu machen, um glücklicher, gesünder, erfolgreicher, liebevoller und bewusster zu leben. Es gibt unendlich viele Ansätze, Richtungen und Methoden, sich diesem Ziel zu nähern: Yoga, Meditation, Religion, Okkultismus, Schamanismus, Psychotherapie, Geistiges Heilen, Positives Denken, verschiedene Naturheilverfahren und anderes. In unserer vornehmlich auf Profit und materiellen Konsum ausgerichteten Kultur wachsen Sucht, Konkurrenz, Vereinzelung, soziale Kälte, Armut, Umweltzerstörung und so weiter. Demgegenüber werden Werte wie Weisheit, Liebe, Mitgefühl und geistige Freiheit vernachlässigt. Dieser Entwicklung stellt sich die Atlantis-Buchhandlung entgegen mit ihrem Angebot, das nicht nur Bücher umfasst, sondern auch spirituelle Hilfsmittel wie Entspannungsmusik, Meditationskissen, Tarotkarten, Heilsteine, Feng Shui-Artikel, Räucherwerk, ätherische Öle und vieles mehr. Dazu noch eine große Menge an Informationsmaterial zu therapeutischen und spirituellen Gruppierungen und Veranstaltungen in und um Wuppertal.

Deva – oder: die Panzerknacker

Deva für zweieinhalb Jahre an meiner Seite zu haben, war für mich ein großes Glück, wenn auch nicht das *Große Glück*, denn sie wollte keine feste Beziehung mit mir. Nichtsdestotrotz hat sie mir Halt gegeben und mit ihrer Hilfsbereitschaft und ihrer Klugheit geholfen, mein Leben in konstruktive Bahnen zu lenken. Wie oft haben wir am Küchentisch zusammen gesessen, gegessen und uns dabei über persönliche Probleme, spirituelle Fragen und alltägliche Belange ausgetauscht. Ich habe von Deva vieles über Ernährung und Gesundheit gelernt, wie etwa, sich Zeit zu lassen beim Essen, gründlich zu kauen, viel Wasser zu trinken, Grünen Tee, der viel gesünder ist als Schwarzer, nicht länger als zwei Minuten ziehen zu lassen, damit er wach macht, Sex als Schmerzmittel gegen Zahnschmerz einzusetzen und dergleichen kluge Dinge mehr. Mit Renate zusammen verbrachten wir mitten im Winter eine Schweige- und Fastenwoche in einem schäbigen Ferienhäuschen auf einer Holländischen Insel; ein wahres Martyrium für mich, weil mir Hunger, Einsamkeit und Kälte fürchterlich zusetzten. Doch die Fastenwoche war ein guter Anlass für Deva und mich, uns das Rauchen abzugewöhnen. Deva hatte eine Idee, wie wir verhindern könnten, rückfällig zu werden: Wer zuerst wieder eine Zigarette raucht, wird von oben bis unten mit schwarzer Schuhcreme eingeschmiert. – Wahlweise mit Hundescheiße, schlug ich vor. – Mit dieser drastischen Androhung im Nacken hielten wir es zwei Wochen durch, bis wir beide zufällig am selben Tage wieder eine Zigarette rauchten.

Durch Devas Schilderung ihrer Therapieerfahrungen und spirituellen Erkenntnisse in Poona bekam ich einen Einblick in die Lehren von Bhagwan Shree Rajneesh und seine unkonventionellen Methoden, westlichen Suchern Zugänge zur Spiritualität zu eröffnen. Allein in Deutschland hatte Bhagwan in den Achtziger Jahre um die 100.000 Anhänger, die mit ihren orangenen und weinroten Roben und der *Mala*, einer Holzperlenkette, an der ein Porträt des Meisters baumelte, ihren *Sannyasin*-Status bekundeten. In seinen in mehr als hundert Büchern veröffentlichten Vorträgen belehrt Bhagwan seine SchülerInnen, sich nicht an überkommenen religiösen Dogmen zu orientieren, sondern allein der *direkten Erfahrung* zu vertrauen. Das spirituelle Erwachen setzt die Befreiung von einengenden Konditionierungen des Verstandes, der Emotionen und des Körpers voraus. Darauf zielten die in den Bhagwan-Zentren vieler deutscher Großstädte praktizierten körperlichen und geistigen Übungen ab. Ich habe mehrere dieser Zentren besucht und an Workshops teilgenommen, konnte mich allerdings mit dem elitären Gehabe und den aufgeblähten Egos der meisten Sannyasins nicht anfreunden.

Einige der SchülerInnen Bhagwans, der sich später in *Osho* (Meister) umbenannte, haben angeblich Erleuchtung erlangt und sich selbst zu Gurus erklärt, wie beispielsweise Michael Barnett, der unter dem Namen *Somendra* in einem Schloss in Frankreich viele *Devotees* um sich scharte. Ich verbrachte einige Tage als Besucher in dieser spirituellen Kommune und erlebte den grotesken Personenkult, dem Barnetts Anhängerschaft sich leidenschaftlich unterwarf. Von Somendras magischen Kräften verspürte ich nichts, vermutlich weil ich nicht an ihn glaubte. Ansonsten durfte ich täglich stundenlang Küchendienst verrichten – alternativ dazu hätte ich den silberblitzenden Bentley des Meisters polieren dürfen – aber ich schweife ab.

Im Oktober 1982, wenige Tage vor Eröffnung meines Buchladens, zogen Deva und ich in eine Hinterhauswohnung in der Elberfelder Nordstadt um und stiegen Mitte November gemeinsam in eine fortlaufende Therapiegruppe ein. Einer der Teilnehmer war Markus S., ehedem ein erfolgreicher Schlagzeuger der Wuppertaler Free-Jazz-Szene, der sich mit Haut und Haar der Psychotherapie und der spirituellen Entwicklung verschrieben hatte, sich als medialer Heiler zu profilieren versuchte, Vorträge hielt, zunehmend Guru-Allüren an den Tag legte, einige Jahre später mit einigen seiner Gefolgsleute der *Großen Weißen Bruderschaft* beitrat und Priester einer auf über fünfzig Köpfe anwachsenden Gemeinde in Wuppertal wurde.

Gleich beim ersten Wochenendworkshop der Therapiegruppe umgarnte eben dieser Markus Deva, und sie ließ sich auf ein Verhältnis mit ihm ein, das aber höchstens zwei oder drei Wochen Bestand hatte. Ich lebte zu dieser Zeit wie gesagt mit Deva in einer Zweier-WG und hoffte immer noch, dass sie sich, zumal nachdem ich zum Buchladeninhaber aufgestiegen war, für eine Beziehung mit mir entscheiden würde. Als ich realisierte, dass sie sich zu diesem arroganten Typ hingezogen fühlte, war ich wahnsinnig vor Eifersucht – der kriegt sie und ich nicht! – und stellte mir eines Abends, als die beiden im Nebenraum turtelten, lebhaft vor, wie ich mit der Axt in der Hand, der Axt, mit der wir gewöhnlich Brennholz zerkleinerten, in rasender Wut in Devas Zimmer stürmen und meinem verhassten Rivalen den silberbehaarten Schädel spalten würde. Was ich natürlich nicht tat, stattdessen versank ich in einem Schwarzen Loch von Verzweiflung und Selbstmitleid.

Ein paar Tage später geschah dann mit mir so etwas wie ein Wunder, die mysteriöse Verwandlung von tiefstem Leid in höchstes Glück. Es war am frühen Abend, draußen war es dunkel, Deva war nicht da, Detlef hatte die Nachmittagsschicht in der Buchhandlung übernommen. Ich lief ruhelos in meinem Zimmer umher oder starrte die kahle Wand an und konnte keinen klaren Gedanken fassen, das heulende Elend hatte sich in mir eingenistet. Ich fühlte mich von Gott und der Welt verlassen und meiner unstillbaren Bedürftigkeit ausgeliefert. Für einen kurzen Moment wähnte ich mich eins mit dem grenzenlosen Schmerz meiner Mutter und wurde von würgender Panik ergriffen. Ein spontaner Impuls aus meinem Inneren bewog mich, keinen Widerstand zu leisten, mich dem Schmerz und der Panik hinzugeben, mich fallen zu lassen. Ich sackte heulend zusammen und überließ mich in Embryohaltung auf dem Boden liegend den Tränen und den Zuckungen meines Körpers; und je mehr ich losließ, desto mehr fielen Angst, Schmerz, Anspannung und Traurigkeit von mir ab, und plötzlich musste ich lachen – unbändig lachen. Mein Körper dehnte sich aus, neue Lebensenergie durchströmte mich, mein Herz war himmelweit offen, und ein tiefer Frieden wie nach einem Orgasmus zog in mich ein. Wieder auf den Beinen war ich wie neu geboren – frei! – erfüllt von Licht und Liebe. Keine Gedanken, keine Wünsche, keine Furcht, keine Hoffnung. Alles war in Ordnung, war gut, war leicht.

Als ich später am Abend mit Deva ins Kino ging, war ich immer noch in dieser euphorischen Stimmung. Ich strahlte die Menschen an, die uns auf der Straße begegneten und sah in jedem Gesicht die ganze Menschheit, erblickte überall Schönheit und Harmonie. *Der Zweck der Liebe ist die Schönheit,* hatte der Sufi-Meister Hazrat Inayat Khan einmal gesagt. Deva meinte später, dass mich das Annehmen des Schmerzes und das Loslassen der Kontrolle in diesen Zustand der Glückseligkeit versetzt habe, in ein *Sartory,* wie die Zen-Buddhisten das Erlebnis einer temporären Erleuchtung nennen. In abgeschwächter Intensität hielt dieses außergewöhnliche Glücksgefühl noch ein paar Tage an, bis am Ende die alten Strukturen meiner Psyche wieder die Oberhand gewannen.

Die bereits erwähnte Therapiegruppe, in die Deva und ich eingestiegen waren, fand unter dem Label *Core-Energetik* in einem Tagungshaus im Grünen in der Nähe von Wuppertal statt und bestand aus ungefähr dreißig über die folgenden drei Jahre verteilten Wochenendworkshops. Bei geringer Fluktuation gehörten zur Seminargruppe zirka zehn Frauen und zehn Männer, die meisten im Alter zwischen dreißig und vierzig Jahren, die unter der Leitung der holländischen Trainer Martin und Annie Janssen an ihrem persönlichen Heilungs- und Entwicklungsprozess arbeiteten.

Core-Energetik ist ein von *John Pierrakos* entwickeltes therapeutisches Konzept, das Elemente der Bioenergetik nach *Alexander Lowen* mit psychoanalytischer Prozessarbeit verbindet und ergänzt wird durch das Studium psycho-spiritueller Texte (*Lectures*), die durch Eva Pierrakos *medial* empfangen und in Umlauf gebracht worden waren. Das psychotherapeutische *Kern*geschäft der *Core*-Energetik zielt darauf ab, neurotische Verhaltensmuster aufzudecken, den *Charakterpanzer* (Wilhelm Reich) durch Bewusstmachung durchlässig werden zu lassen und so den menschlichen Kern – das wahre Selbst, das Herz, das mit dem göttlichen Geist verbundene tiefste Innere – zu befreien.

Ich bin weder Therapeut noch Psychologe und kann die in der Core-Energetik eingesetzten Verfahrensweisen nur grob skizzieren. Die therapeutische Arbeit unserer Gruppe vollzog sich vornehmlich in Einzel-*Sessions*, die sich oft über Stunden erstreckten. Am Anfang nahm der *Worker* in der Mitte des Teilnehmerkreises Platz und stellte das ihn belastende seelische Problem dar. Unter Martins einfühlsamer und geschickter Hilfestellung wurden Schicht um Schicht negative Glaubenssätze, unbewusste Verhaltensmuster, verborgene Abwehrstrukturen und so weiter bewusst gemacht und die potentielle Ursache der psychischen Störung aufgedeckt. Bei fast allen Klienten waren es die Konflikte mit den Eltern oder deren Stellvertretern, die meistens schon im Kleinkindalter Einstellungen und Verhaltensmuster geprägt haben, die sich im späteren Leben als psychische Einschränkung äußerten, als gestörtes Selbstwertgefühl, eingeschränkte Liebesfähigkeit, mangelndes Urvertrauen, chronische Anspannung, Phobie oder Zwangsneurose. Um seelische Knackpunkte aufzuspüren, wurden auch Techniken des *Psychodramas* eingesetzt. Dabei durfte ich gelegentlich die Rolle des *bösen Vaters* übernehmen, um aus der gerade im Prozess befindlichen Person Projektionen und Aggressionen hervor zu locken.

Da seelische Störungen sich häufig auch in körperlichen Symptomen widerspiegeln, gehörte ein Teppichklopfer zu den unverzichtbaren Utensilien, die die TeilnehmerInnen in die Workshops mitbrachten. Durch das von Schreien begleitete Schlagen auf Kissen oder Matratzen sollten angestaute Wut oder andere unterdrückte Emotionen ausagiert, Energieblockaden überwunden und der Körperpanzer aufgeweicht werden. Dies geschah in den Einzelarbeiten ebenso wie in Gruppenübungen, in denen wir mindestens fünfzehn Minuten lang mit vollem Einsatz unter infernalischem Gebrüll auf unschuldige Schaumstoffpolster eindroschen. Ähnlich martialisch war das Rumpfbeugen: Auf den Füßen stehen, Oberkörper beugen, Kopf und Arme hängen lassen und bei leicht angewinkelten Knien in dieser Stressposition verharren, bis die verspannten Muskeln in den Beinen und im Rücken höllisch schmerzen und beginnen zu zittern und zu zucken – und zuletzt der Körper kollabiert, und die Spannung sich entlädt. Ob das Ganze außer einer vorübergehenden Entspannung heilsame Veränderungen bewirkt, wage ich zu bezweifeln. Jahre später hat mich die Auffassung eines Arztes, der auch Heilpraktiker und Psychotherapeut war, überzeugt, der sagte: *Eine Blockade wird nicht gelöst, indem man gegen sie ankämpft.*

Durch meine *Einzelarbeiten* im Rahmen der Core-Energetik-Gruppe habe ich wichtige Einsichten in meine Psychostruktur gewonnen, bin aber immer wieder, so sehe ich das heute, an der letzten Bastion meines inneren Widerstandes, dem kindlichen Trotz, gescheitert. Dem Trotz, mit dem ich in früher Kindheit die Liebe der Mutter erzwingen wollte: Ich werde mich so lange verkapseln und mit zusammengebissenen Zähnen leiden, bis sie sich mir, mir ganz allein, hingibt. Da dies nicht geschah, im Gegenteil meine verzweifelte Mutter versucht hat, den Trotz aus mir herauszuprügeln, habe ich mich in mein Leiden verbissen und dem Rest der Welt den Kampf angesagt. Der Trotz, der ursprünglich ein Schutz für mein Innerstes war, wurde zum Gefängnis, zum eisernen Ring um mein Herz, der sich nur dann und wann vorübergehend lockert, wenn starke äußere Reize meine Seele berühren, zum Beispiel wenn ich verliebt bin, sei es in eine Frau, ein Gemälde, ein Gedicht oder einen Sonnenuntergang – oder beim Sex, oder durch Einsatz von Drogen wie Cannabis.

Der Zugewinn an innerer Freiheit und Liebesfähigkeit durch die drei Jahre Core-Energetik hielt sich bei mir in Grenzen. Die Tatsache, dass fast alle TeilnehmerInnen sich im Verlauf der Workshop-Serie wieder und wieder in derselben *Psychoscheiße* gewälzt haben, nährt in mir Zweifel an der Nachhaltigkeit der Methode. Im Gegensatz zu Deva, die nach drei oder vier Seminaren ausgestiegen ist, bin ich dabei geblieben, sicher auch weil sich während der Workshops ein Klima von Offenheit, Wärme, Nähe, Sensibilität und Mitgefühl bildete, das uns allen das Gefühl gab, am richtigen Ort zu sein und auf dem Weg der Befreiung mit Siebenmeilenstiefeln voran zu kommen. Man kann auch sagen, wir waren therapiegruppensüchtig, weil wir etwas bekamen, was wir im Alltagsleben schmerzlich vermissten.

Zudem gab es im *Haus Landscheid*, unserem Tagungsort, eine Sauna, und wir versüßten uns die Abende in kuscheliger Runde mit Alkohol, Kiffen (Martin brachte meistens gutes *Gras* aus Holland mit), Herumalbern, Tanzen und *Amore*. Nachdem wir tagsüber diszipliniert um die Verbindung zum *Higher Self* gerungen hatten, durfte in der Nacht das *Lower Self* das Zepter schwingen. Ich habe mit der Hälfte der Frauen mindestens einmal das Bett geteilt, sogar in der Sauna ergab sich für mich eines Abends unverhofft ein schweißtreibendes Nümmerchen. Der abgefeimteste Weiberheld und Herzensbrecher war indessen Markus S., der in etwa dieselben Frauen wie ich *vernascht*, aber zusätzlich zwei Ehen zerstört hat, indem er im zeitlichen Abstand von drei Jahren die beiden attraktivsten Frauen ihren Männern, die auch in der Gruppe waren, ausgespannt und zuerst Elvira und drei Jahre später Theresa zu seiner *First Lady* gemacht hat.

Eines meiner Liebesabenteuer mit einer Frau aus der Therapiegruppe war einerseits so zauberhaft, geradezu ideal, dass ich davon gerne erzählen möchte, es hatte aber andererseits ein so übles Nachspiel, dass ich nur mit Scham und Schuldgefühl daran zurückdenke. Irgendwann kam Edeltraud in die Gruppe, ein dunkelgelocktes, weißhäutiges, sehr schlankes engelhaftes Wesen, ein scheues Reh mit großen, leicht erschreckt blickenden braunen Augen. Am Ende eines Workshops fragte sie mich, ob ich sie in meinem Auto nach Wuppertal mitnehmen und bei ihr absetzen könne. Ihre ohnehin sehr starke erotische Ausstrahlung war nach ihrer Einzelarbeit am Vormittag noch potenziert, sie wirkte so offen, zerbrechlich, feenhaft und ätherisch, wie nicht von dieser Welt, und ein betörender Veilchenduft umhüllte sie. – Kommst du noch auf einen Tee mit rein? fragte sie, als wir vor ihrem Wohnhaus standen. – Der Tee kam dann später. Kaum waren wir in den Schutz ihrer Privatsphäre eingetaucht, als wir uns auch schon stürmisch umarmten und küssten und uns dabei die Kleider vom Leib zerrten. Mit ihr zu schlafen war unbeschreiblich schön. Wie hypnotisiert ergab ich mich dem Sog ihrer warmen weichen Weiblichkeit. Wir flossen ineinander wie Milch und Honig und lösten uns auf in himmlischer Schwerelosigkeit. Beim Abschied verabredeten wir uns für ein nächstes Treffen. – Doch diese zweite Begegnung nahm einen völlig anderen Verlauf. Als wir schon im Bett beieinander lagen und meine Erregung hoch aufloderte, eröffnete mir Edeltraud, dass sie nicht mit mir schlafen wolle, nur schmusen, denn sie hätte ihrem Freund versprochen, ihm treu zu bleiben. – Welch herbe Enttäuschung! Hätte sie mir das nicht früher sagen können? Ich versuchte sie umzustimmen, quengelte und bedrängte sie so lange, bis sie ihren Vorsatz aufgab und mich resigniert in sich aufnahm. Mit gemischten Gefühlen brachte ich die Sache zu Ende, während sie sich mehr oder weniger unbeteiligt gab. Heute tut es mir leid, und ich bitte Edeltraud um Verzeihung, dass ich die Befriedigung meines Bedürfnisses gegen ihren erklärten Willen durchgesetzt habe. Wenn wir uns später zufällig in der Stadt begegneten, wechselte sie die Straßenseite; und der Core-Energetik-Gruppe blieb sie von da an fern.

Astrid – oder: die sieben Stränge

Im Frühjahr 1983 begegneten mir im Laufe weniger Wochen vier Frauen, mit denen ich mir eine feste Beziehung vorstellen konnte. Jede war Anfang zwanzig, blond und blauäugig, gut gebaut und spirituell interessiert. Ich hatte eine nach der anderen im Laden kennengelernt und auf ein Date bei mir zu Hause eingeladen. Das eigentliche Abenteuer begann jeweils mit einem Spaziergang durch den Kothener Wald, der zu einem geheimnisvollen Kraftplatz auf der Höhe führte, wo die Ruine eines uralten moosüberwachsenen Torbogens den beinahe mystischen Auslöser für den ersten Kuss lieferte. Später landeten wir in meinem Bett.

Lore, der das Ganze zu schnell ging, wollte nicht mit mir schlafen, und es schien, dass ich sehr lange um sie werben müsste, um ihr Herz und ihren Schoß zu erobern. Da begann auch schon die heiße Affäre mit Ellen, doch sie war bei ihrem Freund in festen Händen. Ulrike war in mich verliebt, aber ich nicht in sie (was aber noch kommen sollte – vierundzwanzig Jahre später sind wir uns wieder begegnet und seitdem ein glückliches Paar!). Erst bei Astrid waren auf Anhieb alle Voraussetzungen für ein beiderseitiges Verliebtsein gegeben. Aber der Reihe nach.

Im März 1983 zog Deva in ein Häuschen auf dem Lande, und ich suchte eine neue Bleibe. Da machte mir Detlef (der Detlef, der mir beim Aufbau des Ladens geholfen hatte) den Vorschlag, ein frei gewordenes Zimmer in seiner buddhistischen Wohngemeinschaft zu übernehmen. Zwei Tage später verteilte ich meine überschaubare Habe in einem quadratischen Raum auf der ersten Etage einer Gründerzeitvilla in Unterbarmen am Fuße des Kothener Waldes. Die Wittensteinstraße 173 wurde für die nächsten drei Jahre mein privater Rückzugsort. Mein Wohnraum war das Durchgangszimmer zur Dusche, und das einzige Fenster erlaubte den Ausblick auf eine verwitterte Brandmauer aus roten Ziegelsteinen. Weitere Zimmer, die von der geräumigen Diele abgingen, bewohnten Detlef, seine Freundin Geli und Andreas – Handwerker, Erzieherin und Student – die alle auf dem Pfad des tibetischen Buddhismus wandelten. Später kam noch Susanne dazu, ebenfalls Erzieherin und am Buddhismus interessiert.

Im größten Raum, dem früheren Salon, befand sich die *Gompa*, der Gebetsraum. Die Wohngemeinschaft in der Wittensteinstraße war der Vorläufer des *Buddhistischen Zentrums* von Wuppertal. Hierhin kam *Lama*

Ole Nydahl, der smarte Däne, der ein paar Jahre zuvor in den Stand eines Lehrers und Würdenträgers der *Karma-Kagyü*-Linie des tibetischen Buddhismus erhoben worden war, mehrmals im Jahr, denn damals war die buddhistische Bewegung in Wuppertal mit zirka vierzig aktiven Mitgliedern und Sympathisanten eine der größten in Deutschland. Wenn Lama Ole *Belehrungen* gab, war die Gompa rappelvoll. Bei einem dieser Treffen nahm ich *Zuflucht,* das heißt ich empfing von Lama Ole die grundlegende Einweihung in den *Dharma,* den Weg oder die Lehre, und trug fortan ein geflochtenes Glücksarmband am Handgelenk. Kann ja nicht schaden, sagte ich mir. Aber auch danach blieb ich, was das buddhistische Leben in der Wittensteinstraße betraf, nur ein wissbegieriger Zaungast.

Ich durfte die Gompa für die wöchentlichen Treffen meiner neu gegründeten Singegruppe benutzen. Jeden Donnerstagabend traf sich ein anfangs noch kleiner Kreis von drei bis sieben TeilnehmerInnen, um unter meiner Leitung spirituelle Lieder zu chanten und Sufi-Tänze zu zelebrieren. An einem der Abende, es war der 1. Juli 1983, kam, wie der Zufall es wollte, nur eine Person zum Singeabend: Astrid, eine schlanke Frau mit langem Blondhaar und verträumtem Blick, dreiundzwanzig Jahre jung, Erzieherin und sichtlich mehr an mir als am Singen interessiert. Wir redeten eine Weile miteinander über unsere spirituellen Erfahrungen, ich bei den Sufis, sie bei *Muktananda,* einem indischen Meister, bei dem sie an einem sechswöchigen Meditationscamp in den USA teilgenommen hatte. Und danach entführte ich sie in den Kothener Wald und wieder zurück …

So begann meine lang ersehnte neue Partnerbeziehung, über die ich noch ausführlicher berichten werde. So viel vorweg, drei Jahre nach unserem Kennenlernen zogen wir zusammen, zwei Jahre später wieder auseinander, weil ich aufs Land zog, und ein Jahr später trennten wir uns friedlich. Während der sechs Jahre unserer Partnerschaft, von 1983 bis 1989, war mein Leben ausgefüllt mit Aktivitäten in verschiedenen Bereichen, beziehungsweise Zugehörigkeiten zu verschiedenen Gruppen, die ich hier als die *sieben Stränge* bezeichnen möchte. Erstens: die Beziehung mit Astrid; zweitens: die Atlantis-Buchhandlung; drittens: die Sufis; viertens: die Buddhisten; fünftens: die *Pfadgruppe*; sechstens: der *Wendekreis*; und siebtens: diverse Liebschaften. Ich widme im Folgenden jedem der sieben Stränge eine kürzere oder längere Abhandlung.

Die *Pfadgruppe* entstand parallel zu den Core-Energetik-Seminaren, bestand in etwa aus demselben Personenkreis und verstand ihre Arbeit als Ergänzung und Vertiefung des therapeutischen Prozesses. Wir waren ein fester Kern von ungefähr zwölf Leuten, trafen uns jeden Mittwochabend und schlugen uns damit herum, mit Hilfe der *Lectures*, die in Form einiger Dutzend mehrseitiger Manuskripte in Englisch vorlagen, grundlegende psychologische Mechanismen zu studieren und ihre Wirksamkeit an uns selbst zu überprüfen. Wir sahen in den von Eva Pierrakos Ende der sechziger Jahre niedergeschriebenen Texten eine Offenbarung, die wir zur Richtschnur unseres pseudotherapeutischen Prozesses machten. Prozess kann man auch so verstehen, dass wir mit uns selbst hart ins Gericht gingen, weil wir den dogmatischen ethisch-moralischen Ansprüchen der angeblich aus der Geisterwelt übermittelten *Lectures* gerecht werden wollten – aber unsere *Lower Selfs* ließen sich davon nicht beeindrucken.

In meinen Aufzeichnungen von damals habe ich vor allem die Gruppendynamik und meine eigene Rolle darin festgehalten. Man muss sich das mal vorstellen: ein Dutzend Psychofreaks, die sich selbst therapieren, besser gesagt, ihre Psyche umkrempeln wollen! Markus S., der eine Führungsrolle in dieser ambitionierten Selbsthilfegruppe übernahm, konnte nicht verhindern, dass unsere wöchentlichen Zusammenkünfte mitunter den Charakter eines mehr oder weniger offenen Konkurrenzkampfes jeder gegen jeden annahmen, bei dem wir uns gegenseitig die *Masken* vom Gesicht zu reißen versuchten und möglichst selbst eine gute Figur machen wollten. Ich war in punkto Egotrip keine rühmliche Ausnahme. Im Gegenteil, ich wollte, weil ich mich für geistig fortgeschrittener hielt, bestimmen, was am besten für die Gruppe wäre und bekam das entsprechende Feedback. Am 1.12.1983 notierte ich in meinem Prozesstagebuch: *Wir stellten in der Pfadgruppe eine Art Soziogramm auf, wer mit wem in einer Kleingruppe zusammen arbeiten wollte. Keiner wählte mich! Stark betroffen gab ich zu verstehen, dass ich in einer Gruppe, in der niemand mit mir zusammenarbeiten möchte, nicht mehr mitmachen könne – und so weiter. Ich fühlte mich verkannt und versuchte mich zu verteidigen, indem ich behauptete, mit der Pfadarbeit tiefer verbunden zu sein als die anderen. Die erfahrene Ablehnung aktivierte meinen Urschmerz: Ich gehöre nicht dazu, und weckte meine Aggression: Ich finde euch langweilig, unreif und verlogen.*

Auch aus weiteren Aufzeichnungen geht hervor, dass ich den Pfadleuten mit meinem launischen Gezeitenwechsel zwischen Größenwahn und

Minderwertigkeitsgefühl auf den Keks gegangen bin. Mein unbewusstes Hauptmotiv, in dieser geistig irregeleiteten Psychogruppe drei Jahre lang mitzumachen, war: Ich wollte meinen Charakter und meine psychische Befindlichkeit optimieren, nicht nur, damit es mir besser ging, sondern auch um mich über andere zu erheben. Ich präsentierte mich meinen Mitmenschen meistens in der *Higher Self*-Maske des abgeklärten, in sich ruhenden Gutmenschen. Von meiner schwachen und verletzlichen Seite und meinem egozentrischen Machtanspruch sollten sie nichts mitbekommen. Doch weil ich aufgrund meiner charakterlichen Schwächen meinem *idealisierten Selbstbild* nicht genügte, stürzte ich immer wieder in einen Abgrund von Scham, Schuldgefühlen und grenzenloser Verachtung für mich und andere. Am stärksten kriegte mein psychisches Dilemma zu jener Zeit Astrid zu spüren, die einerseits den starken Helmut lieben und bewundern und andererseits den schwachen Helmut trösten und bemuttern sollte.

Kommen wir zum *Wendekreis*: Unter den Kunden meiner Esoterik-Buchhandlung gab es potentielle Anbieter und potentielle Teilnehmer für vielerlei Kurse und Seminare auf esoterischen, therapeutischen und naturheilkundlichen Gebieten. Was lag da näher, als einen Verein zu gründen, der Angebot und Nachfrage zusammenbringt. Die Idee dazu hatten Heike, meine damalige Mitarbeiterin im Laden, und ich im Frühjahr 1984. Binnen eines halben Jahres machten wir die Idee publik, fanden den Namen *Wendekreis*, überwanden in Zusammenarbeit mit einigen Gleichgesinnten die bürokratischen Hürden der Vereinsgründung, mieteten Veranstaltungsräume und stellten ein erstes Programm auf. Es umfasste Arbeitsgruppen, Seminarreihen, Wochenendworkshops und Einzelvorträge zu Themen wie Astrologie, Handlesen, Fußreflexzonenmassage, Yoga, Geomantie, Rebirthing, Bioenergetik, Schamanismus, Buddhismus, Sufismus und vieles mehr. Neben den Experten aus den eigenen Reihen wirkten namhafte AutorInnen und spirituelle LehrerInnen aus dem deutschsprachigen Raum daran mit.

Das *Zentrum für persönliches und spirituelles Wachstum* des *Wendekreis e.V.* bestand fünf Jahre und bot über sechzig Vereinsmitgliedern und darüber hinaus noch zahlreichen Veranstaltungsgästen einen lebendigen Rahmen für Lernen und Begegnung. Den engeren Zirkel der Aktiven bildeten ungefähr zwanzig Leute, quer durch verschiedenste Glaubensrichtungen, für die der Wendekreis so etwas wie eine geistige Heimat bot. Über die Programmgestaltung hinaus wurden Feste gefeiert, Freundschaften und Feindschaften geschlossen, Cliquen gebildet und Liebschaften angebahnt. Nach außen wirkte der Wendekreis vermutlich wie eine Ansammlung übergeschnappter Wahrheitssucher. Zum Glück drang nicht allzu viel davon an die Öffentlichkeit. – Leider fanden sich nach fünf Jahren nicht mehr genügend Freiwillige für die notwendigen organisatorischen Aufgaben, und der Verein löste sich auf.

Eine der größten Veranstaltungen des Wendekreises war der Vortrag von *Sun Bear*, dem indianischen Autor von ›Das Medizinrad‹, einem Buch des Goldmann-Verlages über indianische Astrologie, das sich damals sehr gut verkaufte. Dreihundert Zuschauer füllten den städtischen *Breuersaal* bis auf den letzten Platz und brachten dem Wendekreis, wenn ich mich recht entsinne, Einnahmen von dreitausend Mark. Was Sun Bear im Detail erzählte, weiß ich nicht mehr, es ging auf jeden Fall um das überlieferte Wissen und die gegenwärtigen Leiden der indigenen Völker Nordamerikas. Woran ich mich allerdings gut erinnere, ist die Tatsache, dass Sun Bear bei Astrid und mir auf der Gästematratze im Wohnzimmer übernachtet hat – allerdings nicht allein! Er hatte sich nach der Veranstaltung mit einer hinreißend schönen jungen Maid zusammengetan, und als diese sich beim Zubettgehen grazil und zärtlich an ihn schmiegte, war ich neidisch auf ihn. Am Morgen danach verriet mir Sun Bear mit gespielt missmutigem Gesichtsausdruck: I am so sad, she didn't want to make love with me.

Neben den wöchentlichen Treffen der *Pfadgruppe* und des *Wendekreises* stellten auch die *Sufigruppe* und der Sufi-Orden einen Hauptstrang meiner kontinuierlichen Aktivitäten dar. Nachdem ich im Juli 1986, wenige Tage nach meinem vierzigsten Geburtstag, von Pir Villayat zum Gruppenleiter ernannt worden war und den Namen *Hilarion* (der Heitere) verliehen bekommen hatte, deklarierte ich kurzerhand meine Singegruppe in eine Sufigruppe um, die sich in den organisatorischen Rahmen des *Internationalen Sufi-Ordens* einfügte. Allerdings wichen die von mir vermittelten Inhalte von dem ab, was sich Pir Vilayat als Ordensoberhaupt unter Lehre und spiritueller Praxis vorstellte; meine Begeisterung galt in erster Linie den traditionellen Tänzen und Gesängen nahöstlicher Sufi-Richtungen. Das führte dazu, dass sich die Gruppe nach zwei Jahren spaltete.

Die eigentliche Sufigruppe übernahm der Diplompsychologe Ralph E., der sie ganz im Sinne des Sufi-Ordens weiterführte, während ein Teil der Gruppe unter meiner Leitung eine andere Richtung einschlug. Ausschlaggebend dafür war die Begegnung mit *Sheikh Mustafa,* einem in Berlin lebenden Repräsentanten des türkischen Sufi-Ordens der *Kadiri.* Als dieser relativ kleine Mann – er wirkte in seinem weißen orientalischen Gewand, das bärtige Haupt von einem gewaltigen Turban gekrönt, ein wenig wie eine Witzfigur – eines Donnerstagabends in meiner Gruppe auftauchte, war ich zunächst nicht begeistert von seinem Vorschlag, uns den *Dhikr* zu lehren, so wie ihn die Derwische im Vorderen Orient seit Jahrhunderten ausüben, aber man könnte es ja mal ausprobieren.

Der *Dhikr* findet in einem vollkommen verdunkelten Raum statt. Die Teilnehmer und Teilnehmerinnen (in muslimischen Ländern nehmen nur Männer daran teil) stehen im Kreis, und der Leiter eröffnet das Ritual mit der Rezitation der *Fatiha,* der ersten Sure des Korans. Danach skandieren alle unisono zum Rhythmus einer Trommel eine lange Reihe von Anrufungen und mantrischen Gesängen in vielfachen Wiederholungen, wobei sie ihre Körper monoton hin und her schwingen lassen. Die Gesänge und Bewegungen werden im Laufe des zwei bis vier Stunden dauernden Rituals kontinuierlich dynamischer, und die Teilnehmer geraten in Trance, bis im Idealfall ihr individuelles Bewusstsein ausgelöscht ist, und spirituelle Verzückung sie mit dem göttlichen Geist in Verbindung bringt. Einer der Teilnehmer, Bernd R., von dem noch die Rede sein wird, hatte dabei wiederholt Visionen von strahlenden geistigen Wesenheiten. In unserer Gruppe dauerte der Dhikr in der Regel nicht länger als zwei Stunden. Danach saßen wir mindestens eine halbe Stunde lang in Licht und Liebe gebadet schweigend im Kreis. Sheikh Mustafa lehrte mich den Dhikr und übertrug mir die Autorisation, das machtvolle Ritual allwöchentlich am Donnerstagabend, dem Tag vor dem islamischen Sonntag, anzuleiten. Aber auch diese Variante meiner *Sufi-Singe-Dhikr-Gruppe* fand nach zwei Jahren ein Ende, als ich Elke kennenlernte, die mich bewog, mit mir eine mehr künstlerisch ausgerichtete Gesangsgruppe aufzubauen. Die Dhikr-Gruppe übernahm Bernd R., der einige Jahre später zum Islam konvertierte und ein Sufi-Zentrum in Wuppertal aufbaute, in dem noch heute der Dhikr, so wie ihn Sheikh Mustafa gelehrt hatte, praktiziert wird.

An Pir Vilayats Meditationscamps in den französischen Alpen nahm ich bis 1989 in jedem Sommer teil. Schon 1984 hatte ich den Bücherverkauf im Camp übernommen und wurde dabei von Astrid praktisch unterstützt. Mein Interesse an anderen Sufi-Richtungen verschlug mich im Herbst 1987 auf ein Seminar mit *Reshad Feild,* das unter dem Titel *Lebensschule* in alpiner Umgebung irgendwo in der Schweiz stattfand. Reshad war mit seinem Buch *Ich ging den Weg des Derwisch,* das seine höchst inspirierende Begegnung mit einem spirituellen Lehrer aus der Türkei schildert, einige Jahre zuvor bekannt geworden und war in mehrere Sufi-Orden eingeweiht. Er sah seine Berufung darin, den Menschen zu dienen, die sich auf die Suche nach ihrer *wahren Bestimmung* gemacht hatten. Zu seinem Team gehörte auch ein Angehöriger des *Mevlevi-Ordens,* der den von *Mevlana Jelaluddin Rumi* im 13. Jahrhundert in *Konya* kreierten *Derwischtanz* (*Whirling*) lehrte, den ich später zu einem Bestandteil meiner eigenen Sufi-Workshops machte.

Ich erinnere mich nicht mehr an Einzelheiten dessen, was Sheikh Reshad den zirka sechzig TeilnehmerInnen in seiner humorvollen Art mit viel psychologischem Einfühlungsvermögen vermittelt hat. Ich weiß nur noch, dass darunter viele Atemtechniken und Visualisierungsübungen waren, von der Art wie diese: *Betrachte einen Baum drei Minuten lang, und dann lasse den Baum dich betrachten.*

Ein Ereignis leuchtet aus meinen verblassten Erinnerungen hervor: Wir saßen im Freien auf Stühlen, und Sheikh Reshad saß uns gegenüber auf einem Podest. Ich war vielleicht zehn Meter von ihm entfernt, konnte aber seiner Rede kaum folgen, denn ich befand mich mal wieder in einem seelischen Loch – das Übliche! – mich plagten heftige Selbstzweifel angesichts der hohen Ansprüche eines spirituellen Lebens und meiner Unzulänglichkeit und Schwäche. Ich muss wohl ein Gesicht gemacht haben wie zehn Tage Regenwetter, denn Reshad sagte während seines Vortrages unvermittelt auf Englisch zu mir: *Auch du wirst geliebt!* – worauf ich augenblicklich in heftiges Schluchzen ausbrach. Zu den anderen gewandt fügte er hinzu: Gebt dem Mann mit dem Käppi all eure Liebe, er wird in fünf Stunden sterben. – Und wieder zu mir gewandt: Danke, dass du gekommen bist. – Als ich mich ein wenig beruhigt hatte, setzte Reshad seinen Vortrag fort. Ich aber fragte mich, was das heißen sollte, er stirbt in fünf Stunden?! Mir war bekannt, dass die Sufis vom *Sterben vor dem Sterben* sprechen und damit die spirituelle Transformation meinen, die erst geschehen kann, wenn wir die alte Identität komplett aufgeben – wie eine Raupe, die sterben muss, um zum Schmetterling zu werden.

Als Reshad seinen Vortrag beendet hatte und wir Zuhörer uns erhoben, kam eine Frau, nein, eine Dame!, in einem fliederfarbenen langen Kleid mit einem vielsagenden Lächeln im dezent geschminkten Gesicht auf mich zu und umarmte mich mit den Worten: Ich kann dich gut verstehen, mir geht es auch oft so wie dir. – Und sie flötete mit Schweizer Akzent, was für ein toller Mann ich doch sei und so weiter. Ich erfuhr, dass sie Nina hieß und Inhaberin einer Mode-Boutique in Luzern war. Wir verabredeten uns zu einem Spaziergang nach dem Mittagessen. Um es kurz zu machen, am späteren Nachmittag krochen wir, von vielen Umarmungen und Küssen während des Spaziergangs angeregt und erhitzt, in ihr Zelt, wo ich alsbald violette Schamlippen küsste und mich seelisch und körperlich obenauf fühlte. Nina gab sich dem Liebesakt mit unschuldigem Erstaunen vorbehaltlos hin, es war das erste Mal seit fünf Jahren, dass sie mit einem Mann schlief. Tat sie es, weil Reshad gesagt hatte, gebt dem Mann mit dem Käppi all eure Liebe?! Ich glaube eher, sie war auf eine naive Weise in mich verliebt. Und ich in sie. Als ich am Ende tief befriedigt an ihrem verschwitzten Busen ruhte, musste ich grinsen bei dem Gedanken, dass Reshad vielleicht diesen *kleinen Tod* gemeint hatte, als er sagte: Er stirbt in fünf Stunden.

Gut gemacht, Hilarion, drei von sieben *Strängen* forsch abgehandelt, bleiben noch der *Buchladen*, aber der hat ein Extrakapitel verdient, ebenso wie die *Buddhisten*. – Zunächst möchte ich einige Aspekte meiner Lebensabschnittspartnerschaft mit *Astrid* und im Zusammenhang damit die Problematik meines *Frauenkonsums* im Allgemeinen zur Sprache bringen. Eine kuriose Besonderheit unserer Verbindung bestand darin, dass Astrid und ich den gleichen Nachnamen haben, und es gab viele weitere Gemeinsamkeiten. Astrid mangelte es wie mir an einem gesunden Selbstwertgefühl, nur versuchte sie nicht, dieses Defizit mit Größenwahn zu kompensieren, sondern neigte dazu, in Depression zu verfallen. Die Liebe und das Verständnis füreinander, insbesondere, wenn es einem von uns gerade schlecht ging, war für beide lebenswichtig. Manchmal ließen wir uns aber auch gemeinsam mit Alkohol vollaufen, um den seelischen Schmerz zu betäuben und den inneren Druck zu vermindern, der darin bestand, besser sein zu wollen als wir waren. Astrid schloss sich nach einigem Zögern der *Pfadgruppe* an und war sporadisch im *Wendekreis* dabei. Die Sufigruppe mied sie, nicht zuletzt, weil dort zwei Frauen mitmachten, auf die sie mit Recht eifersüchtig war. In der ersten Zeit haben wir des Öfteren gemeinsam meditiert, gesungen und gemalt und mit einem befreundeten Paar Doppelkopf gespielt. Bei besonderen Anlässen waren wir beide in Weiß gekleidet und erweckten bei vielen den Eindruck, ein Traumpaar zu sein.

Aus unseren gemeinsamen Urlauben sticht eine vierwöchige Ägyptenreise hervor, die uns unvergessliche Eindrücke bescherte: der Besuch altehrwürdiger Moscheen in der brodelnden Metropole Kairo; vier Tage mit einer Feluke auf dem Nil inklusive eines Bades im tiefblauen Wasser und der Konfrontation mit einem mittelschweren Sandsturm; Schnorcheln im Roten Meer; Fahrten durch faszinierende Wüstenlandschaften; die Besichtigung der Tempel, Gräber und Pyramiden des Alten Ägyptens und das Erlebnis des Sonnenuntergangs auf dem Moses-Berg auf der Halbinsel Sinai, umgeben von einer Traumlandschaft zweitausend Meter hoch aufragender Felszinnen. In Luxor nahm ich bis Mitternacht an einem *Sema* teil, einem religiösen Trancetanz-Ritual, bei dem ungefähr zweihundert in weiß gekleidete Männer auf einem überdachten Platz im Zentrum der Stadt, angefeuert von einem Sheikh am Mikrofon, zu scheppernder Lautsprechermusik ihre Körper ekstatisch hin und her schwingen ließen. – Doch das Größte war der Aufenthalt in der Königskammer der *Cheops-Pyramide*. Astrid und ich wurden kurz vor Toresschluss eingelassen, quetschten uns in den aufsteigenden engen Gängen an der absteigenden Touristenschlange vorbei und gelangten ins Zentrum der Pyramide, die königliche Grabkammer. In dem schwach erleuchteten, von gewaltigen Steinquadern begrenzten, bis auf die Reste des steinernen Sarkophags leeren Raum konnten wir eine Viertelstunde lang ungestört die hohe Konzentration kosmischer Energie auf uns wirken lassen. Als ich mit tiefer Stimme den Vokal A ertönen ließ, potenzierte sich der Klang zu einem ohrenbetäubenden Dröhnen, das die Luft vibrieren ließ und Astrid und mich physisch durchdrang. Die Pyramidenenergie war so stark, dass mir beim Versuch, mit geschlossenen Augen zu meditieren, sofort schwindelig wurde.

Ich möchte noch kurz von unserer Toskana-Reise in meinem *Kasten-R4* erzählen, auf der wir das Glück hatten, einen menschenleeren kleinen Sandstrand am Nordufer des *Bolsenasees*, achtzig Kilometer nördlich von Rom, zu finden, an dem wir eine Woche lang campierten. Alles war perfekt: Ein Baum spendete Schatten, das Wasser des Sees war zum Schwimmen und abgekocht zum Trinken bestens geeignet, Feuerholz lag herum, auf einem benachbarten Feld wuchsen reife Maiskolben und Tomaten, und wir fühlten uns wie im Paradies. Von diesem Platz aus besuchten wir die prunkvollen toskanischen Städte im Umkreis: San Gimignano, Orvieto, Montepulciano, Siena und Florenz.

Im Jahr darauf reiste ich erneut in die Toskana, diesmal ohne Astrid, um an einem *Feldenkrais*-Workshop teilzunehmen, der in einer alten Villa inmitten von Weinbergen stattfand. Auf dem Gelände stand ein Tipi, in dem eine junge Schweizerin campierte, die *Tipi-Maria*, eine braungebrannte Schönheit mit Rastazöpfen, die, nur mit einem Lendenschurz bekleidet, zeitweise in der Küche aushalf und ansonsten ohne Verpflichtung und Ziel in den Tag hinein lebte. Wir freundeten uns an, und ich konnte das selbstbewusste Naturkind nach dem Ende des Seminars dazu gewinnen, mit mir in meinem zum Mini-Reisemobil ausgebauten VW-Caddy eine Woche lang in der Gegend herum zu vagabundieren. Wie gerne erinnere ich mich an diese Tage voller Sonne, Natur, Poesie, Erotik und Müßiggang – und auch ein wenig *sightseeing* auf den Spuren des Franz von Assisi und der Heiligen Klara. Ich sehe noch das Bild vor mir, wie wir in Hippie-Kleidung im Schatten einer mittelalterlichen Kirche in Assisi auf einem Mäuerchen Platz genommen haben – Tipi-Maria sitzend und ich auf dem Rücken liegend mit dem Kopf auf ihrem Schoß – und von vorbeiströmenden Touristen angeglotzt werden, als ob wir Schauspieler wären – und waren wir das nicht?!

Ich habe von dieser wildromantischen Episode auch erzählt, weil sie sich in eine lange Reihe von Seitensprüngen meinerseits einfügt, die Astrid ertragen musste. Am Anfang unserer Beziehung hatte ich ihr erklärt, dass sie sexuelle Treue von mir nicht erwarten dürfe, und ihr meine Einstellung im Bezug auf *freie Liebe* und *offene Zweierbeziehung* nahe zu bringen versucht, die selbstverständlich auch ihr *sexuelle Freizügigkeit* zubilligte. Astrid hatte sich darauf eingelassen, weil sie die Beziehung mit mir wollte. Erst viele Jahre nach dem Ende unserer gemeinsamen Zeit hat sie mich wissen lassen, wie sehr sie unter meinem Fremdgehen gelitten hat, und dass sie nicht dagegen angekämpft hat, weil sie glaubte, mich sonst zu verlieren. Sie hat mich also nicht vor die Alternative gestellt wie später

Elke: ich oder die anderen. Wie hätte ich reagiert? Ich weiß es nicht. Im Herzen war ich Astrid treu, und das ist, glaube ich, bei ihr angekommen.

Warum brauchte ich die anderen Frauen? Ich war nicht mehr in der misslichen Lage wie auf dem Höhepunkt meiner Lebenskrise, als ich in existentieller Not, ohne Arbeit und ohne feste Partnerin ständig zwanghaft auf der Suche nach flüchtigen Liebschaften war, die mir vorübergehend Halt und Nähe geben sollten. Als Inhaber einer trendigen Esoterik-Buchhandlung brauchte ich mich um Gelegenheiten zu einem erbaulichen Liebesabenteuer nicht mehr zu bemühen, sondern wurde von verlockenden Angeboten geradezu überhäuft. – Ist es nicht ein kleines Wunder, dass sich zwei Menschen, die sich kaum kennen, in spontaner Verliebtheit füreinander öffnen, im Liebesspiel Wonne und Glückseligkeit erleben und sich danach ohne Komplikation wieder trennen können?! – Sollte ich all diese beglückenden Geschenke des Schicksals zurückweisen? Bestätigte nicht der Umstand, dass sich so viele Frauen in mich verliebten, meinen Sonderstatus, auf den ich immer großen Wert gelegt hatte?

Mit mehr als zweihundert Frauen geschlafen zu haben ist kein Alleinstellungsmerkmal, ich kenne Männer, die ein Mehrfaches an Sexpartnerinnen hatten. Aber auf Quantität und bloße Triebbefriedigung kam es mir nicht an; meine erotischen Abenteuer hatten nichts mit Sextourismus, Prostitution, Swingerclubs, Kontaktanzeigen oder Dating-Portalen zu tun. Sie waren zum großen Teil ganzheitliche Erlebnisse romantischer Liebe, wie sie Otto Normalverbraucher vielleicht drei- oder viermal im Leben zu Teil werden.

Vom heutigen Standpunkt aus betrachte ich mein angemaßtes Ehrenamt als Herzensbrecher, Schürzenjäger, Weiberheld, Womanizer, Don Juan und *Hansdampf in allen Gassen* weniger mit Stolz und Genugtuung als mit Scham und Selbstkritik. Ganz abgesehen vom Suchtaspekt habe ich mir mit meiner sexuellen Libertinage ein hohes Maß an individueller Freiheit herausgenommen, ohne ein adäquates Maß an sozialer Verantwortung zu übernehmen, nicht nur im Hinblick auf meine Beziehungspartnerin Astrid, sondern auch auf einige der anderen Frauen, die zum Opfer meines Faibles für amouröse Abenteuer geworden sind. Es geschah nicht selten, dass eine Frau sich von mir *angezogen* und alsbald *ausgezogen* fühlte, obwohl sie mich doch nur näher kennenlernen und mir zwischenmenschlich verbunden sein wollte. Ich hatte die infantil-narzisstische Einstellung, über den Körper einer Frau, die in mich verliebt war, verfügen zu können. Auf diese Weise habe ich die ein oder andere temporäre Gespielin gebraucht und wieder fallen gelassen. Das klingt nach miesem Machogehabe, und das war es auch! Als mir das später in aller Deutlichkeit bewusst wurde, habe ich die Betroffenen innerlich um Verzeihung gebeten. Und eines kommt noch hinzu: Ich war nur ein mittelmäßiger Liebhaber; fragt mich nicht, wie viele der Frauen, mit denen ich zusammen war, ich *glücklich gemacht* habe, und wie viele sexuell unbefriedigt blieben. – Ein Plus hatte ich allerdings, ich habe meinen Gelegenheitspartnerinnen immer das Gefühl vermittelt, sie nicht nur des Sexes wegen zu achten und zu lieben. Oder bilde ich mir das bloß ein? Letztlich hat meine Verherrlichung der jeweiligen Gespielin wiederum mein Ego genährt, denn je liebenswerter sie mir erschien, desto stolzer war ich, sie *gekriegt* zu haben. – Aber, auch das soll noch gesagt werden, wie oft habe ich sie nicht gekriegt; wie viele von mir heiß begehrte Frauen habe ich vergeblich umworben, bezirzt, bedrängt und rumzukriegen versucht. Im Wechselspiel von Lust und Frust war ich öfter Verlierer als Gewinner.

Ungezügelt jede sich bietende Gelegenheit zur Promiskuität auszunutzen, erscheint mir heute maßlos und inakzeptabel, insbesondere im Rahmen einer festen Partnerschaft. Aber wie kann ein ethisch vertretbares und für die Beteiligten wünschenswertes Maß definiert werden? Monogamie in einer lebenslangen Bindung, wie es immer noch als Norm angesehen wird, kann nicht die Lösung sein, das beweisen die zahllosen real existierenden Seitensprünge und heimlichen Liebschaften, die bedauerlicherweise häufig noch vom hintergangenen Partner mit Trennung geahndet werden; oder auch die Tatsache, dass in vielen Partnerbeziehungen in punkto Sex *tote Hose* herrscht. Die Frage ist, wie kann ein Sowohl-als-auch von fester Zweierbeziehung und sexueller Freizügigkeit gelebt werden, ohne dass einer der Partner allzu sehr darunter leidet? Ob ein Umdenken und Umgewöhnen ausreicht, um das Gespenst der Eifersucht zu entmachten? Das muss jedes Paar für sich selber herausfinden. Was Astrid betrifft, sie hat mich in den letzten Jahren der Beziehung sogar zu Seitensprüngen ermuntert, weil sie selber nicht mehr viel Freude am Sex mit mir empfand. Doch wenn sie, was nicht oft vorkam, eine Affäre mit einem anderen Mann hatte, wurde ich durchaus von Eifersucht geplagt; aber ich sah darin den Preis der Freiheit und wusste, Eifersucht geht vorüber, so wie ein Schnupfen vorüber geht.

Doch lasst mich nach dieser trockenen Abhandlung über meine sexuellen Irrungen und Wirrungen noch von ein paar erheiternden Bettgeschichten erzählen. Einmal hatte ich auf eine Partnerschaftsanzeige hin ein Date mit einer sehr hübschen brünetten Klangschalen-Masseurin. Ich besuchte sie in ihrem Häuschen im Westerwald, wo wir gar bald in ihrem französischen Bett landeten. Wir waren gerade gut in Schwung gekommen, das Bettgestell quietschte vergnügt, bis es plötzlich mit einem gewaltigen Bumms zusammenkrachte. Blubb! Dieses Missgeschick hielt uns nicht davon ab, einen halben Meter tiefer auf schräger Matratze unseren Zweikampf mit verringertem Elan wieder aufzunehmen, aber es wollte uns nicht mehr so recht gelingen. – Im Übrigen sahen wir uns nie wieder, denn meine liebreizende Gastgeberin hatte sich ein paar Tage zuvor in einen anderen Beziehungsaspiranten verliebt.

Ein andermal, beim intimen Zusammensein mit der Freundin eines Freundes, einer leicht molligen, leicht dümmlichen und leicht nymphomanen Schuhverkäuferin bei Karstadt, passierte Folgendes: Während des Vorspiels hatte ich mein Unterhemd über ihre mich blendende Nachttischlampe gelegt, um das grelle Licht zu dämpfen, und im blinden Eifer des Gefechts entging unseren Sinnen, wie das Baumwollgewebe zu glimmen begann. Erst als wir auf den Höhepunkt zu galoppierten, wurden wir des beißenden Geruchs gewahr und erschraken vor der fetten gräulichen Rauchwolke, die den oberen Teil des Zimmers ausfüllte. Blubb. – Schnell, Wasser! – O, wir waren so gut in Fahrt gewesen! – Doch als der Schwelbrand gelöscht war, war auch unser Feuer erloschen.

Irgendwann in den Neunziger Jahren traf ich mich eines Abends mit einer esoterisch ziemlich überdrehten Dame in Dortmund zu einem erotischen Stelldichein. Wir rauchten zur Einstimmung ein starkes Gras und kamen danach unverzüglich zur Sache. Bei der Penetration von hinten geriet ich irrtümlich in die falsche Öffnung – und bemerkte es nicht. Sie dagegen merkte es natürlich und fand es *scheiße*. Sie sagte es mir aber nicht. Erst als ich kurz vor dem Höhepunkt war, entzog sie sich mit einem Ruck – Blubb – und schrie mich an: Du Arschloch, du denkst nur an dich!

Mit meinen festen Partnerinnen und der einen oder anderen Langzeitgeliebten habe ich auch gerne mal in der freien Natur der sexuellen Leidenschaft gefrönt. So geschehen an einem heißen Frühlingsnachmittag, als meine Partnerin und ich beim Sonntagsspaziergang über die Hunsrückhöhen zwischen jungen Eichen und Birken ein lauschiges Plätzchen mit Blick auf den Rhein als Liebeslager auserkoren hatten. Während unserer Umarmung unter den strahlenden Augen der Junisonne vergaßen wir die Welt um uns herum. Da kam plötzlich ein großer brauner Jagdhund angehechelt und begann ungeniert an unseren verschwitzten Leibern herumzuschnüffeln. Wir waren vor Schreck erstarrt und trauten uns nicht, mit unseren Bewegungen fortzufahren oder irgendwie unsere Blöße zu bedecken, bis nach ein oder zwei langen Minuten eine männliche Stimme dem Tier den Rückzug befahl. Auch für uns war danach Rückzug angesagt. Blubb. Diesen Coitus interruptus werde ich auch noch aus einem anderen Grund niemals vergessen, denn als wir uns aufrappelten, entdeckten wir, dass wir uns nicht nur einige Zecken und Ameisenbisse eingehandelt hatten, sondern auch noch eine besondere Art von Erdmilben, die uns noch wochenlang mit stark juckenden Pusteln beglückten.

In meinem abenteuerlichen Liebesleben gab es noch weitaus krassere unliebsame Überraschungen und sexualtechnische Entgleisungen, aber darüber schweigt des Sängers Höflichkeit.

Buddhas Erben

Kehren wir zurück in die Wohngemeinschaft Wittensteinstraße 173. Meine Mitbewohner, Anhänger des tibetischen Buddhismus, hatten im größten Zimmer die *Gompa*, den Ritual- und Übungsraum, eingerichtet. Deutlich erkennbar zeigte sich der sakrale Zweck des Raumes in einigen Gebetsfahnen und *Thangkas* (so etwas wie Heiligenbilder) an der Stirnwand, wo sich auch der *Heilige Schrein* befand, ein alter rotgestrichener Küchenschrank mit Ober- und Unterteil, so zurechtgebastelt, dass eine Unmenge von kultischen Utensilien darauf Platz fanden: Fotos vom Dalai Lama und vom Karmapa, in goldschimmernden Brokat gehüllte tibetische Texte, eine Gebetskette aus Yakknochen, Buddhafiguren, Butterlampen, Gebetsmühlen, Räucherstäbchenhalter, Ritualgegenstände wie Dorje, Glöckchen, Handtrommel und Muschelhorn; und dazu die Opfergaben für die geistigen Beschützer und die Hungergeister: eine Schale Reis, ein Glas Wasser, zwei Schokoeier, Rosinen und Nüsse und ein Gläschen Doppelkorn.

Von den handgemalten Thangkas an den Wänden und postkartengroßen Abbildungen auf dem Schrein blicken den Betrachter respekteinflößende Repräsentanten des vielgestaltigen Pantheons der buddhistischen Götter- und Geisterwelt an. Schutzgottheiten wie die barbusige grüne Tara, *Arya Tara*, die Mutter aller Buddhas, im Diamantsitz auf einer Lotusblüte thronend; zähnefletschende Dämonen in grellen Farben, halb Tier halb Mensch, mit zornigen Augen und scharfen Krallen; oder die rote Dakini – Himmelstänzerin und Verkörperung weiblicher Weisheitsenergie – in einem Flammenkranz, mit einer Krone aus Totenköpfen, in der einen Hand eine Schädelschale gefüllt mit Blut und in der anderen einen gebogenen Dolch. – Über allem schwebt unsichtbar das am häufigsten rezitierte buddhistische Mantra, das Mantra des Mitgefühls, *om mani peme hung* – mögen alle Wesen glücklich sein!

Auf dem Dielenfußboden der Gompa wurden die *Niederwerfungen* verrichtet, die all jenen auferlegt sind, die auf dem *Dharma*-Pfad, dessen finales Ziel das geistige Erwachen ist, weiterkommen möchten. Auf mehrere Jahre verteilt einhunderttausendmal folgende Prozedur: aus dem Stand auf die Knie gehen, Oberkörper vorbeugen, die Hände aufsetzen und dann auf den traditionell von Holzblöcken, alternativ von Hausschuhen oder Handschuhen, geschützten Händen nach vorne gleiten, bis der

Körper in voller Länge ausgestreckt liegt; dann zurück in den Stand und das Ganze wieder von vorn. Diese Übung soll den freien Fluss der feinstofflichen Energien im Körper fördern und schlechtes Karma abbauen. Detlef, Andreas und Geli zwangen sich fast täglich zu fünfzig oder mehr Niederwerfungen. Als Mitglied der Wohngemeinschaft erlernte auch ich einige buddhistische Basisübungen, die mir für meine eigene spirituelle Weiterentwicklung nützlich schienen, etwa die *Shine*-Meditation, die dabei hilft, störende Gedanken zu vermeiden, indem man den Fokus der Aufmerksamkeit auf die Ränder der Nasenlöcher richtet und den ein- und ausströmenden Atem beobachtet.

Das Wohngemeinschaftsleben bestand natürlich nicht nur aus spiritueller Praxis und Gesprächen über Buddhismus am Frühstückstisch, sondern auch aus profanen Angelegenheiten. Detlef legte großen Wert darauf, dass die Gemeinschaftsräume wie Küche, Diele, Toilette, Dusche und Gompa immer schön ordentlich und sauber gehalten wurden. Ich sah das wohl nicht ganz so eng und bin von ihm einmal heftig zurechtgewiesen worden. Es folgte ein schriftlicher Disput auf der für Einkaufslisten und ähnliches gedachten Schultafel in der Küche. Mit Kreide auf grünem Untergrund stand da: *Detlef, Dein kleinkarierter Ordnungswahn in Verbindung mit schulmeisterlicher Überheblichkeit macht mich sauer! H.* – Und kurze Zeit später stand darunter: *Helmut, Deine Schlamperei in Verbindung mit kleinkindhaftem Trotz löst bei mir dasselbe aus! D.* – Im Allgemeinen bemühten sich meine MitbewohnerInnen aus buddhistischer Überzeugung, den Herausforderungen des Alltagslebens mit Verständnis, Gelassenheit und Humor zu begegnen; ein häufig gebrauchter Spruch in der WG war: *Wat dem einen sein Karma, ist dem andern sein Drama.* Bald stand als Ergebnis unserer Zwistigkeit auf der Tafel in der Küche: Beenden wir den dummen Stunk mit baldigem Versöhnungstrunk!

Ungefähr zur Halbzeit meiner drei Jahre in der *Witte* tauchte eine Frau bei uns auf, von der ich zunächst nur erfuhr, dass sie ebenfalls Buddhistin war und Nonne werden wollte. Sie zog für ein paar Monate in ein Zimmerchen unterm Dach, von dessen Existenz ich vorher gar nichts gewusst hatte. Da es dort keine Küche gab, kam sie öfter, zumeist wenn die anderen abwesend waren, in die Küche auf unserer Etage, um sich eine spartanische Mahlzeit zuzubereiten. Petra war Mitte zwanzig, hatte ein etwas kantiges Gesicht mit hohen Wangenknochen, und ihre graublauen Augen strahlten seltsam vergeistigt. Die strohblonden Haare waren zu einem kräftigen Zopf geflochten, der ihr bis zum Hintern reichte. Sie trug meistens Rock und Bluse, bewegte sich mit einer natürlichen Anmut, die an *die Unschuld vom Lande* erinnerte (sie war tatsächlich in einer Bauernfamilie aufgewachsen) und wirkte unprätentiös und introvertiert. Ich war von ihrer geheimnisvollen Ausstrahlung wie verzaubert, ebenso von dem warmen Timbre ihrer Altstimme und dem leichten Geruch nach Schweiß und Mottenkugeln, der von ihrer Kleidung ausging. Wenn wir uns begegneten, sprach sie mich selten an, antwortete aber freundlich auf meine Fragen, die sich meistens auf banale Dinge bezogen, denn ich hatte eine unwillkürliche Scheu, tiefer in sie zu dringen, weil ich meinen Wunsch, ihr näher zu kommen, vor ihr verbergen wollte. Ich machte mir keine Hoffnungen auf eine Liebschaft mit ihr, zumal selbst Bernhard K., ein Tai Chi-Lehrer und geistiger Mentor unter den Buddhisten, bei ihr abgeblitzt war. – Petra musste wohl gespürt haben, dass ich sie mochte und insgeheim auch begehrte, denn sie sagte einmal unvermittelt zu mir, verliebe dich nicht in mich.

An einem Spätsommerwochenende 1985 ist Lama Ole wieder einmal in Wuppertal im provisorischen Buddhistischen Zentrum in der Wittensteinstraße zu Gast, um Vorträge zu halten, Einweihungen zu geben und mit seinen Anhängern eine *Puja* zu zelebrieren. Er sitzt im Lotussitz auf einem Podest an der Stirnseite der Gompa: ein Lama in schwarzem T-Shirt, mit athletischem Körperbau, Stoppelhaarschnitt und der lässigen Haltung eines siegesgewissen Westernhelden. Er beginnt seine Belehrungen mit einem kurzen Verweis auf das *Anfängerbewusstsein*, das darauf abzielt, allen Erscheinungen der Wirklichkeit so zu begegnen, als wäre es das erste Mal, ohne Vorurteile, Ängste und Erwartungen. Dann ist die Rede vom *Mittleren Weg*, der Kunst, Gegensätze als untrennbare Einheit wahrzunehmen und die ausgleichende Haltung des Sowohl-als-auch zu entwickeln, anstatt eine Seite der Dualität auszugrenzen, weil man sie nicht wahrhaben will. Im Anschluss daran umreißt Ole die Thematik von *Karma* (Ursache-Wirkungs-Prinzip) und *Wiedergeburt* und spricht von der Beendigung des Leidens durch das *Geistige Erwachen*. Nach buddhistischer Auffassung ist die wahre Natur des Geistes pures Glück. Wir Menschen aber streben nach dem relativen Glück, das von der Erfüllung unserer Wünsche abhängt und stets mit der Kehrseite der

Münze, der Enttäuschung und dem Leiden verbunden ist. Oles Vortrag erwähnt auch das *Tibetische Totenbuch* mit seinen Lehren über den *Bardo-*Zustand, das Zwischenreich, in das die Seele nach dem Tod gelangt. Im Weiteren lenkt er die Aufmerksamkeit auf einige erleuchtete Meister, hohe Lamas, Yogis und Tulkus; insbesondere auf den großen Weisheitslehrer *Milarepa*, den Ur-Yogi von Tibet, und den hoch verehrten *Guru Rinpoche*, auch *Padmasambhava*, der vor mehr als tausend Jahren den Buddhismus nach Tibet gebracht und mit seiner tantrischen Begleiterin *Yeshe Tsogyal* viele Jahre in einer als *Kristall-Lotus-Höhle* bezeichneten Einsiedelei im Himalaya meditiert hat.

In meiner Fantasie spricht Lama Ole auch von dem großen *Fest der Vereinigung von Yum und Yab*, dem tantrischen Liebesakt. Ähnlich dem sechsten Dalai Lama vor langer Zeit liebt Ole die Verbindung mit dem weiblichen Geschlecht, und er knüpft zum Leidwesen seiner Gefährtin Hannah des Öfteren zarte Bande zu erotisch attraktiven Anhängerinnen, die sich höchstwahrscheinlich nur zu gerne zum *tantrischen Spiel* mit dem charismatischen *Beau* hinreißen lassen – obwohl der Buddha gelehrt hat, *vertreibe den Hunger des Verlangens mit der Meditation.*

Auch bei der *Puja*, dem Gebetsritual, bei dem alte tibetische Texte in gemeinschaftlichem Sprechgesang rezitiert werden, bin ich in der von Räucherstäbchenduft erfüllten Gompa als Zaungast anwesend, in der Hoffnung, von den spirituellen Schwingungen etwas abzubekommen. Ich habe auf meinem Meditationsschemel nahe der Tür Platz genommen, um den Raum diskret verlassen zu können, wenn mir langweilig wird. Aktiv beteiligt ist der engere Kreis der Adepten und natürlich Lama Ole, der mit der Handtrommel und der Glocke liturgische Akzente setzt. Schon nach wenigen Minuten des Lauschens auf die monotone Litanei falle ich in eine leichte Trance, bin aber geistig hellwach. Mein Blick gleitet über die Wand mit den Thangkas und bleibt bei dem *Mahakala* hängen, dem gezähmten schwarzen Dämon mit runden zornerfüllten Augen und gefletschten Zähnen. Welche Funktion und Bedeutung haben diese plakativen Darstellungen mythischer Wesen? Detlef meint, sie symbolisieren verschiedene Geisteszustände, Gefühle, Wünsche und so weiter, werden aber in der buddhistischen Volksfrömmigkeit als mythische Wesenheiten erlebt und angebetet. Mir kommen die *Siddhis* in den Sinn, die magischen Kräfte und Wundertaten vieler Yogis, Schamanen und Magier, über die Ole in seinem Vortrag gesprochen hat. In Tibet leben heute noch buddhistische Einsiedler jahrzehntelang in unbeheizten Höhlen hoch oben in den Bergen, nehmen sechs Reiskörner und ein paar Schluck Wasser in der Woche zu sich, trotzen in permanenter Meditationshaltung extremer Hitze und Kälte und schweben geistig in höheren Dimensionen. Einige haben die *Buddha-Natur* erlangt, und alle verfügen über enorme geistige Kräfte; Hellsehen, Gedankenübertragung oder die Erzeugung der *Inneren Hitze* sind für sie leichte Übungen. Im Alten Tibet soll es sogar Yogis gegeben haben, die fliegen konnten. In einem Dokumentarfilm wurde darüber berichtet, wie ein hoher Lama und Yogi im Prozess seines Sterbens seinen physischen Körper in Energie umgewandelt hat, nur Haare und Nägel blieben übrig.

Der Fluss meiner Gedanken eilt weiter zu indischen *Fakiren*, die beispielsweise in der Lage sind, sich die Zunge abzuschneiden und wieder anwachsen zu lassen. Die Wundertaten des Jesus von Nazareth gehören für mich ebenso in diesen Zusammenhang wie unerklärliche Spontanheilungen in der Gegenwart. In den Regalen meiner Buchhandlung stehen einige Dutzend Bücher, die sich mit Psi-Kräften, magischen Praktiken, Jenseitsbotschaften, überirdischen Erscheinungen und Wundern aller Art beschäftigen. Die darin beschriebenen Phänomene als übernatürlich zu bezeichnen ist irreführend. Johann Wolfgang von Goethe sagte: *Wunder geschehen nicht im Gegensatz zu den Naturgesetzen, sondern nur im Widerspruch zu dem, was uns über die Naturgesetze bekannt ist.*

Viele übersinnliche Erscheinungen sind durch die *Lebensenergie* erklärbar, das *Chi*, das nicht nur alles Lebendige, sondern auch das elektromagnetische Feld der Erde durchströmt. Diese Energie wird aber immer noch von vielen Biologen und Medizinern negiert, weil sie sich angeblich naturwissenschaftlich nicht belegen lässt (oder weil die Pharmaindustrie kein Geld damit machen kann?). Die Lebensenergie ist nur eines von vielen hochfrequenten Energiefeldern, die der *feinstofflichen* Sphäre zugeschrieben werden. Eine tiefergehende Beschäftigung mit unerklärlichen Phänomenen und spirituellen Kräften, das heißt mit dem immensen Potential des erweiterten menschlichen Bewusstseins, das viel mehr umfasst als die elektrochemischen Funktionen des Gehirns, könnte viele Fragen beantworten und Menschheitsprobleme lösen. Hatten nicht die Forschungsergebnisse der Quantenphysik, nach denen kleinste Teilchen sich zum Zeitpunkt ihrer Beobachtung paradoxerweise sowohl wie Materiepartikel als auch wie Energie verhalten, verdeutlicht, dass aus physikalischer Sicht eine essentielle Unterschiedlichkeit von Geist und Materie nicht besteht? Zumal wenn man bedenkt, dass die Forscher die Ergebnisse ihres Experimentes mit ihren eigenen Gedanken beeinflusst haben? Sind nicht geistige und materielle Welt zwei Aspekte ein und derselben alles umfassenden Wirklichkeit? Ist nicht die Welt ein einziges komplexes multidimensionales holistisches Energiefeld, in dem unendlich viele Informationen enthalten sind? Während mir derlei abgehobene Reflektionen im Kopf herumschwirren, vernehme ich plötzlich das gewisse unverwechselbare anschwellende Sirren unter der Schädeldecke, das den dahinplätschernden Sprechgesang der Puja allmählich übertönt. Ich öffne die Augen und erblicke an Oles Stelle die *Weiße Tara*. Aber nein, das Gesicht mit den Katzenaugen, das eine grün, das andere braun?! – es ist Luzi, Luzi Fair, im Schneidersitz auf einer Lotusblüte, die mir süffisant grinsend zuruft:

Schau an! Erkennen will er, *was die Welt im Innersten zusammenhält*.

Bevor sie auseinanderfällt!

Geschenkt! Nun spuck schon aus, was treibt dich um?

Es müsste doch mit dem Teufel zugehen, wenn man die Wunderkräfte, die übersinnlichen Erscheinungen, die Spiritualität, die Geisteswelt, das Jenseits und so weiter nicht rational, logisch und streng wissenschaftlich erklären könnte.

Dein kognitives Bemühen und deine zerebralen Schweißperlen in Ehren, doch zunächst einmal sage mir, *wie hältst du's mit der Religion?*

Pah, die Gretchenfrage – aus deinem Munde?! Also gut, wie soll ich es sagen, Religion, oder sagen wir der Glaube, ist eine von vielen Brücken zwischen Diesseits und Jenseits. Die Jenseitsvorstellungen der Religionen und Mythologien sind jedoch so unterschiedlich und disparat, dass ich annehme, jeder Mensch hat die seinem Bewusstseinsstand angemessene Vorstellung von der geistigen Welt.

Es gibt so viele Wege zu Gott, wie es Seelen gibt, das weiß jedes Kind!

Ich glaube, es gibt einen fließenden Übergang zwischen der geistigen und der materiellen Sphäre, einen Austausch von Informationen, einen Energietransfer. Wenn wir die Schwingungsfrequenz unseres Bewusstseins erhöhen, können wir mit anderen Dimensionen kommunizieren, zum Beispiel mit der nächsthöheren Stufe jenseits der gewöhnlichen Wahrnehmung, nämlich der *Astralwelt*, dem Reich der Krafttiere, Naturgeister, Elementarkräfte und Archetypen.

Und was ist mit Gott, wo hat der seinen Platz in deinem Weltsystem?

Mir widerstrebt die unter Christen verbreitete Auffassung eines Gottvaters, der uns Menschen nach seinem Bilde erschaffen hat und seine Hand wie eine treusorgende Mutter über uns hält. Ich sehe es eher umgekehrt, der Mensch hat Gott nach seinem Bilde erschaffen. Ein persönlicher Gott existiert, weil durch den Glauben, das heißt die geistige Energie von Abermilliarden Menschen, ein *morphogenetisches Feld* entstanden ist, mit dem unser Bewusstsein unter bestimmten Voraussetzungen in Beziehung treten kann. Mein Sufi-Lehrer sagte einmal, wenn wir Gott in unserem Herzen verehren, wird er zur Realität.

Also ist mein Boss für dich eine Fiktion?, eine Autosuggestion?, eine Illusion?, ein Placebo?!

Das Göttliche bezeichnet für mich die alldurchwaltende Energie der Liebe, die Schöpfungskraft, die Intelligenz des Universums, den *Großen Geist*, Ursache und Wirkung von allem, was existiert.

Und ich? Wer oder was bin ich in deinem wackeligen Theoriegebäude? Wahrscheinlich eine Hal-*Luzi*-nation?!

Du bist ein Teil von jener Kraft, die, frei nach Goethe …

… stets das Böse will und stets das Gute schafft – wie paradox!

Widersprüche, Gegensätze, Ambivalenzen, Polaritäten, Dichotomien, Paradoxien – das ist es, was ich am Buddhismus so liebe – werden im grenzenlosen Raum des Herzens in ein dialektisches Sowohl-als-auch aufgelöst.

Prothese, Antithese und Synthese?! Scherzkeks! Der Buddha hat kein dialektisches Weltbild im Hegelschen Sinne propagiert. Ähnlich dem Taoismus seines Zeitgenossen Laotse ist er über die *relative* Erkenntnis, in der unsere Wahrnehmung immer von der Perspektive abhängt, aus der wir etwas betrachten, hinaus gegangen. Er hat nach der *wahren* Erkenntnis jenseits aller Begrifflichkeit gesucht und in tiefer Meditation erkannt, dass …

… alles mit allem verbunden ist und sich ständig verändert. In jeder Einzelheit offenbart sich das Weltganze; der Geist der Schöpfung, der göttliche Atem, wenn du so willst, pulsiert in allem. Unser Bewusstsein erschafft unsere Realität …

… und unsere Realität unser Bewusstsein, wolltest du sagen. Dieser Sichtweise kann ich zustimmen, aber hattest du nicht eine naturwissenschaftliche Erklärung im Sinn?

Man muss sich nur mal vor Augen halten, dass in jedem Kubikmillimeter Raum auf Wellen unterschiedlicher Frequenzen unzählige Informationen reiten, die mit technischen Empfangsgeräten in Bilder und Töne umgesetzt werden können; nicht allein Radio und Fernsehen …

Wenn ich in die nahe Zukunft schaue, sehe ich Menschen aller Altersstufen und aller Hautfarben auf ein mit Mikroelektronik gespicktes Täfelchen starren und auf Knopfdruck weltweit kommunizieren, Spiele spielen, Musik hören, Filme anschauen und alle nur denkbaren Informationen abrufen, inklusive wohlfeiler Gebrauchsanweisungen für das reale Leben.

Das technologische Surrogat für zwischenmenschlichen Kontakt, Wissen, Fantasie, Intuition, Mitgefühl, Weisheit und Spiritualität.

Fastfood-Information. Bewusstseinsvermüllung anstelle von spiritueller Bewusstseinserweiterung.

Ich wollte eigentlich darauf hinaus, dass in den geistigen Sphären möglicherweise vergleichbare energetische Strukturen, allerdings auf höheren Schwingungsebenen existieren, die …

Das Jenseits ein Computer? Eine kosmische Datenbank? Gott und die Engel als Software? Vergiss deine pseudointellektuellen Spekulationen!

Ich möchte doch nur so viel verstehen, wie verstanden werden kann. Was meint Einstein, wenn er sagt, die Unterscheidung zwischen Vergangenheit und Zukunft ist eine Illusion? Der Buddha hat das so ähnlich ausgedrückt.

Es ist dein Ego, das verstehen will! Du willst mit dem Verstand erfassen, was jenseits des Verstandes liegt. Lies alle Bücher über Parapsychologie, Neurobiologie, Kosmologie, Existenzphilosophie oder Quantenphysik, du wirst das Wesen des Jenseits nicht erfassen. Einsteins Relativitätstheorie oder Heisenbergs Unschärferelation eröffnen dir nicht den Zugang zur Transzendenz. Das göttliche Geheimnis ist unergründlich, es sei denn, du bringst es fertig, dein Bewusstsein auf das göttliche Bewusstsein einzustimmen, doch dazu bedarf es des absolut klaren Geistes, wie die Buddhisten sagen, jenseits von Verstand und Ego – oder aber der Gnade, wie sie den Alten Mystikern zu Teil wurde.

Ich will ja gar nicht erleuchtet werden und auch keine übernatürlichen Kräfte entwickeln; die Bekanntschaft mit dem Jenseits mache ich im Tod noch früh genug. Ich möchte mir ein Weltverständnis zu eigen machen, das mir ermöglicht, in den Erscheinungsformen der relativen Wirklichkeit das Wesentliche, nenne es meinetwegen das Göttliche, hervorleuchten zu sehen. Das, was durchscheint, durch das, was erscheint, wie Pir Vilayat es ausdrückt. – Die Dinge sind nicht so, wie sie erscheinen.

Aber sie sind auch nicht anders! Es ist und bleibt paradox. Diesseits und Jenseits sind identisch, Leere und Fülle, Ordnung und Chaos ein und dasselbe! Die Frage ist die Antwort. Dein Lehrer Reshad Feild sagt, unser Verlangen nach Gott ist Gottes Verlangen nach uns.

Geist oder Materie? Sein oder Nicht-Sein? – Ich weiß, dass ich nichts weiß!

Was war zuerst da, die Henne oder das Ei?

Das Huhn schlüpft aus dem Ei, das Ei schlüpft aus dem Huhn, ja was denn nun?

Alles ist Schwingung, alles ist Energie – alle Atome des Universums tanzen in heller Ekstase.

Alles ist sowohl #$%§//#:::XXc+0o als auch X(Y33$)8m*##e!. Nichts Genaues weiß man nicht.

Wie wärs mit einem Spaziergang an der frischen Luft?

Kommst du mit? – Oh, du bist ja gar nicht mehr da …!

– – –

Ein paar Tage nach Lama Oles Besuch in der Wittensteinstraße fragte ich Petra, die von mir verehrte blondbezopfte Einsiedlerin im Obergeschoss, was ihr der Buddhismus bedeute, und warum sie Nonne werden wolle. Sie gab mir zur Antwort, an erster Stelle wolle sie mit Hilfe der Lehren und Übungen ihre psychische Struktur verändern, weg von Unbewusstheit und Zwanghaftigkeit, hin zu innerer Freiheit, Achtsamkeit, Liebe und Mitgefühl. Sie sehne sich nach dem Schutzraum der klösterlichen Gemeinschaft und freue sich auf das tägliche Geistestraining für eine über die Wirrnisse des *Samsara* erhabene Lebenseinstellung – jenseits von Habenwollen und Nicht-Habenwollen, jenseits von Furcht und Hoffnung. – Am Vortag ihrer Abreise zum *Drei-Jahres-Retreat* in einem buddhistischen Kloster in Südfrankreich trafen wir uns zum letzten Mal in der Küche, und zum ersten Mal blickten wir uns eine ganze Weile tief in die Augen. Und dann nahmen wir uns in die Arme und hielten uns einige Atemzüge lang aneinander fest. Als wir uns wieder voneinander lösten, sagte sie mit einem verführerischen Unterton in der Stimme: Der Tee ist fertig, kommst du mit nach oben? Ich habe leckere Vollkornkekse.

Petras Übergangsquartier ist nur mit einem kleinen Tisch am Fenster, auf dem der halbgepackte Reisekoffer steht, einem Stuhl, einem Schrank und einem Bett ausgestattet. Wir setzen uns auf die Bettkante, und Petra wärmt ihre Hände an der Teekanne, um sie mir dann zärtlich auf die Wangen zu legen. Ich schließe selig die Augen in freudiger Erwartung des Unerwarteten. Schon spüre ich den Hauch ihres Atems und dann ihre samtenen Lippen auf meinem Mund. Ein atemberaubender Kuss durchrieselt mich von oben bis unten und lässt mein Herz erglühen. Dann beginnt die weltentrückte und doch leibhaftig überaus präsente Sphinx, ihren Rapunzelzopf zu entflechten. Als alle Verschlingungen aufgelöst sind, vergrabe ich mein Gesicht in den strohblonden Strähnen, die über ihren Busen wallen, während sie mit Engelsgeduld erst mich und dann sich von allen Textilien befreit. Mit Erstaunen nehme ich wahr, dass auch ihre Schamhaare strohblond sind und so üppig wuchern wie die Hängenden Gärten der Semiramis. Ich schiebe das Goldene Vlies mit den Fingern beiseite, um den verborgenen rosigen Spalt freizulegen.

Die ganze Zeit hatten wir kein Wort gesprochen. Und dann schliefen wir miteinander, behutsam und unaufgeregt. Es war kein von sexueller Leidenschaft getragener Akt, Petras Lustzentrum war nicht wirklich entflammt; ihre Bereitschaft, mit mir zu schlafen, entsprang wohl eher ihrem Herzenswunsch als ihrem sexuellen Verlangen. Ich war darüber nicht enttäuscht, sondern genoss unser Zusammensein körperlich und emotional. Später fragte ich mich, ob Petra mir mit dieser intimen Umarmung dafür danken wollte, dass ich sie während der Monate unserer lockeren Bekanntschaft so beharrlich, aber unaufdringlich umworben hatte. Oder gab es vielleicht aus einem früheren Leben eine *karmische* Verbindung zwischen uns, so etwas wie eine Seelenverwandtschaft? Oder war es einfach nur ihr Wunsch, noch einmal mit einem Mann zu schlafen, ehe sie als Novizin geloben würde, für mindestens drei Jahre, drei Monate, drei Wochen und drei Tage sexuelle Enthaltsamkeit zu üben?

Elke – oder: der Goldenbergshammer

Anfang Januar 1988 kam ein ungefähr fünfunddreißigjähriger Mann in die Atlantis-Buchhandlung, Jürgen, ein blonder Schönling mit kräftigem Körperbau, dem, weil er Tischler gelernt hatte, an der rechten Hand zwei Finger fehlten, und er bat mich, ein handgeschriebenes Informationsblatt ans Schwarze Brett zu heften. Ich überflog den Text, der folgendermaßen begann: *Zwischen Remscheid und Hückeswagen, umgeben von Wäldern, Wiesen und Sümpfen vergammelt seit Jahren ein traditionsreiches Haus, eine ehemalige Getreidemühle, später Knochenmühle, dann Gesenkschmiede, dann Ausflugslokal und zuletzt Bordell – der Goldenbergshammer, der einem Wuppertaler Kneipenbesitzer gehört. Seit Oktober 1987 wird das Gebäude von Barbara, Jürgen und Ulrike gepachtet und wieder bewohnbar gemacht. Sieben Wohnräume, Küche, Bad, Saal, Kaminraum, Scheune, Stall und Kellerräume sind zu renovieren, auszubauen und mit Leben zu füllen. Es fehlen noch Leute, die in das Projekt einsteigen.* Danach folgten in spröden Worten ziemlich konfuse Vorstellungen von Gemeinschaftsbildung und einem *Leben in Harmonie mit der inneren und äußeren Natur.*

Da ich schon seit Jahren den Wunsch hegte, in einer Gemeinschaft auf dem Lande zu leben und ein alternatives Lebensprojekt aufzubauen, das sich ökologischen, künstlerischen und spirituellen Zielen widmen sollte, entfuhr mir spontan: Ich bin dabei! – Und so geschah es. Natürlich erst nachdem ich mit meinem Caddy die fünfunddreißig Kilometer bis zum Goldenbergshammer zurückgelegt und mir ein Bild von dem Gebäude, der Umgebung und der kleinen Wohngruppe gemacht hatte, die seit zwei Monaten dort lebte. Als ich die liebliche Umgebung sah und Barbara, Ulrike und Jürgen auf Anhieb sympathisch fand, habe ich über den desolaten Zustand des Gebäudes hinweggesehen und bin, wie wir sehen werden, buchstäblich ins kalte Wasser gesprungen.

Astrid und ich kündigten unsere gemeinsame Wohnung ohne Bedauern, so brüchig war unser Zusammengehörigkeitsgefühl inzwischen. Innerhalb der dreimonatigen Kündigungsfrist fand Astrid eine kleinere Wohnung in der Wuppertaler Nordstadt, und ich begann, nachdem ich meine Arbeitszeit im Laden auf drei Tage in der Woche reduziert hatte, eine Ecke im weitläufigen Kellergeschoss des Goldenbergshammers zu einem Wohnraum für mich umzugestalten. Dazu musste ich eine Ziegelwand hochziehen (wie gut, dass ich mal eine Maurerlehre angefangen hatte!), eine gebrauchte Tür einbauen, mit Hilfe meines Vaters ein Fenster einsetzen und mit Unterstützung eines Freundes einen Heizkörper installieren. Dann baute ich aus Dachlatten und Kanthölzern ein breites Bettgestell, das von einer Wand bis zur anderen reichte, und brachte, um mehr Helligkeit in den Raum zu bekommen, an der Wand dahinter zwei große Spiegel an, die vorher das Bordell geziert hatten. Mit dem Ergebnis meines Zimmerausbaus war ich sehr zufrieden; und ich war froh, nicht oben bei den anderen in einem verwinkelten Dachzimmerchen zu wohnen. Lediglich Küche und Bad nutzte ich mit ihnen zusammen; wobei ich nur dann und wann eine warme Dusche benötigte, denn mein tägliches Bad nahm ich in dem Bach, der nur zehn Schritte von meinem Zimmer entfernt hinter dem Haus entlangfloss. Hockend wurde ich bis zum Hals vom schnell fließenden Gewässer umspült, und, du magst es glauben oder nicht, ich stieg selbst im Winter bei Eis und Schnee an jedem Morgen in das erfrischende Nass.

Es gab immens viel zu tun am *Goldihammer*. Der ehemalige Gaststättensaal war für die Nutzung als Empfangsraum des Bordells mit fest eingebauten schwülstigen Sitznischen aus Pressspan und Pappmaschee in Schwarz-, Rot- und Goldtönen vollgestellt. Viel Schweiß vergossen Jürgen und ich dabei, den ganzen Mist heraus zu hauen und weg zu transportieren. Wir wollten so schnell wie möglich einen Seminarraum für Gastgruppen zur Verfügung stellen können, damit Geld in die klamme Kasse fließen würde. – Doch das Scheitern des Projektes war trotz aller Anstrengungen aus verschiedenen Gründen vorprogrammiert. Erstens waren die Pachtkosten viel zu hoch, ich musste gleich zu Anfang 5.000 DM beisteuern (die ich nie wiedersah), damit wir über die nächsten Monate kamen; zweitens hatten wir vier und später sieben WG-Mitglieder äußerst unterschiedliche Vorstellungen davon, wie ein funktionierendes Gemeinschaftsprojekt beschaffen sein sollte; drittens war die personelle Ausgangslage noch aus einem weiteren Grund brisant: Ulrike und Barbara waren beide in Jürgen verliebt, der aber liebte eine andere Frau, die später zu uns zog, was Ulrike bewog, den Goldenbergshammer zu verlassen. Und außerdem war das Gebäude inklusive der Anbauten für ein Tagungshaus zu klein. Ich frage mich heute, wie ich so naiv sein konnte, mich auf dieses aussichtslose Unterfangen einzulassen. Noch gab ich mich der Illusion hin, dass alle Schwierigkeiten zu meistern seien, wenn nur der Wille da ist, und sich die passenden Leute dem Projekt anschließen.

Als im Frühjahr vier Leute dazukamen, Fritz, ein umtriebiger und versponnener Ökofreak und ein Paar mit Kleinkind, schöpfte ich neue Hoffnung. Doch bald wurde mir endgültig klar, dass meine Vorstellungen von einem ganzheitlichen Alternativprojekt mit diesen Leuten nicht zu realisieren waren. Der dazu notwendigen Vorgehensweise, nämlich ein Konzept zu erarbeiten, verbindliche Absprachen über Aufgabenverteilung, Finanzierung und so weiter zu treffen, stand die bei meinen Mitbewohnern vorherrschende Ansicht entgegen, dass jeder sich so einbringen sollte, wie er es für richtig hielt und wie er gerade Lust hatte. Die Verhältnisse am Goldihammer wurden mit jedem neuen, oft nur vorübergehenden Mitbewohner unerfreulicher. Unter anderem weil in allen Ecken des Hauses gebrauchte, ungebrauchte oder unbrauchbare Gebrauchsgegenstände, die jeder mitbrachte, sich auftürmten und vor sich hin gammelten; dazu die Autowracks hinter dem Haus! – Nein, ich mag gar nicht daran denken! – Oder das Drama mit den fünf Hühnern und zwei Hähnen, die auf Fritzens Initiative hin eines Tages zu unser aller Freude hinter dem Haus umherliefen – sie wurden im Laufe weniger Monate alle vom Habicht gefressen, weil niemand etwas zu ihrem Schutz unternahm. Noch vorher war es einer Henne gelungen, uns mit einer Kükenschar zu überraschen, die sie, von uns unbemerkt, unter einem Busch ausgebrütet hatte; aber auch die Küken haben Fuchs und Habicht sich geholt. Eines frühen Morgens kam ein Federvieh durch das offene Fenster in mein Zimmer geflattert, ließ sich auf meinem Bett nieder und klagte mir sein Leid. Es war das letzte unserer Hühner, auch seine Tage waren gezählt.

Kleinliche Querelen und Machtkämpfe in der Gruppe waren an der Tagesordnung. Jürgen spielte die Rolle des Organisators, ich die des Strippenziehers im Hintergrund; er war mehr Praktiker, ich mehr Theoretiker. Die Rivalität zwischen uns gipfelte einmal in einem denkwürdigen Ringkampf; im Verlauf einer Lagebesprechung prallten unsere unterschiedlichen Grundauffassungen so schmerzhaft aufeinander, dass wir beide in Rage gerieten und uns unversehens wie tollwütige Hunde auf dem Boden wälzten. Jürgen, der viel stärker als ich und in irgendeiner Kampfsportart trainiert war, hätte mich locker fertigmachen können. Aber er tat es nicht. Unser mit hohem Energieeinsatz vollzogenes Gerangel glich eher einem Tanz oder einer Umarmung als einem Kampf und löste in mir überraschenderweise lustvolle Empfindungen aus. Unsere Wut hatte sich schlagartig aufgelöst.

Es gab auch Lichtblicke am Goldenbergshammer, angenehme und aufbauende Erlebnisse. Zum Beispiel das fröhliche Eröffnungsfest zum Abschluss der ersten Renovierungsphase, zu dem viele gern gesehene Gäste aus Wuppertal anreisten. Oder die verbotenen Badefreuden in der nicht weit entfernten Wupper-Talsperre. Oder mein erster Wochenendworkshop unter dem Titel *Das Tanzende Herz* mit zehn TeilnehmerInnen im fertiggestellten lichtdurchfluteten Seminarraum. Gerne denke ich auch an die Schwitzhütten-Rituale zurück, die am Bach auf unserm Gelände stattfanden. Einmal, es muss zur *Herbsttagundnachtgleiche* gewesen sein, hatte ich im Anschluss an die Schwitzhütte ein Erlebnis, das an archaische nordosteuropäische Mittsommernachtsgepflogenheiten erinnert: Während die TeilnehmerInnen, nachdem sie sich im Bach abgekühlt hatten, nackt um das Feuer herum standen, kam eine attraktive langhaarige und langbeinige Blondine auf mich zu und fragte mich, ob ich Hilarion sei, sie habe gehört, ich hätte so ein tolles Zimmer im Keller ausgebaut, und sie würde es sich gerne mal anschauen. – Am nächsten Morgen notierte ich in meinem Tagebuch: *Nackt wie wir sind laufen wir, vom Vollmond beschienen, auf schmalem Pfad zu meinem Zimmer, steigen durch das Fenster, ich zuerst, um ihr die Hände zu reichen, und fallen Arm in Arm auf mein Bett. Unsere durch Feuer und Wasser gereinigten, entspannten und sensibilisierten Körper schmiegen sich unwillkürlich aneinander, die durstigen Lippen finden sich, und zwei sehnsüchtige Herzen erschauern in einem flüchtigen Liebesakt – alles geschieht so leicht und selbstverständlich wie in einem Traum. Kurze Zeit später stehen wir wieder bei den anderen am Feuer, als sei nichts gewesen. Ich kenne noch nicht mal ihren Namen!*

Ich liebte es, zu jeder Jahreszeit in der idyllischen Umgebung herumzustrolchen, Fotos zu machen und melancholische Gedichte zu schreiben.

herbst

ich ging in den wald
als fände ich hier
den anfang vom faden
im wirren knäul

das baumhohe spektrum
im herbstabendlicht
seziert meine seele
mit kühler klarheit

die düfte im moose
versunkener träume
und blaue gedanken
auf brombeerranken

himmelweit offen
der schoß der rose
in der ekstase
ihres verblühens

zum letztenmal suche
unter den blättern
das glück ohne schuld

in schwarzer fäulnis
künden die weißen
keime vom licht

unverdaut kehren die
früchte der sehnsucht
zurück zu den knospen

ich ging in den wald
um von den bäumen
das sterben zu lernen

Obwohl ich das Alleinsein meistens genoss, fühlte ich mich manchmal ziemlich einsam. Astrids Besuche wurden immer seltener. Von Mittwoch bis Freitag, wenn ich tagsüber im Laden arbeitete, übernachtete ich bei ihr, aber unsere Beziehung verlor immer mehr an Substanz und Stimmigkeit. Ich einem Brief, den mir Astrid damals schrieb, beklagte sie sich bitter und resigniert über meine krankhafte und rücksichtslose Fremdgeherei.

Am Ende des ersten Jahres am Goldenbergshammer trat unerwartet eine grundlegende Veränderung ein. Ein Remscheider Fabrikantensohn kaufte das Anwesen und warf alle Bewohner mit Ausnahme von mir hinaus. Jürgen war darüber sehr froh, denn auch er hatte die Nase voll von dem misslungenen Projekt und konnte auf diese Weise aus dem über vier Jahre laufenden Pachtvertrag mit dem Vorbesitzer aussteigen. Der Käufer, Bernd R., war ein langhaariger Freak mit Bezügen zu indianischer Mystik, afrikanischem Trommeln, Zen-Buddhismus und Obertongesang und sah in mir einen Verbündeten für den Aufbau einer neuen Gemeinschaft. Doch die Leute, die in den folgenden Monaten zu uns stießen, waren noch viel extremere Chaoten als die vorherige Besatzung: Kiffende, saufende und lärmende *Aliens, Tramps, Outlaws* und *Underdogs* – es war der Hammer! – deren schrottreife Caravans und Bauwagen das Grundstück in einen Schrottplatz verwandelten. Unter ihnen ein Hippie-Pärchen, Betty und Bernie, mit ihren einjährigen Zwillingen, die sie während eines längeren Indienaufenthaltes ohne fremde Hilfe zur Welt gebracht hatten und dabei völlig davon überrascht worden waren, dass nach dem ersten Kind noch ein zweites zum Vorschein kam.

Der neue Hausherr des Goldenbergshammers war aufgrund seines nachgiebigen Charakters und seiner diffusen Zielorientierung nicht in der Lage, dem sich ausbreitenden anarchischen Treiben Einhalt zu gebieten, geschweige denn die Voraussetzung für eine funktionierende Gemeinschaft zu schaffen. – Wofür ich ihm allerdings dankbar bin, ist, dass er mich mit *Elke* zusammengebracht hat, die für die kommenden zwanzig Jahre meine Lebensgefährtin werden sollte. Das kam so: Bernd lud mich ein, mit ihm an einem Singeabend in der Düsseldorfer *Werkstatt* teilzunehmen. Dort lernte ich nicht nur den begnadeten Musiker und Leiter des *Düsseldorfer Obertonchores*, Christian Bollmann, kennen, sondern auch eine Frau aus Recklinghausen, die als Studienrätin am Gymnasium Deutsch und Philosophie lehrte, Elke Elbe, zwei Jahre jünger als ich. Ihr ovales Gesicht mit den großen strahlend blauen Augen, den schmalen Lippen und der spitzen Nase war eingehüllt von langen gewellten rot getönten Haaren, und ihre harmonische Figur mit sehr schmaler Taille wirkte anziehend auf mich. Nach der Veranstaltung setzte sie sich mir gegenüber an den runden Tisch, an dem ich mit Bernd ein Bierchen trank, und musterte mich unverhohlen mit einem koketten Lächeln in den Mundwinkeln. Dass Elke sich so zielgerichtet und beherzt an mich heran machte, lag daran, dass Bernd, wohl wissend, dass sie auf der Suche nach einem Mann zum Verlieben war, ihr vorgeschwärmt hatte, bei ihm am Goldenbergshammer wohne ein interessanter Typ: Sufi, Esoterikladeninhaber, Maler, Dichter und Musiker mit einer schönen Stimme – und solo! Kurzum, Elke war bereits in mich verliebt, ehe wir uns am 8. Mai 1989 zum ersten Mal begegneten. Es ist daher nicht verwunderlich, dass sie mich schon am darauffolgenden Wochenende am Goldenbergshammer besuchte. – Meine Partnerbeziehung mit Astrid war wenige Wochen zuvor einvernehmlich und undramatisch zu Ende gegangen. Wir sind bis heute Freunde geblieben.

Elkes Eroberungsfeldzug hatte ich außer der anfänglichen Skepsis, ob sie die Richtige für mich sei, nicht viel entgegenzusetzen. Ich war nicht auf Anhieb in sie verliebt, lernte aber schnell ihre persönlichen Qualitäten schätzen, ebenso wie ihre von emphatischer Liebe getragenen Bemühungen um mein seelisches und leibliches Wohlergehen. Sie las mir jeden Wunsch von den Augen ab und sah nur meine guten Seiten. Schon mit dem ersten Kuss an jenem Wochenende im Mai, der mehr war als ein Lippenbekenntnis, hatte sie mich erotisch für sich gewonnen. In unseren Kennenlerngesprächen wurde deutlich, dass wir spirituell und musikalisch auf derselben Wellenlänge lagen; ebenso im Hinblick auf unsere Reiselust, so dass wir schon bei der zweiten Begegnung von einer gemeinsamen Kaukasusreise zu träumen begannen, weil uns beide die polyphonen Gesänge der Georgier so stark berührten. Auch die Tatsache, dass Elke während ihres Studiums einer linksradikalen Splittergruppe angehört und dafür mit mehreren Jahren Berufsverbot gebüßt hatte, nahm mich für sie ein. Mit dem Sex lief es in den ersten zwei Jahren ebenfalls für beide zur vollsten Zufriedenheit. Elke zeigte sich zunächst auch tolerant gegenüber meiner Neigung, dann und wann meine libidinösen Bedürfnisse auch mit anderen Frauen zu befriedigen, nicht zuletzt, weil sie selbst noch zu einem anderen Mann eine Liebesbeziehung aufrechterhielt. Dieser lebte allerdings in der Schweiz in einer wackeligen Verbindung mit einer anderen Frau, was Elkes Chancen beschränkte, jemals seine Nummer eins zu werden. Wie dem auch sei, nach einem letzten Treffen trennten sie sich, und Elkes ungeteilte Liebe wurde mir zuteil.

Ein starkes Bindeglied zwischen uns war von Anfang an das Singen. Nach einigen Monaten, in denen wir die Wochenenden gemeinsam in ihrer Wohnung in Recklinghausen oder bei mir im Goldenbergshammer verbrachten, hatten wir uns bereits ein stattliches Repertoire an folkloristischen und spirituellen Liedern erarbeitet, die wir mit Begeisterung zweistimmig a capella oder mit meiner Gitarrenbegleitung interpretierten. Elke hatte eine brillante Sopranstimme und entwickelte sie als Mitglied des Obertonchores kontinuierlich weiter. – Eine erste Unterbrechung in der Entfaltung unserer Beziehung trat im März 1990 ein, als ich mich auf eine achtwöchige *Pilgerreise* in die Türkei begab, um einigen Sheikhs und Derwischen verschiedener traditioneller Sufi-Orden zu begegnen und den Alltag der einfachen Leute in einer islamisch geprägten Kultur mitzuerleben.

Sheikh Nazim – oder: der Kelimhändler

Ein halbes Jahr vor Beginn der Reise hatte ich begonnen, bei Fatma Özal, einer türkischstämmigen Frau aus der Sufi-Gruppe, die an der Volkshochschule Türkischkurse gab, kostenlosen Privatunterricht zu nehmen. Von ihr erhielt ich die Adresse der Familie ihrer Schwester in Konya mit der Auflage, diese unbedingt zu besuchen. Konya, die altehrwürdige Stadt auf der anatolischen Hochebene, in der sich die Grabmoschee des berühmten Dichters und Sufi-Mystikers *Mevlana Jalaluddin Rumi* befindet, war ohnehin ein von mir vorgesehenes Reiseziel. Bei einem Anhänger *Sheikh Nazims*, des Oberhauptes des *Naqschibandi-Ordens*, hatte ich dessen Aufenthaltsort in Nord-Zypern erfragt, denn dort sollte die erste Station auf meiner Pilgerreise sein. Alles Weitere war nicht festgelegt, bis auf die sechste und siebte Reisewoche, in der Elke ihre Osterferien mit mir in der Türkei verbringen wollte.

Am 2. März 1990 ging es los: *Flug von Düsseldorf nach Antalya. Drei Tage zur Eingewöhnung in Side. Neun Stunden Nachtfahrt mit dem Bus bis Mersin. Am Hafen hektisches Durcheinander; es heißt, die angekündigte Fähre nach Zypern geht erst in drei Tagen. Nach zwölf Stunden Ungewissheit fährt am späten Abend doch noch eine. Lange Warteschlange (viele Händler, die in der Freihandelszone Nordzypern günstig einkaufen wollen). Kein Sitzplatz, niemand spricht Englisch oder Deutsch. Schreckliche Nacht zwischen Kisten und Säcken, fast ohne Schlaf. Ankunft in Girne, dem einzigen Hafen im seit 1975 türkisch besetzten Teil Zyperns. Mit dem Dolmusch (Kleinbus) weiter bis Lefke, einem ehemals griechischen Dorf, das jetzt von immigrierten Türken bewohnt wird, fast alle arbeitslos und bitterarm.*

Mir ist schleierhaft, wieso Sheikh Nazim sich ausgerechnet in diesem verwahrlosten gottverlassenen Ort niedergelassen hat; er, der hochverehrte Nachfolger des Großscheichs der Naqschibandi-Bruderschaft *Sheikh Abdullah Daghistani* (der bis zu seinem 125. Lebensjahr in Damaskus auf dem heiligen Berg *Kahf* gelehrt hat)! Viele halten Sheikh Nazim für den bedeutendsten Sufi-Meister der Gegenwart. Von seinen Anhängern, ein paar Tausend in Europa und ebenso viele im Libanon, in Syrien und in der Türkei, sind immer einige Dutzend in seiner *Tekke* (geistliche Schule) zu Gast. Es gehört zur Tradition nahöstlicher Sufi-Orden, dass ihre

Mitglieder und auch Gäste vom Sheikh gratis oder gegen Spende Unterkunft, Verpflegung und spirituelle Unterweisung erhalten.

Nachdem ich im Gästehaus, einem ziemlich heruntergekommenen ehemaligen Bauerngehöft, eine ungepolsterte schmale Holzpritsche als Schlafplatz zugewiesen bekommen habe, eile ich hinüber ins Nachbargebäude, wo sich die Schüler und Gäste versammelt haben und das Eintreffen Sheikh Nazims erwarten. Ihre Zahl ist außergewöhnlich klein, denn der islamische Fastenmonat Ramadan steht kurz bevor, und den wird der Sheikh, der häufig monatelang umherreist, um seine weit verstreute Anhängerschaft zu betreuen, wie jedes Jahr in London verbringen. Acht Tage bleiben bis zu seiner Abreise, und ich verspreche mir intensive Begegnungen mit ihm und seiner derzeitigen Gefolgschaft von ungefähr einem Dutzend Syrern, Türken und Deutschen. Ich werde ganz selbstverständlich, so als würde ich schon lange dazugehören, in den Kreis der Männer aufgenommen, die in dem schmucklosen Versammlungsraum um den abgewetzten Teppich in der Mitte auf dem Boden sitzen oder knien. Im selben Raum werden auch die von der Ehefrau, der Schwägerin und der Tochter des Sheikhs zubereiteten Mahlzeiten eingenommen.

Als der Sheikh den Raum betritt, verstummen die Gespräche, die Anwesenden erheben sich und legen ehrerbietig die Hände vor der Brust aneinander. Seine aufrechte Gestalt, das längsgestreifte orientalische Gewand, der weiße Turban und der gepflegte graue, an der Spitze zweigeteilte Rauschebart verleihen Sheikh Nazim eine majestätische Erscheinung. Ich sehe noch vor mir, wie der Sechzigjährige mit klarer Stimme, leuchtenden Augen und lebhafter Gestik und Mimik doziert, predigt, scherzt, droht, beschwört, argumentiert und rhetorisch geschickt kleine Pausen einlegt – stets umlagert von seinen Anhängern, die ihm ihre Mikrofone entgegenstrecken, damit ihnen keines seiner Worte entgeht. Sheikh Nazim springt bei seinen Vorträgen je nach Zusammensetzung seiner Zuhörerschaft sprachlich zwischen Englisch, Arabisch und Türkisch hin und her, und seine Ausführungen orientieren sich am kulturellen Hintergrund der jeweiligen Gruppe. Auf Türkisch oder Arabisch wendet er sich an einfache Leute mit geringer Bildung; wenn er zu diesen Angehörigen seines eigenen Kulturkreises spricht, bedient er sich der Idiome der islamischen Volksfrömmigkeit, und man hört des Öfteren das Wort *Sheitan* (Teufel) heraus. Seinen zumeist intellektuell gebildeten europäischen Anhängern gegenüber schlägt er andere Töne an, spricht

214

zum Beispiel über die moralische Verkommenheit der westlichen Welt, verurteilt Luxus, Geldgier, Ellbogenmentalität, Umweltzerstörung und Verschwendung (die im Islam als schwere Sünde gilt). Auch geißelt er immer wieder die Macht des Egos und die soziale Sprengkraft, die von einem Übermaß an individueller Freiheit auf Kosten anderer ausgeht.

Ein paar Auszüge aus meinem Reisetagebuch: *8.3.1990. Heute Morgen im Garten des Sheikhs zwei kinderkopfgroße vollreife duftende Orangen gepflückt und mit Wonne an Ort und Stelle verzehrt. Der einigermaßen verwilderte Garten mit seiner mediterranen Vegetation ist ein kleines Paradies, zumal im Vergleich mit dem Rest des Anwesens. Denn bei aller Poesie und Exotik, im Haus und ums Haus herum sieht es reichlich ungepflegt und schmuddelig aus. Es ist ärgerlich mit anzusehen, wie hier vieles vermodert und zerbröselt, was mit geringem Einsatz wunderschön herauszuputzen wäre. Den Gedanken, eine Entrümpelungs- und Renovierungsaktion anzuzetteln, habe ich erstmal zurückgestellt. Vielmehr grübele ich von Sheikhs Worten angeregt über die Spiele meines Egos nach.*

Sonnabend 10.3.90. Gestern Nachmittag mit sechzehn (!) Männern in einem klapprigen VW-Bus nach Famagusta an der Ostküste gefahren, wo in einer zur Moschee umgewidmeten Klosterkirche aus der Kreuzfahrerzeit rund hundert tiefgläubige Anhänger Sheikh Nazims zum Freitagsgebet zusammengekommen waren. Ich habe mit einigen Männern auf dem Steinfußboden des Gotteshauses übernachtet. Einige schlafen noch. Im Vorraum türmen sich die unappetitlichen Essensreste von gestern, stinkt der unverrichtete Abwasch, ganz zu schweigen von dem finsteren Dreckloch der Toilette. Als Frühstück wärmen sie jetzt die Bohnen von gestern Abend auf. Ich nehme mit einem trockenen Brotfladen Vorlieb. Jetzt kann ich verstehen, weshalb es den anderen nicht schwerfällt, zweimal pro Woche zu fasten. Auf 'Salat' dagegen fahren alle ab. Gemeint ist aber nicht Kopfsalat oder sonstiges Grünzeug, sondern das Hauptgebet, fünfmal am Tag.

Viele der westlichen Schüler des Sheikhs sind angepasster und orthodoxer als die einheimischen. Sie gebärden sich durch und durch muselmanisch, tragen diese Pumphosen mit dem tiefhängenden Schritt, Bärte und Turbane, beten viel und lassen den äußeren Dingen des Daseins lieber ihren Lauf statt sich einzumischen. Während diese frommen Gesellen ihr Leben bedingungslos Allah widmen, verrichten die Frauen, streng von den Männern getrennt, die notwendigen Arbeiten wie Einkaufen, Putzen, Waschen und Kochen. – Zum

Frühstück isst man hier fette Suppen, vor und nach dem Essen nimmt man eine Prise Salz zu sich – das schützt vor siebzig Krankheiten, hat der Prophet gesagt – und die Zähne putzt man sich mit einem Hölzchen.

Mit Muhammad, einem der Gefolgsleute aus dem engeren Kreis um Sheikh Nazim, hatte ich ein langes Gespräch. Der hagere Vierzigjährige – in einer Dschallabia (ein langes Baumwollgewand) im Grün des Propheten, dessen Namen er trägt – ist ein ehemaliger Linksradikaler aus Hamburg, lebt seit ein paar Jahren hier und verkörpert für mich den Prototyp des westlichen Suchers, der sich kompromisslos einer irrationalen Doktrin unterwirft, um angeblich sein Ego zu überwinden. Für ihn ist jedes Wort aus dem Munde des Sheikhs eine Offenbarung, und es gibt für ihn im Leben nichts anderes mehr, als in jeder Hinsicht perfekt dessen Anweisungen zu folgen. Muhammad erzählt mir allerlei Wundersames und Geheimnisvolles, was ihm aus dem Munde des Sheikhs zu Ohren gekommen ist. Es ist die Rede von Tempeln aus Licht, von großen aufgestiegenen Meistern, von der Stunde des Gerichts und von der Wiederkehr Christi und eines noch über diesem stehenden Geistwesens, das anlässlich der Neubegründung einer Islamischen Kultur auf Erden nach der großen Katastrophe (noch in diesem oder dem nächsten Jahr!) in Erscheinung treten und die Guten erlösen und die Bösen in Angst und Schrecken versetzen wird. Muhammad redet nicht mit Sorge oder Betroffenheit darüber, er gehört schließlich zu den Auserwählten, den Rechtgläubigen, die in der Stunde des Gerichts mit Weltraumtaxis in Sicherheit gebracht werden. Derart hanebüchene Überzeugungen, die mich an Verschwörungstheorien und esoterische Ammenmärchen erinnern, erscheinen mir als naive Übernahme einer geistigen Symbolsprache, die einer Übersetzung bedarf, um ihren Wahrheitsgehalt herauszuschälen. Von dieser hinterfragenden Sichtweise will Muhammad nichts wissen. Er meint, man braucht nur dem Koran zu folgen, und alle Probleme sind gelöst. Allah hat darin alle Fragen beantwortet und genauestens festgelegt, wie wir zu leben haben. – Ich kann mir vorstellen, dass es einem verkopften Psychopathen seelisch helfen und Kraft geben kann, sich in eine derart weltfremde Ideologie zu flüchten, im Vertrauen darauf, dass der Sheikh weiß, was er sagt. Wenn ich allerdings den fanatischen Blick Muhammads sehe, während er versucht, mich von der absoluten und unzweifelhaften Richtigkeit seiner Ansichten zu überzeugen, glaube ich doch eher meiner inneren Stimme, die mir sagt, lieber tappe ich geistig im Dunkeln, als dass ich mich an diesem mittelalterlichem Aberglauben festhalte. Und dennoch bleibt die Frage, ob auf dem spirituellen Weg die Führung durch einen in seiner geistigen Tradition verwurzelten Lehrer nicht unabdingbar ist, auch wenn seine Lehrmethoden dem kritischen Intellekt nicht nachvollziehbar erscheinen. Es gibt unzählige Beispiele dafür, wie spirituelle Meister ihre Schüler einer Art Gehirnwäsche unterziehen, indem sie ihren Verstand mit Paradoxien konfrontieren und in die Irre führen, um eingeprägte Denkmuster aufzulösen und damit jene innere Leere zu erschaffen, die das Gefäß der göttlichen Liebe bildet.

Sheikh Nazim hatte viele Gesichter. Er wechselte oft die Perspektive, zitierte etwa Hegel, Kant und andere abendländische Geistesgrößen und stand keinesfalls nur für das beklemmend naive von Muhammad aus Hamburg adaptierte Weltbild. In erster Linie sprach er zu den Herzen seiner Zuhörer und beschleunigte mit seiner geistigen Kraft ihren spirituellen Prozess. In seiner Rolle als weiser humorvoller väterlicher Lehrer und Meister fand ich ihn liebenswert; aber aufs Ganze gesehen fiel es mir schwer, bei den Naqschibandi das wiederzufinden, was mit meiner maßgeblich von Pir Vilayat vermittelten Auffassung von Sufismus vereinbar war.

Die *magischen Kräfte*, für die Sheikh Nazim auch berühmt ist, habe ich in mehreren Situationen persönlich und am eigenen Leib miterlebt (er schien ein Auge auf mich zu haben!). Als ich mich mit dem Gedanken trug, eine Nacht in einer Höhle in dem nahen Gebirgszug meditierend zu verbringen – ich hatte zu niemandem darüber gesprochen! – sagte der Sheikh während eines Vortrags unvermittelt zu mir, you should not go to the mountain. – Später erfuhr ich von Radhya, einer seiner Anhängerinnen, dass es nachts in den Bergen zu gefährlich sei, wegen der Kälte und unvorhersehbarer Wetterveränderungen. – Ein anderes Ereignis wird mir mein Leben lang ein Rätsel bleiben: Zwei Tage vor Sheikh Nazims Abreise nach England, ich war am Vortag in eine Ferienwohnung im Nachbardorf *Karmi* umgezogen, entdeckte ich beim Blick in einen Spiegel eine Wölbung auf meiner Stirn, die das ganze Gesicht entstellte. Es war kein Insektenstich und keine Entzündung, sondern mein Schädel hatte sich im Bereich der Stirn erheblich ausgedehnt, worüber ich verständlicherweise beunruhigt war. Am nächsten Tag war die mysteriöse Wölbung auf die linke Seite der Stirn gewandert, was mein Gesicht noch stärker verzerrte. Am dritten Tag war alles wieder normal. Da ich an diesen Tagen allein war, gab es außer dem Spiegel keine Zeugen dieses Vorfalls und niemanden, der mir eine Erklärung dafür geben konnte. Radhya, mit der ich später darüber sprach, meinte, das könne ein fernheilerischer Eingriff des Sheikhs gewesen sein, der vielleicht in meinem Gehirn etwas zurechtgerückt habe. Für mich eine denkbar gruselige Vorstellung. Oder hatte es etwas damit zu tun, dass ich mir ein paar Tage vorher vom Barbier in Lefke meine lange Mähne abschneiden und eine Glatze hatte rasieren lassen? (Auf einem Dia sehe ich mit meinem Ziegenbart und dem Derwisch-Käppi auf dem kahlen Kopf aus wie Yul Brynner in seinen besten Jahren. Die Türken, denen ich begegnete, fragten mich allerdings öfter, are you chinese?)

Es gab noch eine dritte Sache, mit der Sheikh Nazim in mein Leben einzugreifen versuchte. Einmal fragte er mich im Vorübergehen verschmitzt, what are you thinking about nice ladies? Er spielte damit auf Radhya an, die ein Auge auf mich geworfen hatte. Am Tag seiner Abreise sagte er zu ihr, er würde ihr die Erlaubnis geben, mich zu heiraten, auch wenn ich kein Muslim sei. – Jetzt wird es Zeit, die Geschichte mit Radhya zu erzählen. Sie war deutsch-amerikanischer Abstammung, seit acht Jahren Anhängerin des Sheikhs und bewohnte ein altes Bauernhaus in Karmi. Wir hatten uns im Hause des Sheikhs kennengelernt und angefreundet. Ich war gerne auf ihr Angebot eingegangen, in einem ihrem Bauernhäuschen benachbarten Ferienhaus, das einem Engländer gehörte, mietfrei zu wohnen und als Gegenleistung Haus und Garten für die im Mai zu erwartenden Gäste in Schuss zu bringen. So verbrachte ich eine weitere gute Woche in paradiesischer Umgebung, mit Blick auf das etwa drei Kilometer entfernte tiefblaue Mittelmeer. Die Mandelbäume standen in voller Blüte, allerlei Blumen, Vögel und Insekten betörten die Sinne und erfreuten mein Herz. Radhya, die selbiges erobern wollte – sie hatte sich von ihrer emotionalen Bedürftigkeit dazu hinreißen lassen, ihren lang angestauten Partnerwunsch auf mich zu projizieren – lud mich jeden Abend zum Essen und zu stundenlangen tiefschürfenden Gesprächen über Gott und die Welt in ihr Haus ein. Wir verstanden uns in vieler Hinsicht sehr gut, nur körperlich konnten wir uns nicht so nahekommen, wie wir beide es wünschten, weil sie sich als Muslimin nach der *Scharia* richtete, dem islamischen Sittencodex, der nur ehelichen Sex erlaubt. Wiewohl mir Radhya als Frau durchaus gefiel – sie sah in ihren traditionellen bäuerlichen Kleidern sehr schön aus, war in lebenspraktischen Dingen überaus geschickt und hatte lebensphilosophische Ansichten, die ich teilte – war ich nicht bereit, Elke, die Buchhandlung und meine heimatliche Umgebung aufzugeben; zudem konnte ich mir ein Leben in diesem islamisch geprägten Umfeld nicht vorstellen.

Das eindrucksvollste Erlebnis mit Radhya war die Bergtour zum *Sankt Hilarion*, jenem Gipfel, der ungefähr sechs Kilometer Luftlinie von Karmi entfernt aus dem sich südlich des Dorfes erstreckenden Gebirgszug emporragt. Der von einer Burgruine gekrönte Berg verdankt seinen Namen *Hilarion von Gaza*, der im vierten Jahrhundert in Palästina die ersten Klöster gegründet hat und später heiliggesprochen wurde. Der dreistündige Aufstieg über einen gewundenen steilen Pfad entlang schroffer Felswände führte uns auf einen Kamm, von dem aus wir weit in den südlichen, autonomen (aber von Griechenland dominierten) Teil Zyperns blicken konnten. Als wir eine Stunde später die weitgehend verfallene Burgruine auf dem Gipfel des Sankt Hilarion erkundeten, fanden wir auf dem menschenleeren, von Büschen überwucherten und von Felsbrocken durchsetzten Trümmergelände keinerlei Hinweis auf das Grab des Heiligen, der im Jahr 371 in der damals noch intakten Burganlage gestorben sein soll.

Warum hatte Pir Vilayat, mein langjähriger Sufilehrer, im Sommer 1986 Hilarion zu meinem Namenspatron erwählt? Ich glaube, es hatte mit dem frühchristlichen Klostergründer nichts zu tun. Der altgriechische Name Hilarion bedeutet so viel wie heiter, ausgelassen (englisch: *hilarious*). Pir hatte lange überlegt, besser gesagt in meiner Seele gelesen, ehe er den Namen aussprach. Er wollte vermutlich der Schwermut des Helmut die heitere Leichtigkeit des Hilarion entgegensetzen. Diese Namensänderung hat etwas in mir zum Positiven verändert, davon bin ich überzeugt; aber natürlich überfielen mich auch weiterhin sporadisch düstere Gemütszustände.

So geschehen in der hintersten Türkei, in die ich von Zypern aus vorgedrungen war, in Urfa nämlich, einer vom Handel mit landwirtschaftlichen Erzeugnissen geprägten 150.000 Einwohner zählenden lauten, schmutzigen, ärmlichen, trostlosen, aber heiligen Stadt (*Şanliurfa*) unweit der kurdischen Provinzhauptstadt Diyarbakır. Dort hatte ich einen seelischen Abkracher, meine Biorhythmuskurve war im Minusbereich und meine Reiselust auf den Nullpunkt gesunken. Am 25. März notierte ich in meinem Tagebuch: *Hier herrscht tiefster Orient. Ich rieche ihn in abertausend Gerüchen von Gewürzen, Auspuffgasen, verstopften Latrinen und über Holzkohlen gegrillten Fleischspießchen. Ich höre ihn im Geheule der Muez-*

zins, im Gehupe und Geknatter in den Straßen, im Schwatzen der Spatzen
und in dem Geplärr der überall rund um die Uhr laufenden Fernsehgeräte. Ich
finde den Orient auch in der Suppe als borstige, schwartige oder pansenartige
Fleischeinlage und als klebrigen Rest einer Süßspeise in meiner Jackentasche.

Mein Nachtquartier war eine Art Besenkammer in einer spottbilligen
muffigen Absteige mitten im Heiligen Bezirk der Stadt, die einst Edessa
hieß und im dritten Jahrhundert ein Zentrum christlicher Gelehrsamkeit
gewesen war. Der Legende nach soll sich hier der Geburtsort Abrahams
befinden. Aber was hatte ich hier verloren?! Ich schleppte mich durch
drei graue Tage auf der Suche nach etwas Erfreulichem, nach einer Inspiration oder einer Fügung, die mich mit interessanten Protagonisten
gelebten Sufitums in Verbindung bringen würde. Aber die unerquickli-
che Situation änderte sich erst, als ich alle Erwartungen losließ und den
vermeintlichen Stillstand und die innere Verlorenheit in Demut annahm
– so wie die Menschen um mich herum, die in äußerer Untätigkeit und
scheinbarer Bedürfnislosigkeit ihr bescheidenes Leben fristeten. Und bald
darauf wendete sich das Blatt, auf einem Spaziergang durch die Gassen der
Altstadt sprach mich ein etwa vierzigjähriger Mann auf Englisch an; er
hieß Mehmet, war von Beruf Lehrer und gab sich als Assistent des *Groß-*
scheichs und Gottesfreundes Muhammad Raschit aus. Mehmet pries seinen
Meister in den höchsten Tönen und beschwor mich, diesem gerade jetzt
im beginnenden Fastenmonat Ramadan meine Aufwartung zu machen.
Von ihm erfuhr ich auch, dass Sheikh Muhammad in einem kleinen Dorf
dreieinhalb Busstunden von Urfa entfernt lebte, und dass sich an hohen
Feiertagen bis zu 80.000 Anhänger um ihn scharten.

Am nächsten Vormittag machte ich mich auf den Weg. Per Bus und Dolmusch erreichte ich viereinhalb Stunden später das Dreihundert-Seelen-
Dorf *Menzil*, weitab jeglicher moderner Zivilisation auf einer baumlosen,
wenig fruchtbaren Hochebene. Zwischen ärmlichen Lehmhütten bewegten sich vereinzelt Schafe, Ziegen, Hühner, Truthähne, Hunde und Katzen.
Auf einem freien Platz in der Mitte des Dorfes stand ein flaches längli-
ches unverputztes Betongebäude, die Moschee, in der Sheikh Muhammad
fünfmal am Tag die Hauptgebete leitete. Ich kam gerade rechtzeitig zum
Nachmittagsgebet, das in der Regel zu dem Zeitpunkt beginnt, wenn der
Schatten doppelt so lang ist wie der Körper. Etwa hundertfünfzig Gläubige, überwiegend ältere Männer, saßen in Gebetshaltung auf Gebets-

teppichen im Inneren des Gebäudes. Kaum hatte ich in der hintersten
Reihe Platz genommen, als Großscheich und Gottesfreund Muhammad
Raschit aus einem Hinterraum hervortrat, ein stattlicher, stämmiger Mann
von vielleicht fünfzig Jahren mit gebräuntem Gesicht, schwarzem Haar,
langem Bart und großen Händen. Er wirkte trotz seines sakralen weißen
Gewandes wie ein Bauer, und seine kräftige tiefe Stimme erinnerte mich
an das behagliche Brummen einer wiederkäuenden Kuh. Sheikh Muhammad werden bedeutende Heilkräfte nachgesagt. Jetzt verstand ich, wieso
viele Männer hier den Eindruck machten, als seien sie irgendwie krank;
sie versprachen sich von einem Aufenthalt in der Nähe des Sheikhs körperliche, seelische und geistige Heilung. Für sie hatte das Ambiente hier
die Funktion einer psychosomatischen Kurklinik, verbunden mit einem
spirituellen Rückzug in ein Kloster auf Zeit – dazu noch im heilbringen-
den Fastenmonat Ramadan!

Von Sheikh Muhammad ging tatsächlich eine außergewöhnlich starke physisch spürbare Ausstrahlung aus, eine Energie (*Baraka*, was so viel
bedeutet wie Segen), die mir ein Gefühl von innerem Frieden schenkte. Als ich den Sheikh nach dem Gebet aus der Nähe betrachtete, fielen
mir die violetten Ringe um die braune Iris seiner Augen auf, angeblich
ein Anzeichen für einen hohen Grad geistiger Verwirklichung. Sheikh
Muhammad Raschit gilt als direkter Nachfahre des Propheten in der
31. Generation.

*28.3.1990. Ich habe seit dem Sonnenaufgang nichts gegessen und getrunken
(das Rauchen habe ich mir schon vor einiger Zeit abgewöhnt) und will mich
auch für die kommenden zwei Wochen bis zu Elkes Eintreffen an die Regeln
des Ramadan halten. Ein Mitarbeiter des Sheikhs zeigt mir die Unterkunft für
die Nacht, eine Halle im Kellergeschoss des Moscheegebäudes, die einer Tiefga-
rage gleicht. Hier auf dem nackten Betonfußboden werden noch weitere dreißig oder vierzig Männer schlafen, wenn sie denn schlafen. Nach dem Gebet
zum Sonnenuntergang gibt es in eben dieser Krypta das spartanische Abendessen. Um die sechzig Männer, Mönche des Ordens, Hilfesuchende und sonsti-
ge Gäste hocken in Fünfer- und Sechsergruppen um große metallene Schüsseln
und schöpfen mit Blech- oder Holzlöffeln eine fade Suppe, die aus einer wässrigen Brühe mit Bulgur oder Hirse und ein wenig Gemüse besteht. Dazu gibt
es harte mittelfingergroße Brotstücke, und Wasser zum Trinken. Nach alter
Sitte wechseln die schweigsamen Fastenbrecher mehrmals den Platz und essen*

dadurch mit unterschiedlichen Leuten aus unterschiedlichen Schüsseln. Ich gebe zu, es ist mir unangenehm, wenn sich einer der kranken, von einem entbehrungsreichen Leben gezeichneten Männer neben mich hockt und seinen Löffel in dieselbe erbärmliche Suppe taucht wie ich.

Etwa anderthalb Stunden nach Sonnenuntergang rief der Muezzin von dem Mini-Minarett zum Nachtgebet, dem ich fernblieb, weil ich erschöpft und müde war; danach war für alle Nachtruhe angesagt. So gegen vier Uhr weckte mich ein alter Derwisch aus tiefem Schlaf (mag sein, dass ich gerade von einem üppigen Fressgelage geträumt hatte) und gab mir mit Zeichensprache zu verstehen, dass ich ihm folgen solle. Drei Minuten später saß ich schlaftrunken in einem kleinen Bauwagen auf einem Hocker und mir gegenüber drei ältere Männer, die mich freundlich und neugierig musterten. Sie hatten bereits das Morgengebet hinter sich gebracht, und bis zum Sonnenaufgang blieb noch eine gute halbe Stunde, in der sie sich mit Tee, süßem Gebäck und Datteln ein bescheidenes Frühstück gönnten, und ich war ihr Gast. Ich kann mich nicht an die Namen der Männer erinnern, wohl aber an den schicksalsergebenen Ausdruck in ihren Gesichtern, gepaart mit Güte und Würde. Als hingebungsvolle Jünger des Sheikhs hatten sie etwas von der Herzensqualität verwirklicht, nach der die wahren Sufis streben, und mich liebevoll unter ihre Fittiche genommen. Einer der drei Weißhaarigen trug einen Fez auf dem Kopf, einer einen Turban und der dritte ein weißes gehäkeltes Käppi, ein Hinweis darauf, dass er die Hadsch, die Pilgerreise nach Mekka, absolviert hat. Mit meinen wenigen Brocken Türkisch und ein paar Brocken Englisch, über die einer von den Dreien verfügte, konnten wir uns ein wenig verständigen. Ich erfuhr, dass sie schon seit vielen Jahren die Fastenzeit in der Tekke von Sheikh Muhammad zu verbringen pflegten, und ich konnte ihnen auf Türkisch ein paar Auskünfte über mich geben und für den Tee und die köstlichen Datteln danken. Dieses behagliche Beisammensein wiederholte sich in den folgenden Nächten.

Fast alle Gäste des Sheikhs nahmen vor Sonnenaufgang ein kleines Frühstück zu sich und legten sich danach wieder schlafen. Den Rest des Tages dösten sie, unterbrochen von den Hauptgebeten, in ihren Unterkünften oder an einem schattigen Plätzchen im Freien vor sich hin und ließen die Perlen ihrer Gebetsketten durch die Finger gleiten. Ich zog es vor, mir die nähere Umgebung anzuschauen. Nach einem gemächlichen

Fußmarsch von etwa zwei Stunden auf einsamer Landstraße machte ich in der Nähe eines Dorfes Rast und zückte mein Reisetagebuch: *Ich sitze unter sanft sengender Sonne am Rande einer unbefestigten Landstraße auf einem Felsbrocken inmitten der grenzenlosen Weite Zentral-Anatoliens und genieße die Ruhe und die klare Luft. Um mich her kahle flache Hügel von grauer und rotbrauner nackter Erde, nur hier und da eine grüne landwirtschaftlich genutzte Fläche und vereinzelt blühende Mandelbäume. In der Ferne schneebedeckte Berge. Ein Wiedehopf-Pärchen flattert vorbei, Grillen streichen ihre Fideln, ein paar Schafe und Ziegen zupfen die spärlichen Gräser und Kräuter, und eine Gänsefamilie, Vater und Mutter in Silber und der sieben plappernde Schnäbel zählende Nachwuchs in Gold, sucht in einem Tümpel Abkühlung. Ein alter runzliger Bauer reitet mit stoischer Miene auf einem klapperdürren Esel und biegt zwanzig Schritte entfernt auf einen Feldweg ab.*

Ich richtete meine Wirbelsäule auf, nahm die Tesbih (Gebetskette) mit dreiunddreißig Perlen aus Kamelknochen, die ich im Basar von Urfa gekauft hatte, in die linke Hand, schloss die Augen und begann *Ya Hadi* und *Ya Wali (göttliche Führung und Meisterschaft)*, zu murmeln. Kaum drei Minuten waren vergangen, als mich das Geräusch sich annähernder Hufe aufhorchen ließ. Es war wieder der alte Mann mit dem Esel, der jetzt allerdings verkehrt herum auf seinem Reittier saß und mit dem Rücken zu mir auf mich zu ritt. Das erinnerte mich an eine Geschichte über Mullah Nasruddin. Genau vor meiner Nase ließ der Alte den Esel anhalten. Tatsächlich, er sah genauso aus, wie ich mir den orientalischen Eulenspiegel, diesen Weisen und Narren in einer Person, der in vielen Anekdoten und Legenden verewigt ist, immer vorgestellt hatte. Er trug einen zerschlissenen, ausgeblichenen blauen Kaftan, zwischen dem mächtigen dunkelroten Turban und dem langen weißen Vollbart mit gezwirbelten Spitzen ragte eine XXXL-Nase hervor, und hellwache Äuglein blinzelten mich verschmitzt an. Wie konnte das sein? Mullah Nasruddin hat doch im Mittelalter gelebt! – Da rutschte der absonderliche Reiter auch schon über das Hinterteil des Esels auf den Boden und sprach mich auf Türkisch an, und ich verstand seltsamerweise jedes Wort: Weißt du nicht, dass Mullah Nasruddin unsterblich ist?! Seine Lebensuhr ist vor 777 Jahren an seinem siebenundsiebzigsten Geburtstag in Buchara stehen geblieben, wo er als Hofnarr von Ulug Beg geköpft werden sollte. Doch was bedeuten schon Zeit oder Alter? Ich erscheine dir als schwacher Greis, aber glaube mir, ich bin noch genauso stark wie ich als Zwanzigjähriger gewesen bin. Ich werde es dir beweisen, wenn du so freundlich bist aufzustehen. – Ich erhob mich von dem Felsbrocken, und der wundersame Alte umschlang denselben mit beiden Armen und versuchte, ihn anzuheben. Dabei ächzte und stöhnte er zum Herzerbarmen, und die Adern auf seinen Schläfen schwollen an. – Siehst du, sagte er, als er sich wieder aufrichtete, ich kann diesen Stein nicht hochheben – und mit Zwanzig konnte ich ihn auch nicht hochheben! – Also sprach Mullah Nasruddin, und der Schalk lachte in seinen Augen. Dann bestieg er umständlich sein ausgemergeltes Grautier und ritt rücklings mit ungewissem Ziel davon. Genauso hat es sich zugetragen, es sei denn, meine Phantasie war mit mir durchgegangen, oder ich hatte Halluzinationen, weil ich nahe am Verdursten war.

Wieder in Menzil: Heute ist der zweite Fastentag, und die orale Enthaltsamkeit zwischen Sonnenaufgang und Sonnenuntergang scheint einen heilsamen Einfluss auf meine körperliche und seelische Befindlichkeit zu haben. Ich fühle mich zufrieden und frei, ja sogar ein wenig high. So abgeschnitten zu sein von all den üblichen Verführungen und Zerstreuungen, macht etwas mit mir. Ich enthalte mich ja nicht nur des Essens und Trinkens, ich faste auch im Hinblick auf Kommunikation, Medien, Alkohol, Tabak, Musik, Auto, Zärtlichkeit, Sex und anderes. Ohne diese Süchte und Gewohnheiten nehmen meine Sinne intensiver wahr, fühle ich mich der Natur tiefer verbunden, schmecke ich mehr von der Essenz des Daseins. – Natürlich würde mir jetzt ein kühles Bier, eine zärtliche Umarmung oder ein offenes Gespräch Freude bereiten, aber ich vermisse es nicht. Im Hier und Jetzt läuft ein faszinierender Film ab: Die Luft ist erfüllt vom Tschilpen der Spatzen, ein Täuberich buhlt mit aufreizendem Gegurre um die Gunst seines Täubchens, ein Hahn schmettert sein La ilaha illa Llah dazwischen, und ein Esel schreit mit ausgefahrenem Begattungsorgan von Armeslänge seine Liebessehnsucht ins Universum. Halb verschleierte Frauen wenden sich ab, entziehen sich meinem nüchternen Streifblick, Eidechsen suchen in Mauerlöchern Schutz.

Meine dritte Nacht in der Tekke des Großscheichs und Gottesfreundes Muhammad Raschit war für mich eine Nacht des Schreckens. Nach dem letzten Gebet begaben sich alle wie in den Nächten zuvor zu ihren Schlafplätzen. Als ich mich im Untergeschoss der Moschee in meinen Schlafsack verkroch und versuchte, auf dem harten Betonboden eine halbwegs erträgliche Liegeposition einzunehmen, bemerkte ich, dass ich unter den rund fünfzig Anwesenden der einzige war, der ans Schlafen dachte. Die anderen hatten sich in Grüppchen im halbdunklen Raum verteilt und tuschelten miteinander. Plötzlich begann wie auf Kommando rings um mich her ein sich von Minute zu Minute steigerndes Horrorspektakel abzulaufen. Hier grölten einige Männer religiöse Lieder, da wurde lauthals diskutiert und gestritten, und dort kümmerten sich zwei ältere Derwische um einen Mann, der zuckend auf dem Boden lag. Einer der Männer drehte sich mit verzückter Miene um die eigene Achse, ein anderer hatte sich einen Sack über Kopf und Oberkörper gestülpt und schlug seine Stirn unentwegt an die graue Betonwand. Mit aufgerichtetem Oberkörper beobachtete ich fassungslos das infernalische Tohuwabohu, dessen Ende nicht abzusehen war. Entnervt und wie betäubt von all dem Schreien, Weinen, Lachen, Husten, Beten, Schimpfen, Rülpsen und Surensingen suchte ich nach einer Erklärung für den Aufruhr – bis mir endlich einfiel, dass im Ramadan in strenggläubigen Kreisen auch *Schlaffasten* angesagt ist. Und ich sagte mir, dass es sich bei all dem um rudimentäre Praktiken der Seelenhygiene handelte. Doch dass diese biederen und frommen Männer dabei so ausflippten, hatte ich nicht für möglich gehalten. Als sich dann auch noch ein zahnloser Greis mit seiner fleckigen Pumphose direkt neben mich auf mein Allerheiligstes, mein Kopfkissen, setzte und mit hochrotem Gesicht, irrem Blick, üblem Mundgeruch und Schaum vor dem Mund wild gestikulierend auf mich einredete, platzte mir der Kragen. Ich schob den delirierenden Dämon mit den Fäusten beiseite, raffte in aller Eile mein Reisegepäck zusammen und floh in die Nacht hinaus. Weit genug von der exorzistischen Orgie im Keller der Moschee entfernt suchte ich mir einen Schlafplatz unter dem mit unzähligen funkelnden weißen Lichtern geschmückten schwarzen Himmelsgewölbe – fest entschlossen, am Morgen abzureisen.

Als ich am 1. April gegen Mitternacht nach zwanzig Stunden Busfahrt durch ständig wechselnde wunderschöne wüstenähnliche Landschaften in der über tausend Meter hoch gelegenen Großstadt *Konya* am Busbahnhof ausstieg, schneite es in dicken Flocken. Aprilwetter! Erst am nächsten Tag fand ich ein einfaches Hotel, das meinem Reisebudget angemessen war. Von dort aus besuchte ich unverzüglich das benachbarte Mevlana-Museum mit dem Mausoleum Mevlana Jalaluddin Rumis, dessen türkisglänzende Kuppel das Wahrzeichen Konyas ist. Rumi war schon zu Lebzeiten, gestorben ist er 1273, ein im Vorderen Orient hochverehrter Dichter und Mystiker. Der Legende nach hat er eines Nachts, vom Anblick der am Himmel kreisenden Gestirne berauscht, angefangen sich in spiritueller Ekstase auf der Stelle zu drehen, viele Stunden, manche sagen Tage und Nächte lang. Dieser Tanz um das eigene Zentrum wurde zum religiösen Hauptritual des von Rumi gegründeten Ordens der *Drehenden Derwische*, der unter Atatürk in den Zwanziger Jahren des 20. Jahrhunderts, wie alle anderen Sufi-Orden in der Türkei, verboten wurde, aber im Untergrund weiter *drehte*. – Im Mevlana-Museum freundete ich mit dem Museumswächter an, der mir, dem Sufi, freien Eintritt gewährte, so oft ich wollte, und mir spezielle Kniffe des Derwisch-Tanzes verriet. Zudem faszinierten mich die im Museum ausgestellten Meisterwerke arabischer Kalligraphie und wertvolle, hunderte Jahre alte Kelims. In einer Nische in der Nähe des prunkvollen Sarkophags von Rumi entdeckte ich einen deutlich spürbaren geomantischen Kraftort, an dem ich meine inneren Batterien aufladen konnte. Die hatten es nötig, denn das Fasten ließ mich tagsüber ziemlich schlapp und antriebslos sein. Dennoch ging ich jeden Tag ein oder zweimal zu den Gebetszeiten in die *Selimiye*-Moschee und betete bis zu vierzig *Rackats*: Oberkörper vorbeugen, auf die Knie gehen, mit der Stirn den Boden berühren und die dazugehörigen Gebetsformeln sprechen. Für mich war das Beten in der Moschee weniger eine religiöse oder spirituelle Angelegenheit, sondern viel mehr Ruhepause, Körperertüchtigung und teilnehmende Beobachtung im Umfeld der muslimischen Religionsausübung.

Auch den Besuch bei Fatmas Schwester ließ ich mir trotz aller Müdigkeit nicht nehmen. Familie Okscha – Vater und Mutter arbeiteten bei der städtischen Wasserbehörde, Tochter und Sohn gingen in die Grundschule – empfing mich mit herzlicher Gastfreundschaft, und besonders die Kinder wollten mich am Ende, nach einem üppigen Abendessen, gar nicht wieder gehen lassen. – Bei Sheikh Nazim in Zypern hatte ich den zwanzigjährigen Hamid Türkmen kennengelernt, der mich eingeladen hatte, seine Familie in Konya zu besuchen; und so speiste ich am folgenden Abend ein zweites Mal königlich (das allabendliche *Fastenbrechen* artet bei den meisten Familien, sofern sie es sich leisten können, in regelrechte Fressorgien aus); diesmal mit Professor Erkan Türkmen, seiner Frau Aische und ihrem Sohn. Hamid wollte nach Deutschland auswandern, aber sein Vater bestand darauf, dass er vorher eine Ausbildung oder ein Studium absolviert, wogegen Hamid sich vehement sträubte. (Tatsächlich organisierte er später, mit geringem Erfolg, spirit-touristische Rundreisen für islaminteressierte Westeuropäer.) Der Professor, ein ausgewiesener Kenner und leidenschaftlicher Verehrer Rumis, schrieb an einem Buch über sein Idol; das gab den Anstoß für ein langes Gespräch über Mystik und Literatur. Später, nachdem im Fernsehen sekundengenau der Zeitpunkt des Fastenbrechens verkündet worden war, widmeten wir uns ausgiebig dem Abendessen. *Der Tisch war gedeckt wie im Schlaraffenland: Suppe, Gemüse, Pommes, geschmorte Zucchini, Kartoffeln mit Hammelfleisch, Reis, ein gekochtes Huhn, sauer Eingelegtes, Salat, Frischkäse, Oliven, Brot und allerlei Süßes; dazu Getränke und Obst, am Schluss Tschai.*

Tschai, stark gesüßter Schwarzer Tee aus dem Samowar in kleinen Gläsern oder als Aufguss frischer Minze in Wassergläsern serviert, ist, man erlaube mir den schrägen Vergleich, für Türken in etwa das, was für deutsche Männer das Bier ist. Die Kneipe an der Ecke gab es in Konya in Form ärmlicher Teestuben mit Kanonenofen und Schwarzweißfernseher. Da saß ich manchmal abends, um mich aufzuwärmen, für ein Stündchen bei zwei Gläsern Tee zwischen schweigenden müden alten Männern, schrieb Tagebuch und wartete darauf, dass es Zeit wurde ins Bett zu gehen. Mehr und mehr wurden allerdings die Teppichläden, die von morgens bis spätabends durchgehend geöffnet waren, zu Anziehungspunkten für mich. Zum einen weil die Händler aus geschäftlichen Gründen sehr kontaktfreudig waren und mich als potentiellen Kunden umwarben und umschmeichelten, zum anderen, weil mir viele der Kelims so überaus gut gefielen, dass ich im Lauf der Zeit zum Stammgast von einem halben Dutzend Läden wurde und mir stundenlang die geknüpften oder gewebten Teppiche präsentieren ließ, wohl ahnend, dass ich der Verlockung, das eine oder andere Stück zu kaufen, auf Dauer nicht widerstehen konnte. Als in der sechsten Reisewoche Elke zu mir stieß, hatte ich bereits vier Kelims erworben, und auch sie verliebte sich in eines der textilen Kunstwerke und handelte den geforderten Preis von 500 DM mit meiner Hilfe auf 330 DM herunter.

Über Professor Türkmen hatte ich Hassan Hussein kennengelernt, der nach eigener Aussage die *rechte Hand* eines Kadiri-Sheikhs war und mit einer kleinen Gruppe jeden Donnerstagabend bei sich zu Hause einen *Dhikr* abhielt. Bevor er Elke und mich dazu einlud, stellte er eine Befragung mit uns an und gab uns allerlei Belehrungen, um sicher zu sein, dass wir als Nichtmuslime *würdig* waren, an dem Ritual teilzunehmen. Als es so weit war, saß ich im Kreis von neun Männern in einem verdunkelten Zimmer, während Elke, die Haare mit dem obligatorischen Kopftuch bedeckt, in einer Ecke Platz genommen hatte. Der Dhikr verlief etwas anders, als ich es gewohnt war. Die Teilnehmer saßen im Fersensitz auf dem Boden und intonierten stoßatmend beim Einatmen *A-* und beim Ausatmen *Llah*, wobei der Kopf im Rhythmus heftig hin und her bewegt wurde, während Hassan *Ilahiler* (religiöse Hymnen) dazu sang. Nach ungefähr anderthalb Stunden gemäßigter Hyperventilation war der Dhikr zu Ende, das Licht wurde wieder eingeschaltet und Tee, Orangen und Datteln gereicht. Jetzt konnte ich in Ruhe die Männer betrachten, die überhaupt nicht den Eindruck machten, als wären sie in spirituelle Glückseligkeit eingetaucht. Im Gegenteil, sie wirkten missmutig und verspannt, als wäre das Ganze für sie nur eine religiöse Pflichtübung gewesen. Auch ich fühlte mich nach dem Ritual weder erleichtert noch beseelt; dazu fehlte mir das langanhaltende kraftvolle Singen in Verbindung mit ekstatischer Körperbewegung im Stehen, wie es in meiner Wuppertaler Dhikr-Gruppe praktiziert wurde.

Wer schon einmal Bilder von *Kappadokien* gesehen hat oder dort gewesen ist, wird mir beipflichten, dass es eine der reizvollsten Gegenden auf Erden ist. Hunderte, wenn nicht gar Tausende, bis zu dreißig Meter hohe, wie Zuckerhüte geformte Tuffstein-Kegel über etliche Quadratkilometer verteilt geben der Landschaft ihren einzigartigen Charakter. In vielen dieser *Zipfelmützen*, wie Elke und ich die Felsformationen scherzhaft nannten, haben schon im Altertum Menschen gewohnt, und in einigen leben auch heute noch ganze Familien. Zur Zeit der gewaltsamen Islamisierung Anatoliens versteckten sich hier tausende Christen in unterirdischen Gängen und Höhlen, die sie in das relativ weiche Gestein getrieben hatten. An einigen Stellen sind noch byzantinische Fresken ehemaliger Höhlenkirchen zu sehen. Elke und ich waren von Konya aus hierhin gereist und bewohnten in dem Dorf *Göreme* eine ungeheizte Pension mit in den Tuffstein gehauenen Räumen. Die nackten Wände waren feucht; die Nachttemperatur lag bei fünf Grad Celcius.

Nicht nur mit dieser spartanischen Unterkunft mutete ich Elke einiges zu; ich selbst war äußerlich ziemlich verwildert und *muselmanisiert*; aber sie befand sich noch in der Phase der Verliebtheit und nahm alles klaglos hin. Durch die pittoreske Landschaft zu wandern, war für uns beide ein (nicht nur visueller) Hochgenuss. An einem der Abende erkletterten wir einen Bergrücken und bestaunten tief ergriffen eine traumhafte Mondlandschaft, aus der in zirka siebzig Kilometern Entfernung der imposante, vom letzten Sonnenlicht beschienene Gipfel eines fast viertausend Meter hohen Vulkankegels emporragte. Mit abnehmendem Tageslicht wurde die Umgebung immer mystischer und surrealer. Wir meditierten eine Weile an einem Kraftplatz, an dem mehrere Wiedehopfe umherflatterten. Der Wiedehopf ist bei den Sufis ein besonderer Vogel. In der Erzählung *Konferenz der Vögel* von *Attar* ist er der spirituelle Führer durch die geheimnisvollen und gefahrenreichen *Sieben Täler*, die auf dem Weg zum *Demiurg* (Weltenschöpfer) zu durchqueren sind. Gemeint ist die Pilgerfahrt ins eigene Innerste. – Auf dem Rückweg zum Dorf sah ich im letzten Tageslicht einen Schakal vorbeihuschen, mein *Krafttier*, und in der Nacht hatte ich einen Traum, aus dem mir beim Erwachen die Worte nachklangen: *Flieg, Schakal! – flieg in das grünende Herz am Ende des Spiels!*

In Göreme gab es drei oder vier Teppichläden. Der am wenigsten auf Touristen, sondern vielmehr auf Wiederverkäufer ausgerichtete war der von *Suleyman Soundso*. In seinem Lagerraum gingen Elke und ich auf Schatzsuche, wühlten in einem Dutzend meterhoher Haufen von jeweils mehr als hundert aufgeschichteten Kelims und entdeckten viele wunderschöne, bis zu fünf Meter lange Stücke, die ich am liebsten sofort eingekauft hätte. Etwa die Hälfte davon bestand aus für den Tourismus und den Export maschinell gefertigter Massenware, die andere Hälfte waren bis zu hundert Jahre alte, aus Familienbesitz aufgekaufte Unikate, größtenteils von jungen Frauen gewebte Hochzeitsteppiche. Der einzige Kunde außer uns war ein Schweizer Kelimhändler, der schon seit Jahren mit Suleyman Geschäfte machte. Von ihm erfuhr ich so manches über Farben, Muster, Symbole und Webtechnik der als Wandbehang oder Bodenbelag genutzten Kelims. Am Ende ermutigte er mich, selbst in den Kelimhandel einzusteigen, indem er darauf hinwies, dass er in seinem Laden in Basel die in Göreme gekauften Stücke zum fünffachen Preis anbieten würde, und dass die Nachfrage sehr groß sei. Ich kaufte bei dieser Gelegenheit sechs Kelims für 4.400 DM und hatte damit einschließlich der vier aus Konya zehn Teppiche zum Antesten in meinem Laden. Da ich sie schneller verkauft kriegte als erwartet, reiste ich ein Jahr später ein weiteres Mal nach Göreme und suchte bei Suleyman fünfzig Kelims im Wert von 20.000 DM aus. Sie wurden per Frachtflugzeug nach Köln befördert, und ich konnte sie nach ein paar Wochen beim Hauptzollamt in Wuppertal in Empfang nehmen. Zusammen mit weiteren Kelims, die ich im selben Jahr aus Marokko mitbrachte, waren es insgesamt vierundsechzig Stück, die ich im Laufe von drei Jahren zum Dreifachen des Einkaufspreises an die Kunden der Atlantis-Buchhandlung verkaufte. Dass diese nicht gerade billigen Erzeugnisse orientalischer Handwerkskunst so gut weg gingen, war, abgesehen von meinem Verkaufstalent, ein kommerzieller Glücksfall, der etwas mit dem Zeitgeist Anfang der Neunziger Jahre zu tun hatte; ein paar Jahre später wäre ich auf dieser Ware im wahrsten Sinne des Wortes sitzen geblieben.

Eine Woche nachdem Elke nach Hause abgereist war, wurde es auch für mich Zeit, von Konya Abschied zu nehmen. Am letzten Tag fuhr ich mit dem Bus in ein Dorf am Rande der Stadt und suchte mir auf einem Felsenhügel einen Platz zum Meditieren und Nachdenken. Was hatte mir, dem ungläubigen Gottsucher, diese achtwöchige *Pilgerreise* gebracht? Während mir die Sonne aufs Haupt brannte und Mauersegler mir mit pfeifendem Gefieder um die Ohren sausten, ging mir vieles durch den Kopf: Ich hatte zwar keinen Meister gefunden, dem ich mein weiteres Leben anvertrauen konnte, und auch keinen anderweitigen spirituellen Durchbruch erlebt – aber das waren auch nicht wirklich meine Ziele gewesen. Ich war indessen tief eingetaucht in eine fremde Lebenswelt und mir selbst dabei ein gutes Stück näher gekommen. Am Ende der Reise hatte ich endlich ein Gefühl von Angekommen- und Angenommensein. Und ich hatte ein wenig Vertrauen gewonnen in etwas, das größer ist als ich. Ich empfand Dankbarkeit und Demut, und eine innere Ruhe wie lange nicht.

Es war der letzte Tag des Ramadan; in der Selimiye-Moschee fand am Abend ein besonderer Gottesdienst statt, der das Ende des Fastenmonats und den Beginn des dreitägigen *Zuckerfestes* markierte. Es war gleichzeitig *Kadir Gedschesi*, der Tag der Sündenvergebung (*Allah verteilt Zeugnisse*, erklärte mir Mustafa, der Teppichhändler von nebenan, scherzhaft). In der überfüllten Moschee tummelten sich hunderte Männer, Frauen und Kinder, und es ging sehr laut und lebhaft zu. Etwa zwei Stunden lang folgte ein virtuoser Ilahiler-Sänger nach dem anderen. Zwischendurch sang ein Knabenchor mit schrillen Stimmen eingängige Melodien. Ich habe ein Lied mit meinem Kassettenrecorder aufgezeichnet und mir später von jemandem den türkischen Text aufschreiben lassen. Während der folgenden Predigt wurden die Gläubigen aufgefordert, ihrem linken und rechten Nachbarn die Hand zu reichen, um sich gegenseitig um Verzeihung zu bitten und zu verzeihen. Darauf wanderten Plastikbecher mit Wasser von Hand zu Hand, bis alle versorgt waren; und die Leute begannen miteinander zu reden. Alles vollzog sich in fröhlicher und gelöster Stimmung, die auch mich erfasste. Ich spürte etwas von der Kraft des Glaubens, und plötzlich befand ich mich mitten in einem Flirt mit *Allah Almighty*. Ich war mir in diesem Moment ganz sicher, dass nur *Ihm* meine ganze Sehnsucht gilt. Alles Treiben und Getriebensein des äußeren Lebens wird nie den Hunger nach dem *Geliebten* stillen. Ein heiliger Schauer durchrieselte mich, als ich mit ausgebreiteten Armen und offenem Herzen empfing, was mir der Große Geist an diesem Abend zu schenken geruhte. – Alhamdoullillah! Danke!

Irina – oder: Sufitanz in Samarkand

Nach der Türkeireise zog ich am Goldenbergshammer aus und erwählte
den Hinterraum meiner Buchhandlung als vorübergehende Bleibe. Das
ging natürlich nur, weil ich die Wochenenden bei Elke in Recklinghausen verbrachte. In Elkes Herbstferien 1990 nahmen wir an einer organi-
sierten Reise in den Kaukasus teil, die uns über Moskau nach Georgien
und Armenien führte und einen Abstecher auf die Halbinsel Krim ein-
schloss. Doch ich möchte von einer anderen Reise in die Sowjetunion
erzählen, die sich Anfang der Neunziger Jahre in Auflösung befand. Ich
hatte in der *esotera* eine Kleinanzeige gelesen, die nur aus der Ankündigung *Sufitanz in Samarkand – 31.5. bis 18.6.1991* und einer Telefon-
nummer bestand. Bei mir klingelte es innerlich zweimal: *Sufitanz!* und
Samarkand! – allein der Klang des Namens Samarkand hatte mich immer
schon fasziniert, und Sufitanz war mein spirituelles Spezialgebiet. Weil
die Anmeldefrist fast abgelaufen war, überlegte ich nicht lange, sondern
ließ mich auf das nicht näher definierte Angebot ein. Die Zeit reichte
gerade noch, im Schnellverfahren bei der Sowjetischen Botschaft in Bonn
ein Visum zu ergattern.

Es fing schon gut an: Stau auf der A43, auf der Elke mich mit ihrem
Auto zum Bochumer Hauptbahnhof brachte. Meine Befürchtung, den
Zug nach Berlin und damit den Flug nach Moskau zu verpassen, steiger-
te sich zur Panik, als wir zum Zeitpunkt der Abfahrt des Zuges gerade
mal den Bahnhofsvorplatz erreichten. Jetzt konnte nur noch eine Zug-
verspätung meine Reise retten. Ohne ein Küsschen zum Abschied raste
ich mit meinem Gepäck zum Bahnsteig, wo die Trillerpfeife des Lok-
führers und die erhobene Kelle des Schaffners die Abfahrt des D-Zuges
signalisierten. Als der Schaffner mich sah, hielt er mir hilfsbereit die
Waggontür des bereits anfahrenden Zuges auf, und ich sprang hinein.
Wieder mal Glück gehabt.

Was ich alles verpasst hätte, wenn mir der Zug vor der Nase weggefah-
ren wäre, wusste ich erst am Ende der Reise, aber im Zug nach Berlin
wusste ich noch so gut wie nichts darüber, was eigentlich geplant war. Am
Flughafen in Berlin lernte ich die anderen fünf westlichen TeilnehmerInnen der, wie ich bald erfuhr, ziemlich außergewöhnlichen Abenteuerreise
kennen. Die Initiatorin und Leiterin war Zahira, eine deutsche Sannyasin
(Schülerin Bhagwans), die in Zusammenarbeit mit Prayas, einem russi-

schen Sannyasin, das Reisekonzept ausgearbeitet hatte. Außer ihr waren da noch Souhana und Guruta aus Holland, Klaus aus Köln und Bruno vom Bodensee, alle Anhänger von Bhagwan.

In Moskau trafen wir auf dreißig weitere, mehrheitlich weibliche Bhagwan-Anhänger und nisteten uns mit ihnen in einem ehemaligen Sanatorium für erholungsbedürftige Sowjet-Aktivisten ein. Mit Vollverpflegung versteht sich; aber das Essen war für meinen empfindlichen Magen eine Herausforderung: Zum Frühstück gab es graue Nudeln, heiße Fleischwurst, kalten Milchreis, lauwarme Buchweizengrütze, rohen Hering und dergleichen – für die russischen Sannyasins beste Kost! Sie waren ein bunter lockerer Haufen junger Leute zwischen Zwanzig und Dreißig aus allen Teilen der Sowjetunion, die sich dem gesellschaftlichen Nonkonformismus und der spirituellen Suche verschrieben hatten. – Aus irgendwelchen Gründen konnte der Weiterflug nach Samarkand erst drei Tage später erfolgen. So hatten wir Zeit, uns in Moskau umzuschauen und das beeindruckende Kloster von *Sagorsk* siebzig Kilometer nordöstlich von Moskau zu besichtigen. Gleich in der ersten Nacht hatte ich ein erotisches Techtelmechtel mit Djalallah, einer Tatarin aus Kasan.

Unsere eigentlichen Reiseziele waren Usbekistan und Tadschikistan, die zu den fünf ehemaligen Sowjetrepubliken in Zentralasien gehören und wie ihre südlichen Nachbarstaaten Iran und Afghanistan seit dem 8. Jahrhundert vom Islam geprägt sind. In Samarkand, der zweitgrößten Stadt Usbekistans, hielt sich unsere 35-köpfige Reisegesellschaft gerade mal einen Nachmittag lang auf, so dass wir leider nur einen Bruchteil der Sehenswürdigkeiten dieser einstmals blühenden kulturellen Metropole an der Seidenstraße zu Gesicht bekamen. Samarkand war im Jahre 1220 von Dschingis Khans Mongolenhorden erobert und von seinen Nachfolgern prächtig ausgebaut worden. Wir besichtigten den zentralen Platz *Registan*, der an vier Seiten von Moscheen und Medressen (Koranschulen) aus dem 15. bis 17. Jahrhundert flankiert wird, die alle mit ornamental verzierten Kacheln verkleidet sind; und die Moschee *Bibi-Chanym*, die unter Timur 1404 bis 1408 zu Ehren seiner Schwiegermutter erbaut wurde und zu dieser Zeit als das größte und schönste islamische Bauwerk der Welt galt. Timurs Enkel Ulug Beg ließ in Samarkand eine Sternwarte errichten und verfasste die genauesten Sterntafeln des Mittelalters.

Noch am selben Abend verteilte sich unsere Reisegesellschaft auf zwei ältere geländegängige Busse sowjetischer Bauart und fuhr die ganze Nacht hindurch Richtung Osten. Am Morgen erreichten wir Pendschikend in Tadschikistan, wo wir in einem weitläufigen *Chaihane* (Teehaus) von in tadschikische Trachten gekleideten Männern ein landestypisches Frühstück in Form eines Gemüseeintopfs mit Hammelfleisch serviert bekamen. Und kurz darauf ging die Fahrt weiter, immer höher in die Berge des Pamir-Gebirges, einem der westlichen Ausläufer des Himalayas. Die kahle Berglandschaft erinnerte mich an den *Hindukusch* in Afghanistan, den ich zwanzig Jahre zuvor auf der Indienreise durchquert hatte. Hier gab es keine asphaltierte Straße mehr, nur eine in das lockere Gestein getriebene einspurige Trasse, die sich in Serpentinen an steilen Abhängen entlang wand. Inzwischen hatte ich eine Ahnung davon bekommen, wo die Reise hingehen sollte. Zahira und Prayas hatten sich in Indien im Ashram von Bhagwan kennengelernt und beschlossen, ein Meditationscamp mit dem Schwerpunkt Sufitanz auf einem 2750 Meter hoch gelegenen Gelände im Osten Tadschikistans durchzuführen, für das Zahira die inhaltliche und Prayas, der sich auf Wildnis-Camps spezialisiert hatte, die organisatorische Verantwortung übernahmen. Zahira hatte zwei Jahre lang bei afghanischen Sufis gelebt und war, wie sie mir nicht ohne Stolz mitteilte, in den Siebziger Jahren eine Zeit lang die Geliebte von Pir Vilayat gewesen. Die anderen TeilnehmerInnen waren allesamt aufgeweckte, lebensbejahende Menschen, die sich offenherzig miteinander austauschten und mit Leichtigkeit Verbindungen knüpften, wobei von Anfang an ein erotisches Fluidum in der Luft lag. Mit den meisten konnte ich mich auf Englisch verständigen, bei einigen musste ich auch mal meine bescheidenen Russischkenntnisse bemühen. Mir war viel daran gelegen, für die Dauer der Reise eine Gefährtin an meiner Seite zu haben, mit der ich zwischenmenschliche Nähe, Zärtlichkeit und Sex teilen konnte. Mindestens ein Dutzend hübscher junger Frauen, die alle ohne Partner an der Reise teilnahmen, gefielen mir so gut, dass mir die Wahl sehr schwergefallen wäre, wenn da nicht die eine gewesen wäre, die mich mit dem unschuldigen verträumten Ausdruck in ihren bernsteinfarbenen Augen und ihrer grazilen Figur auf den ersten Blick so sehr bezauberte, dass ich mich spontan für sie entschied. Sie hieß Irina, man konnte sie aber auch in der für Russland typischen Abwandlung des Namens *Ira, Irinka, Irischa* oder *Irinuschka* nennen. Ihre Mutter war Usbekin, ihr Vater Russe; sie war vierundzwanzig, lebte in Leningrad, hatte Agrarwissenschaft studiert und war arbeitslos. Ihr Geburtsdatum war der 5. Juli, so wie meins! Und sie war gerne bereit, sich mit mir zusammenzutun.

Am späten Nachmittag hielten die Busse auf einer Wiese an einem Gebirgsbach. Wir stiegen aus, das Gepäck wurde entladen, die Busse fuhren davon. Prayas verkündete, dass wir im Freien übernachten würden. Während der Koch eine Mahlzeit zubereitete, machte ich mit Irina einen Spaziergang zu einem nahegelegenen Bergbauerndorf. Es war fast menschenleer, nur eine Frau mit drei kleinen Kindern trafen wir vor einer der baufälligen Lehmhütten; und ein in der Abendsonne sitzendes von Armut und Siechtum gezeichnetes Greisenpaar starrte uns aus halbblinden Augen mürrisch an. Die Männer, Frauen und Kinder des Dorfes waren hoch oben in den Bergen bei dem Vieh.

Über den Aufstieg der Reisegruppe vom Openair-Nachtlager auf schätzungsweise 1400 Metern bis zu unserem Ziel auf 2750 Metern notierte ich in meinem Tagebuch: *6.6.91. Am frühen Morgen fällt ein leichter Regen. Acht Esel werden, ich weiß nicht woher, herangeführt und stundenlang mit unserem persönlichen Gepäck, Zelten, Verpflegung und allem, was sonst noch nötig ist, bepackt. Während die Packesel durch das Wasser ans andere Ufer stapfen, balancieren wir einzeln über eine schmale vierkantige Betonsäule, die als Brücke dient. Dann fünf Stunden steil bergauf. Schon nach einer Stunde schmerzen meine Beine und mein Becken heftig, das Atmen tut weh, jeder noch so kleine Schritt ist eine Tortur. Ein Regenschauer, ein Gewitter in der Ferne, dann wieder extreme Hitze. Schließlich erreichen wir ein Nomadenlager, wo wir eine Stunde rasten. Zwei Frauen bieten uns Ziegenmilch, Jogurt, Chai und Wasser an. Ich lasse mich von Irina mit meiner Kamera fotografieren, wie ich in einer Jurte kniee, umgeben von drei hübschen Tadschikinnen in farbenprächtigen Kleidern, eine mit einem Säugling im Arm. In der benachbarten Jurte ist eine Stunde vor unserer Ankunft eine alte Frau gestorben. – Der Aufstieg geht weiter, ich schwitze in der Affenhitze und habe einen Höllendurst. Immer mehr Vier- und Fünftausender kommen ins Blickfeld. Nach weiteren zwei Stunden Kraxelei bauen wir bei immer noch gleißender Sonne auf einer Almwiese unsere Zelte auf. Die geliehenen Packesel werden von ihrem Führer wieder bergab getrieben. Ein eiskalter türkisfarbener Bergsee lädt zu einem erfrischenden Bad ein.*

Schon bald gibt es Streit mit den oberhalb unseres Camps jenseits des kleinen Sees lagernden Nomaden. Es sind Frauen und Kinder. Die Männer sind mit ihren Herden noch höher in den Bergen. Eine Alte jagt keifend und kreischend drei Esel durch unser Lager. Die Kinder eifern ihr nach, und bald grasen Ziegen und Rinder zwischen unseren Zelten; die Nomaden wollen uns hier nicht haben, es ist ihr Revier. Ich schlage Nusrat, der als einziger von uns Tadschikisch spricht, vor, mit ihnen zu verhandeln. Er lehnt es ab, aber kurze Zeit später verteilt er Geschenke an die Kinder, gebrauchte Kleidung. Ich spendiere eine Tafel Schokolade und zeige den Kindern, wie man mit einem Kugelschreiber auf Papier malt, das kennen sie nicht. Beladen gehen sie davon; später kommen sie wieder und rufen fordernd: Bakschisch, Bakschisch!

Irina und ich machten es uns in einem kleinen Zweierzelt gemütlich. Als sie keinerlei Interesse an körperlicher Annäherung zeigte, war ich ein wenig enttäuscht. In dieser Nacht konnte ich nicht gut schlafen, zuerst wegen der aufgewühlten Psyche, dann wegen der Eselschreie alle halbe Stunde, später wegen der Kälte. Am Morgen eine dünne Schneeschicht. Nach dem Frühstück leitete Zahira auf einer ebenen Fläche in der Nähe des Lagerplatzes die ersten Übungen an. Am Nachmittag besuchte eine Delegation von drei Frauen unserer Gruppe, begleitet von Nusrat als Dolmetscher, das Nomadenlager, um die Nomadenfrauen zu besänftigen. Mit einigem Erfolg, wie sich später zeigte.

Zahiras Seminarprogramm war sehr komplex; sie hatte sich viele Übungen ausgedacht, die in Abwandlung traditioneller Sufi-Übungen in erster Linie der Entspannung, Energetisierung und der Selbsterfahrung dienten. Einige davon habe ich später in meinen eigenen Workshops angewendet. Der Hauptteil des Programms bestand aus dem *Derwischtanz*. Wir praktizierten das auf Rumi zurückgehende Ritual an mehreren Nachmittagen. Dabei drehten wir uns mit ausgebreiteten Armen zur traditionellen Musik von Trommel und *Ney* (Rohrflöte) aus Zahiras Ghettoblaster im Dreivierteltakt um uns selber – manche bis zu zwei Stunden ohne Unterbrechung. Ich sehe noch vor mir, wie meine geliebte Irina in einem sich bauschenden weinroten Rock, den ihr Souhana geliehen hatte, in harmonisch kreisender Bewegung eine unbeschreibliche Anmut ausstrahlte.

Zahira wurde von den TeilnehmerInnen wegen ihres spirituellen Charismas und ihrer ungekünstelten Emotionalität verehrt und geliebt. Einigen gingen ihre Effekthascherei und ihre fanatische Bhagwan-Verehrung allerdings auf den Keks. Ich dagegen genoss die ungeteilte Verehrung der anderen, weil ich von ihnen als *echter Sufi* angesehen wurde. Mit einem von mir geleiteten Singeabend mit spirituellen Liedern aus aller Welt und einem *Dhikr*-Ritual, nur für die Männer, trug ich auch zum Programm bei.

8.6.91. Die Schönheit der Natur ist überwältigend. Auf einem Felsplateau oberhalb des Lagers sehe ich in allen Himmelsrichtungen eine vom Tourismus noch unbefleckte majestätische Hochgebirgslandschaft mit vielen schneebedeckten Gipfeln und berausche mich an dem rosafarbenen Abglanz der Abendsonne auf bizarren Granitgiganten. Das Geschrei der Esel wird mit mehrfachem Echo von den Steilwänden zurückgeworfen. In einiger Entfernung unter mir kreist ein Adler. Letzte Nacht heulte nicht weit entfernt ein Wolf, und eine Steinlawine polterte zu Tale. Vom Anblick der ungeheuer zahlreichen funkelnden Sterne am Nachthimmel bin ich immer wieder fasziniert.

9.6.91. Das Essen? – Es ist nicht einfach, für fünfunddreißig Leute über offenem Feuer zu kochen – abwechselnd Nudeln oder Buchweizen und ein wenig Gemüse. Der Salat ist alle, Nachschub schwer zu beschaffen. Wir spülen die Plastikschalen und Plastikbecher in einer Plastikschüssel mit kaltem Wasser aus dem See. Ich habe seit Tagen Magenbeschwerden, oder ist es der Zwölffingerdarm, der mich piesackt? Der Blase macht die nächtliche Kälte zu schaffen, daher habe ich mir einen Wollschal um den Unterleib gewickelt. Mein Taschenmesser ist verschwunden; die Jungs aus dem Nomadenlager schleichen beutelüstern durch unser Camp, und die Rinder, Esel und Ziegen scheißen alles voll. Ich bin seelisch angekratzt, finde aber niemanden, dem ich mich öffnen kann, die sprachliche Verständigung ist unzureichend. Ich sehne mich nach Herzensverbindung und Zärtlichkeit. Während die meisten anderen fleißig rummachen, muss ich mich damit abfinden, dass zwischen mir und Irina nichts läuft. Klaus, der noch auf der Hinreise bekundet hatte, dass er seit drei Jahren mit keiner Frau zusammen war, hat sich mit den Worten, ich kann so schlecht nein sagen, meine vorletzte Packung Pariser ausgeliehen (kicher!), weil er letzte Nacht mit zwei Mädels seinen ganzen Vorrat aufgebraucht hat.

Am nächsten Tag sah die Welt wieder freundlicher aus. Die Sonne knallte vom Himmel, und ich gönnte mir trotz Blase eine lustvolle Abkühlung im See. Dann schoss ich mit meiner Kamera einige Bilder von sechs Nomadenmädchen, die sich auf einem Felsen am Rande des Wassers in immer neuen fotogenen Positionen platzierten. Sie trugen bunte Kopftücher und abgetragene Mäntel oder Jacken über zerschlissenen Kleidern und verharrten einige Minuten schweigend auf der Stelle, bis sie sich wieder neu gruppierten. Als ich zum Lager zurückging, begannen sie zu singen, und das klang so wunderschön und wehmütig, dass mir die Tränen kamen. – Kurze Zeit später wurde ich selber zum Fotomotiv und ließ mich von Serjoscha, einem Kunststudenten aus der Ukraine, ablichten. Das Dia zeigt mich in meiner Sufikluft stolz auf einem Esel sitzend, überragt von einem schneebedeckten Bergmassiv im Hintergrund. Danach zeichnete mich Natascha aus Odessa mit Rötelstift und schenkte mir das Porträt, auf dem ich aussehe wie der leibhaftige Mullah Nasruddin, der in Zentralasien *Nasreddin Hodscha* genannt wird. Sogar das Abendessen war vorzüglich: Kartoffeln, Gemüse in leckerer Soße, dazu Salat und ein warmer Fruchtsaft als Dessert. Und danach auch noch die lang ersehnte Umarmung! – nicht mit Irina, sondern mit Souhana, die mich in ihr Zelt einlud, um mich zu verführen (während die anderen draußen im Nieselregen zu Disco-Musik tanzten). Mit der gleichaltrigen Souhana, der Niederländerin, die perfekt deutsch sprach und einen ähnlichen soziokulturellen Hintergrund hatte wie ich, ergab sich auch ein wohltuendes Gespräch über unsere Befindlichkeiten. Souhana fühlte sich als Diplompsychologin und langjährige Schülerin Bhagwans von Zahira zu sehr an den Rand gedrängt. – Irina blickte etwas verstört, als ich aus Souhanas Zelt stieg. Aber da ich ihr versicherte, dass ich sie sehr gerne hätte und lieber mit ihr zusammen gewesen wäre, war sie schnell versöhnt. Als ich ihr dann noch eine Kette mit einem in Silber gefassten Bergkristall schenkte, strahlten ihre Augen. In der Nacht im Zelt bibberte sie vor Kälte, wir rückten eng zusammen und küssten und kuschelten uns warm. Am Morgen blieben wir lange liegen, und als die Sonne begann, unser Zelt aufzuheizen, öffnete sich die süße Irina mehr und mehr und erwies sich als hingebungsvolle Geliebte.

Ich hatte mir in den Kopf gesetzt, koste es, was es wolle, *Buchara* zu besuchen, die kleinere Schwester Samarkands, jene legendäre Stadt, die in ihrer geistigen Blütezeit im Mittelalter über dreihundert Moscheen und Medressen aufwies und eine Hochburg gelehrten Sufitums war. Irina war bereit, mich zu begleiten. Wir verließen das Camp einen Tag vor den anderen; um vier Uhr in der Nacht machten wir uns an den Abstieg, der nur halb so lange dauerte wie der Aufstieg. Kurz vor Sieben erreichten wir die Straße. Angeblich sollte hier um halb acht ein Bus vorbeikommen, aber bis zehn Uhr warteten wir vergebens. Das erste Fahrzeug, das aufkreuzte, war ein alter, rundum ramponierter LKW. Wir brachten ihn durch Handzeichen zum Stoppen, Irina sprach mit einem der drei Männer in der Fahrerkabine, und dann saßen wir auf dem rostigen Eisenblech der offenen Ladefläche und wurden dreieinhalb Stunden lang durchgerüttelt, von der Sonne geröstet und eingestaubt – bis wir in Pendschikent ankamen, wo wir in einen öffentlichen Bus umstiegen, der uns bis Samarkand brachte. Auf einen Anschlussbus nach Buchara mussten wir zwei Stunden warten. Ich schlug vor, ein Taxi zu nehmen. Es hätte vierhundert Rubel, umgerechnet achtundzwanzig DM gekostet, und wir wären drei Stunden früher in Buchara angekommen; wir hatten ja nur einen Tag zur Verfügung, um die Stadt zu besichtigen. Aber Irina wehrte sich mit Händen und Füßen dagegen, denn die Taxikosten, die ich natürlich getragen hätte, entsprachen der Hälfte des Betrages, der ihr monatlich zur Verfügung stand.

Buchara, *die Erhabene*, empfängt uns nicht gerade gastfreundlich. Den ganzen Tag haben wir uns auf gutes Trinkwasser gefreut, aber Fehlanzeige, lediglich ein stark schwefelhaltiges lauwarmes Mineralwasser ist aufzutreiben. Im Hotel *Intourist* muss ich für eine Nacht (in einem Zimmer, das ich noch nicht einmal benutze!) achtzig Dollar abdrücken, das entspricht 144 DM. Irina darf das Hotelzimmer nicht mit mir teilen, sie bekommt ein anderes, drei Stockwerke höher, das umgerechnet 2,50 DM kostet. Der fehlende Buchara-Eintrag in meinem Visum sorgt für ein Problem im Kopf eines Apparatschiks der Ausländerbehörde; aber nach einem längeren Wortwechsel mit Irina knallt er mit verächtlich heruntergezogenen Mundwinkeln einen Stempel in meinen Pass. – Irina fühlt sich am Abend unwohl. Um sie zu trösten, übernachte ich unerlaubterweise in ihrem Zimmer.
Am nächsten Tag viereinhalb Stunden Sightseeing-Marathon, ohne Irina, die lieber im Hotel bleibt. Die Kamera im Anschlag haste ich im Eiltempo durch die Gassen der Altstadt, in der kaum noch Menschen leben, und wenn, dann unter höchst miserablen Bedingungen. Viele Ruinen und Brachflächen, in denen die Abrissbirne gewütet hat, fallen mir ins Auge. Da und dort ragen zwischen den Resten der islamischen Kultur öde Plattenbauten aus der Sowjetzeit empor. Alles zusammen wirkt auf mich wie eine Geisterstadt. Ich fotografiere sowohl zerfallende als

auch relativ gut erhaltene Medressen und Moscheen, die alle nicht mehr ihrer Bestimmung gemäß genutzt werden, was im Fall der Moschee Kaljan ein Glück ist, denn von ihrem fünfundvierzig Meter hohen Minarett wurden im Mittelalter die zum Tode Verurteilten hinuntergestoßen! Der stattliche Turm besticht durch seine kunstvoll gemauerten Ziegelsteinreliefs auf der Außenwand. Bei vielen der einstigen Prachtbauten sind die bemalten Kacheln abgefallen, klaffen breite Risse in den grauen Lehmwänden, bekunden verbretterte Eingänge akute Einsturzgefahr. Der zentrale Teil des überdachten Basars ist in jüngerer Zeit restauriert worden, aber beim Betreten des Gebäudes sehe ich, nachdem sich die von greller Sonne geblendeten Augen an die Dunkelheit gewöhnt haben, nur ein leeres Gehäuse, ohne Anzeichen von Leben.

Im Kontrast zu dieser Tristesse prangen in den Halbkuppeln der Eingangstore und an den Frontwänden der wenigen gut erhaltenen Sakralbauten prächtige Fayencen, die vor Farbintensität und kalligraphischem Formenreichtum, bis hin zu quasi psychodelischen Mustern, geradezu explodieren. Das Flair von Tausendundeiner Nacht umweht auch den *Tschar Minar*, das Torhaus einer Anfang des Neunzehnten Jahrhunderts erbauten, vor wenigen Jahren abgerissenen Moschee. Vier von türkisfarbenen Kuppeln gekrönte Türme recken sich phallisch in die Höhe, und zwischen ihnen, auf der flacheren Hauptkuppel, thront ein Storchennest, in dem ein Elternpaar seinen Nachwuchs mit fressbaren Abfällen füttert. Aber auch dieses ästhetisch reizvolle Bauwerk neigt sich demütig zur Seite, bereit, für immer und ewig im Staub der Geschichte zu versinken.

Während meines Rundgangs begegnen mir nur wenige Leute, darunter kein einziger Tourist. Einmal treffe ich auf drei ältere Muslime, die im Schatten einer Moschee den Koran studieren, ein andermal bin ich am Tor eines Schulgebäudes von einem Dutzend herausströmender SchülerInnen umringt – die Mädchen in knöchellangen, in schrillem Schwarz, Weiß, Rot und Gelb längsgestreiften Kleidern, die Jungen mit weißem Hemd und der traditionellen Kopfbedeckung der Männer, einem schwarzen Käppi mit weißem Muster. Sie nehmen keinerlei Notiz von mir, wahrscheinlich halten sie mich für einen russischen Touristen. Vor einem Laden spricht mich ein altes Männlein, auf dessen blauer Arbeitskluft der Leninorden glitzert, freundlich auf Russisch an, doch ich verstehe so gut wie nichts. Nachdem ich ihm bedeutet habe, dass ich aus Deutschland komme, verzieht sich sein faltiges Gesicht zu einem zahnlosen Lächeln, und er spricht ein Wort, das ich verstehe: *Beckenbauer!*

Irgendwann mache ich Rast auf einem Platz im Schatten großer Maulbeerbäume, setze mich auf eine der in den Teehäusern gebräuchlichen, wie Bettgestelle geformten Sitzgelegenheiten zwischen die Einheimischen und trinke zwei oder drei Gläser *Kwass*, ein russisches leicht alkoholisches Getränk aus vergorenem Brot. Ein paar Schritte entfernt steht ein lebensgroßes Denkmal des auf einem Esel reitenden Nasreddin Hodscha, der die meiste Zeit seines Lebens in Buchara seine Späße getrieben haben soll. Schräg gegenüber ragt eine mindestens sechs Meter hohe Leninstatue empor.

Am Nachmittag warteten Irina und ich bei brütender Hitze in einer langen Schlange vor dem Bahnhof stundenlang darauf, eine Fahrkarte für den Nachtzug nach Samarkand zu ergattern. Die meiste Zeit wartete Irina, denn ich lag zeitweise mit starken Bauchschmerzen in der prallen Sonne auf einer vertrockneten Rasenfläche und wünschte mir nur eines: weg von hier! Am liebsten nach Hause, zu Elke, oder wenigstens an ein schattiges Plätzchen. Am dringendsten brauchte ich eine magenfreundliche Mahlzeit – und Wasser, schlichtes trinkbares Wasser! Die vier Wasserautomaten vor dem Bahnhofsgebäude waren alle außer Betrieb. Den lodernden Flammen meiner Magenschleimhautentzündung hatte ich nichts mehr entgegenzusetzen als ein paar rohe Kartoffeln, einen Rest Heilerde, einen Kanten Brot, *Om*-Singen, Handauflegen und Beten.

Nach fünf Stunden Warten kam Irina endlich an die Reihe, aber o Schreck, die Fahrkarten nach Samarkand waren ausverkauft! Was das für uns bedeutete, kann man sich leicht vorstellen, wir würden unseren Flug nach Leningrad verpassen. Und dann?! – Irina lief aufgebracht zur Bahnhofsvorsteherin und kam kurze Zeit später freudestrahlend mit zwei Tickets zurück, keine Ahnung, wie sie das geschafft hatte. Die Abfahrt des Zuges stand kurz bevor, als wir endlich mit schwerem Gepäck und nass geschwitzt den hintersten Waggon des ungefähr einen Kilometer langen(!) Zuges erreichten. Wieder mal Glück gehabt, dachte ich, während wir, dem Verlauf der historischen Seidenstraße folgend, in die baumlose Landschaft hinausgetragen wurden, über die sich bereits die Nacht senkte.

In Leningrad, das jetzt wieder wie vor der Oktoberrevolution von 1917 St. Petersburg hieß, schlief ich noch drei Nächte in Irinas ärmlich eingerichteter Einzimmerwohnung (in einem sechsstöckigen Mietshaus mit Jugendstilelementen an der Fassade) auf dem Fußboden, weil das Bett zu schmal war. Tagsüber zeigte Irina mir einige interessante Plätze und Gebäude in der Stadt. Am zweiten Tag traf ich mich mit *Marina Nikolaijewna*. Diese charmante, burschikose, sehr blonde Leningraderin hatte ich ein Jahr zuvor in England kennengelernt, wo sie mit einer russischen Theatergruppe an einem *Tanzcamp* teilnahm, zu dem auch ich angereist war, um die *Tänze des Universellen Friedens* kennenzulernen. Diese oft als *Sufitänze* bezeichneten Kreistänze zu eigenem Gesang hatte Samuel Lewis, der Sohn des Jeansfabrikanten, in den Sechzigerjahren kreiert und in der amerikanischen Hippie-Szene populär gemacht. Sie basieren auf hinduistischen, buddhistischen, islamischen, indianischen, jüdischen und christlichen Gesängen und religiösen Texten. Samuel Lewis hat aus diesem Material meditative Tänze choreografiert, die bis heute von *Dancing Circles* in England und in den USA mit Begeisterung praktiziert werden. – Wie gesagt, auf diesem Workshop, der in Zelten und im Freien auf einem Wald- und Wiesengelände nordwestlich von London abgehalten wurde, hatten Marina und ich uns kennengelernt und eine Liebschaft miteinander gehabt, die später in eine Brieffreundschaft übergegangen war.

Als ich Marina jetzt in Leningrad (alias Petersburg) aufsuchte, hatte sie gerade zusammen mit drei Männern eine Chorprobe. Die Gruppe nannte sich *Northern Gate* und intonierte virtuos vierstimmige russische Volkslieder von der Art, wie ich sie liebe. Am vorletzten Abend vor meiner Rückreise ging ich mit Irina und Marina auf dem *Newski-Prospekt* spazieren. Ich lud die beiden zum Essen ein, und wir suchten lange nach einem Restaurant, in dem ich etwas mit Kartoffeln bestellen konnte, wegen meines Magens. Aber am Ende musste ich mich mit Reis begnügen, Kartoffeln waren Mangelware. Auch in den Gemüseläden hatten wir keine bekommen. Bis zum Beginn der *Weißen Nächte*, in denen die Petersburger alljährlich ausgelassen die Sommersonnenwende feiern, waren es nur noch drei Tage, daher flanierten um Mitternacht noch tausende Menschen in den Straßen. Als ich mich nach unserem Stadtbummel von Marina verabschiedete, ließ nichts darauf schließen, dass ich sie vier Jahre später wieder besuchen würde – in der Absicht, sie zu heiraten!

Die liebe Irina, die zeitweise meine Magenschmerzen erlitt, während es mir besser ging, begleitete mich noch bis zum Moskauer Flughafen *Scheremetjewo*. Im Nachtzug sagte sie zu mir, ich hätte ein weiches Herz, und sie sei traurig, dass unsere Wege sich wieder trennten. Wir hatten uns in den zwei gemeinsamen Wochen so sehr aneinander gewöhnt und so vieles miteinander erlebt, dass beim Abschied Tränen flossen.

Marrakesch

Im Frühjahr 1992 gab ich den Hinterraum meines Ladenlokals nach fast zwei Jahren als provisorische Wohnstätte auf und mietete mit Elke ein renoviertes altes Bauernhaus am Rande Wuppertals. Vier Zimmer und nutzbare Nebengebäude boten ausreichende Voraussetzungen für behagliches Wohnen und für Wochenendworkshops mit bis zu zehn TeilnehmerInnen. Nach meinen ersten Erfahrungen als Workshopleiter am Goldenbergshammer und zwei Workshops in der noch bestehenden DDR (1989 und 1990) machten Elke und ich uns mit großem Elan daran, ein gemeinsames Angebot unter dem Titel *Tanz der Freude* beziehungsweise *Zauber der Stimme* aufzubauen. Sie beinhalteten spirituelle Lieder aus aller Welt, Kreistänze zu eigenem Gesang, meditative Übungen und Rituale und waren jedes Mal ausgebucht. Parallel dazu bot ich noch mehrere Seminare *Sufi-Weg des Herzens* an, die ich in den folgenden Jahren, bis 1996, unter dem Markenzeichen *Das Tanzende Herz* ständig weiter ausbaute.

Ich besuchte auch weiterhin Seminare und Workshops namhafter Sufimeister und anderer spiritueller und künstlerischer LehrerInnen, um mich persönlich weiterzuentwickeln und mein Repertoire an bewusstseinserweiternden und die Lebensenergie freisetzenden Übungen zu vergrößern.

Mein nach Pir Vilayat wichtigster Lehrer war *Jabran M. Sebnat*, ein junger dynamischer Marokkaner, über dessen komplexe Verbindungen mit der Sufitradition ich nichts Genaues sagen kann. Seine Seminare umfassten ein breites Spektrum an spirituellen und psychotherapeutischen Themen, insbesondere tranceinduzierende Techniken der Sufis und Schamanen. Ein Höhepunkt seines Wirkens war die von ihm organisierte *Internationale Trance-Konferenz* in Marrakesch im Herbst 1992.

Ich habe zusammen mit meinem Freund Bernd daran teilgenommen, der zwanzig Jahre jünger war als ich und als Mitglied meiner Sufigruppe wichtige Impulse von mir aufgenommen hatte. Im Hinblick auf Sufismus, Donjuanismus, Globetrotter- und Revoluzzertum hatte er mich inzwischen überflügelt. Er war zum Islam konvertiert, hatte die Hadsch, die Pilgerreise nach Mekka, vollzogen, sich einen Harem von Geliebten zugelegt, wagemutige Reisen zu abgelegenen exotischen Orten in Asien und Afrika unternommen, im Kothener Wald einen Ökogarten angelegt und ein paar Gefolgsleute um sich geschart, um die *Neue Gesellschaft* aufzubauen. Im Verfolgen seiner ehrgeizigen Ziele konnte er allerdings so fanatisch und selbstherrlich daherkommen, dass er mir, der ich von abwägender Natur bin, manchmal heftig auf den Geist ging.

Ich werfe hier nur ein paar Schlaglichter auf unsere dreiwöchige Reise durch Marokko, in deren Mittelpunkt die Konferenz stand. Die ersten Tage verbrachten wir in der alten Königsstadt *Meknes* und in ihrer Umgebung. Uns interessierten einige Moscheen, die für Touristen nicht zugänglich waren; doch weil Bernd seine Konversionsurkunde vorweisen konnte und ich als Sufi ebenfalls dem Islam zugerechnet wurde, standen uns alle Türen offen. In meinem Reisetagebuch notierte ich am 20.10.92: *Wir waren heute sechzehn Stunden auf den Beinen und am Abend dennoch nicht todmüde. Nach einer Fotosafari durch die malerische Altstadt und dem Besuch einiger Kelimläden erlebten wir in der Grabmoschee von Sidi Ibn Isa ein beeindruckendes Gesangsritual mit mehrstimmigem Wechselgesang von sechs jüngeren Derwischen, die so kräftig sangen, dass es wie ein riesiger Chor klang. Zum Isawa-Orden gehören auch Frauen, deren gellende Triller dann und wann das musikalische Geschehen auflockerten. In der altehrwürdigen aber relativ schmucklosen Moschee fiel uns ein strenger Raubtiergeruch auf. Kommt er von der mangelnden Hygiene der seit Jahrhunderten darin betenden Männer? Interessanterweise gibt es aber auch die Information, dass die Isawa-Derwische sich bei der zweiten und dritten Einweihung in Panther verwandeln. – In der ebenfalls für Nicht-Muslime verbotenen Grabmoschee von Sidi Ibn Abbas, einem religiösen Heiligtum und beliebten Wallfahrtsort, trafen wir auf ungewöhnlich viele Obdachlose, Krüppel und Blinde und verteilten unsere letzten Dirhan an sie. Am Nachmittag ließ ein Erdbeben die Klotasse wackeln, auf der ich gerade saß. Vom Bus aus sah ich mehrere Fata Morganen und einen Sandsturm. Am Abend genossen wir in einem urigen Restaurant für umgerechnet 10 DM: Suppe, Salat, Kartoffeln, Hähnchen, Bohnen und andere Gemüse, Joghurt, Tee und eine Marlboro. Ein älterer Berber sang dazu zur Oud (Laute) wehmütige arabische Weisen. Frauenblicke aus aller Damen Länder flogen uns zu.*

Zur Internationalen Trance-Konferenz, dem eigentlichen Anlass der Reise, erschienen, wenn ich mich recht erinnere, um die vierhundert TeilnehmerInnen, ein großer Teil von ihnen aus Deutschland und Frankreich, wo Jabran die meisten AnhängerInnen hatte. Die Lehrer und Referenten, etwa zwei Dutzend anerkannte Koryphäen auf ihrem Fachgebiet, kamen aus Brasilien, den USA, Indien, England, Italien, sowie Marokko und anderen afrikanischen Staaten. Unter ihnen viele eindrucksvolle Persönlichkeiten. Besonders begeisterten mich ein brasilianischer Candomblé-Priester, ein pakistanischer Sufi-Musiker und eine Schamanin aus dem Senegal. Die Konferenzsprachen waren Französisch und Englisch. In über hundert Workshops und Vorträgen ging es um unterschiedliche schamanische und religiöse Ansätze der Herbeiführung ekstatischer Trancen zu heilerischen und spirituellen Zwecken. In Erinnerung geblieben sind mir Praktiken wie mantrische Gesänge, Tänze, Rituale, Hyperventilation, bestimmte Körperhaltungen zu bestimmten Rhythmen, Hypnose und Rauschdrogen. Aber ich will hier nicht näher auf die Inhalte eingehen. Ich habe ohnehin nicht alles verstanden und das meiste wieder vergessen.

Viel anziehender als die theoretischen Auseinandersetzungen in den Konferenzräumen waren für mich die Gespräche in einem Café auf dem zentralen Platz von Marrakesch, in dem sich unsere siebenköpfige Clique in den Pausen traf. Neben Bernd und mir gehörten dazu Maria und José (ein Pärchen aus meiner Wuppertaler Gruppe), Latifa (eine angehende Schamanin und Hexe aus Kopenhagen), Trixi (eine gestandene Restaurantbesitzerin aus der Toskana) und Joseph (der Kabbalist aus New York, den ich vom Sufi-Camp in den Alpen kannte). An einem großen runden Tisch, bei Cola, Bier oder Tee, tauschten wir uns über mystische Erlebnisse und weltanschauliche Überzeugungen aus, sowie, angeregt von der offenherzigen Atmosphäre, über die Sensationen der *Trance Erotique* und der *Trance-Zen-Dance*. Darüber hinaus gaben uns die mittäglichen Meetings die Gelegenheit, unserer Empörung über Jabrans autoritären Führungsstil, die chaotische Organisation und die finanzielle Abzocke im Rahmen der Konferenz Ausdruck zu verleihen.

Das spektakulärste Ereignis und der für mich nachhaltigste Eindruck war das *Derdeba-Ritual*, die Trance-Tanz-Nacht mit den *Gnawa*. Die Gnawa sind eine marokkanische Sufi-Gruppierung, genießen aber als Straßenmusikanten eher den Ruf von Fahrendem Volk. Man begegnet ihnen tagsüber auf Plätzen der Stadt, wo sie für die Touristen ihre traditionelle Musik aufführen. Untermalt von den Bassläufen der *Gumbri*, einem primitiven ein- oder zweisaitigen Zupfinstrument, schmettern Blechkastagnetten einen hypnotischen Grundrhythmus, der zyklisch zu extrem gesteigerter Schlagfrequenz und ohrenbetäubender Lautstärke anschwillt. Am Nachmittag hatte Jabran einen Einführungsvortrag über das Wesen des *Derdeba-Rituals* und die Besonderheiten der Gnawa gehalten. In meinem Reisetagebuch habe ich dazu Folgendes notiert: *Die Gnawa leben in den Armenvierteln, gehören allegorisch der Nacht an, sind mythologisch den Schmieden verwandt und für das Innere Feuer der Erde verantwortlich. Zum Symbolismus von Initiation und Transformation gehört auch das Reinigende Feuer der Hölle. Aber auch das Lachen setzen die Gnawa als Heilkraft ein. Sie sind Musiker, Magier, Komödianten und Seelenspezialisten. Bei jedem Trance-Tanz-Ritual finden Heilungen statt. Jeder kann teilnehmen, niemand wird abgewiesen. Es sind geheimnisvolle Riten, Außenstehende verstehen nicht die innere Essenz. Die Zahl sieben spielt eine wichtige Rolle: die sieben Farben des Spektrums, die sieben Täler auf der Reise zu Gott, die sieben Zweige des schamanischen Lebensbaumes, die sieben Bedeutungen des Koran* – und so weiter.

Zur Trance-Tanz-Nacht hatte sich etwa die Hälfte der KonferenzteilnehmerInnen, also um die zweihundert Leute, im Innenhof einer Villa aus dem Achtzehnten Jahrhundert im Herzen von Marrakesch eingefunden. In ihrem besten Outfit saßen Menschen aller Altersgruppen und unterschiedlichster Nationalitäten eng zusammengedrängt vor den blau, weiß, gelb und schwarz gemusterten Kacheln an den Wänden des zweistöckigen Gebäudes. In der Mitte des etwa zwölf mal zwölf Meter großen nach oben offenen, spärlich beleuchteten Gevierts plätscherte eingerahmt von Bananenstauden ein Springbrunnen, und am Nachthimmel ballten sich schwere Regenwolken. An der Stirnseite warteten auf einer Empore sechs Musiker der Gnauwa auf ihren Einsatz. Ihr Anführer war Sheikh Hassan. Seine dunklen Augen im braunen von Sonne und Wind gegerbten Gesicht schienen in eine andere Welt zu blicken.

31.10.92 Am Beginn des Heiltrance-Rituals, das die ganze Nacht hindurch ablaufen wird, sitzen Bernd und ich in freudiger Erwartung ganz vorne bei den Musikern und den Tanzenden. Meine linke Schädelhälfte schmerzt, als hätte ich mir eine Infektion zugezogen. Oder hat mich Latifa, die Hexe aus Kopenhagen, energetisch angezapft, als sie mir schöne Augen machte und wir uns geküsst haben? Doch das beginnende Spektakel um mich herum lässt mich mein Unwohlsein schnell vergessen. Schon bald nach den ersten Tönen hat sich der Innenhof der Villa in einen brodelnden Hexenkessel verwandelt. Zu den aufpeitschenden Rhythmen tanzt ein knappes Dutzend Männer und Frauen wild durcheinander. Schätzungsweise alle zehn Minuten fällt der eine oder die andere mehr oder weniger tief in Trance. Einige toben und schreien wie vom

Teufel besessen. Mehrere Helfer sind damit beschäftigt, sie zur Weiterbehand-
lung in einen Nebenraum zu führen. Keine Ahnung, was dort geschieht. Auf
jeden Fall ist die Heil-Trance ein kathartischer Prozess, in dem psychische und
energetische Störungen aufgelöst werden können. Jabran, der auch hier das Sagen
hat, ist die ganze Nacht aktiv daran beteiligt als Organisator, Trance-Helfer
und Trance-Tänzer. In dem allgemeinen Gezappel und Gewoge, Geschreie
und Gelache, der höllisch lauten Musik, den Düften des Räucherwerks, den
ständig wechselnden Trachten (Farbsymbolik) und den ausgeflippten Tänze-
rInnen ist kaum noch eine Ordnung zu erkennen. Und dennoch verläuft die-
ses Chaos friedlich und freudevoll. Nur ein oder zweimal wird Jabran etwas
heftig, um jemanden zur Räson zu bringen. – Gegen Mitternacht folge ich
einem inneren Impuls und wage mich auf die Tanzfläche. Ich fühle ein star-
kes Energiefeld um mich herum und erinnere mich an Jabrans Worte: Nicht
darüber nachdenken, was geschieht, sondern sich voll Vertrauen dem Fluss des
Geschehens hingeben. – Mitgerissen von den tobenden Brandungswellen der
Kastagnetten-Crescendos und Bassläufe lasse ich meinen Oberkörper mit erho-
benen Armen hin und her schwingen, nach hinten links, nach vorne und nach
hinten rechts und wieder zurück, immer dynamischer, bis sich die Bewegung
verselbstständigt; ich tanze nicht mehr, ich bin der Tanz! Ich genieße das Gefühl
ekstatischer Losgelöstheit und die Wirkung der freigesetzten Glückshormone,
habe aber nicht den Wunsch, mich in eine volle Trance hinein zu steigern und
völlig die Kontrolle zu verlieren.

Nach Mitternacht setzte ein leichter Regen ein, und die ersten Zuschauer verließen den Ort des Geschehens. Das Ritual war indessen noch lange
nicht zu Ende. Zur Auflockerung gaben zwei Musiker artistische Ein-
lagen. Der eine mimte einen tanzenden Clown, der andere balancierte
tanzend eine irdene Schüssel auf dem Kopf. Und dann geschah etwas,
das alles bisher Erlebte in den Schatten stellte. Ich konnte aus nächster
Nähe beobachten, wie einer der Gnauwa mit einem Fleischermesser in
der Luft herum fuchtelte, um die Aufmerksamkeit auf sich ziehen, und
dann langsam die schmale dolchähnliche Klinge durch seine rechte Wange schob, bis ihre Spitze zur linken Wange ein paar Zentimeter heraus-
ragte. Es floss kein Blut. Nachdem er das Messer wieder herausgezogen
hatte, stieß er es Zentimeter für Zentimeter in seinen Bauch, so dass ein
Großteil der Klinge darin verschwand. Ich frage mich bis heute, wie so
etwas möglich ist. Bernd hielt das Ganze für einen Trick. Da ich nur zwei
Meter von dem Mann entfernt stand und sehr genau hingeschaut habe,

glaube ich nicht an einen Trick, sondern an das Resultat einer außergewöhnlichen antrainierten Körperbeherrschung in Verbindung mit einem veränderten Bewusstseinszustand. Wie die indischen Fakire, die auch zu den Sufis zählen, sind die Gnawa imstande, Dinge zu vollbringen, bei denen die bekannten Naturgesetze nicht zu gelten scheinen.

An das weitere Geschehen der Trancetanznacht kann ich mich nicht mehr erinnern. Irgendwann wurde mir der Rummel zu viel. – Als ich gegen sechs Uhr morgens allein den Heimweg zu meinem Hotel antrat und fröstelnd durch die erwachenden Gassen eilte, war ich sehr durstig und hundemüde, und ein beginnender Schnupfen trübte ein wenig meine Stimmung.

Einen Tag nach dem Ende der Konferenz begann, wiederum unter Jabrans Leitung, das geplante einwöchige *Wüsten-Retreat*. Ungefähr sechzig Leute, darunter Latifa, Trixi und ich, die ein unzertrennliches Trio bildeten, hatten sich dafür angemeldet. Bernd war nach Wuppertal zurückgereist. Nach zehnstündiger Busfahrt durch die imposanten Berglandschaften des *Atlas* trafen wir bei Sonnenuntergang in einem für Touristen erbauten *Nomadenlager* ein. In einem geräumigen mit Berberteppichen ausgelegten Rundzelt, in dem etwa zwanzig Leute Platz fanden, breiteten wir drei nebeneinander unsere Schlafsäcke aus. Latifa lag rechts neben mir, und Trixi lag links neben mir, und wir hielten Händchen und gaben uns Gutenachtküsschen und waren ein Herz und eine Seele.

Ich möchte von zwei Begebenheiten des Retreats etwas ausführlicher berichten: Am ersten Nachmittag stimmte uns Jabran, gekleidet in ein hellblaues Tuareg-Gewand, auf eine sogenannte *Visionssuche* ein. Als die Nacht hereinbrach, gingen wir im Licht des aufgehenden Halbmondes einzeln hinaus in die düstere Einöde aus Sand, Steinen und Dornengestrüpp und suchten uns einen *Kraftplatz*. Dort errichteten wir um uns einen Steinkreis mit einer Öffnung nach Südosten, in dem wir über die Frage meditieren sollten, die wir uns im Hinblick auf unser weiteres Leben gestellt hatten, bis eine innere Vision oder ein äußeres Zeichen uns Antwort geben würden. Ich saß, kniete oder hockte ziemlich verkrampft in Dunkelheit und Kälte und bekam mit der Zeit Kreuzschmerzen; daher konnte mich nicht gut auf die gestellte Aufgabe konzentrieren. Lieber lag ich für eine Weile auf dem Rücken und versank in der Betrachtung des bombastischen Sternenhimmels. Nach zwei oder drei Stunden erhielt ich dann endlich ein Zeichen *von oben*. Eine Sternschnuppe leuchtete fast senkrecht über mir auf und sank langsam nieder. Sie war hellgrün und außergewöhnlich groß und hatte die Form eines Herzens. Castanedas *Weg mit Herz* und meine Seminare des *Tanzenden Herzens* fielen mir dazu ein; und dass die Farbe des Propheten grün ist. Auch an *Chidher Grün* den mythischen Wüstenwanderer, musste ich denken, und auch an den Spruch, den ich auf meiner Pilgerreise durch die Türkei geträumt hatte, musste ich denken: *Bitte flieg, Schakal, flieg in das grünende Herz am Ende des Spieles*. – Nach einer weiteren wenig erquicklichen Stunde beendete ich die Übung, ging zum Lager zurück und legte mich schlafen. Einige der TeilnehmerInnen blieben bis zum Sonnenaufgang draußen und hatten zum Teil wegweisende Visionen, auch Trixi, die mir am nächsten Tag davon erzählte. Latifa verbrachte ebenfalls die ganze Nacht in ihrem Steinkreis. Irgendwann vor Sonnenaufgang hatte ich im Halbschlaf den Eindruck, als ob sie sich im Dunkeln über mich beugte und mir einen Kuss auf die Stirn gab. Nach ihrer Rückkehr am Morgen sprach ich sie darauf an, und sie verriet mir, dass sie auf einer *schamanischen Reise* in ihrem *Astralkörper* bei mir vorbeigeflogen sei.

Darüber mag man denken, wie man will. Jedenfalls haben Latifa und ich am übernächsten Tag – gemäß Jabrans Auftrag an die Gruppe, einzeln oder zu zweit von Sonnenaufgang bis Sonnenuntergang die Umgebung zu erkunden – zusammen eine dreizehnstündige Wüstenwanderung gemacht. Wir betrachteten andächtig den strahlenden Sonnenaufgang über der kargen, öden Landschaft und liefen danach schweigend einige Kilometer auf hartem Sandboden durch flaches Gelände. Latifa ging in gleichmäßigem Tempo ein paar Schritte vor mir und schien mit ihrer Aufmerksamkeit in ihr Inneres eingetaucht zu sein. Trotz Jeansanzug und Rucksack auf dem Rücken wirkte ihre Figur erotisch anziehend auf mich. Ihre wohlgeformten Pobacken hätte ich gerne in meinen Händen gehalten, um ihren schlanken Körper an mich zu pressen. Ich war so sexhungrig und liebesbedürftig, dass ich an fast nichts anderes denken konnte, als an eine heiße Umarmung im Wüstensand.

Gegen Mittag erreichten wir eine große Sanddüne. Hier war der Untergrund nachgiebig und unsere Füße versanken bei jedem Schritt. Nach einem halbstündigen Aufstieg entlang eines schmalen sanft geschwungenen Grates hatten wir den Gipfel der Düne erklommen, von dem sich unseren Blicken ein Meer von hintereinander gestaffelten Sandhaufen darbot – das Klischeebild eines Wüstenpanoramas, dessen monotones Wellenmuster allerdings kein ozeanisches Gefühl in mir auslöste. – Zur linken Seite hin erstreckte sich bis zum Horizont eine ebene Fläche mit vereinzelten stacheligen Sträuchern. Dorthin lenkten wir unsere Schritte und trotteten ziemlich lange wortlos nebeneinander her, bis wir im schütteren Schatten einer Tamariske Rast machten und uns dem mitgebrachten Lunchpaket widmeten. Darauf legten wir uns in Löffelchenstellung auf mein indisches Batiktuch, und Latifas Rückseite und meine Bauchseite berührten sich leicht, was bei mir erneut den sexuellen Appetit weckte. Ich fragte mich fieberhaft, wie es mir gelingen könnte, Latifa zu verführen. Meine blinde Begierde, die sich schon seit Tagen aufgebaut hatte, ließ mich glauben, dass jetzt die Gelegenheit dazu gekommen sei. Aber Latifas ein wenig feucht geschwitzter, zierlicher Körper zeigte keinerlei Reaktion, als meine rechte Hand sie behutsam an Schulter und Hals streichelte. Und als meine tastende Linke sanft ihre Taille berührte, rückte sie brüsk von mir ab. Also nicht. Beschämt verdrängte ich meine unangebrachten libidinösen Regungen, entspannte meine müden Glieder und dachte nach. Erst jetzt nahm ich bewusst die trockene Hitze wahr, die nur von einem leichten Wind gemildert wurde, der über die Ebene strich und Sandkörner vor sich hertrieb, die ein sirrendes Geräusch verursachten. Welch peinlicher Schwachsinn, mitten in der Wüste bei sengender Sonne eine in ihrem eigenen Film versunkene Frau anbaggern zu wollen! Um Latifas Zorn zu beschwichtigen und ihr meine Einsicht mitzuteilen, wollte ich sie ansprechen und tippte vorsichtig mit dem Zeigefinger auf ihren Oberarm, da kriegte ich auch schon ihren Ellbogen in die Rippen, während sie, wie von der Tarantel gebissen, in die Höhe fuhr. – Aber es war nicht mehr Latifa, sondern Luzi Fair, die mich mit verächtlich anfauchte: **Idiot, du willst doch immer nur das eine!** – Sie war wie meistens nur mit einem schwarzen Bikini bekleidet, und in ihrem Gesicht zeichneten sich wie in einem Vexierspiegel mal ihre eigenen, mal Latifas Züge ab. Ich war völlig überrumpelt, und starrte ungläubig auf die gleichermaßen sinnliche wie übersinnliche Erscheinung. Ehe ich etwas erwidern konnte, ließ *Luzifairlatifa* eine moralische Standpauke vom Stapel, die mich gnadenlos mit meinen Charakterschwächen konfrontierte:

Du bist in der Tat ein hoffnungsloser Phall! Bist du in die Wüste gereist, um deine pathologische Geilheit abzureagieren – oder um dir darüber klar zu werden, was im Leben wirklich wesentlich ist?! Einerseits strebst du nach Freiheit und Erleuchtung, andererseits huldigst du unermüdlich deinem Ego und deinem Schwanz. Mir scheint, du weißt überhaupt nicht, was du willst.

Zwei Seelen wohnen, ach, in meiner Brust.

Zwei Brüste wohnen, ach, in meiner Seel, wolltest du sagen. Ist dir eigentlich klar, dass du immer noch wie ein verzweifeltes Kind nach deiner Mama schreist?!

Natürlich ist mir das klar. Aber es ist mir bei aller Psychotherapie und Esoterik bisher nicht gelungen, davon wegzukommen. Ich kann aus meiner Suchtstruktur nicht einfach aussteigen, sie ist zu tief in meiner Psyche verankert, ich muss damit leben und sie in Grenzen halten durch die andere Seite meiner Persönlichkeit, die nach Entwicklung, Erkenntnis, Kreativität und Transformation strebt.

Transformation ist gut, aber du kannst aus deinen krankmachenden Mustern nur aussteigen, wenn du bereit bist, ein anderer zu werden – sagt Jabran.

Das heißt im Umkehrschluss, ich kann nur ein anderer werden, wenn ich bereit bin, aus meinen krankmachenden Mustern auszusteigen. Da beißt sich die Katze in den Schwanz, wie so oft in meinem Leben. – Aber lass uns aufbrechen, die Sonne steht schon tief im Westen. Ich muss wohl geschlafen haben?! Bis zum Lager sind es noch mindestens sieben Kilometer. Wir können im Gehen weiterreden.

Ich bin bereit. Wundere dich nicht, Latifa und ich sind Schwestern im Geiste. Wir tauschen manchmal die Rollen. – Du willst wissen, warum ich erschienen bin? Die Kernfrage dieser Wüstenreise scheinst du zu verdrängen: Wo geht es lang, was will ich aus meinem Leben machen, was ist meine Aufgabe, welche Entscheidungen stehen an? – oder immer so weiter wie bisher: alles dem Zufall überlassen?

Oder einfach die Kraft der Wüste erleben? Im Hier und Jetzt sein? – Ich wäre froh, wenn ich das könnte. Aber ich bin in meinen Abhängigkeiten gefangen. Und Entscheidungen für die Zukunft zu treffen, geradlinig ein Ziel anzusteuern, das ist mir immer schon schwergefallen, weil ich ständig hin- und hergerissen bin zwischen unterschiedlichen Möglichkeiten und Unmöglichkeiten.

Du bist im Gegensatz zu außengeleiteten Menschen innengeleitet, mein Lieber. Du hast dir ein Leben mit viel äußerer Freiheit auserkoren und lässt dich nicht von Berufstätigkeit, Familienleben, Staat oder anderen gesellschaftlichen Einrichtungen in vorgezeichnete Bahnen lenken …

… und auch nicht von der öffentlichen Meinung oder weltanschaulichen Dogmen aller Art. Ich habe auf meinen Reisen viele unterschiedliche Kulturen kennengelernt mit zum Teil gegensätzlichen Moralvorstellungen. Was bei den einen als Verbrechen gilt, wird bei den anderen als Heldentat angesehen. Und ich habe mich mit unterschiedlichsten philosophischen Anschauungen auseinandergesetzt, die sich gegenseitig widersprechen. Es gibt für mich kein absolut Richtiges, keine Gewissheiten, bis auf die eine: Alles ist relativ. Auch die Sufi-Botschaft von Licht und Liebe ist für mich nur eine vage Orientierung auf dem Weg in eine ungewisse Zukunft.

Ein gewisses Maß an geistiger Freiheit hast du verwirklicht, aber mit deiner psychischen Freiheit ist es nicht weit her. Du bist jemand, der aus Angst vor Verlusten alles unter Kontrolle haben will, der vor jeder noch so unbedeutenden Entscheidung argwöhnisch das Für und Wider abwägt, der alle Eventualitäten einkalkuliert, tausend Alternativen durchspielt – stets die Möglichkeit des Scheiterns vor Augen.

Einer, der beim Betreten eines Rasens jeden Hundehaufen voraussieht – und trotzdem reintritt!

Als notorischer Skeptiker siehst du immer auch die Kehrseite der Medaille, nimmst unterschiedliche Blickwinkel ein und setzt unterschiedliche Brillen auf, um die Realität realistischer einschätzen zu können – und starrst dabei auf ihre Schwachstellen und Schattenseiten wie das Kaninchen auf die Schlange.

Wie angenehm wäre es, einen festen Standpunkt einzunehmen und nicht nach rechts oder links zu schauen. Aber weil beide Seiten der Dualität ein Anrecht darauf haben, berücksichtigt zu werden, gehe ich Entscheidungen am liebsten aus dem Weg, schiebe etwas auf, lasse etwas in der Schwebe, bis es sich von selbst entscheidet. Im Allgemeinen gebe ich dem Sowohl-als-auch den Vorzug vor dem Entweder-oder. Oder ich rette mich in das wohlfeile Weder-noch.

Also: Nicht nur weder entweder oder noch sowohl als auch – sondern auch entweder weder noch oder sowohl als auch, beziehungsweise sowohl weder noch als auch entweder oder – jetzt begreife ich das Dilemma, in dem du steckst!

Verarschen kann ich mich alleine! – Gegensätzlichkeit, Ambivalenz, Polarität, Dualität sind Grundkonstanten der Wirklichkeit, aber es ist kein statisches Verhältnis. Alles ist in ständiger Veränderung. Der Tanz der Gegensätze, der Pendelschwang von einem Extrem ins andere, findet überall in der Schöpfung statt. Ebbe und Flut, Tag und Nacht, Krieg und Frieden, Werden und Vergehen, Yin und Yang – die Gegensätze ergänzen sich zu einem Ganzen.

Die kosmische Harmonie, an der ich meinen bescheidenen Anteil habe.

Ich kann mich den inneren Gezeiten von Freud und Leid, Lust und Frust, aktiv und passiv, himmelhochjauchzend und zu Tode betrübt nicht entziehen. Auch die Zwiespalte zwischen meinen zahlreichen sich widerstreitenden Teilpersönlichkeiten wollen überbrückt werden.

An inneren Widersprüchen fehlt es dir freilich nicht. Du bist zugleich Reserveoffizier und Kriegsdienstverweigerer, Unternehmer und Antikapitalist, Kaufmann und Konsumverächter, Gottsucher und Atheist. Du lebst in einer Zweierbeziehung und praktizierst die freie Liebe. Die Bilder, die du malst, sind gleichzeitig abstrakt und konkret. Du bist Lüstling und Asket, Macho und Softie, Träumer und Realist, mit einem Bein in der Gesellschaft, mit dem anderen außerhalb – nicht so leicht, das alles unter einen Hut zu kriegen.

Du weißt ja, ich habe die Sonne im zehnten Haus, das steht für Klarheit und Erfolg, und Mond und Neptun am Aszendenten, das steht für Regression und Rausch. Und beide Konstellationen, das Apollinische und das Dionysische, stehen im Quadrat zueinander, das bedeutet Spannung und Konflikt – der ewige Streit zwischen dem Lustprinzip und dem Leistungsprinzip. Mal gewinnt die eine, mal die andere Seite die Oberhand; aber ich bin immer irgendwie gespalten: Wenn ich mich vergnüge, denke ich an die unerledigten Arbeiten, und wenn ich arbeite, sehne ich mich nach dem Vergnügen.

Du würdest am liebsten einen Ausgleich zwischen den Extremen herstellen, einen Kompromiss finden, den Mittelweg gehen, halbe halbe machen. Doch dabei läufst du Gefahr, alles zu nivellieren und miteinander zu verpanschen, und am Ende ist dir alles scheißegal. Stimmts oder habe ich recht? – In der dialektischen Philosophie dagegen erwächst aus dem Kampf der Gegensätze etwas Drittes …

… aus Feuer und Wasser wird Feuerwasser?! – Karl Valentin hat einmal gesagt: Jedes Ding hat drei Seiten, eine positive, eine negative und eine komische.

Und du versuchst in deiner Not, dich auf die komische Seite zu retten. – Apropos Feuer und Wasser. Erinnerst du dich an die Sufi-Heilige Rabia? Sie ist der mittelalterlichen Legende nach mit einer brennenden Fackel in der rechten und einem Eimer voll Wasser in der linken Hand durch die Gassen von Bagdad gelaufen, und wenn sie gefragt wurde, weshalb sie das tut, hat sie geantwortet: Mit dem Feuer werde ich das Paradies niederbrennen und mit dem Wasser das Feuer der Hölle auslöschen, damit sich die Menschen Gott zuwenden – aus Liebe! – und nicht aus Angst vor der Hölle oder in der

Hoffnung auf das Paradies! Letztendlich ist es die allumfassende Liebe, die alle Gegensätze in Einklang bringt. Sie kommt aus der Einheit und sie führt in die Einheit.

Aber man kann sie nicht herbeizwingen. – Und so mache ich weiterhin meine verzweifelten Suchbewegungen nach der Liebe und dem Glück, wende mich hierhin und dorthin, schwankend zwischen Hü oder Hott, Himmel oder Hölle, Sein oder Nicht-Sein, Realität oder Wirklichkeit – immer der Gnade oder Ungnade des Schicksals ausgeliefert, das mir dann und wann mal ein Geschenk in den Schoß fallen lässt.

Damit ein unverbesserlicher Opportunist wie du es gierig an sich reißt, ohne dafür etwas geleistet zu haben, ohne ein Risiko eingegangen zu sein. Du findest flüchtiges Glück im Schoß der Frau, im Drogenrausch, in der Natur und in der Kunst, aber in Wahrheit drehst du dich im Kreise und führst mit wechselnder Besetzung immer wieder die gleiche Tragikomödie auf.

Du sagst es, so bin ich nun mal gestrickt. Mein innerer Kompass kennt keine klare Richtung. Ich folge so gut ich kann meiner Intuition und versuche aus dem, was mir zufällt, das Beste zu machen; und manchmal rede ich mir ein, dass ich mich nicht nur im Kreis drehe, sondern in einer Aufwärtsspirale. Inschallah! – – Die Sonne ist weg! Jetzt siehst du wieder aus wie Latifa, bis auf die Katzenaugen. Euren Pakt musst du mir mal näher beschreiben.

Ich weiß nicht, wovon du sprichst.

Guck dir dieses Wahnsinnsabendlicht an! – dieses orangerotviolett glühende Höllenfeuer, das die Hälfte des Himmels ausfüllt und bis ins Innerste meiner linken Herzkammer strahlt. – Wow! – – Danach die Sinflut!

Wenns sein muss.

Das tanzende Herz

So viel zu Trance-Konferenz und Wüstenretreat im Herbst 1992 in Marokko. – Außer bei Jabran, Pir Vilayat, Reshad Feild, Sheikh Nazim und all den anderen bereits erwähnten Sufi-Größen habe ich noch bei weiteren namhaften spirituellen Lehrern Erfahrungen gesammelt. Bei dem türkischen Musiker und Professor für Islamische Musiktherapie, Oruç Güvenç, lernte ich einen *Schamanentanz*, der in meinen Workshops jedes Mal gut ankam. Durch Javad, einen iranischen Sufilehrer, lernte ich seit Jahrhunderten in persischen Sufi-Klöstern praktizierte Tänze kennen, deren komplizierte Bewegungsabläufe das Bewusstsein auf die spirituelle Ebene erheben können. Von der Schamanin Stella Chiweshe aus Zimbabwe habe ich einen rituellen Stammestanz übernommen, der mit Hilfe der Geister das Jagdglück herbeiführen soll. Die tuvinische Sängerin Sainkho Namtchylak hat mir in einem Workshop in der Börse einige Grundlagen des Obertonsingens vermittelt. All diesen LehrerInnen verdanke ich ein höchst umfangreiches Repertoire an Liedern, Tänzen, Übungen und Ritualen, die ich in meinen rund vierzig Wochenendworkshops zwischen 1989 und 1996 einsetzte. Sie liefen deutschlandweit in Seminarhäusern oder im Rahmen von Volkshochschulen und anderen Bildungseinrichtungen. Die Teilnehmerzahl lag zwischen sieben und vierzehn, davon im Schnitt achtzig Prozent Frauen. In einem Werbeprospekt von 1992 habe ich das Programm des *Tanzenden Herzens* in folgender Variante beschrieben: *Der Tanz des Herzens ist die ekstatische Hingabe an den pulsierenden Strom des Lebens, die Freisetzung unseres vollen menschlichen Potentials, die Umarmung von Himmel und Erde. – Schmerzhafte Erfahrungen zwangen uns, unser Inneres Wesen hinter einem Schutzwall beengender Denk- und Verhaltensmuster einzuschließen. Die sanfte Befreiung und Heilung des Herzens durch therapeutische und meditative Praktiken lässt uns wieder zum Kanal für die alldurchwaltende Liebe werden. Gesänge, Tänze, Rituale und Gebete verschiedener spiritueller Traditionen, Freier Tanz, Atem- und Entspannungsübungen, Chakra-Arbeit, Meditation und Fantasiereisen fördern diesen Prozess.*

Eine Programmsequenz, die sich über drei bis vier Stunden erstreckt, möchte ich kurz skizzieren, weil sie unterschiedliche methodische Ansätze auf wirkungsvolle Weise integriert: Nach der Mittagspause am Sonnabend kommt als erstes *Freier Tanz*, eine volle Stunde lang, zum Beispiel zur quirligen Musik der *Nataraj*-Meditation von Bhagwan. Als zweite Phase folgt eine geführte Fantasiereise, bei der die TeilnehmerInnen entspannt auf dem Rücken liegend durch eine Wüstenlandschaft wandern, bis sie auf eine grüne Oase stoßen und einen Paradiesgarten voll blühender Pflanzen bestaunen können. Schließlich erblicken sie eine Blume, die ihre volle Aufmerksamkeit auf sich zieht. Indem sie eine kontemplative Verbindung mit dieser Blume eingehen, erspüren die Traumreisenden intuitiv die Botschaft, die sie verkörpert, ihre geistige Qualität, ihre Essenz, sei es nun Schönheit, Stärke, Weisheit, Verletzlichkeit, Liebe, Trauer oder eine andere innere Eigenschaft. Sie wird dem Einzelnen zuteil als geistiger Impuls und positive Energie für die Bewältigung anstehender Probleme und Entwicklungsschritte. – Nach einer kurzen Pause dürfen die TeilnehmerInnen nacheinander die Botschaft ihrer Blume in einem spontanen Tanz in der Mitte des Kreises zum Ausdruck bringen und damit in jeder Zelle des Körpers energetisch verankern, während die anderen mit Trommeln, Flöten, Rasseln und Stimmen den Sound dazu improvisieren und auf diese Weise die jeweilige Energie auf sich wirken lassen. Wer die Kraft dieses spirituellen Geschenkes in der Einzelmeditation zu Hause vertiefen möchte, erhält von mir ein dazu passendes *Wazifa* (Mantra).

An den Samstagabenden ließ ich die Gruppe meistens das *Sema*-Ritual, den Drehtanz der *Mevlevi-Derwische,* praktizieren. Nach der nötigen Vorbereitung begannen die TeilnehmerInnen sich um die eigene Achse zu drehen, und ich war immer wieder erstaunt, wie schnell einige dabei in eine leichte Trance fielen, während sie weltentrückt mit ausgebreiteten Armen auf der Stelle kreisten. Und wenn dann nach einer Stunde die CD mit der traditionellen Dreivierteltaktmusik von Trommel und Rohrflöte aufhörte, fragten sie verdutzt: wie, schon zu Ende?

Ich selbst beherrsche die Kunst des *Whirlings* nur mäßig und bin schon hoch beglückt, wenn ich nach vielleicht zwanzig Minuten des Drehens in ein Gefühl der Schwerelosigkeit eintauche und dieser unbeschreibliche Moment eintritt, in dem ich Raum und Zeit nicht mehr wahrnehme. Doch sobald ich mir meiner selbst wieder bewusst werde, ist der Zauber vorbei.

So viel zum Drehtanz. Ich möchte noch auf die *Tänze des Universellen Friedens* eingehen, die auf Liedern, Tänzen und Texten verschiedener Religionen basieren und bei denen gleichzeitig gesungen und getanzt wird. Ihre berauschende Kraft erwächst aus dem harmonischen Zusammenspiel von Stimme und Bewegung, meist von Trommel oder Gitarre begleitet, in vielfachen Wiederholungen. Dazu kommt die geistige Kraft der Worte, so dass sich bei fast jedem, der sich darauf einlässt, das Herz öffnet und ein Anflug von Glückseligkeit sich einstellt.

Ich will hier keine weiteren Details der Seminarprogramme des *Tanzenden Herzens* ausbreiten. Doch so viel muss noch gesagt werden, ich war bei weitem kein spiritueller Meister, sondern bestenfalls ein selbsternannter Grundschullehrer für Selbsterfahrung, Spiritualität und Esoterik. Dass ich damit relativ erfolgreich war, hängt mit dem Zeitgeist der achtziger und neunziger Jahre zusammen. Viele waren auf der Suche nach ihrer menschlichen Bestimmung, jenseits der Angebote einer materialistischen Leistungs- und Konsumgesellschaft. Ich hatte auch gewiss keine Guru-Allüren, doch mit meiner exotischen Kleidung, meiner persönlichen Ausstrahlung, meiner undogmatischen Sichtweise und meinem Humor, sowie meinem Background als Sufi und Esoterikladeninhaber, war ich für viele TeilnehmerInnen so etwas wie eine Lichtgestalt, auf die sie ihre Erwartungen und Sehnsüchte projizieren konnten. Und ich erfüllte diese weitgehend, nicht zuletzt weil mir bei der Ausübung meiner Tätigkeit als Seminarleiter eine geistig-seelische Kraft zufloss, die mich über mich selbst hinauswachsen ließ. Auch in prekären Situationen, beispielsweise einem psychotischen Schub einer Teilnehmerin, *wusste* ich, was zu tun war.

Unter den TeilnehmerInnen war eine Frau, die mindestens zwanzig meiner Workshops besucht hat. Eine andere schrieb mir: *Lieber Hilarion, das wunderschöne Wochenende in Köln wirkt noch kräftig in mir nach, und schon beim Nachhausefahren am Sonntag spürte ich das Bedürfnis in mir, Dir zu schreiben. Ich möchte Dir rückmeldend davon berichten, wie ich all die licht- und liebevollen, heilenden Impulse, die für mich von Dir ausgingen zu meiner eigenen großen Begeisterung umsetze und auch meinerseits schon weitergeben konnte.* – An ein negatives Feedback kann ich mich nicht erinnern.

Trotz alledem entschloss ich mich nach sieben Jahren, die Seminare des *Tanzenden Herzens* einzustellen, weil ich zu der Einsicht gelangt war, dass ich aufgrund meiner begrenzten Qualifikation den gestiegenen Erwartungen potentieller TeilnehmerInnen auf Dauer nicht mehr gerecht werden würde, es sei denn ich würde selbst noch einmal viel tiefer in die Meditation einsteigen, gründlicher das Handwerkszeug eines spirituellen Lehrers erlernen und mein Angebot professionalisieren. Ich entschied für mich, diesen Weg zu verlassen und mich wieder stärker der künstlerischen Arbeit zuzuwenden.

Ach ja, die Geschichte meiner beiden Workshops in der DDR wollte ich noch erzählen: Im Sommer 1989 trat eines Tages ein mir unbekannter Mann in meinen Laden, ein langer Kerl mit langer Mähne, und sprach mich mit verschwörerischer Miene auf Sächsisch an: Ich bin Dhanya, aus Magdeburg, Schüler von Bhagwan. Und du bist doch Hilarion von den Sufis? – So kamen wir ins Gespräch. Dhanya war der Anführer eines rührigen Häufleins spirituell interessierter DDR-BürgerInnen, und als ich ihm von meinen Seminaren erzählte, lud er mich sogleich ein, einen Wochenendworkshop in Magdeburg anzubieten. Ich habe nicht lange gezögert und einen Termin mit ihm abgesprochen. – Mitte September traf ich im Zentrum von Magdeburg ein und schnupperte erst einmal entzückt den heimatlichen Braunkohlenmief und lauschte dem trauten Zweitaktgeknatter der Trabis. Der Workshop fand in einem Gemeindehaus der evangelischen Kirche statt. Von Samstag 10 bis Sonntag 18 Uhr spielte ich für ein knappes Dutzend lernbegieriger junger Männer und Frauen aus Sachsen und Sachsen-Anhalt den geistigen Sendboten und Zeremonienmeister aus dem Westen. Ich weiß nicht mehr genau, welches Programm ich durchgeführt habe, erinnere mich aber, dass die TeilnehmerInnen, die sich als spirituelle Avantgarde der sozialistischen Diaspora verstanden, gegenüber meinem Angebot mehr Skepsis an den Tag legten als ihre Brüder und Schwestern im Westen, die sich in meine Seminare verirrten.

Ich erzähle das Ganze eigentlich nur wegen einer einzigen Szene, die sich meinem Gedächtnis unauslöschlich eingeprägt hat. Es war in der Mittagspause am Sonntag, nachdem wir gegessen hatten und einige dabei waren, das Geschirr abzuräumen, da erschallte plötzlich die kräftige Stimme von Roswitha, die normalerweise als Lehrerin arbeitete, und kreischte hinreißend melodisch: KUSCHELKNÄUEL! – Augenblicklich legten alle ihre Kaffeetassen oder Tarotkarten aus den Händen, sprinteten in die Ecke, aus der der Ruf gekommen war, und im Nu lagen sie innigst ineinander verknäult auf dem Parkett und genossen andächtig die Wonnen des kollektiven Körperkontaktes. Da mochte auch ich nicht abseits stehen. – Am späten Abend dann bei Dhanya, in dessen Vier-Zimmer-Altbauwohnung ich übernachtete, packten er und seine Partnerin, nachdem die vier Kinder endlich im Bett waren, ihre Beziehungsprobleme vor mir aus, und ich gab den Psychologen und Seelentröster.

Ähnlich verlief der Workshop in Leipzig im Mai 1990 – da hatte sich die DDR bereits dem Westen geöffnet, in banger oder freudiger Erwartung des Verschlucktwerdens. Auch in Leipzig fand das Wochenende in einem kirchlichen Gebäude statt. Wenn die gewusst hätten, welch heidnische Praktiken (inklusive Kuschelknäuel) wir darin zelebrierten! Zum Übernachten stellten mir Alex und Tamara in einem leeren Zimmer eines Abrisshauses ohne Wasser und Strom eine Matratze zur Verfügung. Bei Rotwein und Kerzenlicht diskutierten wir bis tief in die Nacht über Gott und die Welt. – Am Montagvormittag zeigte mir Tamara einige weniger bekannte Sehenswürdigkeiten der Messestadt, darunter eine ganz besondere Attraktion in der Thomaskirche: Ich zeige dir jetzt das Grabmal des unbekannten Soldaten, sagte sie, als wir uns dem Altar näherten. Wir blieben vor einer im Boden eingelassenen Steinplatte stehen, auf der sinngemäß stand: Hier ruht der Leipziger Thomaskantor Johann Sebastian Bach. – Aber Bach ist doch ein weltbekannter Komponist, wunderte ich mich. – Ja, aber als Soldat ist er vollkommen unbekannt, erwiderte sie. So viel zum Humor der Sachsen.

Die Trennung

Wie schon berichtet waren Elke und ich 1992 in ein altes Gehöft am Rande von Wuppertal gezogen. Dort begann für uns ein neuer Lebensabschnitt. Der Gesang spielte für uns weiterhin eine wichtige Rolle. Neben einigen Wochenend-Workshops leiteten wir gemeinsam die Singegruppe *Zauber der Stimme*, die sich zwölf Jahre lang jeden zweiten Donnerstag bei uns versammelte. Die Aufnahmen der einstudierten Lieder höre ich mir heute noch gerne an, weil sie von hoher Musikalität und spiritueller Kraft zeugen. An einem Donnerstagabend im November 1993 fand in der notdürftig hergerichteten ehemaligen Scheune unter meiner Leitung ein *Dhikr* (Sufi-Ritual) statt, an dem vierzig Männer und fünf Frauen teilnahmen, darunter einige Muslime aus der Türkei. – Eine zweite tragende Säule unserer Partnerschaft war das Reisen; in Elkes Ferien waren wir fast immer unterwegs. Im Laufe der ersten drei Jahre unserer Beziehung hatten wir bereits die Türkei, England und Wales, Südfrankreich, Lanzarote, Litauen, Russland und den Kaukasus besucht.

Verglichen mit der Zeit meiner Existenzkrise als arbeitsloser, größenwahnsinniger, sexsüchtiger und suizidgefährdeter Psychofreak hatten sich meine Lebensbedingungen und mein gesellschaftlicher Status dramatisch verändert. Als erfolgreicher Geschäftsmann im *Hippie-Yogi-Derwisch-Look* mit einer verbeamteten Studienrätin an meiner Seite konnte ich mich getrost dem aufgeklärten Bildungsbürgertum zurechnen. Aber das bedeutete mir ebenso wenig wie die rosaroten Einkommensverhältnisse, die so gut waren wie nie zuvor und nie wieder danach. Die Esoterik boomte, und der Ladenumsatz, inklusive des Kelimverkaufs und der Einnahmen über die Büchertische in den Sufi-Camps, erreichte das Maximum. Auf zwei Ausstellungen meiner Bilder, 1994 in Solingen und 1995 in Wuppertal, verkaufte ich (als Hobbymaler!) für 11.000 DM Gemälde und Zeichnungen. Dazu kamen noch die Einnahmen von meinen Wochenend-Workshops. Mein Monatseinkommen dürfte bei 3.500 DM netto gelegen haben. Ein hohes Reisebudget ließ sich davon ebenso mühelos bestreiten wie die Teilnahmegebühren für hochkarätige Workshops und Seminare, von denen hier nur die drei kostspieligsten erwähnt werden sollen: Im Mai 1994 fand in einem luxuriösen Seminarhotel an Spaniens *Costa Brava* das zwölftägige Seminar *Einweihung in die Mysterien des Herzens* mit der geistigen Lehrerin Rhea Powers statt. Dieser tiefgehende, über 2.200 DM teure transformatorische Prozess war ein weiterer Baustein in meiner spirituellen Entwicklung. Im Juni desselben Jahres begann meine Teilnahme an dem sich über zwei Jahre erstreckenden, in zwölf Fünftage-Workshops aufgeteilten Ausbildungsseminar *Tao des Clowns* mit Lex van Someren. Kosten 5.000 DM. Im Juni 1995 unterzog ich mich dem einwöchigen *Quadrinity-Prozess*, um noch einmal intensiv den inneren Konflikt mit meinen Eltern zu bearbeiten. In aggressiven Psychodramen entlud ich meine Wut und meinen Hass auf sie, bis ich ihnen wirklich verzeihen und sie wieder wahrhaft von Herzen lieben konnte. Dafür kassierte das Quadrinity-Team von jedem der zwölf TeilnehmerInnen 4.900 DM.

Dank meiner geringen allgemeinen Lebenshaltungskosten war es mir möglich, noch einiges auf die hohe Kante zu legen. Darüber hinaus verschenkte ich acht Jahre hintereinander um die Weihnachtszeit jeweils 1.000 DM an bedürftige Mitmenschen – aus Dankbarkeit darüber, dass mir bei geringem Arbeitsaufwand (etwa zwanzig Wochenstunden im Laden bei zwei bis drei Monaten Urlaub im Jahr!) so viel Geld zufloss.

Als Elkes Mutter und meine Eltern anlässlich von Elkes 45. Geburtstag das erste Mal zusammentrafen, stellte sich beim Kennenlerngespräch überraschenderweise heraus, dass es vor dem Zweiten Weltkrieg bereits eine Verknüpfung zwischen beiden Familien gegeben hatte (Elke und ich sahen darin ein gutes Omen für unsere Beziehung!). Und das war so: Ein Onkel von Elkes Mutter, Franz Harwarth, war in den Dreißiger Jahren von Ostpreußen nach Schlesien umgesiedelt und hatte dort in Großburg ein Baugeschäft gegründet, in eben jenem Ort, in dem mein Großvater mit seiner Familie wohnte. Fritz Hartmann war gelernter Maurer und Zimmermann, und so ergab es sich, dass er zum Polier und zur rechten Hand des Chefs der Baufirma von Elkes Großonkel wurde. Im Dorf hatte die Firma den Spitznamen *Franz und Fritz*. Aber damit noch nicht genug: Elkes Mutter, die in Königsberg lebte, besuchte als junge Frau ihren Onkel Franz zweimal in Schlesien, und sie hätte dort meinem Vater begegnen können, denn dieser ging bei den Harwarths ein und aus, weil er ein Auge auf die Tochter Else geworfen hatte. Sie begegneten sich allerdings nicht, jedenfalls konnte sich keiner von beiden daran erinnern. Und auch aus der Verbindung zwischen meinem Vater und Else Harwarth wurde nichts, weil Krieg und Vertreibung dazwischen kamen.

Welch kurioser Zufall (oder Fügung des Schicksals?), dass eine Generation später mit Elke und mir aufs Neue eine enge Verbindung zwischen den Familien Harwarth und Hartmann zustande kam.

Elkes Vater, Jahrgang 1905, zweitältester Sohn einer litauischen Bauernfamilie mit acht Kindern, war 88 Jahre alt, als ich ihn drei Monate vor seinem Tod einmal kurz zu Gesicht bekam, was durchaus nicht selbstverständlich war, denn Elke hatte ein äußerst gestörtes Verhältnis zu ihm und ihn seit fünfzehn Jahren nicht mehr gesehen. Gustav Elbe lebte mit seiner Frau in einem Reihenhaus in Münster. In dem zweigeschossigen Gebäude stand ihm lediglich das Wohnzimmer mit Zugang zum Garten und zum Bad zur Verfügung, die anderen Zimmer bewohnte Elkes Mutter, die ihn bekochte und seine Wäsche wusch, aber sonst keinen Umgang mit ihm pflegte. Sie und ihre beiden Töchter, die längst ihr eigenes Leben führten, hassten den *Alten*, wie sie ihn nannten, und mieden ihn, soweit es möglich war, vor allem, weil er das Geld, das er als Angestellter des Landschaftsverbandes verdiente, beharrlich auf diversen Sparbüchern anhäufte und seiner Familie nur ein Existenzminimum zur Verfügung stellte. Als ich den alten Herrn im Schummerlicht einer 25-Watt-Birne zwischen Büchern und Fotoalben sitzen sah, konnte ich mir nicht vorstellen, dass dieser gebrechliche Greis das Monstrum verkörpern sollte, zu dem ihn Frau und Töchter erklärt hatten. Elkes unerwarteter Besuch freute ihn sichtlich. Nach einem höflichen Smalltalk mit mir wollte er mit ihr allein sprechen. Es ging um ihr Erbe. – Dank Geiz und Sparsamkeit des Alten konnte Elke ein halbes Jahr später fast eine halbe Million ihr Eigen nennen, ein beachtliches Vermögen, wovon sie sich zwei Jahre später ein Haus kaufte, das wiederum sechzehn Jahre später in meine Hände übergehen und mich über Jahre finanziell sorgenfrei halten sollte.

Das Liebesverhältnis von Elke und mir verschlechterte sich mit der Zeit zusehends. Unsere charakterlichen Gegensätze – war sie pedantisch und perfektionistisch, war ich leichtfertig und lässig – führten im Alltag des Öfteren zu Konflikten. Auch was Essen und Trinken betraf, gab es große Unterschiede; Elke lebte streng vegetarisch und rührte keinen Alkohol an. Zudem verachtete sie – ihre ostpreußischen Vorfahren hatten immerhin dem Großbürgertum angehört – die proletarischen Züge in meinem Habitus, etwa meine unterentwickelten Tischmanieren. Ein unausgesprochener Machtkampf schwelte zwischen uns. – Doch an erster Stelle waren es Unstimmigkeiten in unserer sexuellen Beziehung, die zu einem Dauerproblem wurden; zum einen trugen meine Seitensprünge erheblich dazu bei, dass Elke eine Abneigung dagegen entwickelte, mit mir zu schlafen, zum anderen der Umstand, dass ich immer schon mit meiner Begierde auf der Matte stand, ehe sich bei ihr die Lust auf Sex regte. Und auch der neurotische Anteil meines sexuellen Verlangens, das infantile Bedürfnis nach grenzenloser Mutterliebe, törnte sie vermutlich ab. Ein neuntägiges Tantra-Seminar, das wir gemeinsam besuchten, konnte die Situation nur vorübergehend verbessern. Und auch der Rat einer Psychotherapeutin, uns, um die Beziehung zu retten, auf *einmal pro Woche* zu einigen, löste das Problem nicht nachhaltig. Zwar akzeptierte Elke diese Regelung, aber sie hielt sich nicht immer daran. Verständlich, denn sie fand es entwürdigend, sich mir hinzugeben, ohne den Wunsch danach zu spüren. Ich dagegen fühlte mich im Stich gelassen und ungeliebt, wenn sie sich nicht an die Vereinbarung hielt.

Wir litten beide unter der Situation; so kam es eines Tages zu einem Eklat, der den wahrscheinlich dunkelsten Schandfleck in meiner Biografie heraufbeschwor. Es geschah an einem trüben Sonntagnachmittag im Herbst 1994, nach dem gemeinsamen Sonntagsspaziergang war vereinbarungsgemäß Miteinanderschlafen angesagt, für mich jedenfalls. Doch als wir im Bett lagen und ich Elke zärtlich berührte und ihr sehnsuchtsvoll in die Augen schaute, drehte sie sich zur Seite und gab mir damit zu verstehen, dass sie in diesem Augenblick nicht bereit war, sich für mich zu öffnen. Ihre Zurückweisung kam für mich völlig unerwartet, sie war mir doch während des Spaziergangs wohlgesonnen gewesen und hatte sich von mir, was wir beide liebten, auf den Schultern sitzend ein paar hundert Meter durch den Wald tragen lassen. Und ich war voller Vorfreude gewesen auf die Vereinigung mit meiner Liebsten, die mir als das Wünschenswerteste galt, was mir das Leben bieten konnte. Nun fühlte ich mich wie vor den Kopf gestoßen, ein schmerzhaftes schwarzes Loch tat sich in meiner Seele auf. Es war nicht die Geilheit in meinen Lenden, die mich antrieb, Elke umstimmen zu wollen, sondern das verzweifelte innere Kind, das Elkes liebende Hingabe einforderte. Ich begann zu argumentieren und zu betteln, von wegen der Vereinbarung und meiner ach so starken Bedürftigkeit. Und ich verstieg mich zu der Behauptung, dass ich mehr darunter leiden würde, wenn sie nicht mit mir schläft, als sie darunter leiden würde, wenn sie mit mir schläft, und so weiter. Natürlich verfestigten all meine Vorhaltungen nur Elkes Ablehnung und veranlassten sie zu einer verbalen Retourkutsche, in die sie ihre Verachtung meiner Suchtstruktur und all ihren Männerhass hineinpackte. Wir verrannten uns immer mehr in ein erbittertes Wortgefecht voll gegenseitiger Anklage und Aggression – ohne konstruktiven Lösungsansatz. Wir waren beide in alten Verhaltensmustern gefangen. Elke in ihrer Angst- und Abwehrstruktur, ich in dem Teufelskreis von Bedürftigkeit und Abhängigkeit. Mir ging es schon längst nicht mehr um Sex, ich verzehrte mich jetzt nur noch nach einem Fünkchen Verständnis und einer Spur von Mitgefühl von Elkes Seite, um meinen seelischen Schmerz zu lindern und einen Rest Selbstachtung zu bewahren. Doch Elke hatte einen hermetischen Schutzwall um ihr Herz errichtet. Sie war mir rhetorisch überlegen und ihre gezielten verbalen Giftpfeile trafen mich an empfindlichen Stellen. Ich fühlte mich gedemütigt und verletzt und wusste irgendwann ihren verbalen Angriffen nichts anderes mehr entgegenzusetzen, als sie wütend anzubrüllen. Welche Worte ich auch immer dabei gebrauchte, für Elke war allein die Wut in meiner Stimme ein Alarmsignal: Gefahr im Verzug, er könnte gewalttätig werden! Sie schaltete um und ging komplett in die passive Opferrolle. Spätestens jetzt hätte ich das Schlachtfeld verlassen und mich in mein Zimmer zurückziehen müssen, um zu schreien, zu weinen oder zu toben, was auch immer, bis ich mich beruhigt hätte. Doch wie sie da lag, mit starrem Blick und zusammengebissenen Zähnen, wie tot, das war für mich die absolute Schuldzuweisung: Du bist der Täter, der Bösewicht! Und diese stumme Bezichtigung brachte mich zur Weißglut. Mit einem Schmerzensschrei aus tiefster Seele packte ich sie an den Schultern und stauchte ihren schlaffen Oberkörper zwei drei Mal auf die Matratze, einerseits um mir Luft zu machen, andererseits um ein aktives Lebenszeichen aus ihr herauszuschütteln, aber sie rührte sich nicht. Als ich betreten von ihr abließ, presste sie die fatale Formel hervor, die mich wie ein glühendes Brandeisen versengte: *Schlag doch zu.* – Dieser Satz provozierte mich, der körperliche Gewalt verabscheute, so sehr, dass ich meinen Zorn nicht mehr im Zaume halten konnte und ihr mit den Fäusten rechts und links an den Kopf schlug. Es waren drei oder vier Schläge, nicht wirklich brutal, sie hinterließen keine sichtbaren Spuren. Die Affekthandlung hatte keine drei Sekunden gedauert. Unmittelbar darauf warf ich mich von Scham und Reue überwältigt schluchzend auf den Boden. Es traf mich bis ins Mark, diese rote Linie überschritten zu haben. Elke, die sich bald wieder gefangen hatte, quittierte die Attacke mit den Worten, das machst du nie wieder.

Der ungewollte Übergriff zog Konsequenzen nach sich. Es vergingen zwei oder drei Tage, bis Elke sich mir wieder freundlich zuwenden konnte und bereit war, mir zu verzeihen. Sie beteuerte, dass sie mich weiterhin liebe, aber um der Beziehung noch eine Chance zu geben, brauche sie eine längere Sexpause, und sie glaube, dass es besser sei, wenn wir nicht mehr zusammen wohnen würden. – Wir einigten uns darauf, die Partnerbeziehung für ein Jahr auf Eis zu legen und danach weiterzusehen.

Also ging ich wieder einmal auf Wohnungssuche, fand aber erst nach fünf Monaten etwas Passendes. In Bezug auf die Beziehung mit Elke war ich gespalten: Sollte ich darauf bauen, dass nach einem Jahr der Trennung ein Neuanfang gelingt, oder sollte ich nach einer neuen Partnerin Ausschau halten? Ich ließ mir, wie es meine Art war, beide Möglichkeiten offen. Meine bereits seit einem Jahr bestehende heimliche Liebschaft mit Heidrun bekam in dieser Situation einen höheren Stellenwert für mich. Von Anfang an war klar gewesen, dass Heidrun sich mich als Partner wünschte, ich aber zögerte auch jetzt noch, mich ganz auf sie einzulassen, weil ich mir das Hintertürchen zu Elke offenhalten wollte. Heidrun, Malerin und freie Mitarbeiterin bei einer Werbefirma im Bereich Computergrafik, war drei Jahre älter als ich, naturverbunden und relativ frei von psychischen Macken. Als Fan der Kanareninsel *La Palma* schlug sie mir vor, gemeinsam dort Urlaub zu machen.

Wir mieteten eine alte Bauernkate im Westen der Insel mit Blick auf den Atlantik und verbrachten dort den ganzen Februar in harmonischer Zweisamkeit, vor allem mit Wanderungen und künstlerischen Tätigkeiten. Dazu genossen wir mit allen Sinnen Sonne, Luft, Berge, Meer, vegetarisches Essen, Rotwein, Sternenhimmel und Sex. – Heidrun benutzte für ihre großflächigen Gemälde Erd- und Pflanzenfarben, die sie selbst herstellte. Sie zeigte mir einige Kniffe beim Fotografieren, etwa wie ein ansichtskartengroßer Ausschnitt eines moos- und flechtenüberwachsenen, von Quarzadern durchzogenen Felsgesteins als Dia auf die Leinwand projiziert wirken kann: Dem Betrachter offenbart sich darin mitunter ein Landschaftsgemälde voll schemenhafter Pflanzen, Gebäude, Figuren und Gesichter, oft auch Naturgeister – magische Bilder! Heidrun inspirierte mich auch dazu, aus Scherben, Schrott, Steinen, Treibholz, Federn, Draht und Kordel skurrile ästhetische Objekte herzustellen.

Im Felderbachtal bei Wuppertal hatte sie ein Gartengrundstück gepachtet, wohin sie des Öfteren ihre KünstlerkollegInnen zu urigen Feten mit Gesang und Trommeln am Lagerfeuer einlud. Dort verbrachten wir so manche romantische Nacht in der Kohte. – Ja, Heidrun hätte meine neue Partnerin sein können, aber es sollte anders kommen.

Im März 1995 zog ich in eine Zweizimmerwohnung im Dachgeschoss des fünfstöckigen Backsteingebäudes des ehemaligen Arbeitsamtes in Wuppertal-Unterbarmen. Von dort aus brauchte ich mit dem Fahrrad eine Viertelstunde bis zum Laden. Die rund hundert Mitbewohner des langgestreckten Gebäudes waren größtenteils Flüchtlinge und Immigranten vom Balkan und aus Nordafrika, überwiegend Integrationsunwillige ohne Arbeit mit dubiosem Lebenswandel, unter ihnen auch der ein oder andere Kleinkriminelle; jedenfalls wurde im Verlauf der fünf Jahre, die ich dort wohnte, zweimal meine Wohnungstür aufgebrochen. – Ansonsten war ich mit der neuen Wohnung sehr zufrieden. Durch die hohen Fenster hatte ich nach Norden den Ausblick auf die großen Buchen der Hardt und nach Westen auf ein altes Arbeiterviertel. Die Wupper und mit ihr die Schwebebahn, die über dem Fluss verläuft, war drei Minuten Fußweg entfernt. Zwei Straßen weiter wohnte meine alte Freundin Astrid, deren Waschmaschine ich benutzen durfte. In der neuen Wohnung traf sich für einige Monate die Gesangsgruppe; und an monatlichen Dia-Abenden zeigte ich im Freundeskreis meine Reisebilder.

Nach meiner Petersburgreise im August 1995 (siehe nächstes Kapitel), bei der sich die Aussicht einer festen Beziehung mit Marina, die ich gegenüber Elke und Heidrun favorisierte, als unrealistisch erwies, war das Jahr der Trennung von Elke vorüber. Wir beide fühlten uns emotional noch sehr zueinander hingezogen, so dass die Entscheidung nahelag, wieder zusammenzukommen. Aber ich hatte inzwischen auch zu Heidrun eine vielversprechende Beziehung aufgebaut und stand nun vor der Frage: sie oder Elke? Ich konnte mich nicht entscheiden und besprach das Problem mit meiner Psychotherapeutin. Sie ließ mich beide Namen einzeln auf je ein Blatt Papier schreiben und legte die Blätter mit der beschriebenen Seite nach unten auf den Fußboden, so dass ich nicht erkennen konnte, welches

Blatt zu wem gehörte. Dann sollte ich mich nacheinander darauf stellen, um zu erspüren, was mein Körper beziehungsweise meine Intuition mir mitteilten. Das erste Blatt fühlte sich angenehm und leicht an, das zweite dagegen verworren und spannungsgeladen. Doch beim zweiten Blatt war zugleich ein so starkes Empfinden in meinem Herzen, dass ich wusste, da gehöre ich hin. Als ich die Blätter aufdeckte, sah ich mit Erleichterung, dass mein Herz sich für Elke entschieden hatte. (Die *Qual der Wahl* hatte sich, wie wir sehen werden, in die *Wahl der Qual* verwandelt.) – Diese Entscheidung verursachte bei Heidrun großen Trennungsschmerz, was mir sehr leid tat. Ich wäre gerne mit ihr in enger Verbindung geblieben, aber das wollte sie nicht. Außerdem lautete Elkes Bedingung: ich oder die anderen! Für mich das alte Dilemma: Ich wollte die Paarbeziehung mit ihr, war aber nicht bereit, der sexuellen Freizügigkeit völlig zu entsagen. Auch diesen Konflikt besprach ich mit meiner Therapeutin, die mir riet, wenn du aufs Fremdgehen nicht verzichten kannst, mach es heimlich.

Marina – oder: Wodka mit Birnensaft

Mit der Petersburgerin Marina N. (die ich 1990 in England kennengelernt und 1991, nach dem Wildniscamp in Tadschikistan, in St. Petersburg wiedergetroffen hatte) unterhielt ich über Jahre eine intensive
Brieffreundschaft. Im Frühjahr 1995 teilte mir Marina überraschenderweise mit, dass sie mich in Wuppertal besuchen wolle und dass sie sich
ein Leben an meiner Seite vorstellen könne. (Ich hatte ihr von meinen
Schwierigkeiten mit Elke und von unserer Trennung geschrieben.) Nach
kurzem Überlegen war ich Feuer und Flamme für die Vorstellung einer
festen Beziehung mit Marina. – Aus ihrem Besuch wurde jedoch nichts,
weil ihrem achtzehnjährigen Sohn Sascha wegen eines Drogendeliktes
Knast drohte. So entschloss ich mich, zu ihr zu fliegen. Als sie mich am
11. August 1995 am Flughafen von *Peterburg*, oder kurz: *Peter*, wie viele
Einwohner die Stadt an der *Newa* nennen, empfing, war ich entzückt von
ihrer äußerlichen Veränderung. Anstelle der langen blonden Haare trug
sie jetzt einen kessen Kurzhaarschnitt, das schicke weiße Jackett stand
ihr ausgezeichnet, aus ihren blauen Augen blitzte grenzenlose Unterneh-
mungslust. Marina hatte ein paar Wochen zuvor an einem französischen
Fernsehfilm über St. Petersburg mitgewirkt, in dem sie in der Rolle einer
Stadtführerin dem Publikum die Sehenswürdigkeiten der nördlichsten
Millionenstadt der Welt präsentierte. Ein Service, den sie auch mir in
den folgenden Tagen angedeihen ließ.

Ihren Lebensunterhalt verdiente Marina mit der Betreuung eines
querschnittsgelähmten Mannes in Oslo, bei dem sie drei Monate im
Jahr wohnte. Das im Westen in einem Monat verdiente Geld reichte in
Russland für ein ganzes Jahr. Zurzeit hatte sie keine eigene Wohnung,
sondern lebte vorübergehend in dem Zimmer eines Bekannten, der für
mehrere Monate in Indien weilte. – Mehrere Tage, wie gesagt, durchstreiften wir St. Petersburg, die Stadt der dreiundneunzig Flüsse und Kanäle,
das *Venedig des Nordens*, dessen prachtvolle Paläste, Kirchen und Brücken
mich begeisterten. Wir legten viele Kilometer zu Fuß zurück oder fuhren mit der Straßenbahn, oder der U-Bahn, deren Strecken fast hundert
Meter unter der Oberfläche verlaufen, weil die Stadt auf Sumpf gebaut
ist. Ich bekam dabei nicht nur die touristischen Hauptattraktionen zu
Gesicht, die für die bevorstehende Dreihundertjahrfeier der Stadtgrün-
dung unter Zar Peter I. herausgeputzt wurden, und einige Kleinode im

Verborgenen, sondern auch Stadtviertel, die von Armut, Dreck, Gestank und menschlichem Elend gezeichnet waren. Unsere Exkursionen machten mir bewusst, wie anstrengend und frustrierend das Alltagsleben der meisten Russen ist. Jede noch so kleine Besorgung ist mit viel Rennerei oder Warterei verbunden. – *We must always make efforts*, sagte Marina, die wie viele alleinstehende russische Mütter ständig stark und agil sein musste, um ihr Pensum zu bewältigen. Sie schämte sich mir gegenüber dafür, dass sie und ihre Landsleute unter im Vergleich zum Westen miserablen Lebensbedingungen leiden müssen. Ich erlebte Marina in diesen Tagen in unterschiedlichen Rollen, sah ihre vielen Gesichter, sah Geliebte, Kameradin, Kämpferin, Künstlerin, Organisatorin und Mutter. Sie stellte mich auch ihrer Mutter vor, die uns im vierzehnten Stock eines Plattenbaus mit Kaffee und Kuchen empfing. Im Gegensatz zu anderen Privatwohnungen, die ich in Russland kennengelernt habe, war deren Zweizimmerwohnung geschmackvoll möbliert und aufgeräumt. Die vornehme Dame mit silbernem Haar, die ehedem als Ingenieurin im U-Boot-Bau beschäftigt gewesen war und jetzt mit einer Rente von 65 DM auskommen musste, unterhielt sich gerne mit mir, in einem Gemisch aus Englisch, Französisch und Russisch. Auch Marinas Sohn war anwesend, ein selbstbewusster, begabter, noch einmal mit einer Bewährungsstrafe davongekommener Neunzehnjähriger.

Im Laufe unseres Zusammenseins in Petersburg wurde mir allmählich klar, dass Marina nicht ernsthaft darauf aus war, mit mir eine dauerhafte Verbindung einzugehen. Zwischen den Zeilen gab sie mir zu verstehen, dass für eine feste Beziehung mit einem Mann gar kein Platz an ihrer Seite wäre, und auch nicht in ihrem Herzen. Dass sie mir schriftlich ein diesbezügliches Angebot gemacht hatte, wurde nicht mehr erwähnt. Ich nahm es ihr nicht übel, ich sagte mir, der Wunsch, Russland zu verlassen und im Westen zu leben, war ihr eigentliches Motiv gewesen. Und gegenwärtig hatte sie Norwegen auserkoren, nicht zuletzt, weil sie eine engagierte Anhängerin des Tibetischen Buddhismus und Ole Nydahls war, der in Oslo sein *Hauptquartier* hatte. Meine Enttäuschung hielt sich in Grenzen, denn die zehn Tage mit Marina bescherten mir unvergessliche Eindrücke und Begegnungen, eine stattliche Diaserie und ein paar wunderschöne russische Lieder, die ich von ihr lernte. Auf einem halben Dutzend Dias hielt ich meine Gastgeberin fest, wie sie sich in anmutigen Posen präsentiert und dabei aufregend gut aussieht.

Von den Ereignissen, die folgen sollten, hatte ich vor der Reise nur vage Hinweise erhalten. Marina spielte eine führende Rolle im Buddhistischen Zentrum von St. Petersburg. Dort bereitete eine Gruppe von zirka zwanzig Großstadtbuddhisten ein Event vor, zu dem Lama Ole Nydahl erwartet wurde. Das *Festival Junger Buddhismus* sollte am Wochenende im ehemaligen Kulturpalast des *Komsomol*, der Jugendorganisation der *KPdSU* (Kommunistische Partei der Sowjetunion), über die Bühne gehen. Marina und ich beteiligten uns an den letzten Vorbereitungen.

Am Eröffnungsabend des Festivals traten drei Musikgruppen auf. Zu Beginn – wegen technischer Probleme drei Stunden später als geplant – eine polnische Band mit Jazz-Rock vom Feinsten, danach eine langweilige Petersburger Allerweltsrock-Band und gegen Mitternacht eine junge *Heavy-Metall*-Formation mit Marinas Sohn Sascha, geschminkt wie ein Gruselmonster, an der Lead-Gitarre. Um diese Zeit war die Zahl der Zuhörer im großen Saal auf zwei Hände voll geschrumpft, darunter Marina, ihre Mutter, ihre beste Freundin und ich.

Samstag um zehn begann der inhaltliche Teil der Veranstaltung. Als Lama Ole ans Rednerpult schritt, war der sechshundert Zuschauer fassende Saal zu zwei Dritteln gefüllt. Ich saß in der ersten Reihe, und Ole winkte mir jovial zu, sichtlich erstaunt, einen Wuppertaler im Publikum vorzufinden. Sein Vortrag auf Englisch wurde ins Russische übersetzt. Im Lauf des Nachmittags nahmen an die hundert Leute in einer langen Reihe wartend nacheinander *Zuflucht*, das heißt sie empfingen die Einweihung in den Weg des Buddhismus. Oles Energie schien unerschöpflich. Aber der Saal leerte sich mehr und mehr. Auch ich verzog mich irgendwann in einen der Gesellschaftsräume, wo ich viele Ole-Anhänger antraf, die zum gemütlichen Teil der Veranstaltung übergegangen waren.

An weißen runden Plastiktischen sitzen im Halbdunkel kleine Grüppchen von, sagen wir, Künstlern, Anarchisten, Existentialisten, Nihilisten, Dissidenten, Romantikern, Aussteigern, Quartalssäufern, Gottesnarren, verkannten Genies und anderen Exzentrikern. – Etwa zwei Dutzend Männer und wenige Frauen im Alter zwischen dreißig und weißnich. Ich denke unwillkürlich an Dostojewskis Romanhelden. Auf den Tischen Flaschen und Gläser. Die angesagte Partydroge: Birnensaft und frisch gepresste Zitrone, mit reichlich Wodka verdünnt. Von einer der Tischrunden wabert eine Marihuanawolke zu mir herüber. Ich komme mit Kyrill ins Gespräch, einem Grafiker, der im benachbarten Foyer ein paar sehr eindrucksvolle surrealistische Bilder ausgestellt hat. Er hat sich zu DDR-Zeiten einmal einige Monate in Halle an der Saale aufgehalten, aber sein Deutsch ist fast so unbeholfen wie mein Russisch. Englisch geht besser. Larissa kommt an unseren Tisch, Kyrills Freundin, pechschwarz gefärbtes Haar, rundes Gesicht, große wässrig blaue Augen. Sie bringt Birnensaft, Zitrone und Wodka, schafft drei Wassergläser herbei und schenkt ein, halbe halbe. Kyrill lehnt den Birnensaft ab. Er scheint schon einiges an *Wässerchen* intus zu haben. Mit seinem langen Bart und der streng gescheitelten, zum Pferdeschwanz gebundenen Mähne, den eingefallenen Wangen und dem traurig träumerischen Glanz in den Augen erinnert er mich irgendwie an … *Raskolnikow*, den tragischen Helden in *Schuld und Sühne*. Ich kann es mir nicht verkneifen, ihn darauf hinzuweisen, dass Ole in seinem Nachmittagsvortrag den exzessiven Alkoholkonsum als verhängnisvolles Hindernis auf dem spirituellen Weg vehement angeprangert hat. Kyrill grinst mich spöttisch an und beginnt sogleich, mir seine Sicht der Dinge auseinanderzulegen. Er spricht vom russischen Volkscharakter, von Mussorgskij und anderen einschlägigen Säufern der russischen Kultur, von der russischen Seele und von Präsident Jelzin, der in besoffenem Zustand souverän seine Amtsgeschäfte leitet. Kyrills mehr gelallte als gesprochene Äußerungen gipfeln in der These, dass Buddhismus und Alkoholismus zwei Seiten ein und derselben Medaille sind, die sich gegenseitig ergänzen. Larissa füllt mein Glas zum dritten Mal, und allmählich geht auch mir ein Licht auf. Meine russische Seele meldet sich zu Wort, mir wird heiß ums Herz, ich beginne über das bewusstseinserweiternde Potential geistiger Getränke sowie über die Dialektik von Erleuchtung und geistiger Umnachtung nachzugrübeln. Ja, die Dialektik! – ist das Glas schon wieder halb leer oder noch halb voll? Immer weniger sperrt sich in mir etwas dagegen, Kyrills tiefschürfenden Erkenntnissen vorbehaltlos Glauben zu schenken. Jetzt legt er mir mit beschwörender Miene nahe, Venedikt Erofeevs Säuferroman *Moskau – Petuschki* zu lesen, der jedem angehenden Buddhisten als Pflichtlektüre dienen sollte.

Larissa ist unbemerkt entschwunden. Sie hat offenbar Kyrills hochgeistige Ergüsse oft genug über sich ergehen lassen. Eine fast volle Wodkaflasche steht noch auf dem Tisch. Kyrill schenkt nach, jedem ein Wasserglas voll, das entspricht achtzig Gramm reinen Alkohols. Er lässt sich von meinem Versuch, das Gespräch auf ein anderes Thema zu lenken, zum

Beispiel die Frauen, nicht aus dem Konzept bringen und preist unbeirrt die hohe Kunst des Saufens und die spirituelle Dimension des Alkoholgenusses, die nur dann erfahrbar wird, wenn man die benötigten hochprozentigen Zutaten in der richtigen zeitlichen Reihenfolge, chemischen Zusammensetzung und Dosierung und so weiter und so fort. Will sagen, nur wenn man den Alkoholkonsum als eine ernstzunehmende Wissenschaft betreibt und deren Forschungsergebnisse penibel beherzigt, kann der Suff zu einer transzendenten Erfahrung werden. Die schlichte Rezeptur von Kyrills Lieblingscocktail liest sich wie ein Stück reine Poesie: 100 Gramm *Hammer und Sichel*, 50 Gramm *Kölnisch Wasser*, 50 Gramm Spirituslack und 50 Gramm *Drachentöter*.

Mit zittrigen Händen teilt mein Saufbruder Kyrill, alias Raskolnikow, die letzten hundertfünfzig Gramm, kippt seinen Teil runter wie Wasser und bettet mit starrem Blick ins Nirwana sein Haupt in das Nest seiner Hände. Er hat die magische Dosis getroffen – und sie ihn. Begleitet von einem abgrundtiefen Rülpser sackt sein Oberkörper auf die Tischplatte. Er lallt noch etwas vor sich hin von einer Dosis – oder Doris? – in Halle an der Saale, und dann schnarcht er los.

Der Raum hat sich geleert. Ich bin mir selbst überlassen und trinke mein Glas aus, um meinem Schwips den letzten selig machenden Schliff zu verpassen. Was wollte ich noch?! – Scheißegal! Mir ist jetzt alles egal, und wenn mir alles egal ist, ist das nicht die Verwirklichung der Buddhanatur? Dem Universum ist alles zuzutrauen! – Ich fühle mich frei wie ein Vogel über den Wolken, himmlisch narkotisiert vom Odem des Heiligen Geistes aus der Flasche. – Ich muss nichts tun, ich darf alles lassen: *loslassen, die zügel lockerlassen, die seele baumeln lassen, den dingen ihren lauf lassen, einen fahren lassen, die sektkorken knallen, die puppen tanzen und die köpfe rollen lassen, die hose runterlassen, die sau raus lassen, leben – und leben lassen und ...* Wasser lassen! – O Buddha, o Krishna, o Pharao! Wo war denn hier nochmal das Klo?! Du heilige Scheiße, der Boden schwankt, das Parkett hebt sich und senkt sich von schräg nach links. Die göttliche Vorsehung straft mich mit dem Martyrium einer seekranken Landratte in stürmischer See – wwürgh! – Wo ist die Reling? Marina hilf! – Marina, wo bist du?!

Am folgenden Tag trat das buddhistische Meeting in eine neue Phase. Etwa hundert Anhänger und Sympathisanten des tibetischen Buddhismus brachen mit Lama Ole in zwei Bussen zu einem sechstägigen Meditations-Retreat irgendwo östlich von Petersburg auf. Marina war mit von der Partie. Doch vorher begleitete sie mich noch zum Flughafen. Ich schenkte ihr zum Abschied 700 DM, in der stillen Hoffnung, dass sie mich doch eines Tages in Wuppertal besuchen würde. Aber ich sah sie nie wieder.

Kaukasusreise

Im Frühjahr 1996, wenige Monate nach unserer Wiederverbindung, kaufte Elke in Herzkamp, einem Dorf in der Nähe von Wuppertal, eine Doppelhaushälfte mit Garten, renovierte sie mit meiner Hilfe und zog um. – Kurz darauf, in den Sommerferien, traten wir unsere zweite Reise in den Kaukasus an: zwei Wochen kreuz und quer durch Georgien und Aserbeidschan im *Niwa*-Geländewagen mit Fahrer Giwi und Dolmetscherin Maja. – Aus dem Reisetagebuch: *Organisiert hat die Reise Rainer Kaufmann, Fernsehjournalist und Unternehmer aus dem Badischen, der eine vielbeachtete Terra X-Sendung über Georgien gemacht hat und dort aus Begeisterung für das Land gewissermaßen hängengeblieben ist. Er hat einen Kaukasus-Reiseführer verfasst, betreibt in Tiflis eine Pension und ein Café, veranstaltet Gruppenreisen und engagiert sich für den Aufbau einer touristischen Infrastruktur. Dazu pflegt er Kontakte zu Schewardnadse, dem Präsidenten Georgiens und ehemaligen sowjetischen Außenminister. Wir sind die einzigen Teilnehmer der Bildungsreise, die ein außerordentlich dichtes und anspruchsvolles Programm umfasst – täglich bis zu zehn Stunden auf Achse. Übernachtungen bei Einheimischen.*

Die Georgier gelten als gastfreundlich, stolz, kühn und – sangesfreudig! Ihre traditionellen dreistimmigen Trinklieder, Arbeitslieder, Kampflieder und religiösen Gesänge gehören zum immateriellen Weltkulturerbe. Eine Aufnahme des Ensembles *Rustavi* ist mit der Raumsonde *Voyager* im Weltraum unterwegs. Georgien, ein Land von gerademal vier Millionen Einwohnern, hat eine wechselvolle Geschichte. *Jason mit dem Goldenen Vlies* ist hier gestrandet, und nach ihm haben unter anderen Griechen, Mongolen, Perser, Araber, Byzantiner, Türken und Russen – und zuletzt die Sowjets – ihre Spuren hinterlassen. Zum Zeitpunkt unserer Reise ist das Land erst seit vier Jahren wieder politisch unabhängig. Die Verbindungen zu Russland, der ehemaligen sowjetischen Hegemonialmacht, sind gekappt, und damit viele wirtschaftliche Versorgungwege. Georgien hängt am Tropf der Weltbank. Ein großer Teil seiner Bewohner lebt in bitterer Armut. Die Hauptstadt *Tbilissi* (Tiflis) zählt rund eine Million Einwohner und ist berühmt für ihre kulturelle Vielfalt. Im Zentrum der Altstadt entlang der *Kura* drängen sich auf einem Quadratkilometer uralte orthodoxe Kirchen neben katholischen und evangelischen – das

Christentum ist seit dem fünften Jahrhundert tonangebend – sowie einer Synagoge, einer ehemaligen Moschee und einem türkischen Dampfbad.

Es führt hier zu weit, dieser sympathischen Stadt ein detailliertes Porträt zu widmen, auch wenn sie es verdient. Den kompletten Reiseverlauf durch mehrere Provinzen des Landes, eingebettet in eine Hochebene zwischen dem Großen und dem Kleinen Kaukasus, wiederzugeben, würde ebenfalls den Rahmen dieser Schilderung sprengen. – Der Bericht wird nicht eingehen auf all die abgelegenen Kirchen und Klöster wie *Kwalazminda*, *Ikhalto* und *Alt-Schuamta*, deren Besuch zum Besichtigungsprogramm gehörte – nicht auf *Wardsia*, eine verlassene Höhlenstadt, in der im 12. Jahrhundert zwanzigtausend Menschen lebten, darunter siebenhundert Mönche – nicht auf die Stadt *Gori*, in der Stalin als *Josef Wissarionowitsch Dschugaschwili* geboren wurde, dessen gefühlt zwanzig Meter hohe Statue heute noch den zentralen Platz dominiert – nicht auf die Heilquellen von *Bordjoni*, wo einst die Zaren kurten und wo das Heilwasser nach verfaulten Eiern schmeckt – nicht auf die Provinz *Kachetien*, wo der georgische Wein wächst und gekeltert wird, der, nachdem die Sowjetunion als Markt weggebrochen ist, verstärkt nach Westeuropa exportiert werden soll – auch nicht auf die ins Auge springenden Motive am Straßenrand, die ich während der Fahrt mit der Kamera einzufangen suchte, etwa die gigantischen Industrieruinen im Umkreis von Tbilissi; oder die kilometerlange Reihe kleiner Bretterbuden, die alle denselben Ramsch anbieten: schäbiges Plastikspielzeug, klebrige Süßigkeiten, grellbunte Luftballons, handgeschnitzte Hirtenflöten und dergleichen; oder die Pyramiden aus Wassermelonen und die in der prallen Sonne auf Kundschaft wartenden alten Frauen mit Eimern voll frisch gepflückter Pfirsiche.

4.8.1996: Bei der Abfahrt ein Motorproblem, Giwi braucht zwei Stunden für die Reparatur. Unterwegs einen Platten. Tanken auf offener Strecke bei einem Tanklaster; vier Zwanzig-Liter-Kanister Diesel im Kofferraum verfrachtet. Mitten auf der Straße Kühe, Schweine, Schafe, Ziegen, Hühner, Gänse, Enten und Hunde. Am Straßenrand werden in der Mittagshitze Schafe geschlachtet und ihr Fleisch den Vorbeifahrenden zum Kauf angeboten. In Ublissi treffen wir hinter einer Kirche aus dem Neunten Jahrhundert auf eine Gruppe von zwanzig Georgiern, darunter ein Pope und drei Musikanten mit ihren Instrumenten. Sie sitzen an einem langen Tisch unter Akazien und gehen ihrer Lieblingsbeschäftigung nach, feiern. Ein junger Mann hat die Aufnahme-

prüfung für die Uni in Tbilissi bestanden und zum Dank hat sein Vater ein Schaf spendiert; der rotbraune Torso des Hammels dreht sich über der Glut. Der Gastgeber lädt uns ein, mit ihnen zu essen und zu trinken. Die Festtafel ist reich gedeckt mit den Kostbarkeiten der georgischen Küche, die uns an Griechenland erinnert. Wie in Georgien bei Fressgelagen üblich lassen die Männer kraftvolle Trinklieder erklingen, einige stoßen Trinksprüche aus, andere halten kurze Ansprachen. Auch ich werde zu einer Tischrede ermuntert, die von Maja übersetzt wird. Ich preise die Schönheit des Landes, die Qualität der Speisen und Getränke, den Gesang und die georgische Gastfreundschaft und füge noch die abgedroschene Floskel von Frieden und Völkerfreundschaft hinzu. Danach stimmen Elke und ich das russische Lied Mnogaja Ljeta an, und alle am Tisch singen mit.

Nach weiteren drei Stunden Fahrt durch die wilde Berglandschaft des Kleinen Kaukasus erreichen wir in der Abenddämmerung unser Tagesziel, den abgelegenen Bauernhof der Familie Bibilaschwili. Ein paar Hühner, Gänse und Kaninchen, drei Kühe und ein Gemüsegarten bilden ihre Lebensgrundlage; dazu die gelegentlichen Einnahmen durch die Touristen, die sie in ihrem Schlafzimmer unterbringen. – Wir kommen unerwartet, eine Vorankündigung unseres Besuchs war nicht möglich. Das Abendessen ist dennoch üppig und schmackhaft, fast alles aus eigenem Anbau. Auch der selbstgebrannte Maulbeerschnaps mundet vorzüglich. Außer uns Gästen sitzen am Tisch der grauhaarige Fedo und seine Frau, Sohn Sascha, Schwiegertochter Marja und ihre zwei Kinder. Mit Hilfe unserer Dolmetscherin kommt ein angeregtes Gespräch in Gang. Die äußeren Lebensumstände der Gastgeberfamilie sind prekär: Sascha, der eigentlich der Ernährer sein sollte, ist arbeitslos. Seit Wochen gibt es tagsüber keinen Strom und seit Monaten kein Wasser aus der Leitung. In der Gegend sind Wölfe gesichtet worden. Marja, die nach Westeuropa, am liebsten nach Deutschland, auswandern möchte, bombadiert uns mit diesbezüglichen Fragen. Später lernen wir von Sascha ein georgisches Volkslied. Er ist Mitglied des Folkloreensembles Georgika, das aus zehn Sängern und vier Instrumentalisten besteht und bereits drei CDs veröffentlicht hat. Marja schreibt uns den Liedtext von Suliko auf, einer traurigen aber in Georgien sehr populären Herz-Schmerz-Ballade – angeblich Stalins Lieblingslied.

Nach einem Zwischenstopp in Tbilissi und einer bequemen Übernachtung in Rainer Kaufmanns Pension *Kartli* (mit funktionierender Dusche!) folgt die landschaftlich reizvollste Etappe der Reise. Tagesziel ist die Stadt *Kasbeghi*, auf knapp zweitausend Meter Höhe im Großen Kaukasus gelegen. Mich lockt in erster Linie der Anblick des 5033 Meter hohen majestätischen *Kasbek*, der die Titelseite des Reiseführers ziert. Im Vordergrund der Abbildung sieht man eine runde Bergkuppe mit der Wallfahrtskirche *Zminda-Sameba* (Heilige Dreifaltigkeit), im Hintergrund ragt schroff das schneebedeckte Gebirgsmassiv auf. Dieses beeindruckende Foto hatte einen großen Einfluss auf meine Entscheidung für die Reise in den Kaukasus.

Für die 160 Kilometer von Tiflis bis Kasbeghi wird unsere vierköpfige Reisegruppe im Geländewagen den ganzen Tag benötigen. Zweitausend Höhenmeter sind auf der *Alten Heerstraße* zu überwinden, ehe sie auf dem *Kreuzpass* mit 2395 Metern den höchsten Punkt erreichen. Die vor Jahrzehnten asphaltierte Straße weist unzählige Schlaglöcher auf und führt haarscharf an schwindelerregenden Abgründen vorbei. Giwi muss seine ganze Fahrkunst aufbieten, um die kurvenreiche Strecke zu bewältigen, auf der zum Glück nur selten ein Fahrzeug entgegenkommt. Bei einer von einem Bergrutsch verursachten Schlamm- und Geröllhalde hilft nur der Allradantrieb. Auch für uns Mitfahrer ist die Tour eine Tortur, doch der Anblick des atemberaubenden Gebirgspanoramas beflügelt unsere Seelen. – Jenseits des Kreuzpasses verändert sich das Wetter, Nieselregen und kalter Wind setzen ein. Die Straße verläuft auf einem Hochplateau zwischen zwei Bergrücken, deren Gipfel von dunklen Wolken verdeckt sind. Am späten Nachmittag taucht aus der Gegenrichtung ein Militärkonvoi auf, und Giwi muss auf den unbefestigten Seitenstreifen ausweichen, bis ein Dutzend graugrüner Mannschaftstransporter unter gewaltigem Getöse vorbeigerollt ist.

Nach der Ankunft in Kasbeghi bleibt Elke und mir nur noch ein kleiner Rest schwindenden Tageslichtes für den Fußmarsch zu der Wallfahrtskirche, die wir trotz Nebel, Regen, Wind und Dunkelheit unbedingt besuchen wollen, obwohl klar ist, dass uns dort oben der ersehnte Blick auf die schneebedeckten Gipfel versagt bleiben wird. Ein paar Jungs führen uns auf einem glitschigen Gebirgspfad 450 Höhenmeter hinauf. Der Nebel wird immer dichter, der Regen peitscht uns ins Gesicht, die Steigung ist zermürbend; für Elke ist das eine heftige Herausforderung, aber sie hat einen starken Willen. Als wir die Silhouette des über tausend Jahre alten Kirchengebäudes in einer Entfernung von zwanzig Metern aus dem grauen Nichts auftauchen sehen, erklingen zu unserer Begrüßung helle Glockenschläge. Einer der Jungs hat den Turm erklommen und läutet Sturm. Leider ist die Kirche verschlossen, und wir können nicht darin singen, wie wir es in vielen anderen georgischen Kirchen getan haben, die meistens menschenleer waren und außer verwitterten Fresken nichts Sehenswertes enthielten. In einigen der Gotteshäuser hatte Elke eine hohe Konzentration terrestrischer Energie wahrgenommen. Auch im Kaukasus bevorzugten die Baumeister und Kirchenoberen geomantische Kraftplätze für ihre Sakralbauten. Über den besonderen Baustil der orthodoxen Gotteshäuser in Georgien und Armenien sind viele Bücher geschrieben worden. Sie unterscheiden sich von den russisch- und griechisch-orthodoxen vor allem durch den steinernen Spitzkegelturm, der wie ein Zuckerhut über das zentrale Rundkuppelgewölbe gestülpt ist.

Am Fuße des Berges warten im Auto Giwi, der immer gut gelaunte Fahrer, und Maja, die immer zu Scherzen aufgelegte Übersetzerin und Reiseleiterin, geduldig, bis Elke und ich, die heute mal ein gutes Team bilden, nach anderthalb Stunden von unserer teils enttäuschenden, teils beglückenden Exkursion zurückkehren. – Kasbeghi ist, beziehungsweise war, eine Garnisonsstadt, die zu Sowjetzeiten um die zwanzigtausend Einwohner zählte. Jetzt sind nur noch ein paar Tausend übrig geblieben, für die es nach dem Abzug des Militärs kaum noch Arbeitsplätze gibt. Viele Häuser stehen leer, manche sind verfallen, die Geschäfte sind geschlossen, und die schummrige Straßenbeleuchtung lässt Autowracks und Müllhaufen wie Requisiten einer schaurigen Filmkulisse erscheinen. Auf dem Weg zur Gastgeberfamilie – das Auto müssen wir vor einer ungesicherten Straßenbaustelle stehen lassen – begegnen wir wenigen Menschen, aber vielen Hunden und Katzen und ein paar Schweinen, die sich in der Gosse suhlen. Hungrig und erschöpft treffen wir bei der siebenköpfigen Familie ein. Vater, Mutter, drei Kinder, Großmutter und Schwester der Mutter sitzen erwartungsvoll um den gedeckten Tisch. *Perserteppich, Mustertapete und Kuckucksuhr; eine Katze döst im Sessel; die Oma füttert eine junge Gemse auf ihren Knien mit Milchbrei, und im Schwarz-Weiß-Fernseher läuft eine amerikanische Serie mit georgischen Untertiteln (wie schön die georgischen Schriftzeichen doch sind!).* – Nach der herzlichen Begrüßung stoßen die Erwachsenen mit Wodka an. Elke und ich sind müde und mental kaum noch aufnahmefähig, nur aus Höflichkeit bleiben wir nach dem Essen noch am Tisch sitzen und stellen uns den Fragen der Gastgeber. Endlich sagt man sich Gute Nacht, und wir sinken erleichtert auf

das von vielen voluminösen Paradekissen angefüllte Ehebett der Gastgeber. – Früh am Morgen geht es zurück nach Tbilissi. Die Gipfel des
Kaukasus sind immer noch hinter schweren Regenwolken verborgen. In
Anbetracht dessen habe ich schlauerweise das Umschlagbild des Reiseführers mit der Wallfahrtskirche vor dem schneebedeckten Gebirgsmassiv abfotografiert, um es in meine Diaserie aufzunehmen.

Nach dieser strapaziösen Tour durch den Großen Kaukasus begann am
nächsten Tag der Vier-Tage-Trip nach *Baku* am Kaspischen Meer. Vom
christlichen Georgien ins muslimische Aserbeidschan! – *8.8.1996: Ohne
den Abstecher in den Großen Kaukasus verdaut zu haben, brechen wir in aller
Frühe schon wieder auf. An der Grenze muss Giwi achtzig Dollar abdrücken
und zehn Kilometer weiter an einer Polizeisperre nochmals zwanzig Dollar.
Auf der Fahrt durch die Wüstenlandschaft macht mir die Hitze zu schaffen,
ebenso die Rückenschmerzen und die schlechte Stimmung zwischen Elke und
mir. Elke leidet mehr als ich unter den äußeren Unannehmlichkeiten der Reise und lässt ihren zeitweiligen Ärger über alles und jeden an mir aus. – Wir
erreichen Baku kurz nach Sonnenuntergang und landen in einem heruntergekommenen Plattenbauviertel. Vom Wind aufgewirbelter Staub und Horden
schreiender Kinder zwischen den Hochhäusern. Hier nehmen wir für drei Nächte Quartier in der Erdgeschosswohnung einer Familie, die aus einem Lehrer-
ehepaar, der Oma und drei halbwüchsigen Jungs besteht. Wir bewohnen das
Kinderzimmer, das Bett ist viel zu kurz für mich. Und Elke ist sauer, weil
die Dusche nicht funktioniert. Als wir nach dem bescheidenen Abendessen mit
Giwi und der Familie im Wohnzimmer zusammensitzen – unsere Übersetzerin besucht eine Freundin in der Stadt – führen wir ein Gespräch, in dem
Brocken von Russisch, Deutsch, Englisch, Französisch, Georgisch und Aser-
beidschanisch (das dem Türkischen verwandt ist) wild durcheinander purzeln.
Dazu läuft ununterbrochen das Fernsehgerät. Trotz des Babylonischen Spra-
chengewirrs erfahren wir unter anderem, dass mehrmals pro Woche Wasser-
und Stromversorgung für einige Stunden unterbrochen sind. Auf keinen Fall
darf man das Wasser ungefiltert und unabgekocht trinken. Die Familie gehört
keiner Glaubensgemeinschaft an. Nur ein kleiner Teil der Bevölkerung besinnt
sich seit dem Ende der Sowjetzeit wieder auf seine muslimischen Wurzeln. Als
Lehrer verdient man weitaus weniger als ein Taxifahrer. Die Lebensmittel-
preise steigen und steigen. Und die Oma trauert dem Kommunismus hinterher – unter Stalin ging es allen besser!*

Am nächsten Tag durchstreiften Elke und ich einige Gassen der Altstadt *Itscheri Scheker*, die nur noch wenig von dem orientalischen Flair ausstrahlte, für das Baku, die *Perle am Kaspischen Meer*, einst besungen wurde. Durch Zufall gerieten wir in eine Musikschule, in der gerade ein Casting für eine geplante Fernsehshow stattfand. Wir durften zwei Stunden lang den von einem Saiteninstrument begleiteten Solostimmen mehrerer gut ausgebildeter Sänger und Sängerinnen lauschen, deren Repertoire sich an traditioneller iranischer Volksmusik orientierte.

Auf dem Fußweg in die Stadtmitte überquerten wir den Gedenkfriedhof für die mehr als zweihundert Demonstranten und Freischärler, die 1991 bei Straßenkämpfen für die Loslösung von der Sowjetunion ihr Leben verloren hatten. – Das Erscheinungsbild des urbanen Zentrums der Millionenstadt ist sowohl von repräsentativen Gebäuden aus der Zeit des Erdölbooms Anfang des Zwanzigsten Jahrhunderts als auch von grauen Protzbauten der Sowjet-Ära geprägt. Einige Jahre später zeichnet sich, von der Privatisierung und Wiederankurbelung des Ölgeschäftes angestoßen, eine neue Epoche der Baugeschichte im Zentrum von Baku ab, die chromblitzende Wolkenkratzer in den Himmel wachsen und einige Kilometer entfernt im Südosten neue Ölbohrtürme aus dem Meer aufragen lässt.

Als ich gerade an einer der Prachtstraßen ein palastähnliches Verwaltungsgebäude mit Jugendstilelementen an der Fassade ablichte – Elke ist eigene Wege gegangen, weil sie es hasst, hinter mir her zu dackeln, wenn ich wie ein Besessener auf Fotojagd gehe – tippt mir plötzlich ein Zeigefinger auf die Schulter. Ich drehe mich um und erblicke einen Polizisten, der mich mit strenger Miene nach meinem Pass fragt und mich nach einem kurzen Blick auf das Passbild auffordert, ihm zu folgen. – Kurz darauf finde ich mich auf einer Polizeistation wieder. Man nimmt mir die Fototasche und den Reisepass ab und sperrt mich in eine fensterlose, unmöblierte Zelle.

Eine gefühlte halbe Stunde lang geschieht nichts. Ich hocke im grellen Licht einer Neonröhre auf dem Betonfußboden und grübele darüber nach, weshalb ich festgehalten werde, was mir möglicherweise bevorsteht und wie ich Elke und Giwi benachrichtigen kann. Genau in dem Moment, als ich mich erhebe, um an die verschlossene Tür zu pochen, öffnet sie sich, und ein anderer Polizist tritt ein. Er weist mich per Zeichensprache an, die Arme zu heben, tastet flüchtig meinen Körper ab und verlässt den Raum wieder, ohne ein Wort gesprochen zu haben. Der Schlüssel knirscht im Schloss. Obwohl mir die Leibesvisitation wie eine Farce erscheint, bin ich beunruhigt. Ich sehe mich als unschuldiges Opfer der Willkür einer unberechenbaren Staatsmacht ausgeliefert, deren Präsident *Gejdar Alijew* – ein korrupter, zum Neoliberalismus konvertierter ehemaliger Apparatschik der sowjetischen Nomenklatura – alles zuzutrauen ist. Was ist, wenn man mich für einen westlichen Spion hält, oder einen russischen? Oder noch schlimmer für einen eingeschleusten Islamisten? Welcher Deutsche macht Urlaub in Aserbeidschan? Welcher westliche Tourist trägt ein türkisches Käppi und ein kragenloses Hemd orientalischer Machart? Allmählich beschleicht mich die Furcht, ich könne mich wirklich in Gefahr befinden, und meine Schreckensfantasien nehmen paranoide Züge an. Ich sehe mich in einem finsteren Kerker schmachten, wo man mich wochenlang verhört, wenn nicht gar foltert. Oder man verschleppt mich in die von Aserbeidschan und Armenien umkämpfte Region *Bergkarabach*, direkt an die Front, um mich von dort als Spitzel bei den armenischen Kämpfern einzuschleusen; die christlichen Krieger wiederum drehen mich für ihre Zwecke um und schicken mich zurück zu den Muslimen, was mich erst recht in Teufels Küche bringt! – So oder so ähnlich brummt es in meinem Schädel, als mich das Geräusch des Schlüssels im Türschloss wieder in die Gegenwart zurückholt. Herein tritt eine junge Polizistin, perfekt geschminkt und durchtrainiert, und befiehlt mir mit belustigtem Unterton, follow me. – Über einen langen Gang gelangen wir zum Zimmer des diensthabenden Chefs des Polizeireviers. Ein smarter drahtiger Typ in adretter Uniform hinter einem altertümlichen Schreibtisch begrüßt mich freundlich auf Englisch. Auf dem Tisch liegen meine Kameratasche und mein Reisepass. Die Kollegin verabschiedet sich zwinkernd vom Diensthabenden, und er zwinkert zurück. Und dann beginnt ein Scheinverhör, lediglich ein paar harmlose Fragen über das Woher und Wohin. Der Mann hinterm Schreibtisch scheint völlig desinteressiert an irgendwelchen Enthüllungen zu sein. Er sieht in mir keinen Delinquenten, eher einen Gesprächspartner, mit dem er sich angenehm unterhalten kann. Die lächerliche Prozedur erreicht ihren Höhepunkt, als er mich höflich bittet, den Inhalt meiner Fototasche auf dem Schreibtisch auszubreiten. Ist es Neugier, ist es Vorschrift, ist es Schikane? Die Augen des Gesetzeshüters werden immer größer, während ich folgende Gegenstände aus der hellbraunen Ledertasche hervorzaubere: *Spiegelreflexkamera samt Blitzlicht und jeweils zwei belichteten und unbelichteten Filmen – ein Mini-Opernglas – einen angeknabberten Müsliriegel – zwei Feuerzeuge – eine Tüte Werther's Echte – eine Maultrommel – eine kleine Bambusflöte – einen 100ml-Flachmann mit Kräuterbitter – eine Taschenlampe – Tigerbalsam – Herz-Kreislauf-Tropfen – ein Schweizer Taschenmesser mit Schere – ein indisches Batiktuch – zwei Tempotaschentücher – ein Päckchen Präservative, deren Verfallsdatum vor fünfzehn Jahren abgelaufen ist – Jodtinktur – zwei Passfotos – einen Knirps – eine Sonnenbrille – Dinkelkekse – Hustenbonbons – ein Tütchen Natron – zwei Beutel Grüntee – ein Döschen Guarana – Reisetagebuch – Lesebrille – Spektralbrille – Heftpflaster – Magentabletten – Armbanduhr – Tabaksbeutel – Schreibpapier und zwei Kugelschreiber.* – No Chewing-gum?! wundert sich der eifrige Staatsdiener und verkündet lapidar: Please take your luggage, you can go now. – Anderthalb Stunden habe ich im Aserbeidschanischen Polizeigewahrsam zugebracht. Ich erreiche gerade noch rechtzeitig zum Abendessen das zwei Kilometer entfernte Restaurant *Karavansaray*, wo Elke und Giwi auf mich warten. –

Am nächsten Morgen brachen wir zu dritt im Niwa-Geländewagen auf, um die Halbinsel *Apsharon* zu besichtigen, die nordöstlich von Baku ins Kaspische Meer ragt. Auf dem Programm standen die Festung *Mardakan*, ein Bad im Meer am Nordufer der Halbinsel, die Exkursion durch die Ölfelder und zuletzt der Tempel der Feueranbeter. Am stärksten faszinierten mich die seit Jahren brach liegenden Erdölfelder, die sich zig Kilometer weit auf der Halbinsel erstreckten. Einen ganzen Film mit sechsunddreißig Bildern habe ich geopfert, weil die im weiten Umkreis verstreuten Bohrtürme, Pumpen, Pipelines, Maschinenhallen und sonstigen Hinterlassenschaften der sowjetischen Erdölindustrie aufreizende Fotomotive lieferten. Die verlassenen Förderanlagen, verrostet und verrottet zwischen Pfützen und Gräben voll schwarzen Ölschlammes im gräulichen Ocker des Wüstensandes verstreut, stellten eine geradezu apokalyptische Szenerie dar. Elke hatte für die Ästhetik des Hässlichen keinen Sinn, sie war von dem Ausmaß der Umweltzerstörung erschüttert und drängte darauf, das kontaminierte Gebiet möglichst schnell zu verlassen. Doch inmitten des trostlosen Landstriches wartete in der Nähe des Dorfes *Surachany* noch der *Feuertempel* auf unseren Besuch, der seit

dem siebten Jahrhundert das höchste Heiligtum der Parsen ist, der Feueranbeter, deren Religion auf Zarathustra zurückgeht. Die Anhänger
dieser relativ kleinen Glaubensgemeinschaft sind im zehnten Jahrhundert nach Indien ausgewandert, weil sie sich nicht zum Islam bekehren
lassen wollten. Bis heute pilgern Tausende von ihnen alljährlich zu diesem unscheinbaren Natursteinbau in der Mitte eines fünfeckigen Hofes,
um das *Heilige Feuer*, das Symbol ihres Gottes *Ahura Mazda,* zu verehren. In dieser Region gibt es seit jeher das Phänomen brennender Pet-
roleumquellen (der Name Aserbeidschan bedeutet *Land der Feuer*), und
noch immer brennt im Feuertempel die *Ewige Flamme*; aber sie ist nicht
mehr das Original; seit einigen Jahren liefert ein Gastank den notwendigen Brennstoff. Nichtsdestotrotz war ich von der sakralen Atmosphäre
der uralten Kultstätte berührt. In die Vorstellung versunken, ich sei schon
einmal als zoroastrischer Pilger an diesem Ort gewesen, hockte ich eine
Weile andächtig vor der tanzenden *Ewigen* Flamme – die am Abend,
wenn die Besucher verschwunden sind, abgeschaltet wird.

*13.8.96 Die Rückfahrt nach Tiflis dauerte elf Stunden. Ich hatte starke Rücken-
schmerzen, die Sonne knallte, der Asphalt kochte, der Motor dröhnte. Das einzig
Erfreuliche war eine große Wassermelone, die Giwi bei einer Pause am Straßenrand zu unserer Überraschung aus dem Kofferraum holte und vierteilte.
Das vollreife, saftige Fruchtfleisch war mindestens sechzig Grad heiß, doch es
hatte ein köstliches Aroma und zerging auf der Zunge. – Am späten Abend
in der Pension Kartli – es war die letzte Nacht in Georgien – schallte durch
das offene Fenster aus einem Nachbarhaus Gesang herüber, der mich zutiefst
berührte. Ich lauschte gebannt den kraftvollen und brillanten, harmonisch ineinander verwobenen Stimmen von Männern und Frauen und sah dabei mit
geschlossenen Augen in grellen Farben leuchtende Figuren und Muster tanzen,
die sich in Resonanz mit der Musik ständig veränderten. Ich sah und hörte
Blau-Schwarz-Ocker-Rotbraun-Türkis – die Farben der Seele Georgiens?!*

Zwischenbetrachtung

Elke und ich brauchten nach unserer Rückkehr aus dem Kaukasus einige Wochen, um die nachhaltigen Eindrücke von Georgien und Aserbeidschan zu verarbeiten. Trotz erlebter Entbehrungen und Härten fühlten wir uns durch die Reise reich beschenkt. – Im Übrigen bewegte sich mein äußeres Leben am Beginn der sechsten Dekade in relativ geordneten Bahnen. Im Großen und Ganzen verlief die Beziehung zwischen Elke und mir *stabil labil*. Wir sahen uns ein- oder zweimal in der Woche, telefonierten fast jeden Tag und verbrachten die Wochenenden miteinander. Im Souterrain von Elkes Häuschen traf sich jeden zweiten Donnerstag unsere Singegruppe *Zauber der Stimme*. Eine unserer *Spezialitäten*, die wir im Laufe der Jahre entwickelten, war die freie Vokalimprovisation. Etliche Aufnahmen auf Kassette oder CD zeugen von der musikalischen Qualität unserer *Impros*, insbesondere drei Kurzkonzerte vor Zufallspublikum in den architektonisch und akustisch reizvollen Klangräumen der *Museumsinsel Hombroich* bei Düsseldorf im Mai 1999. Als ich die Kassette kürzlich noch einmal hörte, konnte ich fast nicht glauben, dass unsere achtköpfige Gruppe zu so viel musikalischem Feingefühl und stimmlicher Variationsbreite fähig war. Aus der Improvisation entwickelte sich noch eine weitere musikalische Ausdrucksform, das *Besingen*: Jemand aus der Gruppe legte sich in die Mitte des Kreises, die anderen erfühlten seine energetische Ausstrahlung und setzten sie in Töne um. Durch *Rückkopplung* veränderten sich kontinuierlich die Befindlichkeiten der Besungenen ebenso wie ihre Spiegelung in den facettenreichen Klangbildern. Am Ende tauschten wir uns über unsere Erlebnisse aus und staunten oft über die tiefgreifenden psychischen Prozesse und Erkenntnisse aller Beteiligten. – Mit Olaf und Sonja, zwei langjährigen Mitgliedern der Gruppe, bildeten wir ein Vokalensemble. Bei einem unserer Auftritte brachten wir mit unserer gefühlvollen Interpretation wunderschöner geistlicher Lieder aus Russland und Georgien einige Zuhörerinnen regelrecht zum Weinen. Unser Quartett beteiligte sich auch an zwei anspruchsvollen Chorprojekten unter der Leitung der französischen Sängerin *Brigitte Cirla* mit Liedern aus dem Vorderen Orient und dem Mittelmeerraum.

Hinsichtlich unseres Sexuallebens bewährte sich die *Einmal-pro-Woche-Regelung* bei beiderseitigem gutem Willen einigermaßen. Die Statistik meiner Seitensprünge wies einen signifikanten Abwärtsknick auf. Was mir Kummer bereitete, waren Elkes häufige *Ausraster* in Form von verbalen Aggressionen mir gegenüber bei geringsten Anlässen wie etwa Brotkrümeln auf dem Fußboden beim Sonntagsfrühstück. Die tieferen Ursachen ihrer Zornesausbrüche und ihrer allgemeinen Unzufriedenheit lagen sicherlich in handfesten psychischen Problemen, über die ich hier nicht spekulieren möchte, weil sie außer mit ihrer Therapeutin mit niemandem darüber sprach. Und es gab auch äußere Faktoren, die sie belasteten. Als Deutschlehrerin am Gymnasium hatte sie erhebliche Probleme, weil die humanistischen Ideale und ästhetischen Prinzipien, die sie über herausragende literarische Werke zu vermitteln suchte, bei den meisten SchülerInnen auf striktes Desinteresse stießen. Oft sammelten sich Berge von Klassenarbeiten, die zu korrigieren waren, auf ihrem Schreibtisch an und brachten sie an den Rand ihrer Leistungsfähigkeit. – Ich war so etwas wie ein Blitzableiter für Elkes Frust. Weil sie jedoch bei aller Negativität ihre positive und liebevolle Seite mir gegenüber auch immer wieder fühlbar zum Ausdruck brachte – und weil ein starkes inneres Band uns zusammenhielt – war ich ständig hin und her gerissen zwischen Gehen oder Bleiben, zumal ich Angst vor dem Alleinsein hatte und die Sicherheit, die Elke mir bot, zu schätzen wusste. Auch eine charmante jüngere Teilnehmerin unserer Singegruppe, die sich auf eine heimliche Liebschaft mit mir einließ und es darauf anlegte, mich für sich zu gewinnen, konnte mich nicht von Elke losreißen (nicht zuletzt, weil ich fürchtete, dass sie mir früher oder später davonlaufen würde). Als sie nach mehreren für beide Seiten durchaus erfreulichen Liebesnächten realisierte, dass ich keine feste Beziehung mit ihr anstrebte, war es mit ihrer Liebe für mich vorbei. Allahseidank schöpfte Elke keinen Verdacht, als ihre heimliche Rivalin sich daraufhin aus der Gruppe verabschiedete.

Dank unserer Reisefreudigkeit waren Elke und ich weiterhin ein- bis zweimal im Jahr im Ausland unterwegs: 1997 in Norditalien (in der spirituellen Kommune *Damanhur*) und auf Kreta, 1998 in Andalusien und in Polen, 1999 in Israel und in Jordanien, 2000 in Ungarn und in der Ukraine, 2001 in Tschechien und in der Slowakei, 2002 in Estland, Lettland und Litauen. Dazu kamen noch die Reisen, die ich ohne Elke unternommen habe. – Ein klein wenig Statistik zu meinem ungewöhnlichen Reisepensum sei erlaubt: Ich habe zwischen 1970 und 2000 zusammengenommen ungefähr einhundert Auslandsreisen gemacht, die zwischen einer Woche und mehreren Monaten dauerten. Von den neunundsechzig Ländern, die ich dabei betreten habe, habe ich viele mehrmals besucht. So war ich fünfmal oder öfter in Russland, Polen, Ungarn, Italien und der Türkei; zehnmal oder öfter in England, Spanien, Österreich und den Beneluxstaaten – und schätzungsweise dreißigmal in Frankreich. Es waren zum größten Teil selbstorganisierte Low-Budget-Reisen fernab der Brennpunkte des Massentourismus, und sie waren allemal verbunden mit dem Erleben reizvoller Landschaften, geschichtsträchtiger Orte, exotischer Kulturen und architektonischer Sehenswürdigkeiten, und meist auch mit abenteuerlichen Situationen, mystischen Momenten und berührenden Begegnungen mit außergewöhnlichen Menschen. Vieles davon spiegelt sich in meinen rund achtzig Dia-Serien wider, sowie in Tagebuchaufzeichnungen, Aquarellen und Gedichten.

Die Reisen mit Elke waren leider oft von Beziehungsschwierigkeiten überschattet. In meinen Tagebüchern finde ich dazu Einträge wie den folgenden: *Mit Elke läuft es sehr schlecht. Sie ist häufig nörgelig, zensierend, bevormundend und besserwisserisch. Ich kassiere eine Abfuhr nach der anderen, mache nichts richtig, höre immer nur Nein! Was soll ich bloß machen? Ich halte die Trennung für unausweichlich und bin zutiefst deprimiert darüber. Wir sind sehr distanziert, hin und wieder mal ein ratloser Blick und verlegenes Händchenhalten. Gestern Abend hatten wir eine lange intensive Aussprache, bei der deutlich wurde, wie sehr auch Elke mit der Beziehung unzufrieden ist. Sie sieht alles genau umgekehrt, macht mein Verhalten für die desolate Lage verantwortlich, kann ihren eigenen Anteil kaum anerkennen. Resignation auf beiden Seiten, die Lage anscheinend ausweglos, die Beziehung so gut wie kaputt – ein abgestorbener Baum, an dem noch zwei, drei Äste verzweifelt grünen.*

Und dennoch sollte unsere Zweierbeziehung noch etliche Jahre weiter bestehen, bis im Mai 2006 eine tiefgreifende Veränderung eintrat, über die ich später berichten werde.

Was darf es sein – oder Nichtsein?

Hereinspaziert, verehrtes Publikum
nur herein in die heiligen Hallen!
Sie betreten das Reich des geheimen Wissens
die Schatzkammern der hermetischen Künste
den Basar aller Möglich- und Unmöglichkeiten.
Hier im verborgenen Mysterienhain
sprudelt der Urquell der Lebensweisheiten.

Schauen Sie herein, meine Damen und Herrn
empfangen Sie Balsam für Herz und Seele.
Die geistigen Helfer bedienen Sie gern.
Lassen Sie sich bei uns verwöhnen
vom Odem des Wahren Guten und Schönen
von Aurafarben, Chakradüften und Sphärenmusik
von Ober-, Unter- und Zwischentönen.
In unserer Buchhandlung werden
Sie sich fühlen wie im Himmel auf Erden.

Sie können bei uns blaue Wunder erleben
mit Handauflegen, Hypnose und Gläserrücken.
Wir werden stets unser Bestes geben
und unsere Kunden mit Nervenkitzeln
der dritten und vierten Art entzücken.
Probieren Sie unsere Blütenessenzen
für Dauerwellness und immerwährendes Hochgefühl
die wir liebevoll kredenzen.
Sie lassen Ihr drittes Auge gewiss
bis zum jüngsten Tage erglänzen.
Unser gesamtes Angebot lädt dazu ein
immer entspannt, immer gesund
immer erfolgreich, glücklich und stark –
immer Sieger zu sein.

Für alle, die mühselig und beladen
durchs irdische Dasein wanken
bestellen wir gern beim Grossisten
eine Kurpackung positiver Gedanken.
Unsere psychoaktiven Duftkräuterkissen
verhelfen Ihnen zu gutem Schlaf
durch ein absolut reines Gewissen.
Wandeln Sie erst auf den Pfaden der Tugend
beschert Ihnen unser Jungbrunnen-Set
Idealfigur und ewige Jugend.

Dank des Know-how von Atlantis
– behaupte ich ganz bescheiden –
verschwindet auf Erden das Leiden.
Ob Depressionen, Migräne, Psychose
Haarausfall, Mumps oder Zwangsneurose
welches Wehwehchen immer Sie plagen mag
wir haben für jede nur denkbare Not
ein unübertreffliches Heilangebot.
Unser kostenloser Beratungs- und Diagnosedienst
entwickelt für Sie adhoc die ultimative
Heilerde-Schwarzkümmel-Bachblüten-Bioresonanz-
Refelexzonen-Schlangengift-Schüsslersalz-
Edelstein-Magnetfeld-Elektroschocktherapie.

Unsere Mitarbeiter helfen den Leuten
beim Wahrsagen, Hellsehen, Geisterbeschwören
Gesundbeten, Pendeln und Träume deuten.
Sie können bei uns Grenzerfahrungen kaufen
von Wasserwandeln bis Feuerlaufen.
Wir fördern ihre okkulte Praxis und bieten
die nötigen Zutaten für magische Riten.
Im Krankheitsfalle empfehlen wir ihnen
Druiden, Medizinmänner und Schamanen
und warnen dagegen vor Wunderheilern
Quacksalbern, Kurpfuschern, Ärzten und Scharlatanen.

Wir führen auch ganz profane Dinge
wie Erde Wasser Feuer Luft
und Äther als fünftes Urelement.
Selbst Kraftplätze, Kornkreise, Heilquellen
Leylines und morphogenetische Felder
zählen zum Sortiment.
Wie wär's mit ein wenig echt indischem Prana
aus ganzheitlich-dynamischen Anbaugebieten
das Kilo für acht Euro zwanzig?
Nur Ghee, die Butter von heiligen Kühen
führen wir nicht
sie wird zu schnell ranzig.

An unverzichtbaren Überlebensmitteln
für die bevorstehende Zeitenwende
haben wir Vorräte ohne Ende:
Tarotspiele, Engelkarten, Weihrauchschwenker, Prisma-Herzen
Pyramiden, Rauchfasskohlen, Afa-Algen, Wunderkerzen.
Hexenbretter, Zauberstäbe, Gartenzwerge, Friedenspfeifen
Adlerfedern, Stundengläser, Lebensbäume, Endlosschleifen.
Drudenfüße, Nasenduschen, Ohrenkerzen, Eselsohren
Räucherstäbchen, Rosenkränze, Rattenschwänze und Tensoren.
Rasterbrillen, Mistelzweige, Nagelbretter, Zen-Schlagstöcke
Voodoopuppen, Qui Gong-Kugeln, Regenrohre, Tränensäcke.
Totempfähle, Hexenbesen, Salzkristalle, Tachyonen
Wünschelruten, Kerzenständer, Elfenkugeln, Dornenkronen.
Talismane, Amulette, Schutzpatrone, Sorgenpüppchen
Hinkelsteine, Friedenstauben, Mandalas und »Hühnersüppchen
für die Seele« – alles was das Herz begehrt.
Unsere Auswahl an Glücksbringern, Orakeln, Gebetsmühlen
Zaubersprüchen, Beschwörungsformeln, Bibelversen
Stoßgebeten und Lippenbekenntnissen
hat sich tausendfach bewährt.
Nur Heiligenscheine haben wir zur Zeit nicht auf Lager
das weltweite Angebot ist leider zu mager.

Ist Ihnen mit diesen Utensilien
der Einstieg zum Aufstieg annähernd geglückt
werden Sie in der Abteilung
für Karma-Styling und Erleuchtung
in höhere Dimensionen entrückt.
Bei uns gelangt jeder zu geistiger Klarheit
und findet den Weg zur letzten Wahrheit.
Erkennen Sie Ihr inneres Angesicht
in Kristallglaskugeln und magischen Spiegeln.
Wir öffnen für Sie – ganz exklusiv –
das Buch mit den sieben Siegeln
und verraten Ihnen – unter vier Augen –
was die Welt im Innersten zusammenhält
(bevor sie auseinanderfällt).
Den Stein der Weisen finden Sie
in unserer Vitrine für Alchemie.

Wir offerieren erlesenste Hirngespinste
Illusionen, Phantastereien und hehre Phrasen
Tagträume, Halluzinationen, Geistesblitze
Utopien, rosarote Wolken und Seifenblasen.
Auf besonderen Wunsch vermitteln wir
auch Kartenhäuser, Elfenbeintürme
und nicht zuletzt – ein Hoch dem Reime! –
Luftschlösser und Wolkenkuckucksheime.

Unsere Reiseabteilung bietet Ihnen
Gratwanderungen, Gipfelerlebnisse, geistige Höhenflüge
Astralreisen und Phantasiereisen auf die Philippinen.
Selbst Exkursionen in Paralleluniversen
können Sie bei uns jederzeit buchen
und mühelos Avalon, Shambala, Walhalla
das Near-Wahna oder Atlantis besuchen.

Wir garantieren, dass selbst in virtuellen Welten
die bei uns erworbenen Tickets gelten.
Erfreuen Sie sich an Kometenschweifen
Sternschnuppen, Ufos und fliegenden Untertassen.
Machen Sie die Bekanntschaft von schwarzen Löchern
und graugrünen Männchen aller galaktischen Wurzelrassen.
Wir haben, da muss ich mich selber loben
stets einen guten Draht nach oben.
Wir channeln für unsere verehrten Kunden
Erzengel, Engel, Feen und Elfen
und können bei der Kontaktaufnahme
mit aufgestiegenen Meistern, Heiligen und Propheten helfen.
Selbst Götter, das glaube wer's glauben mag
haben wir zeitweise unter Vertrag.
Nur Gurus können wir nicht empfehlen
weil sie zu unseren schärfsten Konkurrenten zählen.

Lichtnahrung, Lichtkleidung, Lichtkörper, Lichtgestalten
Lichtbilder, Lichtspiele – alles Lichte ist bei uns zu haben.
Sie können sich an Tageslicht, Kerzenlicht, Neonlicht
Flutlicht, Rücklicht, Fernlicht, Abblendlicht
Windlicht, Mondlicht, Nordlicht, Polarlicht
Teelicht oder Irrlicht laben.
Von hohen Lichtwesen ausgebildet
führen Sie unsere Lichtarbeiter
in jede gewünschte Helligkeit
und auch hinters Licht
nur so – aus lauter Gefälligkeit.
Nur mit Höhensonnen handeln wir nicht
denn sie stören das kosmische Bleichgesicht.

Im Übrigen, verehrte Kunden
streuen wir Salz in Ihre Wunden
und arrangieren für Sie schwerste Schicksalsschläge
denn nur auf diesem schmerzhaften Wege
können Sie sich selbst von einem bösen
Karma befreien und aus dem Tretmühlrad
der Wiedergeburten erlösen.
Und müssen Sie dennoch zurück
ins irdische Jammertal
zeigen wir Ihnen den Trick
für eine Reinkarnation Ihrer Wahl.

Auch Ihre allerintimsten Wünsche
wollen wir gerne eifrig erfüllen
und uns dabei selbstverständlich
diskret in Schweigen hüllen.
Wir bringen Sie mit der Frau Ihrer Träume
respektive Ihrem Märchenprinzen zusammen
und unterstützen sie auf Ihrer Suche
nach Seelenpartnern, Dualseelen und Zwillingsflammen.
Selbst das übersinnlichste Begehren
halten wir bei uns in Ehren.
Mit Liebesperlen, Hexensalben, Ginseng-Wurzeln
oder tantrischen Geheimelixieren
erhalten Sie die einmalige Chance
zu multiplen Orgasmen
und ekstatischer Trance.
Erscheint Ihnen indes die körperliche
Liebe als spirituelles Verhängnis
besuchen Sie unser Praxisseminar
über unbefleckte Empfängnis.

Als kostbarste Raritäten bieten wir feil:
das Scheitelchakra vom Heiligen Franz
die Charaktermaske von Lady Di
das innere Kind von Boris Becker
und die Hasenpfote von Gustav Gans.
Im Laufe der Jahre verkauften wir schon
so manche Kopie vom heiligen Gral
mit amtlichem Gutachten als Original.
Echte Reliquien bieten wir
nur unter der Theke an
denn sonst bekommen wir garantiert
heftigen Streit mit dem Vati-kann.

Wir kennen die wirksamsten Zauberworte
die alle verborgenen Schätze enthüllen.
Wir beschaffen die Greencard fürs Paradies
das Visum fürs Jenseits
die Schlüssel zur Himmelspforte
den Asylantrag für den Garten Eden
und den Passierschein für das Schlaraffenland
samt Blankoscheck über ewige Sahnetorte.
Ein Weg jedoch scheint selbst für uns verstopft:
das ist der Zugang zum Hier-und-Jetzt.
Wie oft haben wir schon an die Tür geklopft
immer rief jemand von innen: Besetzt!

Per Siebenmeilenstiefel, Besen oder Auto-Suggestion
aus allen Richtungen kommend
beglückt uns seit zwei Jahrzehnten schon
eine dankbare, vielköpfige Besucherschar
im Glauben, hier werden Träume wahr.
Eins jedoch möchten wir Ladenhüter
unseren Kunden grundsätzlich sagen
bevor sie bei uns Wurzeln schlagen:
Gewiss ist Ihr geistiges Streben
und auch Ihr geschätztes Seelenheil
für unser Geschäft lukrativ.
Doch wer da denkt
wir wollen nur Geld
liegt eindeutig schief.
Es ist unser Ziel
Sie werden lachen
uns überflüssig zu machen!

All diese wunderschönen Sachen
von denen uns die Köpfe rauchen
führen am Ende zum Erwachen.
Und plötzlich sind wir uns im Klaren
dass wir die Krücken nicht mehr brauchen
und immer schon vollkommen, frei
erleuchtet und allmächtig waren.
Doch dieses innere Himmelreich
haben erst wenige von uns gefunden.
Und daher begrüßen wir unsere Kunden
mit folgendem Mantra
weiterhin alle Tage:
Was darf es sein
– oder Nichtsein?
ist hier die Frage.

Atlantis

Den obigen Text habe ich zum zwanzigjährigen Jubiläum der Atlantis-Buchhandlung verfasst. Ich werfe darin einen satirischen Blick auf die gefühlte Fülle des Angebotes meines Esoterik-Fachgeschäftes, das von Herbst 1982 bis Frühjahr 2011 meine finanzielle und soziale Existenzgrundlage war. Achtundzwanzigeinhalb Jahre, dieser Zeitraum entspricht dem astrologischen *Saturn-Zyklus*, der besagt, dass mit jedem Saturn-Umlauf um die Sonne eine Lebensphase von einer neuen abgelöst wird. Meine Entscheidung für diese berufliche Ausrichtung habe ich niemals bereut. Im Gegenteil, ich bin aus verschiedenen Gründen sehr dankbar dafür. Ich war selbstständig, niemand konnte mir Vorschriften machen oder auf der Nase herumtanzen. Über die Auswahl der Inhalte, die ich mit dem Angebot meines Ladens verbreitete, bestimmte ich allein, und sie lagen in einem Bereich, der nicht dem von mir abgelehnten gesellschaftlichen Mainstream entsprach, aber in jenen Jahren dennoch sehr viel Aufmerksamkeit auf sich zog. Ich hatte das Glück, erfolgreich auf den Wellenkämmen des *Esoterik-Booms* mitsurfen zu können, der in den Neunziger Jahren seinen Höhepunkt hatte. In einer regelmäßigen Sinuskurve ist der Umsatz im Laden stetig angewachsen und dann allmählich wieder gesunken, bis ich am Ende einen Stundenlohn hatte, der die Hälfte von dem betrug, was ich meiner einzigen verbliebenen Mitarbeiterin zahlte, weil mehr nicht drin war. In den besseren Jahren hatte ich bis zu drei Mitarbeiterinnen (nur einmal war für mehrere Jahre mein Hauptmitarbeiter ein Mann), die auf Aushilfslohnbasis mehr als die Hälfte der Ladenöffnungszeit abdeckten. Meine letzten drei Mitarbeiterinnen hießen mit Nachnamen *Wehr*, *Binnich* (Wer bin ich? Die Grundfrage der Esoterik!) und *Rausch*.

Das Anwachsen des Umsatzes hing im Wesentlichen von zwei Faktoren ab: Zum einen nahm das Interesse an esoterischen Themen in Teilen der Bevölkerung epidemisch zu, zum anderen kamen in Schüben immer neue Produkte auf den Markt, und das Spektrum dessen, was als Esoterik galt, wurde immer breiter und differenzierter, aber auch beliebiger. Bei *Atlantis* lagen die inhaltlichen Schwerpunkte des mehr als zweitausend Titel umfassenden Bücherangebots in den Bereichen Mystik, Religion, Naturheilkunde, Psychologie, Psychotherapie, Gesunde Ernährung, Geistiges Heilen, Wahrsagekunst und Lebenshilfe. Viele neue Richtungen schwappten unter der Flagge des *New Age* aus den USA herüber. Aber genau besehen waren sie nicht neu, sondern traditionellen Systemen wie dem Schamanismus oder der östlichen Mystik entlehnte Selbsterfahrungs- und Heilmethoden in neuem Gewand, um damit Marktnischen zu erobern und neue Käufer zu gewinnen. Im Laufe der Jahre entwickelte ich als Kapitalismuskritiker eine skeptische bis ablehnende Haltung gegenüber dem ökonomischen Mechanismus des ausufernden *New Age-Business*, ohne jedoch meinen eigenen geschäftlichen Erfolg preiszugeben.

Einen großen Teil meines Umsatzes machte ich mit Halbedelsteinen, die nicht nur ihrer Schönheit wegen begehrt sind, sondern auch als *Heilsteine* benutzt werden. Ich weiß von Leuten, denen sie geholfen haben, und glaube, dass ihre Wirkung sowohl auf ihrer energetischen Ausstrahlung als auch auf dem Placeboeffekt beruht. Die Steine brachten einen enormen Gewinn, weil ich sie, wie in allen Eso-Läden üblich, für das Dreifache des Einkaufspreises verkaufte und der Erlös zu einem großen Teil in die schwarze Kasse floss, das heißt nicht angegeben wurde, um Umsatzsteuer zu sparen. Mir selber machten besonders schöne und seltene Steine viel Freude, und ich hatte mindestens hundertzwanzig Sorten im Angebot, deren Namen mir noch in den Ohren klingen: Amazonith, Aquamarin, Bergkristall, Chrysokoll, Falkenauge, Karneol, Malachit, Mondstein, Obsidian, Opal, Rosenquarz, Rubin, Smaragd und viele mehr.

Meine KundInnen schätzten die Atlantis-Buchhandlung nicht allein wegen des vielseitigen Sortimentes, sondern auch wegen der besonderen Atmosphäre. Der Räucherstäbchenduft nach Sandelholz und Moschus, die ständig brennende Kerze auf der Vitrine in der Mitte des Raumes, die einschmeichelnde Musik und dazu die Ästhetik – die Präsentation der Waren glich einem Gesamtkunstwerk – schenkten den Besuchern das angenehme Gefühl, eine Oase der Ruhe und der Harmonie betreten zu haben.

Natürlich spielte sich der Esoterik-Boom nicht nur in den Esoterik-Läden ab, die, wie ein paar Jahre zuvor die Bioläden, allerorten wie Pilze aus dem Boden schossen. Ein unglaublich breites Angebot an Seminaren und Workshops überflutete das Land. Ich selber habe, weil ich glaubte davon körperlich und seelisch profitieren zu können, schätzungsweise einmal pro Monat an einem Wochenendworkshop teilgenommen und dabei auf vielen Gebieten Erfahrungen gesammelt: Astrologie, Autogenes Training, Bioenergetik, Feng Shui, Yoga, Tantra, Nadabrahma-Musiktherapie, Eutonie, Kum Nye, Tai-Chi, Chigong, Feldenkrais, Fußreflexzonen-Massage, Medizinrad, Biodynamik, Reiki, Rebirthing, Rückführung und dergleichen mehr. Ich saß in *Orgon-Akkumulatoren*, lag in *Samadhi-Tanks*, hockte in *Schwitzhütten*, ließ die Schwingungen von *Monochords* und Klangschalen auf mich wirken, empfing Tantra-Massagen, ließ mir aus den Händen lesen, von verschiedenen Astrologinnen mein Geburtshoroskop deuten und unterzog mich ohne Erfolg einer Hypnosetherapie gegen das Schnarchen. Ich machte auch sechs Monate lang eine *Schwarzwurzel-Diät*, bei der man alles essen darf, nur keine Schwarzwurzeln! Letzteres ist ein Witz, aber vieles, was ich kennenlernte, konnte ich nicht so ganz ernst nehmen. So manche sich als esoterisch ausgebende Veranstaltung erschien mir wie Selbstbetrug, Spinnerei, Aberglaube, Hokuspokus oder schlichtweg Geldschneiderei. Es war nicht immer leicht, die Spreu vom Weizen zu unterscheiden. Aber selbst wenn mir einige Anschauungen und Praktiken widerstrebten, behandelte ich deren Protagonisten mit Respekt und bestellte beispielsweise für jemanden, der darauf bestand, die berüchtigten *Schwarzen Bände* von *Aleister Crowley* beim Verlag, weil es mir ein Anliegen war, die Kunden zufriedenzustellen. Viele von ihnen kannten sich natürlich in ihren Spezialgebieten viel besser aus als ich, doch es gelang mir fast immer, den Anschein zu erwecken, als wüsste ich über alles bestens Bescheid, obwohl ich von den Büchern, die ich im Angebot hatte, nur einen verschwindend kleinen Teil gelesen hatte. Die Gespräche im Laden und die persönlichen Kontakte mit Heilpraktikern, Heilern, Psychologen, Yoga-Lehrern, Reiki-Meistern und anderen haben mir im Laufe der Jahre viele geistige Erkenntnisse und ein handliches Basiswissen über gesunde Ernährung, meditative Praxis, Psychotherapie, Körperbewusstsein und alternative Heilweisen vermittelt, wovon ich gerne meinen Kunden in informellen Beratungsgesprächen etwas weitergab. Viele Kunden projizierten auf mich das Bild eines hochspirituellen weisen Mannes, was zum Teil durch meine unkonventionelle Kleidung irgendwo zwischen Derwisch, Yogi und Hippie hervorgerufen wurde.

Wie angesehen ich als Inhaber des einzigen Esoterik-Fachgeschäftes in Wuppertal war, zeigt die folgende Geschichte: Irgendwann Anfang der Neunziger Jahre schlossen sich ein Dutzend Heilpraktiker, Therapeuten und Ärzte, die alle die Wirksamkeit spiritueller Kräfte auf körperliche und seelische Heilprozesse in ihre Arbeit einbezogen, zu einer dem Erfahrungsaustausch dienenden Projektgruppe zusammen. Auch ich wurde in diesen erlauchten Kreis eingeladen. Wir trafen uns reihum in der Wohnung oder Praxis eines der Teilnehmer zu *Arbeitsessen*, die von einem Vortrag über einen Interessensschwerpunkt des jeweiligen Gastgebers eingeleitet wurden. Nach dem Essen führten wir hochkarätige Diskussionen über alternativmedizinische und spirituelle Themen. Diese Treffen haben meinen Wissenshorizont erheblich erweitert. Leider ist das Projekt, nachdem jeder einmal Gastgeber gewesen war, beendet worden.

In dem *Sektennest* Wuppertal, wo christliche Freikirchen, Anthroposophen, Buddhisten, Sannyasins und viele andere Gruppierungen überdurchschnittlich zahlreich vertreten waren, fand natürlich die Atlantis-Buchhandlung nicht bei allen gleichermaßen Anklang. Für viele hatte die Esoterik-Szene etwas Provozierendes und Anrüchiges. So meldeten sich auch scharfe Kritiker des *Esoterik-Rummels* zu Wort. Ein Zeitungsartikel vom 12. Dezember 1991 unter dem Titel *Esoterische Sekten im Tal* begann mit den Sätzen: *Wuppertal ist zum Tummelplatz von Psychokulten und gefährlichen Sekten geworden. Eine esoterische Buchhandlung in der Elberfelder Innenstadt leistet Handlangerdienste für Gurus und unseriöse Medizinmänner, die vielen Ahnungslosen das Blaue vom Himmel versprechen …* und so weiter. Aber derlei Angriffe konnten mir nur ein mitleidiges Lächeln abringen, und sie waren zudem eine kostenlose Werbung für das Geschäft. Andere Widrigkeiten machten mir mehr zu schaffen. Es gab Zeiten, da wurde in meinem Laden so viel geklaut, dass ich vor Aufregung nachts nicht schlafen konnte. Einmal wurde eingebrochen und eine Vitrine mit Silberschmuck entwendet. Eine rundliche, immer gut gelaunte und nach allen Regeln der Kunst aufgebrezelte Dame, die sich als Opernsängerin ausgab, kaufte bei mir häufig für große Beträge *Aura-Soma*-Produkte und ließ meistens anschreiben, weil sie angeblich gerade kein Geld habe, aber einen Scheck von ihrem Impressario in London erwarte. Mit derlei Lügengeschichten hielt sie mich hin, bis sie irgendwann nach Wochen ihre Schulden beglich. Die letzten achtzig Mark hat sie allerdings trotz aller Anrufe und schriftlichen Mahnungen nie gezahlt.

Es gab noch eine ganze Reihe weiterer KundInnen, die durch ihre besonderen Eigenarten einen unvergesslichen Eindruck bei mir hinterlassen haben. Der wahrscheinlich prominenteste Besucher war der englische Popsänger Tony Sheridan, der in den frühen Sechzigern zusammen mit den Beatles in Hamburg auf der Bühne gestanden hatte, sich als weltweit erfolgreicher Musiker in den Siebzigern dem Buddhismus zuwand- te, 1982 Schüler von Bhagwan Shree Rajneesh wurde, 1986 mit seiner fünften Ehefrau wegen ihres Studiums nach Wuppertal zog und eines schönen Nachmittags mit seinem sonnigen Lächeln und einer Beschei- denheit, die gar nicht zu einem Popstar zu passen schien, meine kleine Buchhandlung in einem glamourösen Licht erstrahlen ließ. Auch die weltbekannte Choreografin und Chefin des Wuppertaler Tanztheaters, Pina Bausch, hat ihre prominenten Füße in die Atlantis-Buchhandlung gesetzt; ebenso wie die Gattin des nordrheinwestfälischen Landesvaters und späteren Bundespräsidenten Johannes Rau.

Eines Nachmittags kam Peter Kowald, ein arrivierter Jazzmusiker, der sogar in New Yorker Jazzkreisen einen Namen hatte, aber in der Wup- pertaler Künstlerszene fest verwurzelt war, in den Laden geschlurft und fragte mich, weil ihn mal wieder der *Blues* gepackt hatte, rundheraus: Sag mal, Hilarion, hast du etwas gegen Depressionen? – Ich hatte den glatzköpfigen Musiker schon mehrmals bei Life-Auftritten erlebt, mal mit anderen Free-Jazzern in unterschiedlichen kurzlebigen Formationen, mal bei einem Solo-Konzert in der Börse, und war jedes Mal begeistert von seiner Kunst, seinem zerschrammten Kontrabass bizarre Klänge und Geräusche jenseits notierbarer Noten zu entlocken, die unter die Haut gingen. Von seiner künstlerischen Leidenschaft hingerissen – oder hatte er vielleicht vor dem Auftritt ein paar Biere gekippt? – hing er zeitweise mit vorgebeugtem Oberkörper über dem Korpus seines Instrumentes und machte, während ihm der Schweiß von der Stirne tropfte, zu den quaken- den, quiekenden, knarzenden und furzenden Vibrationen der gleichzeitig gezupften und gestrichenen Saiten grunzende Laute mit der Stimme. Hat man da noch Töne? Und jetzt sollte ich diesem Titan der Tonkunst ein Büchlein verkaufen, das ihn aus seinen sporadisch auftretenden seelischen Löchern reißt? *Positives Denken* à la Louise Hay oder andere Rosarote- Brillen-Vertreter, damit konnte ich ihm natürlich nicht kommen. Wenn ich mich nicht irre, habe ich ihm ein Buch von Ulli Olvedi empfohlen, einer Autorin, die längere Zeit in einem tibetisch-buddhistischen Kloster in Nepal zugebracht und eine Reihe von Romanen geschrieben hat, die einfühlsam und nachhaltig hilfesuchenden Westlern die geistige Kraft buddhistischer Lebensweisheit nahebringen. – Ein Buch mit dem Titel *Zen – oder die Kunst eine Bassgeige zum Sprechen zu bringen* war leider noch nicht geschrieben worden.

Ein besonderer Kunde, aber kein Kunde, war ein *Kunde*, will sagen ein Stadtstreicher, der als Bettler die Einzelhandelsgeschäfte in der Elberfelder City abklapperte. Er sah mitleiderregend heruntergekommen und zerschunden aus, manchmal trug er eine Wunde im Gesicht. Zu uns kam er immer freitags und wartete so lange vor dem Verkaufstresen, bis wir ihm zwei Mark in die Hand drückten. Das lief viele Jahre so, bis er mir eines schönen Freitagnachmittags die Hand reichte und sagte, ich will mich verabschieden, ich komme nicht mehr, ich habe mir ein Häuschen in der Eifel gekauft, da zieh ich nächste Woche hin.

Auch von Norbert möchte ich kurz berichten, einem psychisch kranken, damals noch jungen Mann, der oft im Laden auftauchte und mir im Laufe der Jahre zum Freund wurde. Er verlor sich immer wieder in psychotischen Zuständen, was dazu führte, dass er sich weit über hundert Mal im *Tannenhof*, der nächstgelegenen psychiatrischen Klinik, wiederfand. Dort habe ich ihn, meistens zusammen mit Astrid, viele Male besucht. Unsere Waldspaziergänge und Café-Besuche haben ihm viel bedeutet und jedes Mal sein Gemüt aufgehellt. Und auch ich hatte viel Freude daran, insbesondere wenn wir beim Spazierengehen zweistimmig Wanderlieder grölten.

Als nächste fällt mir Helena Kauka ein, eine Frau Mitte vierzig aus Haiti, die ichweißnichtwas nach Wuppertal verschlagen hatte. Sie war von dunkler Hautfarbe, immer auffällig geschminkt und in eine penetrante Duftwolke eingehüllt und trug Kleider, wie sie Salondamen in den Südstaaten im neunzehnten Jahrhundert getragen haben mögen. Auf ihrem stattlichen Busen prangten Edelstein- und Perlenketten mit Amuletten und Kreuzen, und an allen Fingern trug sie silberne Ringe mit protzigen Steinen. Ihre extravagante, durchaus attraktive Erscheinung flößte mir Respekt ein. Dazu war die *Kauka* ausgesprochen extrovertiert, sprach sehr laut und hatte auf alle esoterischen Fragen ihre eigenen, ziemlich ungewöhnlichen Antworten, was wohl darauf zurückzuführen war, dass sie sich zum afro-brasilianischen Kult des *Candomblé* bekannte. Sie verstand sich als Hexe und Heilerin und kannte sich auch mit *Voodoo*-Praktiken aus. Seltsamerweise kam sie immer dann in den Laden, wenn keine anderen Kunden da waren. Wenn ich in ihrer Anwesenheit in Gedanken versunken ein Liedchen zu pfeifen begann, brauste sie auf und belehrte mich, dass es Unglück bringe, in geschlossenen Räumen zu pfeifen. Und als ich einmal meine indische Halskette mit den Tigerkrallen trug, sagte sie zornig zu mir, nimm das weg, das ist schlechte Energie! – Irgendwann hatte sie mal vier Bücher gekauft und dann im Laden liegen lassen. Absichtlich oder aus Versehen? Sie rief an und bat mich, die Bücher zu ihr nach Hause zu bringen. Auf dem Weg zu ihrer Wohnung an dem *Tippen-Tappen-Tönchen*, jener legendären Treppe, die den *Ölberg* mit dem Stadtzentrum verbindet, war mir ein wenig mulmig zumute, ich fragte mich, was mich wohl erwartete. Auf dem Schild am Eingang des gutbürgerlichen Backsteinhauses stand: *Helena Kauka – Lebensberaterin*. Noch ehe ich geklingelt hatte, öffnete die Kauka die Tür und ließ mich in den Hausflur eintreten. Was dann folgte, war eine herbe Enttäuschung für mich. Wie hatte ich doch zugleich gehofft und gebangt, dass sie mir ihre Hexenküche zeigen, mich in ihren Kult einweihen, mich sexuell verführen oder in eine Kröte verwandeln würde. Aber sie nahm mit den Worten, gleich kommt Klient, die vier Bücher entgegen, bedankte sich fürs Bringen und wies mir die Ausgangstür. Ende der Achtziger Jahre verließ die Kauka Wuppertal und ich sah sie nie wieder.

Ein Kunde, der die Atlantis-Buchhandlung von ihrem Anfang bis zu ihrem Ende begleitet hat war Horst Sägebrecht. Der blasse, aufgedunsene Mann mittleren Alters erschien in seinem abgetragenen, miefigen graublauen Anzug zur Eröffnungsfeier am 5. November 1982 und hatte anscheinend kein anderes Ziel, als sich mal richtig satt zu essen. Er redete mit niemandem, fraß aber dafür das halbe Buffet alleine auf. Kein Wunder, denn er ernährte sich für gewöhnlich von Pellkartoffeln und Margarineschnitten. Sein als Büroangestellter beim Paritätischen Wohlfahrtsverband nicht allzu schwer verdientes Geld gab er für Bücher aus. Das erfuhr ich am nächsten Tag, als er in den Laden kam und, nachdem wir uns auf einen Dauerrabatt von zwölf Prozent geeinigt hatten, für knapp tausend Mark Bücher kaufte und ebenso viele bestellte. Sägebrecht war ein Büchernarr, wie er im Buche steht. Er gehörte der Glaubensgemeinschaft der *Mennoniten* an und hielt in seiner Gemeinde dann und wann eine Predigt. Dementsprechend hatten die Bücher, die er bei mir kaufte, alle etwas mit Religion und Esoterik zu tun; und zudem liebte er es, wenn sie besonders reich ausgestattet und teuer waren. Um seiner diesbezüglichen Sammelleidenschaft zu frönen, bestellte er mehrmals im Jahr für stattliche Summen Prachtausgaben theologischer Standardwerke und mythologischer Abhandlungen, für die sich sonst kein Kunde im Laden interessierte. Auch jedes neue Tarot-Spiel verleibte er seiner Sammlung ein. Wenn ich auf der Frankfurter Buchmesse hunderte neuer Titel eingekauft hatte, strich Sägebrecht wie ein Freier im Laden umher, spürte die ihm unbekannten Neuerscheinungen auf und musterte sie genießerisch. Aber er nahm sie nicht sogleich aus dem Regal, sondern erst beim dritten oder vierten Anlauf, um sie dann zugleich verschämt und triumphierend auf die Ladentheke zu stapeln. Ich schätze, dass Horst Sägebrecht im Laufe der achtundzwanzigeinhalb Jahre in meiner Buchhandlung für rund 150.000 DM eingekauft hat. In seiner Freizeit hat er wohl nichts anderes gemacht als zu lesen. Einen solchen Bücherfetischisten als Kunden zu haben, war wieder so eine glückliche Fügung in meinem Leben. – Einmal habe ich ihm, weil sein alter VW-Käfer streikte, einen Karton mit Büchern nach Hause geliefert. Seine schäbige Dreizimmerwohnung in einem Altbau im ödesten Viertel von Elberfeld war, bis auf eine kleine Ecke in der schmuddeligen Küche, angefüllt mit Büchern, zum Teil in Regalen, zum Teil in Kartons. Einige Wochen nach meinem Besuch widerfuhr Horst Sägebrecht ein tragikomisches Missgeschick: Durch einen Wasserrohrbruch im Obergeschoss des Hauses wurde ein ziemlich großer Teil seiner Bücherkartons so durchnässt, dass von den darin schlummernden bibliophilen Kostbarkeiten kaum noch etwas zu retten war.

Kim

Was die Kunden in meinem Laden betrifft, könnte ich noch von vielen durchgeknallten Esoterik-Freaks erzählen, von heillosen Heilsuchern, denen die eine oder andere esoterische Weisheit zu Kopf gestiegen war. Doch ich möchte lieber einen anderen Aspekt des Kundenkontakts ansprechen. Im Laden, beziehungsweise im Hinterraum desselben, in dem sich außer einem Bücherregal und einer Kommode ein von mir aus Kanthölzern und Dachlatten gezimmertes breites Bett befand, hat sich – wie man vermuten kann – auch so manches erotische Abenteuer abgespielt oder seinen Anfang genommen.

Zum Beispiel diese peinliche Geschichte mit der jungen attraktiven Dunkelhäutigen, Mulattin vermutlich, die eines Tages im gerade kundenfreien Laden aufkreuzte, aufgekratzt ein paar Runden um die Edelsteinvitrine in der Mitte drehte, mich unvermittelt nach meinem Sternzeichen fragte und nach kurzem Smalltalk ebenso unvermittelt beteuerte, was für ein interessanter Typ ich doch sei. Dann drängte sie sich mit schmachtendem Augenaufschlag an mich und begann, an mir herum zu grapschen und alle verfügbaren Knöpfe zu drücken, so als gäbe es für sie in diesem Augenblick nichts Wichtigeres auf der Welt, als mich auf der Stelle zu verführen, womit sie mir, meine stärkste Schwäche ausnutzend, gekonnt nach Strich und Faden den Kopf verdrehte.

Nachdem ich wie beiläufig die Ladentür abgeschlossen hatte, drängte ich sie in den Hinterraum, um dort in die Offensive zu gehen. Sie aber bremste mich mit einem verneinenden Kopfschütteln brüsk ab, es wäre jetzt nicht möglich, vielleicht später, sie müsse erst einer Freundin helfen, einen Flug von Düsseldorf nach Casablanca noch zu erreichen und bräuchte dafür achtzig Mark für ein Taxi, oder so ähnlich, ob ich ihr das Geld bis zum nächsten Tag leihen könnte, sie würde mir als Sicherheit ihren Personalausweis da lassen. In meiner Erregung verstand ich nur Bahnhof und willigte ein, nicht zuletzt, um mir ihre vermeintliche Gunst nicht zu verscherzen.

Vier Zwanziger triumphierend in der linken Hand schwenkend und mir mit einem verschwörerischen Lächeln zuzwinkernd schwebte sie aus dem Laden. Der Personalausweis war echt. Aber als er nach vier Wochen noch nicht abgeholt worden war, rief ich die Polizei an. Nachdem ich den Vorfall geschildert und die Daten der Betrügerin durchgegeben hatte, bemerkte der Ordnungshüter am anderen Ende der Leitung trocken, die kennen wir, Sie sind nicht der erste, den diese Dame reingelegt hat. – Aber das war nicht die Geschichte, die ich eigentlich erzählen wollte.

Das darf doch nicht wahr sein! Haare, überall Haare! Großzügig verstreut an allen möglichen und unmöglichen Stellen. Lange schwarze Haare auf dem Kopfkissen und unter der Matratze, im T-Shirt, das ich ihr geliehen hatte, auf der Couch, unterm Esstisch, im Waschbecken, in der Haarbürste und auf den Fliesen des Badezimmers, überall schlängeln sich lange schwarze asiatische Haare. Der Staubsauger kriegt sie nicht zu fassen, den ganzen Teppich müsste ich mit einem Kamm abkämmen, jeden Quadratzentimeter Boden absuchen. Da wo ich schon gesucht habe, finde ich beim zweiten Hinsehen wieder welche. Wer hat denn mit so etwas gerechnet? Eine junge Frau, fast noch ein Mädchen und dann dieser Haarausfall?! In welchen Ecken hat sie sich heute Nacht noch herumgetrieben, als ich schlief? – Auch das noch, es ist zum Haareraufen, ich werfe eine Handvoll der verräterischen Indizien zum Fenster hinaus, aber der vorwitzige Frühlingswind weht sie wieder ins Zimmer zurück. Hektisch suche ich weiter nach den Spuren der vergangenen langen schwarzen asiatischen Liebesnacht. Sobald ich halbwegs überzeugt bin, an einer bestimmten Stelle alle Haare entfernt zu haben, schleicht sich der Panikgedanke ein, dass Elkes Falkenaugen genau das Haar erspähen werden, das meinen Blicken entgangen ist. Das wäre schlimmer als zehn Haare in der Suppe. Bei dem Gedanken daran stehen mir die Haare zu Berge, Elke würde kein gutes Haar an mir lassen, wir würden uns schwer in die Haare kriegen, das ist nicht an den Haaren herbeigezogen. Es wäre der Beziehungs-Supergau, und ich bin sicher, dass dieses eine Haar noch irgendwo darauf lauert, entdeckt zu werden.

Das Vorspiel dieses haarigen Nachspiels hat sich am Vortag in meiner Buchhandlung zugetragen: Es ist kurz vor Ladenschluss, seit einer Stunde ist kein einziger Kunde gekommen, und ich mache die Kasse. Da klingt das Glöckchen an der Eingangstür – herein tritt eine hübsche junge Asiatin, eingezwängt in ein hellblaues, zeitlos hässliches, an die Uniform einer Stewardess erinnerndes Kostüm. Die langen Haare sind zu einem Pferdeschwanz gebunden, die rechte Hand hält ein weißes Musterköfferchen. Mit leiser Stimme und leichtem Akzent fragt sie, ob ich ihr helfen könne, sie sei auf der Durchreise, Handelsvertreterin für eine Kosmetikfirma, und suche eine Übernachtungsmöglichkeit. Dabei schaut sie mich aus von zerlaufener Wimperntusche umflorten Mandelaugen flehentlich an.

Sie heißt Kim, kommt aus Korea, wollte ihre Mutter, die in Wuppertal lebt, besuchen, wurde aber nicht von ihr eingelassen, weil sich bei ihr bereits ein anderer Besucher aufhielt. Ich frage nicht danach, ob ihre Mutter sie zu mir geschickt hat, vermute es nur. Sie macht auf mich den Eindruck einer verlorenen Seele und ruft meinen Beschützerinstinkt hervor. Nach kurzem Überlegen, wie was wo, biete ich ihr (fast) ohne Hintergedanken an, bei mir zu Hause im Gästezimmer zu übernachten. Da strahlt sie mich mit einem kindlichen Lächeln dankbar an und schmiegt ihren mädchenhaften Körper zu einer keuschen Umarmung an mich. Ihr Scheitel reicht mir gerade bis zur Brust. Ich nasche diskret vom Moschusduft ihrer schwarzbraunen Haare. Auf meine Frage, ob sie bei mir etwas essen möchte, verneint sie, sie habe schon gegessen. Ich beschreibe ihr den Weg und fahre mit dem Fahrrad voraus.

Gerade habe ich eine Portion meines Eintopfs vom Vortag herunter geschlungen und nebenbei eine Kanne Tee zubereitet, da trifft sie schon bei mir ein. Wie selbstverständlich nimmt sie in Hellblau auf meiner sandfarbenen Ikea-Couch Platz und lächelt mich erwartungsvoll an. Sie scheint irgendwie verändert. Wir reden miteinander, besser gesagt, sie spricht von sich, und ich höre ihr zu. Gleich zu Anfang stellt sich heraus, dass sie die uneheliche Tochter einer Frau ist, die ich, allerdings nicht näher, kenne, von der es heißt, sie würde so gut wie mit jedem ins Bett steigen, der bei ihr anklopft. Dann erzählt Kim, dass sie von ihrem Stiefvater in Korea jahrelang missbraucht worden ist. Sie spricht noch von vielen anderen Geschehnissen, an die ich mich nicht mehr genau erinnern kann, die aber allesamt den Eindruck vermitteln, dass ihr in ihrem jungen Leben bisher wenig Glück beschieden war. Nicht allein die deprimierenden Ereignisse, sondern auch die Art und Weise, wie sie mit monotoner Stimme ohne sichtbare Emotion darüber spricht, als wäre sie selber gar nicht davon berührt, machen mich betroffen. Ich versuche so gut ich kann, ihr Verständnis und Liebe entgegenzubringen und ihr Tröstendes und Aufbauendes zu sagen, aber das scheint sie nicht wirklich zu interessieren. Alles in allem gehe es ihr nicht schlecht, im Gegenteil, es ginge ihr gut, und sie wolle mir ein Geschenk machen. Dabei blickt sie mich herausfordernd verführerisch an. Noch bin ich fest entschlossen, dieser traumatisierten jungen Frau keine weitere demütigende Erfahrung aufzubürden. Ich will der edle Ritter sein, der Retter, der Gutmensch, will auf keinen Fall ihre Notsituation ausnutzen. Aber sie, als hätte sie einen Vertrag mit sich selber geschlossen, besteht darauf, dass ich mit ihr schlafe. Und als sie beginnt, mich zu umarmen und zu küssen, schmelzen meine Vorbehalte dahin. Und kurze Zeit später schmelze ich dahin, als sie mir wie eine dienstbeflissene Kurtisane ihren perfekten Körper darbietet, mit einem triumphierenden Lächeln, so als habe sie die ganze Zeit nichts anderes gewollt. Und wenngleich sie selber nicht viel sexuelle Lust zu empfinden scheint, blüht sie beim Liebesspiel energetisch auf, so als wäre es für sie die größtmögliche Befriedigung, mir die größtmögliche Befriedigung angedeihen zu lassen. Ich darf meine erotischen Gelüste genüsslich ausleben, und sie verführt mich zu einem zweiten und dritten Durchgang, obwohl sie am nächsten Morgen um sieben am Elberfelder Bahnhof sein muss.

Was mag in Kims Psyche vorgegangen sein? Das habe mich noch oft gefragt. Ich sah sie nie wieder. Ungefähr drei Monate später erfuhr ich, dass sie sich zwei Wochen nach unserer Begegnung das Leben genommen hat.

Die drei Cousins

In diesem Kapitel soll von einer Polenreise die Rede sein, die ich kurz vor meinem fünfzigsten Geburtstag mit zwei Cousins angetreten habe. Michael (sprich Meikel) ist dreizehn Jahre jünger als ich. Seine Mutter, die jüngste Tochter unserer gemeinsamen Großeltern, war nach dem Zweiten Weltkrieg nach Wales ausgewandert. Michael hat sich nach seinem Kunststudium im landschaftlich reizvollen *Swaledale* in North-Yorkshire niedergelassen und lebt nach der Trennung von Frau und Tochter mit Hund und Krähe in einem alten Bauernhaus, umgeben von Weiden, auf denen Schafe und Kühe grasen. Seinen Lebensunterhalt verdient er als *Sculptur of Curious*, der Fledermäuse, Frösche, Vögel und Fabelwesen aus Kupfer herstellt und sie in ganz England verkauft. Er hat eine Fernbeziehung zu einer Wuppertaler Künstlerin (die er bei einem meiner Diaabende kennengelernt hat), ist in der Kabbala bewandert, liebt die Scheibenweltromane von Terry Pratchett und ist ein großer Kiffer unter dem Herrn.

Der zweite im Bunde der Vettern ist Frank, zwei Jahre älter als Michael, seines Zeichens Steuer- und Finanzberater in einer Solinger Kanzlei. Im Gegensatz zu Michael hat er keine Geldsorgen. Er fuhr jahrelang stolz einen Porsche 911 Cabrio, bis er irgendwann entschied, weniger zu arbeiten und sich mit einem Golf R32 zu begnügen. So hat er mehr Muße für Frau, Freunde, Haus und Garten, Gitarrenspiel und wochenlange Wandertouren durch deutsche Mittelgebirge, stets mit einem kleinen schwarzen Filmdöschen mit gutem *Gras* im Rucksack.

Das Triumvirat der kiffenden Cousins wurde durch mich vervollständigt, als wir drei im Frühjahr 1996 anlässlich eines Cousin- und Cousinentreffens in Solingen erstmals zusammenkamen und bei einem Joint zu dritt erkannten, dass es zwischen uns mehr Gemeinsamkeiten gab als die Gene unserer Großeltern. Daraus folgte, dass wir uns über mehr als zwanzig Jahre hinweg etliche Male in England oder Deutschland trafen, meistens für eine Woche. Gemeinsame Reisen nach Irland und Wales vertieften die Verbindung untereinander. Das Größte war die zweiwöchige Tour durch den Süden Polens auf den Spuren unserer schlesischen Vorfahren. Darüber später mehr. Eines hatten nahezu alle unsere Begegnungen gemeinsam: Wir drei Cousins waren meistens von morgens bis abends bekifft! Ich habe auf mindestens zwei Dutzend Dias von uns festgehalten, wie wir bei einer Wanderrast, sei es in South Wales oder im Sauerland, vorzugsweise auf einer blühenden Wiese, an einen Felsen oder Baumstamm gelehnt, mit ausgestreckten Beinen tief entspannt in einen hedonistischen Drogenrausch versunken sind, jeder in seinem eigenen Film, der eine *bedröhnt*, der andere *stoned*, der dritte *high*. – Während Frank und Michael sich gerne in stundenlangen Dialogen in englischer Sprache ergingen, zog ich es vor, das Bekifftsein auf meine Weise zu genießen. Ich habe im Laufe vieler Jahre eine große Bandbreite möglicher Wirkungen von Cannabis alias Marihuana kennen und lieben gelernt. Sie waren allemal abhängig von der Menge und Qualität des *Stoffs*, der momentanen Befindlichkeit und den äußeren Umständen; aber jeder User macht andere Erfahrungen mit *Gras* oder *Shit*, will sagen, mit *Tetrahydrocannabinol*, dem psychoaktiven Wirkstoff der Blätter und Blüten des Hanfs.

Ich lade dich, liebe Leserin, lieber Leser ein, mich einmal auf einem meiner psychedelischen Spaziergänge durch Wald und Flur zu begleiten und mitzuerleben, welch absonderliche Erfahrungen das Zauberkraut mir bescheren kann. Sobald ich an einem idyllischen Plätzchen meinen *Stick* geraucht habe, werde ich mir fast immer als Erstes meiner körperlichen und seelischen Anspannung bewusst, weil die Droge das verstärkt, was da ist. Aber sie hilft mir auch, in kürzester Zeit zu entspannen, Leistungszwang und Selbstzensur hinter mir zu lassen und auf eine euphorische, kindlich naive, träumerische, teilweise magische Weltwahrnehmung umzuschalten. Die fünf Sinne reagieren intensiver und fokussierter auf die Reize der Umgebung; so wird meine Aufmerksamkeit bald vom Duft des Waldes, bald von Wind und Sonne auf der Haut, vom Rauschen der Blätter in den Bäumen oder von einer Kornblume am Wegesrand gefangen genommen. Betörende Sinnestäuschungen stellen sich ein; die Wolken am Himmel formen sich in Zeitlupe zu immer neuen Gestalten: Gesichter, Comicfiguren, Eisberge, Luftschiffe, Dinosaurier, Pantoffeltierchen und Wolkenkuckucksheime – großes Kino! In Baumrinden, Astlöchern und Wurzelwerk entdecke ich schemenhafte Wesen, die auf den Dias, die ich davon mache, selbst dem nüchternen Betrachter wie Gnome, Kobolde, Elfen oder Feen erscheinen. Optische Begrenzungen verschwimmen, die Landschaft zerfließt; wo eben noch eine Wiese war, ist jetzt ein See, der sich unversehens in ein Wolkenloch verwandelt. Ich liebe diese Vexierbilder, genauso wie das süße Kribbeln im Cortex, wenn ich plötzlich nicht mehr weiß, wo ich mich befinde, obwohl mir die Umgebung vertraut ist. Ständig strömen neue Reize auf mich ein, oft sehe ich Dinge, die nicht da sind, oder ich sehe Dinge nicht, die da sind. Manchmal fühle ich mich wie in einem luziden Traum. Ich reite auf einem fliegenden Teppich, flirte mit der Frau im Mond, erblicke in einem trockenen Kuhfladen das Antlitz Gottes, verstehe die Sprache der Vögel und lasse meine Seele sich laben am göttlichen Nektar von Mutter Natur. Es sind diese unbeschreiblich goldenen Momente der Wiederverzauberung der Welt, in denen mich eine tiefe Ehrfurcht erfüllt und das ganze Universum zur Quelle des Genusses wird.

Nach einem zweiten Stick, dem *Top-Up*, richte ich den Blick mehr nach innen. Dann sitze ich gerne im Fersensitz, die geschlossenen Augen in Richtung der untergehenden Sonne, und mein Gesichtsausdruck verrät, wie seligmachend es sein kann, sich von orangerotem Feuer durchglühen zu lassen, bis das Herz sich weit öffnet und einem Gefühl von Frieden und Allverbundenheit Raum gibt. Vielleicht ergötze ich mich aber auch gerade an einem *inneren Film* sich ständig verändernder farbiger Lichterscheinungen, im Gehirn erzeugte, auf die Leinwand der geschlossenen Lider projizierte abstrakte Strukturen und konkrete Figuren, eine sprudelnde Flut irisierender Gaukelbilder, pulsierender Arabesken und märchenhafter Miniaturen. – Zwischendurch verliert sich mein Bewusstsein immer wieder mal in Träumen, Fantasien, philosophischen Seifenblasen und poetischen Ergüssen: *Den Mond auf der Zunge – tief drinnen die Sterne – vor Augen das Nadelöhr in die Freiheit.* Schlafwandlerisch gleite ich in metaphorische Zwischenwelten hinüber. Und irgendwo irgendwann zwischen Hier und Jetzt packt mich, sprachverliebt wie ich bin, der Ehrgeiz, den vielstimmigen Klangkosmos eines Frühlingsabends in eine literarische Form zu gießen: *Die Luft ist erfüllt vom Wettgesang der Amseln und Lerchen, die das Hohelied des Großen Geistes lauthals in den Äther jauchzen. Ein frisch verliebtes Grasmückenpärchen erhebt seine Fistelstimmen zu einer seelenvollen Ode an die Macht der Liebe. Kuckuck, Buchfink, Zilpzalp, Singdrossel und viele andere, deren Namen ich preisen würde, wenn ich ihn wüsste, stimmen als gefeierte Solisten in den himmlischen Choral ein. Ihre Liebesarien, Triumpheshymnen und Andachtsjodler verschmelzen kontrapunktisch mit den Fanfarenstößen einer vorbeiziehenden Schafherde. Den opulenten Ohrenschmaus verfeinern noch die leiseren Leckerbissen der akustischen Festtafel. So verkündet ein über steinige Stufen springendes Bächlein unentwegt mit silbernem Kinderstimmchen sein chronisches Entzücken über die Lust des Fließens, und zärtlich tuscheln die Blätter der Linde in der Liebkosung eines Windhauches; aber erst die minimalistische Filigranarbeit der Grillen verleiht als Quintessenz der Sinfonie ihren weltentrückenden Zauberklang.*

Wen wunderts, dass mich unter dem Einfluss der Droge und des Sinnenrausches am Busen der Natur auch sexuelle Gelüste anspringen. Gut bekifft zu psychedelischer Musik Sex zu haben, alleine oder mit Partnerin, ist pure Ekstase, der Gipfel der Wollust. – Ob man diese drogeninduzierte Genussorgie als Bewusstseinserweiterung oder eher als orale Regression bezeichnen sollte, sei dahingestellt. Ein respektloser Verstoß gegen das Betäubungsmittelgesetz ist es allemal.

Noch eine weitere natürliche Rauschdroge fand bei Michael, Frank und mir großen Anklang: der *Spitzkegelige Kahlkopf,* ein streichholzgroßer Pilz, der im Herbst auf Rinder- und Pferdeweiden zu finden ist und nach seiner psychoaktiven Substanz als *Psilocybin* bezeichnet wird. Michael hatte in seiner heimischen Umgebung an einem Novembernachmittag mehr als dreihundert dieser *Magic Mushrooms* gesammelt und in Honig konserviert. Eine Messerspitze von der schwarzbraunen Paste geschluckt, und eine Stunde später bist du auf einem Sechs-Stunden-Trip vom Feinsten. *Psilo* nimmt man am besten in der freien Natur zu sich, aber seine Wirkung ist unabhängig von besonderen äußeren Reizen. Die absolute Losgelöstheit von der Umgebung und vom eigenen Körperempfinden ist charakteristisch für den Psilocybin-Trip; es gibt keine Grenze mehr zwischen Ich und Nicht-Ich, zwischen Außen und Innen. Auf dem Höhepunkt des Trips erfährt man sich als pures weißes Licht. Man ist ein Tropfen im Ozean der göttlichen Liebe und empfindet reine Glückseligkeit. – Wahrscheinlich erleben fortgeschrittene Yogis in tiefer Meditation vergleichbare Bewusstseinszustände.

Doch genug davon. Wenden wir uns der Schlesienreise zu. Am zweiten Abend nach dem Cousin- und Cousinentreffen Mitte April 1996 trafen Michael, Frank und ich uns in einer Unterbarmer Kneipe und fassten beim dritten Bier den kühnen Entschluss nach Schlesien zu reisen, primär mit dem Ziel, *Großburg,* das Heimatdorf der Hartmann-Sippe aufzusuchen und dort zu Ehren unserer Ahnen einen großzügigen Joint zu rauchen. An erster Stelle für den Großvater Fritz, der sich gewiss bei jedem Zug dreimal im Grabe umdrehen würde. – Der Beginn der vierzehntägigen Reise wurde auf den 4. Juni festgelegt, sodass wir beinah genau fünfzig Jahre nach der sogenannten *Vertreibung* der Schlesier (im Sommer 1946) in Großburg eintreffen würden. Frank stellte seinen Golf als Transportmittel zur Verfügung, und ich übernahm die Aufgabe, ein Reiseprogramm auszuarbeiten, sowie die Übernachtungen zu buchen. – Als wir bei Einbruch der Dunkelheit frohen Mutes die Kneipe verließen und auf die Friedrich-Engels-Allee hinaus traten, erblickte Michael einen schwarzen Vogel auf dem Bürgersteig, der anscheinend nicht mehr fliegen konnte und sich schutzsuchend an die Hauswand drängte. Es war ein ausgewachsener Mauersegler. Michael nahm ihn auf und trug ihn in seinen Händen bis zur Wupperbrücke. Dort warf er ihn in die Luft, und der Vogel flog über das Wasser davon. Wir Cousins nahmen es als gutes Omen.

Von all den abenteuerlichen Reisebegebenheiten und touristischen Highlights hier ein paar kürzere oder längere Kostproben: Wir erlebten Breslau (heute Wrocław), das 1939 mit 630000 Einwohnern die sechstgrößte Stadt des Deutschen Reiches war, als weltoffene Kulturmetropole im Süden Polens, reich an fotogenen Baudenkmälern, deren deutsches Erbe von der polnischen Bevölkerung seit dem Ende des Kommunismus zunehmend wertgeschätzt wird. Da und dort klafften noch Wunden des Krieges. Einen starken Eindruck auf uns machte ein einzigartiges Werk der polnischen Kulturgeschichte, das in einem Rundpavillon ausgestellte 150 Meter breite und 15 Meter hohe Monumentalgemälde *Raclawice Panorama*. Es stellt Szenen einer Schlacht zwischen polnischen Aufständischen und dem Heer des russischen Zaren im Jahr 1794 dar.

Im *Felsenlabyrinth* des *Heuscheuergebirges* verbrachten wir einen halben Nachmittag inmitten bizarrer Felsformationen voller Schründe und Abgründe und an Aussichtspunkten mit herrlichen Rundumblicken auf bewaldete Hügel. Ein Dia zeigt mich in Meditationshaltung auf der Spitze eines zirka fünfundzwanzig Meter hoch aufragenden Sandsteinkegels; ein anderes Dia zeigt ein Stück *Landart* von Michael: eine Reihe waagerecht in eine senkrechte Felsspalte geklemmter Stöcke, die wie Stufen einer Himmelsleiter zwei bis drei Meter in die Höhe führen.

Im Anschluss daran besichtigten wir die im 17. Jahrhundert zur Zeit der Gegenreformation errichtete evangelische *Friedenskirche* in Schweidnitz. Auf Anordnung der katholischen Obrigkeit durften die Protestanten für den Bau des immerhin siebentausend Gläubige fassenden Gotteshauses nur Holz, Stroh und Lehm verwenden, nicht einmal Nägel aus Metall waren erlaubt. Der prachtvollen Innenausstattung mit viel Blattgold taten diese Einschränkungen keinen Abbruch.

Großburg (heute Borek), unser eigentliches Reiseziel, war bis Kriegsende ein vierhundert Einwohner zählendes Kirchdorf gewesen. Zum Zeitpunkt unseres Besuches lebten dort etwa zweihundertfünfzig Polen, die meisten von ihnen Heimatvertriebene aus den polnischen Ostgebieten, die 1945 von der Sowjetunion annektiert worden waren.

Borek wirkt ziemlich heruntergekommen, die Hälfte der Häuser ist nicht mehr bewohnbar. Gut in Schuss ist dagegen das Haus, das Opa Fritz 1926 erbaut hat. Wir werden von der polnischen Familie, die jetzt dort lebt, freundlich begrüßt. Auch das Haus von Franz Harwardt (dem Großonkel von Elke), in dessen Baufirma Opa Fritz Polier gewesen ist, steht noch. – Nachdem wir einmal das ganze Dorf durchwandert haben, suchen wir uns einen Platz, wo wir unserer Ahnen gedenken wollen. Im Schatten einer mächtigen Esche auf dem Kirchhof rauchen wir zur Einstimmung einen Joint und beginnen danach mit einem improvisierten Ritual, um Kontakt zu den Seelen unserer Großeltern aufzunehmen. Wir stellen uns im Kreis auf, umfassen uns mit den Armen, stecken unsere Köpfe zusammen und lassen aus tiefster Kehle unsere Bassstimmen erschallen, dass es nur so in den Ohren dröhnt. Nach einigen Minuten monotonen Tönens schenkt der *Sound-Hug* Michael und mir die Vision einer grünlich leuchtenden Lichtsäule in der Mitte des Kreises, die Himmel und Erde zu verbinden scheint, und wir glauben, die Präsenz von Oma und Opa zu spüren.

Nach einer längeren Ruhepause im Schatten der Esche und einem weiteren Joint verbringen wir den Rest des Nachmittages damit, unsere Dreierverbindung zu analysieren und zu einer Körper, Seele und Geist umfassenden Triade zu mystifizieren, in die jeder seine besonderen Gaben zum Wohle der anderen einzubringen habe. Michael steht für das Mentale, Frank für das Materielle und ich für das Emotionale. Aber dieses grobe Raster ist erst der Anfang einer im Laufe der Reise immer weiter ausufernden esoterisch verklärten Nabelschau.

Am Abend desselben Tages wanderten wir auf den *Zobten*, den *Heiligen Berg* Schlesiens, einem 718 Meter hoch aus der flachen Landschaft aufragenden Gebirgsstock. Dort oben genossen wir den Anblick der in rosiges Licht getauchten niederschlesischen Tiefebene, in der sich hinter einem grünen Meer von Feldern und Wiesen am fernen Horizont die Türme Breslaus abzeichneten. Prähistorische Steinkreise und Skulpturen zeugen davon, dass der Zobten schon in vorchristlicher Zeit als Kultplatz genutzt worden war. Alle drei spürten wir deutlich die feinstofflichen Schwingungen dieses Kraftortes und stimmten unter einem majestätischen Sternenhimmel einen weiteren *Sound-Hug* an. – Diese energetischen Impulse, die Gruppendynamik und das ständig präsente Familienthema ließen die Reise mehr und mehr zu einem ambulanten Selbsterfahrungsworkshop werden, der uns drei Vettern mitunter knochenhart mit psychischen Grenzen konfrontierte und besonders bei Frank und Michael tiefgreifende innere Prozesse auslöste. Ich notierte in meinem Reisetagebuch: *Nach Mitternacht im Hotelzimmer noch mit beiden therapeutisch gearbeitet. Frank war es kotzübel, und Michael kam in Gefühle, konnte endlich einmal aus dem Kopf heraus und seinen Körper bewusst wahrnehmen. Er möchte am liebsten alle Blockaden auf einmal einreißen.*

Einen dritten *Sound-Hug* zelebrierten wir zwei Tage später neben der prachtvollen Sigismund-Kapelle am Krakauer Dom, die nach Meinung von Geomantikern ein Erdchakra repräsentiert, weil sich unter ihr zwei starke *Leylines* (Erdenergie-Meridiane) kreuzen. Es war kurz vor 18 Uhr, auf dem *Wawel*, dem Burgberg mit Dom und Schloss, zu dessen Füßen die Weichsel träge dahinfließt, waren nicht mehr viele Touristen und Spaziergänger unterwegs. – *Gutes Timing für unser Ritual. Rauchen, meditieren, beim Glockenschlag eintunen, Energiekreis bilden, aus voller Brust tönen, zeitweise mit Zuhörern. Michael fühlt sich von grünem Licht durchflutet, Frank und ich spüren eine vibrierende Spannung im ganzen Körper. Kurz nach dem Verhallen der Töne kommt der Wächter und bedeutet uns freundlich, das Gelände zu verlassen.*

Dass Krakau eine äußerst sehenswerte Stadt ist, braucht nicht hervorgehoben zu werden. Heutzutage kann jeder die wunderschönen Plätze und Gebäude wie etwa die *Tuchhallen* und die *Marienkirche* mit ihren blau und golden ausgemalten Gewölben kostenlos im Internet betrachten. Wir nahmen uns drei Tage Zeit, um die eindrucksvollen Gebäude der

Gotik und Renaissance zu bestaunen. Wir genossen zudem gutes preiswertes Essen und Trinken, die Darbietungen unzähliger Straßenmusikanten, mehrere Kunstausstellungen, den Anblick hübscher miniberockter Frauen und das südliche Flair der alten Königsstadt. Den Stadtteil Kazimierz, in dem einst 60000 Juden gelebt haben, erkundete ich allein und fotografierte, was es noch an Resten jüdischer Kultur zu sehen gab. Von ehemals vierzig Synagogen existierten noch sieben, von denen eine der zweihundertköpfigen jüdischen Gemeinde als Gebetsraum diente. Beim koscheren Abendessen in einem jüdischen Café, in dem die Klezmer-Band *The Saints* aufspielte, wurde ich mir einer tiefen geistigen Verbundenheit mit der untergegangenen Welt des Ostjudentums bewusst. – Frank und Michael weilten zur selben Zeit zweihundert Meter tief unter der Erde in Wieliczka, 15 Kilometer südöstlich von Krakau, wo sie in einem ehemaligen Salzbergwerk, das auch als Sanatorium für Lungenkranke dient, an einer geführten Besichtigungstour teilnahmen. In Stollen und Hallen unter Tage sind Skulpturen aus Salz, von Salzkristallen überwachsene Gerätschaften, ein unterirdischer See, ein Museum und vieles mehr zu bestaunen. Sogar eine der Heiligen Kunigunde gewidmete Kapelle haben die Bergleute in das Salzgestein gehauen.

Als wir drei Abenteurer gegen 21 Uhr in unser *Intourist*-Hotel am westlichen Stadtrand von Krakau zurückkehrten, wurden wir schon erwartet. Lange Beine, kurze Röcke – so kurz, dass die mit knapp bemessenem schwarzen Textil notdürftig kaschierten sorgfältig rasierten Schamhügel schamlos darunter hervorlugten. Drei junge blonde schlanke Polinnen, vielleicht auch Ukrainerinnen, strahlten uns Jungs aus großen schwarz umrandeten Augen herausfordernd an. Mit scharrenden Hufen, zitternden Flanken und bebenden Nüstern, wie Rennpferde vor dem Start, standen sie am Aufzug und ließen keine Zweifel darüber aufkommen, worauf sie es anlegten. Aus einigen Metern Entfernung waren sie verführerisch anzuschauen. Als der Aufzug sich öffnete, gingen sie beiseite und ließen uns drei Männern den Vortritt. Als sie sich dann aber nach uns in den engen Fahrstuhl drängten, war das für Michael und Frank entschieden zu dicht; sie verließen fluchtartig die Kabine und liefen zur Treppe, um in ihre Zimmer in der vierten Etage zu gelangen. Ich reagierte zu spät, die Tür schloss sich, und während sich der Aufzug ächzend nach oben quälte, sah ich mich von einer dreifachen Übermacht beutelüsterner Amazonen umzingelt, die mich mit schmachtenden Blicken von oben bis unten abtasteten. Jetzt sah ich ihre Gesichter von Nahem, sah bei der einen das billige Make-Up über grobporiger Haut, bei der Zweiten Schuppenflechte am Haaransatz und bei der Dritten die schief angeklebten Plastikwimpern – o Fuck! Endlich hielt der Fahrstuhl, und ich schlüpfte zwischen den Mädels hindurch, die mir enttäuscht hinterher blickten und *good night* nachriefen, worauf ich davoneilend mit *dobre vejer* antwortete. – Nein, mit Sextourismus hatte ich nichts am Hut, schon gar nicht mit Frauen, die gewerbsmäßig erotische Dienstleistungen feilbieten.

Einen weiteren Höhepunkt der Reise erlebten wir in Bad Kudowa, einem Kurort am Fuße des Riesengebirges, wo wir uns im fünften Stock eines grauen Plattenbaus einquartiert hatten. Am Abend vor der Rückreise stiegen wir, den Serpentinen eines Waldweges folgend, auf den Buckel des *Gora Parkowa* (Parkberg), der sich am südlichen Rand des Ortes erhebt. Dort fanden wir auf einer Wiese einen guten Platz für unser Picknick – mit einem fantastischen Ausblick auf das Gebirge, aus dessen hintereinander gestaffelten Höhenrücken in etwa siebzig Kilometer Entfernung die 1603 Meter hohe *Schneekoppe* hervorragte. Wir setzten uns auf eine Decke, ich breitete die Lebensmittel vor uns aus: Brot, Salami, Käse, Tomaten, Zwiebeln, Ölsardinen, Joghurt und Honig; Frank entkorkte die Rotweinflasche, Michael baute den Joint. Die Luft war würzig und mild, die Vögel im Wald strapazierten ihre Kehlen, eine Schar Krähen zog krächzend gen Süden, während wir drei in gehobener Stimmung unser fürstliches Abendmahl zu uns nahmen und dabei die makellose Schönheit des Bergpanoramas auf uns wirken ließen. Unmittelbar vor uns fiel das Gelände in eine weitläufige Mulde ab, in der etwa dreihundert Meter entfernt zwischen Wiesen und Feldern ein altes Gehöft lag, flankiert von einem Fischteich, in dem sich der Abendhimmel spiegelte. Plötzlich kam ein Mann hinter dem Haus hervor und ging mit einem Netz in den Händen bedächtigen Schrittes in den Teich hinein, vermutlich in der Absicht, ein paar Forellen zu fangen. Im selben Augenblick zog ein Fischreiher im Gleitflug in Richtung des Teiches und ließ sich in der Spitze eines Baumes nieder. Diese Szene inspirierte mich zu einem Zweizeiler: *Ein Angler steht in einem Weiher und kühlt erleichtert seine Eier.* Frank fügte spontan hinzu: *Das sieht von fern ein grauer Reiher, er heißt wohl Müller oder Meier.* Und dann wieder ich: *Das ist ein dickes Ding auweia, so spricht er, und begeistert sei er – und dann kommt prompt die alte Leier, er lädt ihn ein zu einer Feier, das heißt, zu einem flotten Dreier mit seinem besten Freund, dem Geier.* Und Frank fiel noch dazu ein: *Da fließt heut nicht nur der Tokayer, das schwör ich dir als alter Bayer.* – So oder so ähnlich muss es gewesen sein, und Michael fügte der Kiffer-Lyrik auch noch seinen *mustard* hinzu: *The cousins getting high and higher. Frank sends to Opa Fritz a flyer. Hilarion feels a deep desire and Michael sets the sky on fire.*

Längst hatte der Horizont die Sonne verschluckt, und der Himmel leuchtete in einem von hellen und dunklen Wolkenfetzen betupften noblen Rosa-Orange. Der Anblick der in zarten Pastelltönen zwischen Blau und Violett gehaltenen Höhenzüge war zum Schreien schön und erinnerte mich an das bekannte romantische Gemälde von Caspar David Friedrich. – Nach dem zweiten Joint lenkte Michael mit den Worten, never before I felt such a deep connection with other people, die Aufmerksamkeit wieder auf die Bedeutung unserer Dreierkonstellation, und alsbald drehte sich die Diskussion ein weiteres Mal um die *magische Triade* dreier Cousins. Irgendwo zwischen Heimwerker-Psychologie und Milchmädchen-Esoterik fabulierten wir uns eine systemische Hypothese zurecht, zu der wir auch die Tierkreiszeichen und die Vier Elemente heranzogen. Frank als Jungfrau stand für das Erdelement und den Körper, Michael als Zwilling für die Luft und das Mentale, ich als Krebs für das Wasser und die Gefühle. Und wenn, so folgerten wir, jeder die Qualitäten der beiden anderen in sich entwickelt, entsteht ein gleichschenkliges Dreieck als Basis für die *Ganzheit* in Form eines Tetraeders, an dessen Spitze das Feuerelement den *Spirit* repräsentiert. – Sehr überzeugend, der Top-Up hatte seine Wirkung nicht verfehlt!

Als wir bekifften Lausbuben gegen Mitternacht den Rückweg antraten, fanden wir den Weg nicht wieder, auf dem wir gekommen waren. Mag sein, dass *Rübezahl*, der Berggeist, uns irreleitete, während wir eine Viertelstunde oder länger in völliger Dunkelheit zwischen Bäumen und Sträuchern umherstolperten, bis Michael plötzlich rief, follow me! Er hatte seinen sechsten oder siebten Sinn eingeschaltet und ließ sich führen, von wem auch immer. Frank und ich folgten ihm blind durch das abschüssige Gelände, und tatsächlich erblickten wir kurz darauf die Straße. Doch bevor wir unsere Füße auf festen Asphalt setzen konnten, mussten wir noch etwa zwanzig Meter auf einer Stützmauer entlang balancieren, und da nützte

Michael der sechste oder siebte Sinn gar nichts mehr, im Gegenteil, er hinderte ihn daran, das Naheliegendste zu sehen, nämlich eine Stufe. Er stürzte knapp zwei Meter hinab auf den Bürgersteig. Beim Sich-Aufrappeln grummelte er in seinen Bart, o shit, what a fucking good grass.

Bad Kudowa war um diese Zeit wie ausgestorben, keine Menschenseele unterwegs; ein paar alte Straßenlaternen warfen da und dort einen trüben Lichtschein auf vergammelte Kurgebäude, die seit ihrer Errichtung nach der Jahrhundertwende anscheinend nie renoviert worden sind. Wir wurden von einem hallenartigen Pavillon angezogen, mit verschnörkelten Eisensäulen an den Seiten, die das Dach trugen. Auf der vorderen Schmalseite befand sich ein von einer einsamen Neonröhre beleuchtetes Podest, eine Art Bühne. Das war es, was wir jetzt brauchten! In uns Dreien musste wohl das Blut von Barden, Gauklern oder Clowns fließen, denn von dem Wunsch beseelt, uns zur Schau zu stellen und ein imaginäres Publikum zu bespaßen, stürmten wir auf die Bühne zu, deren einziges Requisit eine lange grüne Parkbank war, die trübsinnig in den nach allen Seiten hin offenen Saal blickte. Kaum hatten wir das Podest erklommen, brandete uns aus fünfunddreißig unbesetzten Stuhlreihen frenetischer Applaus entgegen. Und dann legten wir los: Frank in seinem grauen Cape gab den Rübezahl, Michael mit seinem Vollbart den Rasputin und ich, lang und dürr wie ich bin, den Karl Valentin. Wie auf Kommando improvisierten wir spätpubertierenden Möchtegerne blöde Sketsche, grölten abgedroschene Gassenhauer und Songs von den Beatles, rissen zotige Witze, schnitten Grimassen, warfen Handküsse ins Publikum – kurz gesagt, wir inszenierten eine filmreife Show irgendwo zwischen Musikantenstadl und absurdem Theater. – Was wir im Einzelnen von uns gaben, ist nicht überliefert, wohl aber ein Dia; auf dem sitzen drei kuriose Gestalten in theatralischen Posen erstarrt auf einer abgewetzten langen grünen Holzbank auf der Bühne eines Kurpavillons in Bad Kudowa und – warten auf Godot.

Bierdeckel – oder: meine Rede an die Nation

Von 1995 bis 2000, zu der Zeit als ich im alten Arbeitsamt wohnte, hatte ich häufig Kontakt mit meiner Ex-Partnerin Astrid. Sie arbeitete immer noch als Erzieherin und wohnte nur ein paar Häuser entfernt. Nach den Doppelkopforgien, die sich alle paar Wochen freitagabends an ihrem Küchentisch abspielten, sehne ich mich heute noch zurück. Außer Astrid und mir waren ihr Lover Suleyman und Helga, eine Bekannte aus der Nachbarschaft, mit von der Partie. Wer jemals Doppelkopf gespielt hat, weiß, dass man von diesem Kartenspiel süchtig werden kann, also zogen sich die Doppelkopfabende immer bis tief in die Nacht hinein. Wir haben dabei hemmungslos gequalmt, gesoffen und gekifft und hatten am Ende jedes Mal einen vortrefflichen Vollrausch. Als I-Tüpfelchen des Ganzen landete ich danach mit Helga im Bett, die meistens so knülle war, dass sie beim Vögeln einschlief.

Eines Abends saßen Astrid und ich in einer Unterbarmer Kneipe, und nach ein paar Bier und viel Gespräch – ich war mal wieder in einem Stimmungstief und schüttete ihr mein Herz aus – fragte sie mich anteilnehmend, welche unausgesprochenen Wünsche würdest Du gerne vom Schicksal erfüllt bekommen? – Sie wollte es genau wissen, bohrte nach und notierte meine im nicht ganz nüchternen Zustand geäußerten Antworten auf der Rückseite von Bierdeckeln. Später übertrug ich diese Wunschliste in mein Tagebuch: *Ich möchte gerne mal wieder von ganzem Herzen lachen können – – zufrieden sein mit dem, was jetzt ist – – ein gesundes Selbstbewusstsein haben – – körperlich und seelisch schmerzfrei sein – – etwas finden, was mich begeistert und worin ich mich verwirklichen kann – – meine Verbundenheit mit der geistigen Welt mehr wahrnehmen können – – meine Aufgabe im Leben erkennen – – einen, wenigstens einen, guten Freund haben – – auf dem Lande, in der Natur, zu Hause sein – – auf einem, ich weiß nicht welchem, Gebiet Meisterschaft erlangen – – die in mir schlummernden Heilkräfte wecken und einsetzen – – in einer glücklichen Beziehung leben – – mein künstlerisches Potential fließen lassen – – aus dem Herzen heraus Musik machen – – irgendwo dazugehören, Gemeinschaft empfinden und pflegen – – wieder mal ausgiebig vögeln – – es mir ohne Schuldgefühle gut gehen lassen.*

Verdammt viele Defizite kommen in dieser Wunschliste zum Ausdruck; es ist eigentlich erstaunlich, dass ich nach all den Psychotherapien und spirituellen Erfahrungen und trotz meiner Erfolge als Geschäftsmann,

Seminarleiter, Künstler, Globetrotter und Weiberheld von einem positiven Lebensgefühl zeitweise weit entfernt war. Mein durch traumatisierende Erlebnisse in der frühen Kindheit beschädigtes Selbstwertgefühl hatte eine Charakterstruktur hervorgebracht, die mich ständig unter Druck setzte, mehr erreichen zu wollen, als es meinen Möglichkeiten entsprach. Eher selten genoss ich daher das Glücksempfinden, voll und ganz mit mir und der Welt einverstanden zu sein. Veronika, die Psychotherapeutin, die ich damals gelegentlich aufsuchte, wollte mir mit der Beschwörungsformel *es ist alles in Ordnung* so etwas wie Urvertrauen einflößen; aber mein tiefsitzendes Misstrauen und die neurotische Verweigerung, die Tatsachen so anzunehmen oder gar zu lieben, wie sie sind, konnte sie damit nicht auflösen. Ich frage mich manchmal, ob durch Kindheitstraumata entstandene seelische Leiden überhaupt geheilt werden können.

Da ist noch eine andere Geschichte, in der meine seelische Befindlichkeit und beschriebene Bierdeckel eine Rolle spielen: Eine Hauptursache meiner Unzufriedenheit lag in meiner kritischen Sicht auf das gesellschaftliche Ganze; in einer Tagebucheintragung von 1997 brachte ich meine Ablehnung des herrschenden Systems auf den Punkt: *Es macht mich zornig zu sehen, wie die sich in allen Lebensbereichen durchsetzende Vormacht privater Profitinteressen gegenüber dem Allgemeinwohl den globalen Wirtschaftskrieg, das Gewaltpotential, die himmelschreiende Ungerechtigkeit, die Naturzerstörung, die Klimaveränderung, Krisen und Kriege und die Verelendung von Milliarden Menschen immer weiter anwachsen lässt.*

Schon als linker Student hatte ich begonnen, das kapitalistische Wirtschaftssystem grundlegend in Frage zu stellen und mir vorgenommen, aufklärerische Texte zu verfassen, um meine Mitmenschen wachzurütteln. 1972 hatte der *Club of Rome* in seinem vielbeachteten Bericht *Die Grenzen des Wachstums* vor den dramatischen Folgen des ungezügelten Ressourcenverbrauchs und der Umweltzerstörung gewarnt und eine nachhaltige Wirtschaftsweise und den Schutz des globalen Ökosystems angemahnt. Doch im Nu wurden die deutlichen Alarmsignale wieder verdrängt, und Politik und Wirtschaft machten unverändert weiter mit ihrem *Business as usual.* In vielen Wohnungen hing damals eine indianische Weisheit an der Wand: *Erst wenn der letzte Baum gerodet, der letzte Fluss vergiftet, der letzte Fisch gefangen ist, werden die Menschen feststellen, dass man Geld nicht essen kann.*

Dessen ungeachtet wuchs der Warenausstoß der spätkapitalistischen Produktionsmaschinerie ständig an; immer mehr Luxusgüter und billiger Plastikramsch heizten das Konsumklima (und das Klima!) an, verschlangen Unmengen an Arbeitskraft und Rohstoffen und verwandelten sich in immer kürzeren Zeiträumen in Müll. Die Bevölkerung der nördlichen Hemisphäre verbrauchte ein Vielfaches von dem, was für ein Leben ohne Armut nötig war, und die Schere zwischen Armen und Reichen klaffte immer weiter auseinander. Im weltweiten Wirtschaftskrieg gab es wenige Gewinner und viele Verlierer. Menschengemachte Umweltkatastrophen, prekäre Arbeitsverhältnisse, Lebensmittelskandale, Wetterextreme, Flüchtlingsströme, Zivilisationskrankheiten und weitere Kollateralschäden des Turbokapitalismus waren an der Tagesordnung. Das allgemeine Gezerre um Geld, Macht und Aufmerksamkeit war mir zuwider; Ellbogenmentalität, Anspruchsdenken, Konsumverblödung, Markenfetischismus, mediale Dauerberieselung und andere kulturelle Errungenschaften der westlichen Welt kotzten mich an; und es tat mir in der Seele weh, zu sehen, wie meine Mitmenschen fremdbestimmt und entmündigt wurden von einem System, das die Menschenwürde nach dem Kontostand bemisst.

Besonders empörte mich, dass Politik und Medien nur die Symptome aber nicht die eigentlichen Ursachen der Missstände im Blick hatten. Insofern sah ich es, wenn ich mal wieder dem Größenwahn verfallen war, als meine heilige Pflicht an, meinen Zeitgenossen die Augen zu öffnen und ihnen den kausalen Zusammenhang zwischen dem zwingend auf Profitmaximierung ausgerichteten Wirtschaftssystem und den daraus resultierenden unausweichlichen Nachteilen und Gefahren für Mensch und Umwelt darzulegen. Ich stellte mir vor, in einer *Rede an die Nation* die breite Masse von der Richtigkeit und Wichtigkeit einer generellen Abkehr von der neoliberalen Wirtschaftsdoktrin zu überzeugen und anzuregen, über eine von Vernunft und Liebe getragene Alternative nachzudenken. Und ich tagträumte davon, um die Kameraaugen der Weltöffentlichkeit auf mich zu ziehen, mit einem Rucksack voller Flugblätter die Kuppel des Petersdomes in Rom oder wenigstens die Turmspitze des Elberfelder Rathauses zu erklimmen und mich – ja, manchmal ging mein Weltrettungsfanatismus so weit! – mit Benzin zu übergießen und anzuzünden.

Natürlich ist es zu all dem nicht gekommen. Ich habe niemals einen wirklich guten Text zu dieser Thematik zustande gebracht (der vielleicht als Artikel in der TAZ hätte erscheinen können), aber ich arbeitete über

Jahre hinweg immer wieder mal daran, las systemkritische Abhandlungen, hörte die Schreckensmeldungen im Radio, schnitt Zeitungsartikel aus, führte Diskussionen, sammelte Argumente und notierte dann und wann spontane Einfälle und griffige Formulierungen auf Schmierzetteln. Wenn ich alle paar Wochen mal eine der Elberfelder Szenekneipen aufsuchte – in der Absicht, einen sexhungrigen und liebesdurstigen weiblichen Single aufzustöbern (was mir aber so gut wie nie gelang) – saß ich meistens einsam an einem Tisch in der Ecke, trank im Laufe des Abends zwei drei Bier und ließ, angeregt vom Geplätscher des Kneipentratsches und umnebelt vom Zigarettenrauch, meine Gedanken um das Thema Kapitalismuskritik kreisen und kritzelte alles, was mir dazu einfiel, auf Bierdeckel.

Eines schönen Abends im Herbst 1999 war ich leicht alkoholisiert von einem dieser Kneipengänge in mein behagliches Nest im fünften Stock des alten Arbeitsamtes zurückgekehrt und irrte noch ziemlich aufgewühlt im Labyrinth meiner gesellschaftskritischen Ideen umher, als mir urplötzlich ein untrügliches Bauchgefühl signalisierte, dass in diesem Augenblick der richtige Zeitpunkt für meinen lang angestauten antikapitalistischen Befreiungsschlag gekommen war. Ich schenkte mir einen Cognac ein, um mir Mut und Wut anzutrinken, drehte eine Zigarette, klemmte mir den Schuhkarton mit den gesammelten Bierdeckeln, Schmierzetteln und Zeitungsausschnitten unter den Arm, öffnete das Fenster zur Stadtseite hin und – nein, ich warf nicht den ganzen Wust zum Fenster hinaus – ich setzte mich mit den Beinen nach außen auf die Fensterbank, nahm ein paar Züge vom Blauen *Drum* und suchte in meinem Gehirn nach zündenden Eröffnungsworten für meine Brandrede zur Rettung der Welt, während auf der Friedrich-Engels-Allee der Verkehr brauste, eine Polizeisirene quäkte, die letzte Schwebebahn quietschte und der abnehmende Dreiviertelmond mir aufmunternd zuzwinkerte. In einigen Fenstern der Wohnhäuser brannte noch Licht. Mir war klar, außer den Tauben auf dem Dach über mir würde mich niemand hören, und von den Blinden da unten vor ihren Fernsehempfängern würde mich niemand sehen. Ich stellte mir vor, wie sie am nächsten Morgen vom Wecker aus dem Schlaf gerissen sorgenvoll in ihren geschäftigen Alltag taumeln, um ihre Brötchen und Statussymbole zu verdienen und empfand zugleich Verachtung und Mitgefühl für sie. Aber ich hielt mich nicht lange damit auf, sondern erhob meine Stimme und krähte in die Nacht hinaus: Alle mal weghören!! – Ich spreche zu Euch, Ihr Müllmänner, Erzieherinnen, Programmierer, Gemüsehändler, Abteilungsleiter, Leiharbeiter und Betriebsräte, Ihr Rädchen im Getriebe des Wirtschaftsapparates; zu Euch, Ihr Konsumenten, Kunden, Klienten, Rezipienten, Fans, Follower, User und Looser, Ihr Kämpfer im Dienste des Bruttosozialprodukts; zu Euch, Otto Normalverbraucher und Lieschen Müller, die Ihr unsere hoch effiziente Leistungs- und Konsumgesellschaft auf Kurs haltet! – Seid Ihr noch wach, oder schlaft Ihr schon den Schlaf der Gerechten, auf dass Ihr morgen früh als verlässliche Glieder in der Wertschöpfungskette des Kapitals pünktlich Eure Arbeitskraft zu Markte tragt? Um im Konkurrenzkampf bestehen zu können, müsst Ihr nicht nur fit sein, Ihr müsst Euch täglich neu erfinden, Euch *profilieren und positionieren – qualifizieren und selbstoptimieren – die letzten Kräfte mobilisieren – über die anderen triumphieren – und wie Roboter funktionieren! – Und natürlich auch konsumieren!* Denn was Ihr im Schweiße Eures Angesichtes produziert, müsst Ihr schließlich auch kaufen und verbrauchen.

Konsum, verehrte Verbrauchergemeinde, ist unser zentraler Lebensinhalt und finaler Daseinszweck. Wenn Kauflust und Kaufkraft sich im Kaufrausch vereinigen, explodieren die Umsätze, steigen die Aktienkurse, boomt die Wirtschaft. Für den guten Konsumenschen ist daher Kaufen die erste Bürgerpflicht: kaufen was das Zeug hält, kaufen auf Teufel komm raus, kaufen bis der Arzt kommt! – Immer neue Konsumartikel, Konsumanreize, Konsumeinrichtungen und Konsumrekorde. *Falleri und fallera – die Welt ist zum Verbrauchen da!* Ständiges Wachstum ist angesagt und ist nicht zu bremsen. Alles wächst: *die Müllberge – die Umweltschäden – die Staus auf den Autobahnen – die Arbeitslosigkeit – der Leistungsdruck – die Anzahl der psychisch Kranken und der Amokläufer – die Anzahl der Obdachlosen und der Flüchtlinge – die Anzahl der Krebserkrankungen – die Gewalt – die Kriegsgefahr. Der Reichtum wächst, und die Armut wächst: Wachstum auf beiden Seiten – eine klassische Win-Win-Situation!*

Rechnen wir die Daten hoch, verehrtes Publikum, bietet sich in zwanzig Jahren folgendes Bild: 2020 hat sich der globale Wirtschaftskrieg weiter verschärft, die Konsumgüterproduktion hat sich verdoppelt und der Kampf um Ressourcen, Energie und Absatzmärkte wird mit harten Bandagen geführt. Politik und Gesellschaft stöhnen im Würgegriff der Finanzmärkte. Eine Handvoll Multimilliardäre besitzt mehr Vermögen als die ärmere Hälfte der Weltbevölkerung. Die vorhergesagte Klimakatastrophe ist eingetreten, das Artensterben im Tier- und Pflanzenreich schreitet in rasantem Tempo voran. Die Wirtschaft handelt mit Verschmutzungsrechten für Stickoxyde, Treibhausgase, Mikroplastik und Co – und Deutschland ist Exportweltmeister! Ein unaufhaltsamer kontinuierlich anschwellender Konsumartikel-Tsunami ergießt sich aus Millionen Fabriken in verstopfte Verkehrsadern, lässt Kaufläden, Kaufhäuser, Kaufmeilen, Kaufparks, Kaufpaläste und Kaufparadiese überquellen von modischem Firlefanz, technischem Schnickschnack, dekadenten Lifestyle-Produkten und sonstigem überflüssigen Tinnef in tausend Variationen – mit fadenscheinigem Glücksversprechen und Verschleißgarantie – um schließlich auf Müllhalden und Schrottplätzen zu vergammeln oder als quadratkilometergroße Plastikteppiche die Weltmeere zu vermüllen. Laut einem Bericht des UN-Umweltprogrammes gelangen pro Jahr rund 6,4 Millionen Tonnen Müll ins Meer. Allein in Deutschland werden Jahr für Jahr drei Millarden Tonnen (!) Plastikartikel auf den Markt geworfen. Coca-Cola produziert pro Jahr hundertzwanzig Millarden Plastikflaschen! Aber das lässt uns kalt. The show must go on: *Wir gehen in die Vollen – der Rubel muss rollen – das Geschäft muss laufen – der Schornstein muss rauchen – und wir müssen kaufen – auch wenn wir nichts brauchen! – Wir packen es an und rackern uns ab – wir halten uns ran, sind ständig auf Trab – wir drehen am Rad und kommen ins Schwitzen – beim Sägen am Ast, auf dem wir sitzen.*

Jedes Kind weiß heute, dass Konsumbedürfnisse künstlich erzeugt werden. Der Werbeetat von Daimler beträgt 12 Milliarden Dollar. – Immer neue Möglichkeiten werden erschaffen, um User und Kunden zu noch stärkerem Konsum zu reizen. An erster Stelle der immer weiter um sich greifende Online-Handel. Ein Nachbar von mir sitzt allabendlich an seinem Laptop und fischt im Netz nach Sonderangeboten. Am nächsten Tag werden die Pakete angeliefert. (*Auf jeden Bundesbürger kommen jährlich mehr als zweihundert Kilogramm Verpackungsmüll!*) Mein übergewichtiger Nachbar weiß nicht, wohin mit all dem Zeug, hat keine Zeit, sich damit zu beschäftigen und ist obendrein hoch verschuldet. – – *Alexa! Siri! Ich muss doch bitten, wo bleibt die Drohne mit den Fritten?!*

Der monströse Überfluss an Verbrauchsgütern gilt bei uns als Wohlstand. Hinter jedem Konsumakt steht der Glaube an ein besseres Leben. Aber brauchen wir all diese angebotenen Produkte wirklich zu unserem Glück? Die meisten werden sagen, natürlich nicht! – Wieso konsumieren wir aber seit Jahrzehnten über jedes vernünftige Maß hinaus? Experten zufolge verbrauchen die Deutschen das Dreifache von dem, was ökologisch vertretbar ist. Fünfundachtzig Kilogramm Lebensmittel pro Kopf landen bei uns jährlich in den Mülltonnen, während alle fünf Sekunden in Asien oder Afrika ein Kind verhungert! Ein US-Amerikaner verbraucht im Schnitt achtzigmal (!) so viele Ressourcen wie ein Afrikaner.

Alle wissen um die negativen Auswirkungen des maßlosen Konsums auf unser persönliches Wohlergehen. Viele Gebrauchsartikel machen uns erwiesenermaßen krank oder abhängig, einige sind sogar lebensgefährlich. Unser Konsumverhalten verursacht Stress, Übergewicht, Allergien, Krebs, Depression, Suchtprobleme, Einsamkeit, geistige Abstumpfung durch Reizüberflutung, Burnout und vieles mehr. – Die Digitalisierung trägt das Ihre dazu bei und stellt unsere Lebensverhältnisse völlig auf den Kopf. Das Internet hat durchaus viele positive und emanzipatorische Effekte; es ermöglicht eine globale kommunikative Vernetzung und bietet uns wertvolle Informationen, Unterhaltung und Kulturerlebnisse. In viel höherem Maße allerdings füttert es unsere Gehirne mit *geistigem Fastfood* aus vorgefertigten Meinungen, Lügen, Irrtümern und billigem Unterhaltungsramsch und vermittelt uns ein eindimensionales, unhistorisches, systemkonformes Weltbild. Welch destruktive Folgen der exzessive Konsum dümmlicher und gewaltverherrlichender Filme, Serien und Computerspiele auf die Psyche, die Kultur und das gesellschaftliche Klima hat, wird von den meisten Usern nicht hinterfragt. Für viele ist ein Leben ohne Smartphone nicht mehr denkbar. *Ich hab für alles eine App, denn ohne App bin ich ein Depp.* Das politische Bewusstsein vieler Internetnutzer ist durch die unüberschaubare chaotische Datenflut aus ominösen Quellen längst schon so verblendet und korrumpiert, dass sie nicht wahrhaben wollen, wie sie einem inhumanen technokratischen Totalitarismus auf den Leim gegangen sind – mal ganz abgesehen von den gesundheitsschädlichen Mobilfunkstrahlungen, der Cyberkriminalität, der Preisgabe persönlicher Daten, dem immensen Energieverbrauch und der Machtkonzentration in den Händen eines halben Dutzends milliardenschwerer IT-Konzerne.

Schöne neue Welt! Ständige Innovation, Expansion und Beschleunigung. Immer schneller, größer, smarter, komplexer, aggressiver und dekadenter. Das nennen wir Fortschritt. – Ich höre Euch rufen, was will dieser linksradikale Spinner da oben am Fenster, uns gings doch noch nie so gut wie heute. – O Leute, habt Ihr komplett den Verstand verloren, könnt Ihr nicht eins und eins zusammenzählen?! Wir stehen vor einer Menschheitskrise apokalyptischen Ausmaßes! Die Zeitbombe tickt. Wir haben seit Jahrzehnten gnadenlos über unsere Verhältnisse gelebt, und die Konsequenzen bleiben nicht aus. Das Klima kippt, der Umweltkollaps ist programmiert, elementare Ressourcen gehen zur Neige, das kulturelle Erbe wird ausverkauft, gesellschaftliche Strukturen lösen sich auf, faschistoide Tendenzen machen sich breit; die ökologischen, ökonomischen, politischen und sozialen Probleme wachsen uns über den Kopf. Unter dem ideologischen Deckmantel der *freien Marktwirtschaft* haben die Industrienationen Mutter Erde jahrzehntelang vergewaltigt, ausgebeutet und besudelt und die Lebensgrundlagen nachfolgender Generationen weitgehend zerstört! Eure konsumversessene Lebensweise, Ihr willfährigen Diener des Mammons, ist nicht nur eine fundamentale Dummheit, sondern ein barbarisches Verbrechen gegen die Menschlichkeit und eine verheerende Gräueltat an der Schöpfung.

Und das alles ist kein Zufall, liebe Leidensgenossen und -genossinnen, und schon gar nicht Gottes Wille. Der ganze Wahnsinn hat System. Etwa 1500 Global Player beherrschen achtzig Prozent der Weltwirtschaft. Investmentgesellschaften, Hedgefonds, Holdings, Banken und Schattenbanken verfolgen im Interesse ihrer Anleger nur ein Ziel: ihren Anteil am Gesamtkapital kontinuierlich zu vergrößern. Wer das Geld hat, hat die Macht, wer die Macht hat, hat das Recht, wer das Recht hat, bestimmt die Spielregeln; und die sind im neoliberalen Wirtschafts- und Finanzsystem so, dass immer die Stärkeren und Rücksichtsloseren gewinnen. Von kurzfristigen Renditeerwartungen angetrieben, scheren sich die Herren der Wirtschaft wenig um die Interessen der Menschen nach Nahrung, Obdach, Selbstbestimmung, Frieden, Gesundheit, Gerechtigkeit, Nachhaltigkeit und Umweltschutz, und die Regierungen fast aller Staaten erweisen sich als Handlanger dieses Systems, in dem nicht die Wirtschaft dem Menschen, sondern der Mensch der Wirtschaft dient. *Diese Wirtschaft tötet*, sagt Papst Franziskus.

Wenn Euch Eure Enkel im Angesicht von Not und Chaos dereinst fragen, wieso habt Ihr dieses Zerstörungswerk zugelassen oder sogar freudig mitgemacht, dann werdet Ihr antworten, wir waren doch nur harmlose Mitläufer, will sagen: Mitkäufer; wir waren so in das System eingespannt, wie hätten wir etwas ändern können? – Wir können etwas tun! In den

Krisenherden, den Brennpunkten von Ausbeutung, Umweltzerstörung, Machtmissbrauch und Gewalt, regt sich Widerstand der Betroffenen; aber es bringt wenig, einzelne Symptome zu bekämpfen; das Übel muss an der Wurzel gepackt, das System als Ganzes von Grund auf verändert werden. Eine bessere Welt ist möglich! Es ist genug für alle da! Wenn der politische Wille …

Ich hatte mich so in Rage geredet, dass ich erst jetzt das sirrende Geräusch in meinem Kopf bewusst wahrnahm; Luzi Fair wollte sich anscheinend wieder mal in meine Angelegenheiten einmischen, ausgerechnet jetzt, als ich anhob, die Katze aus dem Sack zu lassen. Ich atmete einmal tief durch und drehte mich zu ihr um …

Vom Tellerwäscher zum Milliardär

Was ich zu sehen bekomme, spottet jeder Beschreibung. Die Person, besser gesagt das Wildschwein, das sich selbstherrlich in meinem Lesesessel räkelt, ist ein stattlicher Keiler mit zwei gewaltigen gelben Hauern und einer qualmenden Zigarre im Maul. Die grauschwarzen Borsten seiner Schwarte sind teilweise verhüllt von so etwas wie einer Volkstracht: kariertes Hemd, braune Weste, knielange Lederhose, Hut mit Hahnenfeder. In dieser Karikatur eines bajuwarischen Kleinkapitalisten aus dem 19. Jahrhundert erkenne ich unschwer Luzi Fair, denn das linke Schweinsäuglein ist grün und das rechte braun. Sie grinst mich herausfordernd an und grunzt mit dröhnender Bassstimme:

Ha, ha, ha! Hilarion Helmut Hartmann will die Menschheit von der Geißel des Kapitalismus befreien.

Nun ja, *die Lust ist groß, allein die Kraft ist schwach.*

Spar dir deinen Goethe! Hättest du Marx besser studiert, wüsstest du, dass sich der Kapitalismus selbst abschafft.

Ich weiß sehr wohl, dass er an seinen eigenen Widersprüchen scheitern wird, aber sein endgültiger Zusammenbruch verzögert sich, Globalisierung und Digitalisierung haben dem kapitalistischen Wirtschafts- und Finanzsystem noch einmal neue Handlungsspielräume eröffnet.

Du möchtest also seinen Niedergang beschleunigen – ein schöner Traum! Ha, ha, ha! Es sieht aber nicht danach aus, dass die Mehrheit der Menschen bereit ist, eine klassische Revolution in Gang zu setzen oder den Turbokapitalismus auf demokratischem Wege abzuwählen. Daran ändert auch deine zum Fenster hinaus geschriene Systemschelte nichts. Ich sage dir, man muss den kapitalistischen Machtapparat mit seinen ureigensten Waffen bekämpfen.

Du meinst mit Geld, so viel Geld, dass man die Finanzaristokratie damit vom Thron stürzen kann?

Erraten! Das herrschende Wirtschafts- und Finanzsystem verfügt über eine unermessliche Machtfülle nach außen, hat aber ein äußerst störanfälliges Innenleben. Glaube mir, ich bin damit bestens vertraut und kenne seine Schwachpunkte. Bin lange genug in der Wallstreet ein- und ausgegangen, habe sie alle gecoacht, die Rothschilds und die Rockefellers, die Finks und die Trumps, die Lehman Brothers und die Goldman Saxes. Aber mit dir habe ich Größeres vor! Wenn du willst, mache ich dich in einem Crashkurs zum Milliardär und Multimilliardär. Wir brauchen nur ein kleines Startkapital – von, sagen wir, einer Million.

O Schreck! Ich glaube, dazu bin ich völlig ungeeignet. Ich habe schon alles Mögliche ausprobiert, um in kurzer Zeit zu viel Geld zu kommen. Vom Tellerwäscher zum Millionär, das funktioniert heute nicht mehr, es gibt Spülmaschinen. Schon vor Jahren habe ich eine Briefkastenfirma gegründet, aber durch das Internet ist die Nachfrage nach Briefkästen gleich Null. Dann habe ich es mit einer Geldwäscherei versucht, aber schon beim ersten Waschgang haben sich die Geldscheine in Wohlgefallen aufgelöst. Als nächstes bin ich mit einem vielversprechenden Forschungsprojekt über die Verschmelzung von Eizelle und Solarzelle kläglich gescheitert. Ich habe viele Millionen auf der Samenbank angelegt, aber …

Wahrscheinlich hast du auch noch Purzelbäume angepflanzt!? So kommen wir nicht weiter. Ist dir nichts wirklich Originelles eingefallen, du hast doch sonst immer so eine blühende Fantasie?

Ich habe es im Rahmen von sharing economy auch noch mit einem Brennholzverleih versucht, alles ohne Erfolg. Es gibt Leute, die bohren in der Nase und stoßen dabei auf eine Ölquelle. Aber ich stehe nach alledem mit einem riesigen Schuldenberg da.

Ein Schuldenberg, warum sagst du das nicht gleich? Darauf lässt sich aufbauen. Ich werde dir jetzt in groben Zügen die strategische Vorgehensweise unterbreiten, mit der wir uns an die Spitze der Finanzelite emporarbeiten; am besten, du machst dir Notizen. Als Erstes platzierst du deinen Schuldenberg in lukrativer Lage und lässt ihn als Bauland ausweisen, und dann verscherbelst du die Grundstücke an solvente Investoren. Ich werde dir dabei helfen, dass eine satte Million dabei herausspringt.

Eine Million reicht ja noch nicht mal für eine bescheidene Eigentumswohnung in Hamburg oder München.

Ein wenig Geduld musst du schon haben. Die erste Million verschafft dir Zugang zum Club der Millionäre in Düsseldorf; dort wirst du mit deinem Aussehen und Talent eine reiche Witwe kennenlernen, die einen Mann sucht, der ihr hilft, ihr geerbtes Vermögen von vierzig Millionen zu verwalten und zu vergrößern. Fast alle Superreichen haben ihre Karriere mit einem üppigen Erbe begonnen.

Vierzig Millionen?! Ich brauche mindestens vierzig Milliarden, wenn ich einen tödlichen Schlag gegen das globale Finanzwesen führen soll.

Wir schaffen das! Nach der Gründung eines Unternehmens – nennen wir es in Anspielung auf BlackRock GreenRock – gilt es, staatliche Fördermittel an Land zu ziehen, Briefkastenfirmen in Liechtenstein, Vaduz, Malta und auf Guernsey aus der Taufe zu heben und danach eine kleine, aber schlagkräftige Truppe von BWLern, Juristen, Steuerberatern, Finanzexperten, Werbefachleuten, IT-Spezialisten, MINT-Absolventen, Bodyguards und so weiter anzuheuern.

Am besten hochmotivierte, durchtrainierte, lässig gestylte HochschulabsolventInnen, die für ein lächerliches Honorar die kühnen Ideen ihrer unverbrauchten Gehirne und ihr Know-how in den Dienst des Unternehmens stellen, sich in gegenseitiger Konkurrenz zu Spitzenleistungen aufstacheln, erfolgversprechende Start-ups auf den Weg bringen, in unentdeckte Marktlücken vorstoßen, das Blaue vom Himmel verkaufen und das Fell des Bären fünfmal verhökern, ehe der Bär erlegt ist.

Gut gebrüllt, Löwe, das habe ich mir von dir versprochen. Doch bevor ich das Startsignal gebe, werde ich deine Finanzberater mit den durchschlagendsten Kniffen der Steuervermeidung, der Steuerhinterziehung und des Steuerbetrugs vertraut machen. Dabei geht es nicht nur um schwarze Kassen, Geldwäsche, Abschreibungen, Bilanzfälschung und fingierte Verluste …

Ich weiß, ich weiß, international agierende Konzerne bezahlen kaum Steuern, weil sie ihre Gewinne in Länder transferieren, wo die niedrigsten Steuersätze gelten. Du kennst bestimmt auch einen Trick, wie man Steuern in Milliardenhöhe, die man gar nicht gezahlt hat, vom Fiskus zurückerstattet bekommt.

Ich werde darüber nachdenken. Zunächst heißt es, in die Offensive gehen, alle Register ziehen, investieren und diversifizieren, dich in gewinnträchtigen Geschäftsfeldern optimal positionieren. Um konkurrenzfähig zu sein, musst du …

… die Qualitätsstandards absenken, Umweltauflagen umgehen, Personalkosten reduzieren, Lohnabhängige in den Niedriglohnsektor abschieben, die Ärmsten der Armen unter übelsten Bedingungen zu Hungerlöhnen schuften lassen – und so weiter.

Die Gesetze der liberalen Wirtschaft sind gnadenlos. Wenn du im Verdrängungswettbewerb eine marktbeherrschende Stellung erringen willst, musst du kaltblütig Konkurrenten ausschalten, aufkaufen oder in den Suizid treiben. Feinliche Übernahmen …

Das klingt ja wie Krieg.

Es ist Krieg! Und wenn du erst einmal als Global Player einige Milliarden erkämpft, die wichtigsten Aufsichtsratsposten besetzt und dein Imperium weit genug ausgedehnt hast, stehen dir alle Steueroasen offen, werden dir Ölteppiche ausgerollt und auf Wunsch Blutbäder angerichtet.

Diffamieren, korrumpieren, ruinieren, abkassieren. Dividende ohne Ende! Wo schon viel ist, kommt stets noch mehr dazu. Der Teufel scheißt immer auf den größten Haufen.

Ich rate dir, ins globale Wassergeschäft einzusteigen. Trinkwasser ist eine weltweit schrumpfende Ressource.

Das heißt die Wasserversorgung einer Millionenstadt wie London übernehmen und nach ein paar Jahren mit exorbitantem Gewinn wieder aussteigen, nachdem nichts mehr läuft, beziehungsweise nur noch eine braune Brühe aus der Wasserleitung tropft?

Du musst größer denken, mein Freund. Wenn du das Süßwasser der abschmelzenden Polkappen und Eisberge der Arktis über ausgediente Ölpipelines an den Persischen Golf pumpst ...

... und parallel dazu frische Luft aus den Polarregionen nach Peking oder Mexico City!? – Technologische Innovation ist das A und O: Smarte selbstfahrende Kinderwagen mit Klimaanlage, Killerroboter aus dem 3-D-Drucker, Pauschalreisen zum Mond, barrierefreier Zugang auf den Mount Everest ...

Vergiss die Peanuts! Um das wirklich große Geld zu machen musst du vom Monopoly zum Roulette übergehen. In der Realwirtschaft liegen die Gewinnmargen in guten Zeiten durchschnittlich bei zwei oder drei Prozent. Heute werden rund 85 Prozent des Geldumlaufs in Form abstrakter Kapitaltransaktionen an den Aktienbörsen und Finanzmärkten getätigt, mit einer ungleich höheren Wertschöpfung.

Da wird Geld mit Geld gemacht. Broker, Shareholder, Aktionäre, Großinvestoren, Vermögensverwalter, Spekulanten und andere Finanzakrobaten zocken mit Other Peoples Money im Billionenbereich in den Spielcasinos der Finanzzentren, computergestützt versteht sich.

Die hohe Kunst, erfolgreich auf den Wellenkämmen der Aktienkurse zu surfen wird heutzutage den Computern überlassen. Doch es bedarf immer noch des kriminellen Elans der Anlageverwalter, Daten zu manipulieren, mit Schrottanleihen zu jonglieren, Geierfonds zu installieren, undurchsichtige Derivate zu kreieren, zweifelhafte Finanzprodukte zu generieren, ungedeckte Schuldscheine als Wertpapiere zu deklarieren, mit Staatsanleihen Notenbanken zu strangulieren, Volkswirtschaften zu destablisieren, auf Staatsbankrotte zu spekulieren …

Faule Kredite steigern die Umlaufrendite! Gefälschte Dokumente, Luftbuchungen, Leerverkäufe, Giralgeld, Optionsscheine, Phantomaktien und andere Raffinessen der Geldschöpfung aus dem Nichts. All diese obskuren Mitnahmeeffekte lassen die Finanzblasen aufgehen wie Hefeteig, bis irgendwann die Blase platzt und uns die Dreckpapiere um die Ohren fliegen.

Genau das ist das unser strategisches Ziel. Zum richtigen Zeitpunkt mit einem schlagartigen Kapitalentzug die Kurse zum Purzeln bringen, einen Crash herbeiführen, der alles mit in den Strudel reißt und das gesamte Wirtschafts- und Finanzsystem kollabieren lässt.

Das hatten wir doch alles schon einmal, aber der Kapitalismus ist gestärkt daraus hervorgegangen. Ich sage dir, ehe die Superreichen zur Hölle fahren, ist der Rest der Menschheit längst dort gestrandet. Das ist nicht das Ergebnis, das ich anstrebe! – Vielleicht lässt sich der Raubtierkapitalismus mit politischen Mitteln doch noch zähmen, regulieren, reformieren und in vernünftige Bahnen lenken. Ich versuche es doch lieber mit Aufklärung.

Pah, Aufklärung! Das Meinungsmonopol liegt nach wie vor in den Händen der Herrschenden. Wenn du anderer Meinung bist, wird man dich als Extremist oder Verschwörungstheoretiker ausgrenzen. Selbst ich habe nicht die Macht, die breite Masse in eine kritische Masse zu verwandeln.

Dann bleibe ich eben, was ich bin: ein einsamer Rufer in der Wüste.

Die zweite und die dritte Trennung

In diesem Kapitel, liebe Mitreisende, beschreibe ich in groben Zügen die wichtigsten Ereignisse in meinem Leben zwischen dem Beginn des dritten Jahrtausends und meinem Wegzug aus Wuppertal 2013. – Bereits 1998 hatte ich mich nach 20 Jahren Zugehörigkeit vom Sufi-Orden abgewendet, weil die in diesem institutionellen Rahmen ausgeübte spirituelle Praxis aus meiner Sicht zu sehr *religiöse* Züge angenommen hatte. Nichtsdestotrotz erlebten Elke und ich die Jahrtausendwende auf einer großen Silvesterfeier des Internationalen Sufi-Ordens in der Benediktinerabtei Ottobeuren. Die gewaltige Barockbasilika war bis auf den letzten Platz besetzt, als Pir Vilayat sich den lang gehegten Wunsch erfüllte, zum Milleniumswechsel Johann Sebastian Bachs H-Moll-Messe zu dirigieren. Der von seinem Schüler Ophiel van Leer geleitete hundertköpfige Chor blickte allerdings auf dessen Dirigat und nur pro forma hin und wieder auf die leidenschaftlichen Verrenkungen des vierundachtzigjährigen Ordensoberhauptes. – So sehr auch die Musik die Herzen erwärmte, gegen die frostige Kälte in der Kirche war sie machtlos, und das anschließende Milleniumsbuffet, draußen vor der Kirche im Schneegestöber, war eine herbe Enttäuschung.

Am Beginn des neuen Jahrtausends hatte die Esoterikbranche mit ihrem vielfältigen Angebot an Veranstaltungen, Büchern und Hilfsmitteln für mich ein zwielichtiges Antlitz bekommen. Einerseits barg die immer mehr ausufernde Produktpalette unvergängliche geistige Schätze, andererseits waren die Themen *abgegrast*, und das meiste wurde von Kommerzialisierung, inhaltlicher Verflachung und beliebiger Verfügbarkeit weitgehend entwertet. Aber dennoch bildete die Atlantis-Buchhandlung, wenn auch bei stetig sinkenden Umsätzen, für weitere zehn Jahre meine materielle Lebensgrundlage. Von dem in den Neunzigern angesparten Geld kaufte ich im Jahr 2000 eine Eigentumswohnung. Ich richtete die zweieinhalb Zimmer nebst Küche, Bad und Balkon unkonventionell und phantasievoll ein und wohnte darin mehr als zwölf Jahre. Mein neues Zuhause lag in Elberfeld am Fuße der Hardt mit Blick auf Wupper, Schwebebahn, Landgericht und Schauspielhaus. Bis zu meinem Laden brauchte ich mit dem Fahrrad sieben Minuten.

Ungefähr zur selben Zeit begann ich mit einem anderen Projekt. Ich hatte schon lange den Wunsch gehegt, selbst ein Buch zu schreiben, und jetzt kam mir die passende Idee dazu. Mein Vater erzählte bei familiären Zusammenkünften gerne aus seinem Leben, am liebsten von der Nachkriegszeit in der Sowjetischen Besatzungszone (später DDR), als er unter schwierigen Bedingungen seine Familie mit dem Allernötigsten zu versorgen hatte. Dafür vollbrachte er allerlei logistische Heldentaten, wie etwa nächtliche Beutezüge in die Scheunen, Ställe, Gärten und Felder der Bauern oder wagemutige Stibitzereien bei der Demontage der Leuna-Werke. Ich begann, seine Geschichten mit einem Kassetten-Recorder aufzunehmen und zu Papier zu bringen. Mit der Zeit kam eine große Anzahl mehr oder weniger lustiger Anekdoten in deftiger Sprache zusammen, die, mit meinen eigenen Kindheitserinnerungen und historischem Zeitkolorit angereichert, ein ansprechendes Manuskript ergaben, das 2002 unter dem Titel *Kurts Geschichten* bei *Sachsenbuch* in Leipzig im Druck erschien. – Wie stolz und aufgeregt war ich, als ich auf der Frankfurter Buchmesse mitten im Gedränge für das Bergische Lokalfernsehen ein zweiminütiges Interview gab! Auf große Resonanz traf mein Buch, von dem im Lauf einiger Jahre ungefähr 1000 Exemplare verkauft wurden, am Ort des Geschehens, in meinem Heimatdorf *Kötzschen* bei Merseburg, wo es von vielen Lesern als eine Art Dorfchronik geschätzt wird. In der barocken Dorfkirche von Kötzschen, in der ich als Säugling getauft worden war, hielt ich am 5. Juli 2007 (meinem 61. Geburtstag!) vor 45 Zuhörern meine schönste Lesung. Die Restauflage von *Kurts Geschichten* ist leider einem Großbrand in der LKG (Leipziger Kommandit Gesellschaft) zum Opfer gefallen.

Am 5. November 2002 feierte ich das zwanzigjährige Bestehen der Atlantis-Buchhandlung mit über 80 Gästen in der Elberfelder Thomaskirche. Das Festprogramm umfasste neben musikalischen Darbietungen, meditativen Kreistänzen, einer Edelsteinausstellung und einem vegetarischen Buffet auch meinen Vortrag eines siebenseitigen satirischen Gedichtes über Sinn und Unsinn der Esoterik.

Bei einem meiner Dia-Vorträge im *Internationalen Begegnungszentrum* der Caritas in Unterbarmen lernte ich Tziana Kuschnir kennen, eine Ukrainerin, die mit Mann, Sohn, Schwiegertochter und Enkelkind 1999 nach Deutschland umgesiedelt war und den deutsch-russisch-ukrainischen Kulturverein *Lerche* leitete. Elke und ich wurden Mitglieder des Vereins und nahmen an vielen Kulturveranstaltungen und Festivitäten teil. Da wurden von Kindern Theaterstücke aufgeführt, von älteren Damen in Volkstrachten folkloristische Lieder geschmettert und von grauhaarigen Männern zu Brot, Zwiebeln und Speck Wodkaflaschen geleert. Elke und ich trugen mit unserem Gesang des Öfteren zum Programm bei; sie gab außerdem für eine kleine Gruppe von Migranten ehrenamtlich Deutschunterricht. Mit der Chorleiterin Galina Flinta, Tzianas Schwiegertochter, gründeten wir das Ensemble *Raduissja* (Freut euch!), in dem deutsche, ukrainische und russische Sänger und Sängerinnen mitwirkten. Bei diversen Auftritten kam unsere kraftvolle Interpretation dreistimmiger Volkslieder aus Russland, Georgien, Bulgarien und der Ukraine beim Publikum gut an.

Mit Tziana Kuschnirs Hilfe konnte ich im Sommer 2005 meinen Traum verwirklichen, zwei Wochen im Herzen Russlands zu verbringen. Ich wohnte für eine Woche bei ihrer Cousine Alissia in *Puschkinow*, 20 Kilometer östlich von Moskau, und fuhr von dort aus per Vorortzug in die russische Metropole, die mir schon von früheren Kurzaufenthalten ein wenig vertraut war. Zwei Nächte schlief ich im Zentrum von Moskau bei einer alten Freundin von Marina aus Petersburg, Ludmilla, die mir einige bei Touristen weniger bekannte Sehenswürdigkeiten der Zehnmillionen-Stadt an der Moskwa zeigte. Wie etwa den gigantischen Kultur- und Freizeitpark im Norden der Stadt mit propagandistischen Protzbauten der Stalinära, die jeweils eine der fünfzehn Sowjetrepubliken repräsentieren. Als begeisterte Fans von Michail Bulgakows *Der Meister und Margarita* besuchten Ludmilla und ich auf dem *Sadowaja-Ring* und an den *Patriarchenteichen* Schauplätze des satirischen Romans. In der bizarren Handlung versetzt der Teufel in Gestalt des Magiers Voland, assistiert von drei ebenfalls über paranormale Kräfte verfügenden schrägen Figuren, die Moskauer Künstlerszene der Dreißiger Jahre mitsamt der korrupten Kulturbürokratie in Angst und Schrecken. – In der zweiten Reisewoche lernte ich während einer sowjetnostalgischen Wolga-Kreuzfahrt (als einziger Nichtrusse unter den sechzig Passagieren) eindrucksvolle alte Städte wie Jaroslawl, Kostroma und Nischni-Nowgorod kennen und erfreute mich mit der Kamera im Anschlag am Anblick reich verzierter, aber halb verfallener Holzhäuser und ehrfurchtgebietender Kirchen und Klöster. Einen der stärksten Momente in der Begegnung mit Mütterchen Russland, ein geradezu mystisches Erlebnis, bescherte mir eine feierliche Prozession orthodoxer Christen in Jaroslawl, die ich aus nächster Nähe beobachten konnte. War es der dröhnende Gesang der Geistlichen, die in prächtigen Gewändern einherschritten? War es der betörende Duft des Weihrauches oder die magische Kraft der mitgeführten Ikone? War es die spirituelle Ausstrahlung der Kirchenmänner, die tief verwurzelte Frömmigkeit der Gläubigen oder die Präsenz einer höheren geistigen Macht?! Ich wurde so stark wie nie zuvor von einem minutenlangen *heiligen Schauer* ergriffen und fühlte mich danach noch lange benommen und zugleich beseelt.

Im Mai 2005 wurde meine Tochter zum ersten Mal Mutter. Das war der Anlass für sie, mit mir wieder in Kontakt zu treten, nachdem sie in den Jahren davor auf Distanz gegangen war. Erst jetzt öffnete sie mir die Augen dafür, wie sehr sie als Kind und Jugendliche darunter gelitten hat, ohne ihren leiblichen Vater aufgewachsen zu sein. Auch sie selber stand nun mit ihrem ersten Kind alleine da, bis sie sich in einen Mann verliebte, mit dem sie drei weitere Kinder bekam. Leider sehe ich meine Enkelkinder nur ein bis zweimal im Jahr und erfülle meine Oparolle nicht besser als meine Vaterrolle.

Wenige Tage vor Elkes 58. Geburtstag am 17. Mai 2006 ereignete sich etwas, das unser Leben dramatisch veränderte. Elke hatte schon seit Monaten über diffuse körperliche Beschwerden geklagt. Bei einem Konzert des Oberton-Chores in Leipzig erlitt sie einen Schwächeanfall. Man benachrichtigte mich, und ich holte sie unverzüglich mit meinem PKW ab. Am nächsten Morgen rief ich den Notarztwagen, der sie in ein Wuppertaler Krankenhaus brachte. Darmkrebs im fortgeschrittenen Stadium wurde diagnostiziert und sofort operiert. Aus dem Krankenhaus entlassen vertraute Elke ihre weitere Behandlung einem Krebsspezialisten an, der mit alternativen Heilmethoden arbeitete. Aber da sich auch schon Metastasen in der Leber gebildet hatten, waren ihre Aussichten auf dauerhafte Genesung sehr gering.

Nach der Operation wollte Elke *ein neues Leben anfangen* – von der Arbeit in der Schule war sie bis auf Weiteres freigestellt – und sie verliebte sich in den Arzt, zu dem sie fast jeden Tag zur Behandlung fuhr. Sie begann ein Verhältnis mit ihm, von dem sie aber nicht viel hatte, weil er mit einer anderen Frau liiert war. Dennoch hat diese Liebschaft Elke dazu bewogen, sich im Spätsommer 2006 von mir zu trennen. Ich stimmte der Trennung mit einem lachenden und einem weinenden Auge zu. Im Großen und Ganzen ging unsere Beziehung aber genau so weiter wie vorher, außer dass wir keinen Sex mehr miteinander hatten und keine gemeinsame Zukunftsperspektive. Genau betrachtet verbesserte sich unser Verhältnis sogar erheblich. Ohne die mit einer festen Partnerschaft verbundenen Erwartungen konnten wir viel entspannter miteinander umgehen. Ich war frei, mir eine neue Partnerin zu suchen und ohne Versteckspiel mit anderen Frauen zu schlafen. Aber ein knappes Jahr lang hatte ich keine Sexkontakte – bis auf eine Ausnahme.

Um von dieser kuriosen Affäre zu berichten, muss ich ein wenig ausholen. Meine alte Freundin Linde hatte mit ihrem peruanischen Lebenspartner Mitte der achtziger Jahre in einem alten Fabrikgebäude in Elberfeld ein Studio für Tanz und Theater, das *Movimiento,* eröffnet. Ich nahm hin und wieder an einem ihrer Kurse teil, weil ich den *freien Ausdruckstanz* liebte. Auf einem Wochenendseminar *Kontaktimprovisation* im April 2007 lernte ich Marita kennen. Sie war irgendwie *anders,* eine Außenseiterin, eine *Kriegerin* mit strähnigem dunkelblondem Haar und grünbraunen Augen. Ihre schlichte Aufmachung und ihre geheimnisvolle Ausstrahlung gefielen mir auf den ersten Blick. Bei einer Rauchpause kamen wir ins Gespräch. Was sie mit rauer Stimme von sich kundtat, klang rätselhaft, romantisch und radikal und verursachte eine angenehme Verwirrung in meinem Kopf; zudem fühlte ich mich von ihr erotisch angezogen. Als sie mich am Ende unserer ersten Begegnung einlud, sie mal zu besuchen, war ich von Kopf bis Fuß für sie entflammt.

Meine Angebetete wohnte in einer Siedlung spießiger Mehrfamilienhäuser. Ihre Wohnung war eng und ärmlich und roch muffig. Marita hantierte in der Küche, während ihre sechs- und siebenjährigen Söhne stumm am Tisch saßen und Suppe löffelten. Sie sagte, sie liebe ihre Kinder über alles, und gab mir indirekt zu verstehen, dass sie sich durch sie eingesperrt fühlte wie ein Tiger im Käfig. Darüber hinaus ließ sie mich wissen, dass der Vater der Kinder der einzige Mann gewesen sei, den sie jemals wirklich geliebt habe, und dass er ein Jahr zuvor auf Nimmerwiedersehen verschwunden sei. Warum wohl, fragte ich mich, aber sie wechselte abrupt das Thema. Im Laufe des folgenden Smalltalks über Belanglosigkeiten verblühte meine Hoffnung auf ein knackiges Liebesabenteuer. Ich überlegte, wie ich aus dieser Nummer am besten wieder herauskäme, und schützte einen Termin vor. Beim Abschied jedoch zog mich Marita energisch an ihre Brust und presste mir einen allesversprechenden Kuss auf die Lippen. Als ich verwirrt die Treppe hinunter taumelte, rief sie mir nach, am Freitag nimmt meine Mutter die Kinder, dann komm ich zu dir! – Wow, also doch noch die Aussicht auf eine heiße Liebesnacht – oder mehr? Aber die verstörten Blicke ihrer Kinder gingen mir nicht aus dem Sinn.

Drei Tage später saßen wir in meiner schmalen Küche am Tisch vor dem Fenster, hatten ein schmackhaftes Abendessen intus, plauderten über dies und das, tranken Rotwein und rauchten. Meine Vorfreude auf eine leidenschaftliche Umarmung wurde von subtilen Signalen genährt, mit denen Marita ihr sexuelles Interesse durchblicken ließ. Aber wie es meistens bei Frauen der Fall ist, wünschte sie sich zuerst den verbalen Austausch. Sie stellte mir Fragen über Fragen, ermittelte meine persönliche Einstellung zu diesem und jenem und wollte alles ganz genau wissen. Selbstverständlich kannte sie die Atlantis-Buchhandlung, und über esoterische Themen lässt sich trefflich schwadronieren. Und natürlich kam die Sprache auch auf die Astrologie. Sie bat mich, ihr mein Geburtshoroskop zu zeigen und fing an, es ausführlich zu analysieren und zu interpretieren, mit ihrem eigenen zu vergleichen und so weiter und so fort. Die Zeit verging zäh, aber stetig, und ich wurde allmählich ungeduldig. Es war bereits halb elf, aber Marita kam erst richtig in Fahrt, als sie zu einem feministischen Rundumschlag ausholte, in dem sie die Sexbesessenheit der Männer aufs Korn nahm. Wie oft habe sie erlebt, dass die Typen vor Begehren winselnd zu ihren Füßen gelegen hätten und dass sie manchmal aus Mitleid mit ihnen schlafen würde. Allerdings immer seltener, weil sie ihre sexuellen Bedürfnisse besser mit Frauen ausleben könne. – Jetzt outet sie sich auch noch als Lesbe, dachte ich und sah meine Felle endgültig davonschwimmen. Als sie meine Gesichtszüge von Überdruss in Verzweiflung umschlagen sah, tröstete sie mich: Du brauchst keine Angst zu haben, dass ich nicht mit dir schlafe, deshalb bin ich ja hier. – Und wie lange muss ich noch darauf warten?! – Ich sprach es nicht aus, sondern ärgerte mich weiter darüber, dass mich ihr nicht enden wollender Redeschwall und der Alkohol müde machten und mein Energielevel immer tiefer sank. Außerdem fühlte ich mich von dem stundenlangen Katz- und Mausspiel zutiefst gedemütigt. Sie hatte mich an der Angel und ließ mich zappeln. – Kurz vor Mitternacht lenkte sie ein und verkündete, dass sie bereit sei, mit mir ins Bett zu gehn. Da war die Glut meiner Leidenschaft fast schon erloschen.

Als wir nackt beieinander lagen, erwartete Marita, dass ich sie *anmache*, aber Küssen käme für sie nicht in Frage, sie sei ja schließlich nicht in mich verliebt. Na geil! Nachdem ich sie eine Weile lang halbherzig an den einschlägigen Stellen befummelt und beleckt hatte, wurde ihre Scheide feucht, und ich durfte in sie eindringen. Endlich hatte ich das Ziel meiner Wünsche erreicht! Doch vom zermürbenden Ablauf des Abends und der verächtlichen Art und Weise, mit der sie mir ihren Körper *zur Verfügung stellte*, war ich so abgetörnt, dass sich meine innere Anspannung nach kurzem zweifelhaftem Vergnügen entlud. Danach war ich physisch und psychisch am Boden zerstört. Marita, die mit Sicherheit wusste, dass ein Übersechzigjähriger nicht auf Anhieb wieder zu einer Erektion fähig ist, stachelte sogleich – so als wäre sie jetzt wirklich scharf darauf, *genommen* zu werden – wieder meine Begierde an, indem sie mir ihre Vulva entgegenstreckte, so verführerisch, wie ein Mann es sich nur erträumen kann. Aber da war nichts zu machen; ich hätte schreien können vor Frust, dass mich meine Manneskraft so gnadenlos im Stich ließ.

Auf meinen Vorschlag, es am nächsten Morgen noch einmal anzugehen, sagte sie, dass sie nicht die Absicht habe, bei mir zu übernachten. Und dann zog sie sich an und verschwand. – Später dachte ich, diese überkanditelte Emanze hat nicht nur ihren Männerhass, sondern auch eine gute Portion Sadismus an mir ausgelebt. Vielleicht täusche ich mich auch. Auf jeden Fall hat sie mir eine schmerzhafte Lektion erteilt. Im Nachhinein betrachte ich das Ganze als beschämende Niederlage, weil ich mich im Bann meiner sexuellen Obsession dermaßen an der Nase habe herumführen lassen.

Am 26. Juli 2007 betrat eine etwa fünfundvierzigjährige Frau in Begleitung ihrer halbwüchsigen Tochter meinen Buchladen. Sie trug ein wallendes farbenfrohes Kleid und mittellanges gewelltes Haar. Ihre Erscheinung ließ mein Herz höher schlagen: Es war Ulrike, mit der ich vor vielen Jahren eine kurze Liebschaft gehabt hatte! Sie lebte seit einigen Jahren mit ihren zwei Kindern im Hunsrück. In ihren großen blauen Augen leuchtete Wiedersehensfreude. – In der Hoffnung, an die alte Verbindung anknüpfen zu können, besuchte ich sie ein paar Wochen später, und der Funke sprang über. In der folgenden Zeit sahen wir uns ein- bis zweimal im Monat an den Wochenenden abwechselnd bei ihr oder bei mir und empfanden zunehmend, dass wir gut zueinander passten. Auch wenn ich mir in der Anfangszeit unserer Beziehung noch nicht vorstellen konnte, dass ich eines Tages zu ihr in den Hunsrück ziehen würde (bis

341

dahin sollten noch sechs Jahre vergehen), entwickelten sich die Angelegenheiten meines Lebens im Nachhinein betrachtet doch zielstrebig in diese Richtung.

Vorläufig war ich in erster Linie damit beschäftigt, Elke zu unterstützen; auch dabei, den noch relativ kleinen Tumor in der Leber mit allen verfügbaren medizinischen Mitteln verschwinden zu lassen. Aber selbst eine Laser-Operation in der Frankfurter Universitätsklinik konnte das nicht bewirken. Im Sommer 2008 machten wir unsere letzte gemeinsame Reise, die uns über Mecklenburg-Vorpommern bis Stettin führte. In den folgenden Monaten ging es mit Elkes Gesundheit kontinuierlich bergab, auch wenn sie immer noch Hoffnung hatte, dass ein Wunder geschieht. Erst im Frühsommer 2009 war auch ihr klar, dass es keine Rettung mehr für sie gab. Nachdem Elke sich dafür entschieden hatte, mir die organisatorische Verantwortung für den anstehenden unvermeidlichen Ablauf zu übertragen, gab sie mir alle Vollmachten und bestimmte mich zu ihrem alleinigen Erben. Die letzten Wochen vor ihrem Tod waren für uns beide eine riesige Herausforderung. Ich kümmerte mich um alles: die alltägliche Versorgung, Arztbesuche, ambulante Krankenpflege, seelische Betreuung, Hospizplatz, Bestattungsunternehmen, Friedhofsverwaltung. Elkes körperlichen Verfall hautnah mitzuerleben, war für mich schwer zu ertragen. In meinem Tagebuch notierte ich: *Elkes Anblick ist erschreckend, nur noch Haut und Knochen, aufgeblähter Bauch, die Haut am Oberkörper graubraun, das Gesicht: Augen und Zähne.* Trotz alledem zeigte Elke in den Wochen vor ihrem Ende erstaunlich viel innere Stärke. Sie hat von allen ihren FreundInnen, die sie besuchen kamen, mit einem beinahe überirdisch strahlenden Lächeln Abschied genommen. Mir hat sie präzise Anweisungen gegeben, wie ihre Beerdigung ablaufen und wie ich mit all ihren persönlichen Unterlagen, Verträgen, Abonnements, Tagebüchern und so weiter umgehen sollte. Als endlich ein Platz im Hospiz für sie frei wurde, hatte sie nur noch acht Tage zu überstehen. Sie wünschte sich, in dieser Situation nicht alleine zu sein, und ich sorgte mit letzter Kraft dafür, dass rund um die Uhr jemand an ihrem Sterbebett zugegen war. Im Augenblick ihres letzten Atemzuges waren ihre Mutter, ihre Schwester und ich bei ihr. – Die Abschiedsfeier zwei Wochen später auf dem Waldfriedhof *Lauheide* bei Münster verlief so, wie Elke es sich gewünscht hatte. Ich hielt eine heitere Trauerrede, der Obertonchor intonierte den Andachtsjodler, und am Ende bildeten rund siebzig Menschen einen singenden Kreis um eine stattliche Kiefer, an deren Stamm Elkes Asche verstreut wurde.

Danach fiel ich in ein tiefes Loch von Trauer und Einsamkeit. Jetzt erst wurde mir voll bewusst, wie stark ich noch mit Elke verbunden war, welch schmerzhafte Lücke ihr Weggang in meinem Inneren hinterließ. Gottseidank hat mir Ulrike telefonisch viel seelische Unterstützung gegeben. Doch die nächste Herkulesaufgabe wartete bereits auf mich: Volle drei Monate waren ich und ein paar Helfer damit beschäftigt, Elkes vollgestopftes Einfamilienhaus in einen vermietungsfähigen Zustand zu versetzen, das hieß, ihre gesamte materielle Hinterlassenschaft zu sichten, zu ordnen, zu verteilen und letztendlich aufzulösen. Dabei traten einige Aspekte von Elkes Leben zutage, die mir bis dahin verborgen geblieben waren. So etwa die Tatsache, dass sie mindestens fünf Hilfsorganisationen wie *Terre des Hommes* und *Greenpeace* regelmäßig Geld gespendet hat. Zu der Liebe und der Dankbarkeit, die ich Elke gegenüber stärker als je zuvor empfand, trat die wachsende Bewunderung für ihre Lebensleistung.

Nachdem das Haus geräumt war, fand ich glücklicherweise sofort ein freundliches Ehepaar als Mieter. Die Mieteinnahmen wurden zu meinem Haupteinkommen, denn mein Buchladen brachte schon lange nicht mehr genügend ein. Die potentiellen Kunden waren entweder gesättigt oder hatten kein Geld oder informierten sich über das Internet oder kauften bei Amazon – oder glaubten, mit dem Kauf eines einzigen Taschenbüchleins alles dafür getan zu haben, gesund, glücklich, erfolgreich und *erleuchtet* zu sein. Anfang 2011 begann ich mit dem Ausverkauf. Das Ende des Ladens nach über 28 Jahren fiel mit dem Beginn meines Rentenalters zusammen. Die wiedergewonnene äußere Freiheit nutzte ich im April 2011 für eine Tunesienreise, während der ich an einem zweiwöchigen Wüsten-Retreat unter der Leitung einer erfahrenen Meditationslehrerin teilnahm. In der Abgeschiedenheit unendlicher Sanddünen versuchte ich, zeitweise von Sandsturm und Sonnenglut gepeinigt, etwas für meine psychische Stabilität und meine innere Freiheit zu tun.

Im Februar 2012 starb meine Mutter im Alter von fast 90 Jahren und ein Jahr später mein Vater kurz vor der Vollendung seines 98sten Lebensjahres. Ich hatte zu beiden in ihrem letzten Lebensjahrzehnt eine innige Verbindung, und sie ebenfalls zu mir, nicht zuletzt durch meine wöchentlichen Besuche in dem Pflegeheim in Hilden, wo sie bis zu ihrem Ende lebten.

Nun hielt mich nicht mehr viel in Wuppertal. Eine Handvoll Freunde konnte meine Sehnsucht nach einem Leben auf dem Lande und mein Bedürfnis, in Ulrikes Nähe zu wohnen, nicht aufwiegen. So entschloss ich mich im Frühjahr 2013, in den Hunsrück auszuwandern. – Innerhalb von vier Jahren hatte ich mich von Elke, Atlantis, meinen Eltern und Wuppertal trennen müssen!

Hunsrück

Bei meiner Wohnungssuche wurde ich schnell fündig; Ulrikes Freundin Barbara gab mir den entscheidenden Tipp: ein leerstehendes altes Bauernhaus in Bell, einem Dorf nahe Kastellaun. Ich mietete es für 320 Euro im Monat, renovierte es und zog am 13. Juli 2013 ein. Es war mein fünfundzwanzigster Umzug seit Verlassen des Elternhauses. – Genau ein Jahr später schilderte ich in einer Rundmail an Freunde und Bekannte meine neue Lebenssituation: *Ich bewohne ein altes Bauernhaus in Bell, einem Dorf auf 450 Meter Höhe mit 450 Einwohnern. Das Häuschen ist Teil eines Gehöftes mit denkmalschutzwürdigen Scheunentoren und einem großen Garten mit Blick über hügelige Feldwaldwiesenlandschaft. Im Hauptgebäude des Hofes befindet sich eine ehemalige Kulturkneipe, das Bell-Vue; dort wohnen meine drei sympathischen Hofgenossen: Norbert, der Vermieter und Ex-Kneipeninhaber, Daniel, der ehemalige Schmied und Allround-Handwerker und Jörg, der ambulante Krankenpfleger und Heilpraktiker für Psychotherapie. – Der Garten hat mich in den letzten Wochen mit einem üppigen Angebot an Erdbeeren, Himbeeren, Kirschen und Mirabellen beglückt, und bald kommen die Äpfel, Birnen, Pflaumen und Nüsse. Mein Haus hat keine Heizung, bei Bedarf verbreitet ein rustikaler Eisenofen bullige Wärme. Tagsüber ist die Luft voller Lerchengesang, nachts herrscht Stille ringsum, und die Milchstraße räkelt sich am Firmament. – Bell ist ein hübsches Dorf, viel Schiefer und Fachwerk, mit freundlichen und toleranten Bewohnern. Meine Liebste wohnt nur sechs Autominuten entfernt in Gödenroth. Das alles eingebettet in die großenteils reizvolle Hunsrücklandschaft, umschlungen von Nahe, Mosel und Mittelrhein (Weltkulturerbe!). Herz, was willst Du mehr!*

Ich habe in diesem Jahr bereits viele Kontakte geknüpft zu Menschen, die mir geistig und gefühlsmäßig nahestehen, und diverse Gruppierungen und Initiativen kennengelernt, die fast alle meine persönlichen Interessensgebiete abdecken. Da gibt es zum Beispiel die Doppelkopfturniere, die Singegruppe Hobelbanksänger mit ihren bündischen Fahrten- und Landsknechtsliedern, die Friedensinitiative und die kapitalismuskritische Bewegung Attac. Bei mir trifft sich vierzehntägig eine Gruppe zum Singen spiritueller Lieder. Und ich habe in diesem Jahr unter dem Titel AUF TEUFEL KOMM RAUS einen Gedichtband mit siebzig Wortspieltexten veröffentlicht. Viele der witzigen und sprachlich ausgefeilten Texte habe ich, zum Teil vertont, schon bei verschiedenen Anlässen vorgetragen; unter anderem im Rahmen der Lesebühne Schie-

fertafel, zu der sich jüngst ein Dutzend AutorInnen aus dem Hunsrück und vom Mittelrhein zusammengeschlossen haben.

Alles in allem fühle ich mich hier sehr wohl, willkommen geheißen, gut versorgt und schon ziemlich vertraut. Ich habe viel Hilfe bekommen, allerlei notwendige Dinge sind mir von netten Menschen geschenkt worden, und vieles ist mir einfach zugeflogen. Um noch ein Beispiel zu nennen: In einem Beitrag des SWR-Regionalfernsehens über die Beller Hauptstraße wurde ich – neben anderen – als Maler, Schriftsteller und Lebenskünstler vorgestellt. Es erscheint mir alles wie ein Märchen.

Um den erwähnten Fernsehauftritt rankt sich eine amüsante Geschichte: In der Sendereihe *Hierzuland* wird jeden Tag in einem fünfminütigen Beitrag ein rheinland-pfälzisches Dorf porträtiert. In Bell steuerte das vierköpfige Aufnahmeteam zielstrebig das *Bell-Vue* an, um den ehemaligen Chef der Kulturkneipe zu interviewen. Danach wurde der Schmied beim Gießen kleiner Metallamulette gefilmt, und zuletzt kam ich an die Reihe. Während des Interviews in meinem engen Wohnzimmer ermunterte die Regisseurin mich, einen kurzen Text aus *AUF TEUFEL KOMM RAUS* vorzutragen. Ich griff zur Gitarre und intonierte zu einer bekannten Operetten-Melodie: *auf der platte – saß frau ratte – auf ner matte – mitsamt gatte – und der hatte – als krawatte – eine satte – spiegelglatte – morgenlatte.* Von diesem Nonsens-Gedicht, nein, von dem ganzen Beitrag, blieb in den Köpfen der Beller, die natürlich alle am Tag der Ausstrahlung *Hierzuland* eingeschaltet hatten, vermutlich einzig die Morgenlatte hängen. – Ein halbes Jahr später traf ich auf dem Rückweg von meinem Abendspaziergang auf eine Ansammlung von Dorfjugendlichen, die mit Bierflaschen in den Händen mitten auf der Straße standen oder saßen und mit pubertärem Gegröle ihre noch jungen Bassstimmen trainierten. Auf meine Frage, ob sie ein Straßenfest feiern würden, antwortete einer der Jungs: Ja – fehlt nur noch die Musik, hol doch mal deine Gitarre und spiel das Lied von der Morgenlatte!

Meiner Karriere als Fernsehstar tat die Sottise mit der Morgenlatte keinen Abbruch; nachdem die AutorInnen der *Lesebühne Schiefertafel* eine Anthologie mit dem Titel *Zeit zu reden – Hunsrücker erinnern sich* herausgebracht hatten, griffen die Leute vom SWR wieder auf mich zurück. Diesmal stellte ich mich im Aufnahmestudio in Mainz fünf Minuten lang den Fragen eines Moderators, die sich auf meinen Lebensstil und meine

Lebensphilosophie bezogen, aber leider keinen Raum für ein gesellschafts-kritisches Statement zuließen. Ein weiteres Mal tauchte ich mit eigenem Wortbeitrag in der ZDF-Sendung *heute-show* auf. Es geschah während der Großdemonstration anlässlich der Einweihung des neuen Gebäudes der Europäischen Zentralbank in Frankfurt am Main im März 2015. Am Rande der Kundgebung von mehreren Tausend TeilnehmerInnen auf dem *Römer* wurde ich von einem Fernsehjournalisten bei laufender Kamera gefragt: Was sagen Sie dazu, dass heute Morgen von vermumm-ten Randalierern ein Polizeiauto in Brand gesetzt wurde? – worauf ich (sinngemäß) antwortete: Das menschenverachtende und zerstörerische Treiben der globalen Finanzmärkte, gegen die wir hier demonstrieren, fügt Milliarden Menschen weitaus schlimmere Schäden zu.

Und, glaube es oder glaube es nicht, dem Gesetz der Serie entspre-chend wurde ich kürzlich, als der SWR die *Lahrer* Hauptstraße ins Visier nahm, ein weiteres Mal interviewt. (Von meinem Umzug nach *Lahr* wird noch die Rede sein.) Leider wurde von dem im Verlauf von zwei Stun-den gedrehten Bild- und Tonmaterial nur ein kleiner Bruchteil ausge-strahlt – obwohl der Regisseur mir zwei Tage nach dem Dreh am Tele-fon mitteilte, dass seine Redakteurin beim Begutachten der Aufnahmen geäußert habe: Mit dem Mann möchte ich noch eine weitere Sendung machen. – Als Privatperson viermal in einer Fernsehsendung aufzutau-chen, ist das purer Zufall? Oder eine Manifestation meiner notorischen Ambitionen, gehört und gesehen werden zu wollen? Oder die Neigung der Fernsehleute, ihre stereotypen Beiträge mit einem bunten Vogel wie mir zu verzieren?

Auch mein nicht sehr erfolgreiches Bestreben, die Kleinkunstbühnen auf dem Hunsrück zu erobern, hat vermutlich viel damit zu tun, dass ich bei meinen Mitmenschen Anerkennung dafür ernten möchte, wie geist-reich und originell ich mit Sprache umzugehen verstehe. Bisher trug ich meine Texte und Lieder meistens vor zahlenmäßig kleinem Publikum in Cafés, bei Leseabenden provinzieller Literaturzirkel oder auf privaten Festen vor. Es glückte mir bisher jedes Mal, die Zuhörer zu faszinieren, zum Lachen zu bringen oder zum Nachdenken anzuregen. Dabei half mir sicherlich die Fähigkeit, mich selbst nicht so ernst zu nehmen.

lenz

der lenz ist da! – der schöne lenz
erweist uns seine referenz
mit hormoneller turbulenz
und unstillbarer appetenz
bei stark erhöhter herzfrequenz
mit sprunghaft steigender tendenz
der frühling kommt mit vehemenz
wie eine böse pestilenz

sogar bei seiner eminenz
dem kirchenfürsten von florenz
erwacht eine reminiszenz
von raphaelscher opulenz
bezüglich seiner präferenz
für knaben in der pubeszenz
mit ausgeprägter korpulenz

als mann von edler provinienz
und höchst erlauchter prominenz
hat er – von oben – die lizenz
für pädophile delinquenz
doch bremsen ihn inkontinenz
blaseninsuffizienz
angst vor mangelnder potenz
und fortgeschrittene demenz

nach längerer korrespondenz
und einer kleinen differenz
mit örtlicher jurisprudenz
und dank meiner impertinenz
gewährt mir seine exzellenz
nach ihrer rekonvaleszenz
von einer argen flatulenz
am rande einer konferenz
höchst gnädig eine audienz
in ihrer sommerresidenz

mit klerikaler eloquenz
spricht monsignore von konvergenz
globaler interdependenz
und medialer transparenz
(es scheint mit großer evidenz
dem vatikan droht insolvenz
die religiöse konkurrenz
gefährdet seine existenz!)

hochwürden spricht von kongruenz
und von der kosmischen kadenz
beleuchtet die lumineszenz
verborgen in der transzendenz
als kern der göttlichen essenz
von zweifelhafter konsistenz
(dazu braucht man intelligenz!)

und in der folgenden sequenz
führt er mit zwingender stringenz
zur einsicht in die quintessenz:
die welt versinkt in dekadenz!
die predigt schließt mit der sentenz
uns hilft in letzter konsequenz
nur absolute abstinenz

Ein Höhepunkt meiner sprachkünstlerischen Auftritte ist die Uraufführung eines von mir verfassten Stückes mit dem Titel *Irgendwo dazwischen* am 2. Juni 2017 zusammen mit *Helga Andrae* im Bacharacher *Rheintheater*. Helga ist zwei Jahre jünger als ich, stammt wie ich aus einem Land, das es nicht mehr gibt; ihr Vater ist im selben Dorf geboren wie ich, nämlich in Beuna bei Merseburg. Helgas kulturwissenschaftliches Studium in der DDR prädestiniert sie gewissermaßen für die Leitung der Autorengruppe *Lesebühne Schiefertafel*. Ihr literarisches Hauptthema ist die *Liebe im Alter*, und sie trägt leidenschaftlich gerne ihre chansonhaften Lieder vor, in denen sie humorvoll und ergreifend ihre Sehnsucht nach einem Partner besingt. – In der Ankündigung von *Irgendwo dazwischen* heißt es: *Helga und Hilarion, die nicht mehr ganz jungen Quereinsteiger der Klein-*

kunstszene, laden ein zu einer sprachakrobatischen Achterbahnfahrt durch die Welt der Gegensätze und die Gegensätze der Welt – mäandernd zwischen tiefschürfender Gesellschaftskritik und ausgeklügeltem Nonsens, zwischen Marx und Moritz, Sächsismus und Sexismus, Yin-esen und Yang-kees, Makrokosmos und Mikrowelle. Die Zuschauer erwartet ein zwerchfellstrapazierendes Wortspiel-Spektakel irgendwo zwischen Dichterlesung, Kabarett, Comedy und Musik-Clownerie – irrwitzig, schräg, frech, frivol und gekonnt unprofessionell.
Unter den überwiegend begeisterten Zuschauern – rund vierzig Leute, die Hälfte davon treue Anhänger der *Schiefertafel* – findet sich leider niemand, der uns für eine weitere Aufführung engagiert.

Auch meine Satire *Der Hunsrückversteher* habe ich nicht öfter als zweimal in voller Länge vorgetragen. Darin setze ich mich mit den Lebensverhältnissen auf dem Hunsrück auseinander, insbesondere mit der epidemischen Ausbreitung der Windräder, die die Landschaft verschandeln und den ganzen Hunsrück in ein industrielles Elektroenergiegewinnungsareal verwandeln:

Vom Beller Aussichtsturm aus sieht man im Umkreis von fünf Kilometern in alle Himmelsrichtungen verstreut über zweihundert der bis zu 260 Meter hoch aufragenden Stromerzeugungsaggregate. Wenn man im Dunkeln von der Beller Dorfkirche aus über den Friedhof hinweg nach Nordwesten blickt, kann man die Grablichter im Vordergrund von den Windradlichtern im Hintergrund kaum unterscheiden. Und wenn man von der Hunsrückhöhenstraße Richtung Kirchberg abbiegt, fühlt man sich in eine 360-Grad-Science-Fiction-Animation versetzt – irgendwo zwischen Disneyland, Geisterbahn, BASF und Rotlichtviertel.

Heute überzieht ein dichtes Wanderwegenetz die Region. Wanderwege? Wer redet von Wanderwegen? Die Rede ist von Panoramawegen und Naturerlebnispfaden mit integrierten Traumschleifen, Traumpfaden, Klettersteigen, Seitensprüngen und Skywalks. Premiumwandern auf dem Wildgrafenweg, dem Ehrenberger Bergschluchten- und dem Rockenburger Urwaldpfad! Vitaltouren auf Agenda-Rundwanderwegen über das Murscher Eselsche, den Masdascher Burgherrenweg, durch Hahnenbachtal und Erbachklamm zum Rheingoldbogen. Die Erbachklamm wurde aufgrund ihrer großen Erlebnisdichte für die Deutsche Wanderniere, äh Wanderhure, nein, Wanderratte, ich meine WANDERKRONE nominiert. – Ein Muss für jeden trekkenden, nordic-walken-

den, mountainbikenden und waldbadenden Naturenthusiasten ist der kurz vor seiner Eröffnung stehende Kastellauner Windkraftanlagen-Parcours. Genießen Sie die Vorzüge eines postmodernen Pilgerpfades auf bewaldeten Höhen entlang eines Kreuzweges gigantischer Monumente grüner Energiepolitik. Umweltschutz durch Umweltzerstörung!

Es verlockt mich, tiefer in die Historie dieser Region vorzudringen und den Spuren der Besiedlungen und Besatzungen durch Kelten, Römer, Franzosen, Preußen und Amerikaner nachzuspüren. Ich begnüge mich jedoch mit dem Hinweis auf die Aktionen der Friedensbewegung der 80er Jahre gegen die bei Bell stationierten mit Atomsprengköpfen bestückten Mittelstreckenraketen der NATO. Ob es den Friedensgebeten, den Holzkreuzen, den Blockadeaktionen, der Menschenkette zwischen Bell und Duisburg oder der Großdemonstration mit fast 200.000 Teilnehmern auf dem Beller Markt zu verdanken ist, dass die Raketen 1989/90 abgezogen wurden, oder dem vermeintlichen Ende der Ost-West-Konfrontation, sei dahingestellt. Ich frage mich allerdings, wo war in den vergangenen Jahren der Widerstand der Hunsrücker gegen den Einmarsch der Windenergie-Bataillone?! Wo bleibt der Ritter ohne Furcht und Tadel vom Format eines Don Quichotte de la Mancha, der auf seinem Gaul Rosinante, begleitet von seinem treuen Diener Sancho Pansa, zum Wohlgefallen seiner geliebten Dulcinea gegen die feindlichen Riesen in Gestalt von Windmühlenflügeln zu Felde zieht und sie niedermäht, so wie seinerzeit die Beller Raketenkuh die Cruise Missiles mit ihren Hörnern aufgespießt hat?!

Viele vermissen jetzt vielleicht ein Loblied auf die Schönheiten des Hunsrücks, all die wildromantischen Plätze an sprudelnden Bächen, die Wasserfälle im Schatten schroffer Felswände, die verwitterten Steinbrüche, die zauberhaften Burgruinen, die in uns eine Ahnung von der Lebenskraft und der geistigen Blüte vergangener Zeiten erwecken? Wo bleibt der Hinweis auf die noch beinahe intakte Natur, die in vereinzelten kleinen Biosphärenreservaten noch ihr volles Farbspektrum entfaltet – mit Schwarzstorch und Weißstorch, Graugans und Grünspecht, Braunkehlchen und Blaumeise, Gelbschnabel und Rotkehlchen, Goldammer und Silberdistel, sowie dem gescheckten Sumpfwiesenperlmutterfalter? Auch Erdflöhe, Grasmilben, Zecken, Wespen, Stechmücken, Borkenkäfer und Eichenprozessionsspinner bevölkern seit jeher die Hunsrückidylle.

Neben meiner dichterischen Tätigkeit verfolgte ich in meinen Beller Jahren noch andere im weitesten Sinne kulturelle Aktivitäten. Beispielsweise die Ausstellung *Farbrausch im Schweinestall*, bei der ich in einem Nebengebäude des Bell-Vue über hundert meiner Bilder präsentierte. Zur Vernissage kamen fünfundvierzig Leute, von denen niemand etwas gekauft hat, obwohl einige Kunstinteressierte von meinen Bildern durchaus begeistert waren. So auch eine ganz in Weiß gekleidete Dame, die nicht nur von meinen Zeichnungen und Gemälden, sondern auch von mir persönlich sehr angetan war. Aus dieser ersten Begegnung entwickelte sich eine freundschaftliche Verbindung. Gerlinde E. wohnt in Simmern und arbeitet als Reiki-Meisterin, Heilerin und Masseurin. Darüber hinaus ist sie auch als Malerin sehr kreativ. Ich bin immer wieder fasziniert von den ikonenhaft stilisierten Frauengesichtern – mit elegischen Zügen und großen Augen, die in eine andere Welt zu blicken scheinen –, deren monochrome Farbgebung mit einem bunten, verspielten, ornamentalen Hintergrund kontrastiert. Gerlinde ist bis heute eine wichtige Bezugsperson für mich, ich besuche sie einmal im Monat und genieße ihre Heilmassagen an Körper und Seele. Ich verdanke dieser weisen, im christlichen Glauben verwurzelten Ratgeberin wertvolle Denkanstöße für meine persönliche Weiterentwicklung. Umgekehrt profitiert auch sie von unserem Gedankenaustausch.

Was war da noch? In meiner Beller Zeit habe ich an einer vom Deutschen Paritätischen Wohlfahrtsverband angebotenen kostenlosen Ausbildung zum *Pflege-Clown* teilgenommen und als Gegenleistung zwei Jahre lang ehrenamtlich einmal im Monat in Seniorenheimen alten Menschen ein Lächeln ins Gesicht gezaubert. Ebenfalls ehrenamtlich habe ich vier Jahre lang im Kastellauner Flüchtlingstreffpunkt *Cafeterra* Immigranten aus Afrika, Asien und Osteuropa betreut. Fünf Jahre lang habe ich bei der Hunsrücker Regionalgruppe von *Attac* mitgearbeitet und im Rahmen dieser kapitalismuskritischen Bewegung an etlichen Demonstrationen teilgenommen; unter anderem gegen die völkerrechtswidrigen Machenschaften des US-Militärs in Ramstein, gegen die Lagerung von Atomsprengköpfen in der Eifel und – auf einer Fridays for Future-Demo in Mainz – gegen den weiteren Anstieg der Emissionen klimaschädlicher Treibhausgase.

Der wichtigste Dreh- und Angelpunkt in meinem Leben ist die Partnerschaft mit Ulrike. Sie lebt seit 1992 im Hunsrück und hat, besonders in den Anfangsjahren, die landschaftlichen Reize dieses Mittelgebirges ausgiebig erkundet. Es hat ihr, als die Beziehung mit mir begann, viel Freude gemacht, mir die Schönheit ihrer Wahlheimat, inklusive einiger mystischer Orte und verborgener Kraftplätze, nahezubringen. Sie hat mir auch den Weg zu sozialen Kontakten geebnet, und durch meine umtriebige Art ist unser gemeinsamer Freundes- und Bekanntenkreis stetig gewachsen. Infolgedessen werden wir regelmäßig von diversen Landfreaks, Ökos, Künstlern und Lebenskünstlern zu urigen Feten eingeladen, bei denen es durchaus nicht provinziell zugeht. Viele Großstädter haben sich im Hunsrück niedergelassen, einige Epigonen der *Waldeck-Festivals* und sonstiger *zugezogener Zores*, wie die Alteingesessenen sagen. Nehmen wir zum Beispiel den Materialkünstler und Poeten Jörg Stein in Lötzbeuren: Im bizarren Ambiente seines zum Gesamtkunstwerk herangewachsenen vormals bäuerlichen Anwesens findet alljährlich ein ausgelassenes Sommerfest statt; da stieben die Geistesfunken und krachen die Lachsalven, wenn auf offener Bühne am lodernden Lagerfeuer verkannte Dichter und Komödianten ihr Bestes zum Besten geben. Auch bei Lisa und Bille in Rödern, die sich ihren Lebensunterhalt als Kulturschaffende irgendwo zwischen clownesker Akrobatik und ambitioniertem Kindertheater verdienen, haben Ulrike und ich rauschhafte Feste miterlebt und uns von literarischen und musikalischen Darbietungen mitreißen lassen. Keine Frage, dass ich solche Gelgenheiten auch gerne für Auftritte nutze. – Auch Carl und Annemarie Rheinländer, die sich im Laufe vieler Jahre ein blühendes Anwesen in Heimweiler, in der Nähe von Kirn, aufgebaut haben, zelebrieren Jahr für Jahr Anfang August mit einigen Dutzend Gästen ein höchst vergnügliches Sommerfest auf ihrem weitläufigen Grundstück. Die beiden, die zu unseren engsten Freunden zählen, leben und arbeiten konsequent unabhängig, alternativ und ökologisch. Annemarie stellt aus Holz, Leder und Filz Schmuck, Spielzeug, Klanginstrumente und anderes her und verkauft ihre Erzeugnisse auf Kunstgewerbe- und Handwerksmärkten; und sie steckt viel Liebe und Energie in ihren Kräuter- und Gemüsegarten. Carl ist ein handwerklicher Alleskönner, der anspruchsvolle Bauprojekte realisiert. Außerdem bietet er Dengel- und Sensenkurse an, kümmert sich um hilfsbedürftige Bäume im Dorf, schreibt eindrucksvolle politische Texte, engagiert sich im Umweltschutz und singt gerne Blues. – Alles, was die beiden hervorbringen, ist von bester Qualität, auch ihre drei erwachsenen Söhne.

Am 4. Oktober 2014 feierten Ulrike und ich mit über sechzig Gästen von Nah und Fern in meinem Beller Wohnumfeld ein großes Fest *zur Würdigung und Weihe unserer Verbindung als Mann und Frau*. In einem bewegenden Ritual auf der Wiese im Garten gaben wir uns im Kreise von Verwandten und Freunden ein Versprechen für unsere gemeinsame Zukunft: *Ich liebe und achte Dich und bin von ganzem Herzen bereit, den gemeinsamen Weg mit Dir weiter zu gehen …* Für den Segen von oben sorgten Jutta und August von Dahl, ehemals Pfarrer in Bell (und bekannt für ihre führende Rolle bei den Protestdemonstrationen gegen die *Cruise-Missiles*), die den Ablauf der Zeremonie einfühlsam und humorvoll begleiteten, ohne eine explizit christliche Terminologie zu bemühen. – Und danach im Hof, im Haus und im Garten: Balkanfolklore live mit Geige und Akkordeon, gemeinsames Singen, Kreistänze, Kaffeetrinken, Hunsrück-Dias, Abendbuffet, Bar, buntes Bühnenprogramm inklusive Bauchtanz-Show und nach Mitternacht besinnlicher Ausklang im kleinen Kreis am wärmenden Feuerkorb auf meiner Terrasse.

Dieses wunderschöne Fest vertiefte die Verbindung zwischen Ulrike und mir, und in unseren Köpfen und Herzen keimte der Wunsch zusammenzuleben – eventuell in einem alternativen Wohnprojekt. Aber nach dem Besuch mehrerer Lebensgemeinschaften, unter anderem in Brandenburg und Sachsen, wurde mir bewusst, dass ich mit meinem individualistischen Lebensstil den sozialen Bedingungen des Gemeinschaftslebens nicht gerecht werden würde. Daraufhin entschieden wir uns dafür, im Hunsrück ein Haus zu mieten oder zu kaufen. Und wir machten uns auf die Suche und inspizierten ein Dutzend Angebote, ohne das Passende zu finden. Wenn Ulrike zwischendurch die Geduld verlor, tröstete ich: Alles hat seine Zeit, wir müssen das Haus nicht suchen, es wird zu uns kommen.

Und so geschah es. An einem Freitagnachmittag im März 2019 kam eine Frau ins *Cafeterra*, wo ich gerade meinen Dienst versah, und teilte mir mit, sie wolle der Flüchtlingsinitiative Möbel zur Verfügung stellen, aus dem Haus ihres verstorbenen Schwagers, das zum Verkauf stehe … Kurzum, Ulrike und ich besichtigten es noch am selben Tag – und jetzt wohnen wir bereits seit mehr als zwei Jahren darin, nachdem wir das Anwesen mit Wohnhaus, Nebengebäuden und großem Garten im Juni 2019 günstig erworben und danach viel Geld, Fleiß und Schweiß investiert haben, um es nach unseren (nicht immer übereinstimmenden) Vorstellungen umzugestalten. Rike hatte dabei die Tendenz, die nötigen Veränderungen anspruchsvoller, kostspieliger und arbeitsaufwändiger zu planen als ich; bei einigen Projekten versuchte ich daher, auf die Bremse zu treten, indem ich einen Kosten-Nutzen-Vergleich anstellte, auf unvorhersehbare Komplikationen hinwies oder die Möglichkeit des Scheiterns an die Wand malte. Oft standen sich meine angebliche Vernunft und ihr angebliches Bauchgefühl – meine Sparsamkeit und ihre Großzügigkeit – diametral gegenüber, und es ergab sich einige Male ein gewisses *Gezerre*. In meinen Augen war der daraus resultierende Kompromiss fast immer die denkbar beste Lösung, wohingegen Ulrike sich in ihrer Entscheidungsfreiheit eingeschränkt fühlte. Daher hasste sie die Kompromisse und bezeichnete mich schon mal, halb im Zorn, halb im Scherz, als *kleinkarierten Ausgleichsscheißer*. Von unseren Anlagen her sind wir beide wie Hund und Katze oder Wasser und Feuer (astrologisch: Krebs und Löwe) – doch bei aller Konfliktträchtigkeit dieser Konstellation kann sich das Ergebnis unserer Bemühungen um ein gemeinsames behagliches Zuhause sehen lassen. In der Zeit unseres Zusammenlebens haben wir große Fortschritte darin gemacht, uns einerseits anzugleichen und andererseits unsere Verschiedenheit zu tolerieren. Zudem teilen wir viele gemeinsame Interessen, wie die Liebe zur Natur, die Begeisterung für Kunst, Musik und fremde Kulturen, das Engagement für Umweltschutz und soziale Gerechtigkeit; und auch im vierzehnten Jahr unserer Partnerschaft ist die erotische Anziehung stark genug, um Zärtlichkeit und Sex als Quellen der Freude genießen zu können. Und all dies liebevoll eingehüllt von gegenseitiger Wertschätzung. Wir sind gerne zusammen unterwegs in Wald und Flur, fahren an den Rhein, die Mosel oder die Nahe, besuchen Freunde und übernachten dabei oft im Auto. Unsere erlebnisreichen Reisen führten uns unter anderem nach Sizilien, Sardinien, Ungarn und in die Bretagne.

Ich bewundere meine sechzehn Jahre jüngere Partnerin dafür, wie einfallsreich, warmherzig und souverän sie die Leitung des von ihr mitbegründeten Waldkindergartens ausübt und mit wieviel Liebe und Umsicht sie sich für ihre Freundinnen, ihren kranken Vater und ihre erwachsenen Kinder einsetzt. Und natürlich auf die eine oder andere Weise auch für mich. Sie, die sich seit vielen Jahren mit Naturheilkunde beschäftigt, Heilkräuter sammelt und daraus Salben und Tinkturen herstellt, hat mir mit ihrem Wissen und den Schätzen ihrer Hausapotheke schon bei diversen Wehwehchen geholfen.

Vor allem im Garten, ihrer Leidenschaft, lässt sie ihrem schöpferischen Tatendrang freien Lauf, setzt Pflanzen, zupft Unkraut, verteilt Kompost und so weiter. Ich bin voll des Lobes, genieße den Anblick der Pflanzenpracht und freue mich darauf, zu ernten, was ich nicht gesät habe. (Natürlich unterstütze ich meine Liebste auch tatkräftig dabei, ihren Traum von einem artenreichen ökologischen Garten zu verwirklichen!) Mindestens hundert Sorten Blumen und Kräuter hat Ulrike im Verlauf des ersten Jahres angepflanzt und zum Teil mit Namensschildchen in Form silbern beschrifteter Schieferplättchen versehen: *Alant, Eibisch, Goldlack, Nachtkerze, Lichtnelke, Christrose, Eisenhut, Rittersporn, Türkenbundlilie, Indianernessel, Kaiserkrone, Kugeldistel, Kapuzinerkresse, Rosmarin, Liebstöckl, Hexenkraut, Fette Henne, Pimpinelle, Muskatellersalbei, Jelängerjelieber.* Allein diese Wörter lassen einen in allen Farben strahlenden Zaubergarten vor dem inneren Auge erblühen. Vier Gemüsebeete, diverse Bäumchen, Büsche und Beerensträucher, rund fünfzig Meter Buchsbaumhecke, ein Gewächshaus, ein Hochbeet und eine Kräuterspirale vervollständigen das kleine Paradies. Ich habe zudem eine Laube gezimmert, ein Bohnenstangengerüst für Tibetische Gebetsfahnen errichtet und eine Feuerstelle angelegt. Dort haben wir inzwischen viele Male mit Gästen im Kreis gesessen, uns am prasselnden Feuer gewärmt, Rotwein getrunken, Geschichten erzählt und Lieder gesungen.

Der Garten dient nicht nur dem Schönheitsbedürfnis und der Selbstversorgung, er ist auch ein Wohn- und Zufluchtsort für Insekten und Vögel. Zu den Bewohnern und Gästen zählen Amsel, Drossel, Fink und Star ebenso wie Lerche, Meise, Rotkehlchen, Mehlschwalbe, Bachstelze, Buntspecht, Dompfaff, Sperling und viele andere. Sogar ein Exemplar des seltenen Bluthänflings hat dem Garten seine Aufwartung gemacht. In der Spitze des Walnussbaumes und in den Zweigen der Tuja versammelten sich im Spätsommer Hunderte von Staren und diskutierten in heller Aufregung darüber, ob es angesichts der Klimaveränderung noch Sinn macht, in den Süden zu fliegen. Kraniche, Bussarde, Milane, Falken und Fischreiher ziehen ihre Bahnen am Himmel, und das Fledermauspärchen Tilda und Schrat umtanzt Rike und mich bei unserer allabendlichen Gießorgie.

Wir können uns glücklich schätzen, diesen Platz unser Eigen nennen zu dürfen. Der sich über drei Etagen erstreckende Wohnbereich verströmt Ästhetik und Behaglichkeit. Im Erdgeschoss haben wir einen Gruppenraum eingerichtet, in dem ich meine meditativen Singeabende abhalte und Ulrike ihre Jahreskreisrituale durchführt. – Auch das Dorf ist eine gute Wahl. Lahr hat rund 180 Einwohner, und die Lahrer sind zu den Neulingen im Dorf freundlich und hilfsbereit; das gehört wohl zu ihrem gut entwickelten Gemeinschaftsleben, das neben Kirmes, Flohmarkt, Frauengemeinschaft, Seniorentag, Schachklub, Bücherstübchen und Winterwanderung neuerdings auch meinen monatlichen Diaabend umfasst, an dem ich im Gemeindesaal von meinen Reisen berichte.

Manchmal frage ich mich dennoch besorgt, was die Lahrer wohl wirklich von mir halten, wenn ich in meinem kragenlosen Flatterhemd mit einem bunten Käppi auf dem Kopf mit wehendem Ziegenbart und wilder Mähne auf meinem klapprigen Dreigang-Damenrad aus den Siebzigern durch das Dorf strampele; oder wenn mich gar jemand auf meiner Tour zwischen Wiesen und Feldern heimlich dabei beobachtet, wie ich irgendwo am Waldesrand eine Wurzel oder ein Astloch fotografiere, Kuli und Zettel aus der Hosentasche hervorkrame und einen Einfall notiere, einen Baum umarme oder gedankenverloren in den Himmel stiere. Würden Spaziergänger mich nicht für einen durchgeknallten Spinner halten, wenn sie sähen, wie ich vor einem Weidezaun stehend auf der Mundharmonika *O Tannenbaum* spiele und mich kindlich darüber freue, dass alsbald alle Rindviecher angelaufen kommen, um wie gebannt meiner Musik zu lauschen? Oder wie ich, von voyeuristischer Neugier gepackt, den saft- und kraftstrotzenden Bullen beobachte, der, sichtlich in Liebeslaune, seinem biologischen Auftrag folgend eine Kuh zu bespringen trachtet und all seine Verführungskünste einsetzt, indem er sie langsam umkreist, sich neben sie stellt, zärtlich Wange an Wange schmiegt, sie mit der Schnauze anstupst und plötzlich ruckartig den Schädel emporreckt, die Zähne bleckt, die Nüstern bläht und gierig schnuppert, ob feinste Duftspuren von Sexualhormonen in der Luft liegen, und dann, weil das nicht der Fall ist, um auf Nummer sicher zu gehen, die Geschlechtsteile seiner Auserwählten akribisch abschnüffelt, ob sie nicht vielleicht doch irgendwie rumzukriegen wäre? Aber ihre biologische Uhr tickt anders, und der abgeblitzte Bulle wird sich mit dem Begattungsakt noch eine Weile gedulden müssen. (Das war die letzte Sexszene in diesem Buch, versprochen!)

Sex bedeutet mir auch mit Mitte siebzig noch viel und beschert mir, mit Ulrike oder allein, einen hohen Lustgewinn. Die Zeit der Seitensprünge und heimlichen Liebschaften ist schon lange vorbei, und mein Verlangen danach tendiert gegen Null. – Alles ins allem bin ich mit meiner äußeren Lebenssituation ganz zufrieden. Ich bin zu dem geworden, der ich immer schon sein wollte: ein naturverbundener, künstlerisch aktiver, spirituell angehauchter Landfreak auf eigenem Grund und Boden mit einer geliebten Partnerin zur Seite. Mich erfüllt tiefe Dankbarkeit für all die manchmal an Wunder grenzenden Geschenke, die das Leben mir gemacht hat. Was will ich mehr? Ich bin *angekommen* und kann mich behaglich zurücklehnen. – Aber da war doch noch etwas …?!

Das Eingemachte

Bis vor zwei drei Jahren war das Alter für mich so gut wie kein Thema. Ich sah mich als Musterexemplar eines *ewigen Jünglings*, der sich, abgesehen von Magenproblemen, einer robusten körperlichen Konstitution erfreute, nie im Krankenhaus lag und sehr selten ärztliche Hilfe in Anspruch nehmen musste. Mein grenzenloses Vertrauen in die Naturheilkunde und die Selbstheilungskräfte meines Körpers hat sich lange bewährt; in letzter Zeit haben sich allerdings einige körperliche Beeinträchtigungen bei mir eingeschlichen und mich daran erinnert, dass auch ich gegen das Altern nicht gefeit bin. Zum Beispiel höre ich keine Grillen mehr, außer in meinem Kopf. Früher konnte ich fast vier Oktaven singen, heute schaffe ich mit Mühe zwei. Mein Penis ist um ein Viertel geschrumpft und mein Urinstrahl unberechenbar geworden. Immer häufiger fallen mir gängige Namen und Begriffe nicht auf Anhieb ein, Anzeichen von chronischer Müdigkeit und Altersdepression mehren sich, und bei längeren Spaziergängen setzen nach spätestens einer Stunde höllische Schmerzen in der Leistengegend ein. Mein Spitzbäuchlein tritt immer unverfrorener hervor (wobei mein Leichtgewicht von 69 Kilogramm bei 1,84 m Körperlänge konstant geblieben ist). Das alles ist vergleichsweise harmlos; aber wie lange noch? Was ist, wenn ich einen schweren Unfall habe, eines der inneren Organe streikt, die Prostata sich weiter vergrößert oder das vermeintliche Rheuma in den Gliedern so stark wird, dass ich medizinische Hilfe in Anspruch nehmen muss?! Mein Krankenversicherungstarif sieht 5.000 Euro Eigenbeteiligung im Jahr vor, da kann Kranksein ganz schön teuer werden! – Laut WHO gibt es mehr als 30.000 Krankheiten, die kann man alle kriegen (wenn man daran glaubt!).

Doch viel mehr als körperliche Veränderungen fürchte ich, dass in meinem jetzigen Lebensrahmen, trotz aller Beschaulichkeit und Behaglichkeit, auf Dauer meine sehr speziellen geistig-seelischen Bedürfnisse nicht befriedigt werden. Die ländliche Umgebung hält zwar schöne Anblicke bereit, aber ihre Reize nutzen sich allmählich ab. Packende Erlebnisse und inspirierende Begegnungen finden kaum noch statt. Ohne Aufgaben, Ziele, soziale Einbindung und etwas, wofür ich brenne, könnte sich mein selbstbestimmtes entschleunigtes Alltagsleben sehr bald als trostlos, fade und sinnlos erweisen und den Nährboden für Langeweile, Frust, Einsamkeit und Resignation liefern. Jetzt scheint auf mich zurückzufallen, dass ich mich so weit von konventionellen sozialen Verbindungen und gesellschaftlicher Normalität entfernt habe. Mit den meisten Angeboten der westlichen Konsumkultur kann ich wenig anfangen. Ich kann mich weder für die Bundesliga noch für Computerspiele oder das Surfen im Internet begeistern, und die in den Massenmedien präsentierten knallbunten aber geistlosen Produkte der Unterhaltungsindustrie bereiten mir Übelkeit. Auch ein Einkaufsbummel ist für mich kein Vergnügen; im Gegenteil, der überflüssige Plunder in den Warenhäusern kotzt mich an. Die ständigen technischen Neuerungen nerven mich, Gebrauchsanleitungen hasse ich wie die Pest.

Kurz gesagt, ich bin ein miserabler Konsument, um nicht zu sagen ein Anti-Konsument. Etwas über das Internet zu bestellen, ist mir noch nie in den Sinn gekommen. Wozu auch? Was ich zum Leben brauche, Nahrung, Kleidung, Tabak, Bier und Bücher, kaufe ich im Fachgeschäft oder Supermarkt. In punkto Kleidung bin ich sparsam, aber wählerisch. Synthetik halte ich mir vom Leibe; modische Trends sind mir zuwider; etwas nach meinem Geschmack finde ich selten. Also benutzte ich meine Klamotten, bis sie buchstäblich auseinanderfallen. Es macht mir nichts aus, in zwanzig Jahre alten Nachthemden zu schlafen oder in der Sauna einen Bademantel zu tragen, den ich von einem Onkel geerbt hatte, der vor über dreißig Jahren gestorben ist.

Der rigoros vorangetriebenen Digitalisierung aller Lebensbereiche, die in meinen Augen das Menschsein radikal verändert, entziehe ich mich weitestgehend. Ich möchte nicht in die Abhängigkeit von einem Smartphone geraten, mich nicht in sogenannten sozialen Netzen verfangen – und schon gar nicht von den IT-Konzernen des Silicon Valley kontrolliert werden. Mein Laptop benutze ich höchstens zwei bis drei Stunden pro Woche, um Mails zu lesen oder etwas im Internet zu recherchieren. Aktuelle Nachrichten empfange ich vornehmlich über das Radio (beim Spülen, Kochen oder Tischdecken höre ich WDR 5 oder SWR 2), das Fernsehen oder über die regionale Tageszeitung, die ich mir mit meinen Nachbarn teile. Noch kann ich nicht davon ablassen, mir die alltäglichen Horrormeldungen reinzuziehen, die mich in meiner Grundüberzeugung bestärken, dass die Menschheit auf eine globale Katastrophe apokalyptischen Ausmaßes zusteuert. Als aufgeklärter Kulturpessimist sehe ich allenthalben Ausbeutung, Gewalt, Zerstörung und Dekadenz auf dem Vormarsch. Insbesondere schmerzt mich das unaufhaltsame qualvolle, menschengemachte Sterben der Natur, weltweit und vor der eigenen Haustür. Und nun vertilgt auch noch ein unverschämter Virus, beziehungsweise das groteske Großaufgebot ordnungspolitischer Maßnahmen gegen seine Ausbreitung, die letzten kulturellen Angebote, die mich interessieren könnten. Auf dem Dorf ist erst recht tote Hose; und kein Schwein kommt zu Besuch. Vor diesem Hintergrund fühle ich mich zunehmend ohnmächtig, isoliert und abgehängt. All diese Faktoren zusammengenommen flößen mir eine gehörige Portion Zukunftsangst ein und liefern den Stoff für eine veritable Lebenskrise. Und es kommt noch besser!

Nicht erst, seit ich begonnen habe, meine Biografie zu schreiben, spüre ich immer deutlicher, wieviel seelische Altlasten ich mit mir herumschleppe. Je intensiver ich mich mit meiner Vergangenheit beschäftige – ich stütze mich dabei auf Unterlagen, Aufzeichnungen, Tagebücher und Briefe aus mehreren Jahrzehnten – desto mehr drängen unliebsame Wesenszüge in mein Bewusstsein. Es scheint, dass gewisse seelische Leiden sowie charakterliche Schwächen unauslöschlich in meiner Psyche eingeschrieben sind. Wenn auch mit geringerer Intensität als in früheren Krisenzeiten werde ich sporadisch von diffusen Ängsten, Schuldgefühlen, nervöser Rastlosigkeit und depressiver Verstimmung heimgesucht. Wie das ferne Echo uralter Verletzungen durchwabert mein Gemüt zeitweilig ein zehrender *Phantomschmerz*, oder es ergreift mich eine unergründliche Traurigkeit. Mal treibt mich eine unstillbare Sehnsucht, mal eine abgrundtiefe Bedürftigkeit um. – Als meine Schwester mir vor einigen Wochen bei einem Streitgespräch am Telefon vorwarf, was für ein knallharter Egoist ich immer schon gewesen sei und dass ich nur um mich selbst kreise, löste das in mir eine introspektive Kettenreaktion aus, in deren Verlauf ein hässlicher Rattenschwanz *negativer* Charaktereigenschaften zum Vorschein kam.

Meiner egozentrischen Tendenzen – im Zusammenhang mit meinem verdrängten Minderwertigkeitsgefühl und der latenten Angst, nicht genug zu kriegen – bin ich mir seit langem bewusst, aber was jetzt an bisher unbeachteten oder verteufelten Wesenszügen ans Licht kommt, lässt meine mühsam zusammengezimmerte Gutmenschfassade zusammenbrechen. Wie ein auf frischer Tat ertappter Missetäter sehe ich mich fassungslos mit einem finsteren Chaos in meinem Inneren konfrontiert. (Und das vollzieht sich gewissermaßen vor den Augen der Welt, denn mein gegenwärtiges Leben und die autobiografische Beschreibung desselben überschneiden sich, was meinem akuten Ausnahmezustand einen melodramatischen Akzent verleiht!) Einige von mir in tiefer Nacht hingekritzelte Notizen sprechen eine deutliche Sprache: *Wie konnte ich mich nur so krass über mich selbst täuschen, so blind sein für meine Schattenseiten – – ich war in meinem Leben allzuoft Opportunist, Schnorrer, Schmarotzer, Klugscheißer, Prahlhans, Besserwisser, Wichtigtuer, Möchtegern, Schwarzseher, Miesepeter, Moralist, ein mieses kleines Arschloch, das sein gestörtes Selbstwertgefühl mit Größenwahn zu kompensieren suchte – – ich wollte immer im Mittelpunkt stehen, bewundert werden und stets eine Extrawurst gebraten kriegen – – ich habe meine Nächsten für meine Bedürfnisse und Ziele instrumentalisiert – – habe mich mit Kritik, Ironie, Zynismus, Sarkasmus und intellektueller Arroganz über die normalen Leute erhoben und sie wegen ihrer Beschränktheit, Verblendung und Zwanghaftigkeit verachtet – – habe nach außen meine attraktiven Seiten gezeigt und meine ungeliebten Begleiter Eitelkeit, Hass, Angst, Unsicherheit, Gier, Geltungssucht und so weiter verborgen, bis ich sie, nach dem Motto, dass nicht sein kann, was nicht sein darf, selbst nicht mehr wahrgenommen habe – – o Hilarion, was bist du doch für eine Krämerseele, jetzt quetschst du auch noch dein gelebtes Leben aus wie eine Zitrone, um es in fadenscheinige Lektüre zu verwandeln, womit du dir wiederum Aufmerksamkeit verschaffen willst – –?!*

Das sind einige der nicht gerade schmeichelhaften Selbstbilder, die mir vor Augen treten und mein ohnehin desolates Selbstwertgefühl noch weiter pulverisieren. Ich komme mir zeitweise vor wie ein Schatten meiner selbst, lebenslänglich eingesperrt im Kerker einer zwanghaften Psychostruktur. Die gefühlt erbärmliche Gesamtbilanz meines Lebens liegt mir wie ein Albdruck auf der Seele. Welche unausweichlichen Konsequenzen ergeben sich aus meiner psychischen Konstitution und meinen charakterlichen Schwächen für mein weiteres Leben? Muss ich am Ende für all meine mutmaßlichen moralischen Verfehlungen büßen?! – Verwirrt und deprimiert frage ich mich, wie es weitergehen soll, wie ich die Puzzleteile meiner Persönlichkeit wieder neu zusammengefügt kriege, und wie es mir gelingen kann, mich am eigenen Schopf aus dem Sumpf zu hieven.

Ich brauchte ungefähr zwei Wochen, bis sich der Sturm gelegt hatte und ich erste konstruktive Schlüsse aus meiner problematischen Verfassung ziehen konnte. Es ist ja nicht meine erste Psychokrise. Wofür habe ich

Pädagogik studiert, jahrelang Therapie gemacht, schlaue Bücher gelesen, zu Füßen spiritueller Meister gesessen und mich mit kongenialen Freund-Innen ausgetauscht?! Nach einem intensiven Gespräch mit Rike notierte ich folgende Einsichten und Maximen, mit deren Hilfe ich Ordnung in das seelische Chaos bringen wollte: *Die Krise ist eine Chance und ein Katalysator für eine heilsame Wende in meinem Leben – – meinen verdrängten Charaktereigenschaften auf die Schliche gekommen zu sein, ist ein unerlässlicher Schritt auf dem Weg der Veränderung – – ich übernehme die volle Verantwortung für alles, was mich ausmacht – – ich muss mich nicht neu erfinden, aber an gewissen psychologischen Stellschrauben drehen, um eine lebensbejahendere Einstellung zu gewinnen – – ich bin bereit, mich von den neurotischen Ansprüchen meines Egos und dem damit verbundenen Lebenskonzept zu lösen – – ich muss mir nicht durch besondere Leistungen Liebe und Anerkennung verdienen – – ich muss die Welt nicht retten – – ich schließe mit den Windrädern Frieden – – ich richte mein inneres Bestreben stärker auf Selbstannahme, Liebesbereitschaft, Achtsamkeit, Gelassenheit und Einverstandensein – – ich will mich in Demut und Bescheidenheit üben und die kleinen Freuden des Alltags wertschätzen – – ich möchte mich mehr aufs Geben als aufs Nehmen konzentrieren.*

Ob sich mein Ego so leicht vom Thron stoßen lässt, ob ich mit ein paar psychologischen Weichenstellungen die Macht der Gewohnheiten zu durchbrechen und mehr innere Freiheit zu erringen vermag, um geläutert und gestärkt in die letzte Lebensetappe einzutreten? Bei näherer Betrachtung erscheint diese Strategie wie ein verzweifelter Versuch, meinen Charakter umzukrempeln, um in einem neuen Gewand wieder die Rolle des Gutmenschen spielen zu können. Aber selbst wenn es mir mit viel Geduld gelingt, auf diesem Weg psychisch einigermaßen stabil über die Runden zu kommen, ist das die *Wandlung*, nach der ich mich im tiefsten Herzen sehne?! Im *Faust* lese ich: *Erquickung hast Du nicht gewonnen, wenn sie Dir nicht aus eigner Seele quillt.* Wahre Lebenskunst lässt sich eben nicht auf lustversprechende oder leidvermeidende Strategien reduzieren. Auf meinem Selbstfindungsmarathon stehen mir noch einige Hürden bevor! Eifrig durchsuche ich meine Bücherregale nach esoterischen, lebensphilosophischen und tiefenpsychologischen Ratgebern mit einschlägigen Hinweisen, was ein Menschenleben wahrhaftig mit Sinn und Tiefe erfüllt. Nach fünf oder sechs halbgelesenen Abhandlungen wird mir beinahe schwindelig von der Fülle hehrer Ideen wie Essenz, Seele, Einheit, Sein, Gott, Logos, Tao, das Wesentliche, das Absolute, das

Unvergängliche – unzählige Deutungen und Umschreibungen für das Mysterium der *Transzendenz*, das mit dem Verstand nicht zu ergründen ist. Auf einer höheren Ebene kann das menschliche Bewusstsein mit dieser geistigen Sphäre verschmelzen und in Liebe und Glückseligkeit eins werden mit dem universellen Pulsschlag des Lebens. Die *Unio Mystica*, die alchimistische Vereinigung mit Gott und dem All im grenzenlosen Raum des Herzens, kann als *Erleuchtung* erfahren werden.

Diese Zusammenhänge sind mir nicht neu, aber unverzüglich meldet sich meine Skepsis, ob diese schwärmerische Aufwallung einen spirituellen Aufbruch markiert oder eher einen hinterlistigen Trick meines Egos, einen Rückfall in den Größenwahn. Ich bin mir sehr wohl bewusst, dass der Suchende seinen Eigenwillen komplett aufgeben muss, ehe er auch nur einen Hauch der Göttlichen Präsenz zu spüren vermag, die uns näher ist als unsere Halsschlagader. Auf jeden Fall muss ich noch viele Steine aus dem Weg räumen, um die erforderliche Offenheit und Hingabe zu entwickeln. Doch vielleicht bin ich in diesem Leben noch nicht reif für den großen Sprung.

Finale

Am Vorabend des Novembervollmondes habe ich mich, immer noch bedrängt von bohrenden existentiellen Fragen, entschlossen, in die Natur hinaus zu gehen, um die verborgenen Kräfte der Dunkelheit heraufzubeschwören. Wer zum Licht strebt, kommt an seinem Schatten nicht vorbei. Nach C. G. Jung beinhaltet der *Schatten* verschiedene Anteile unserer Psyche, die verleugnet und ins Unbewusste verdrängt worden sind, weil unsere Eltern und andere gesellschaftliche Instanzen, und später unser Ego, sie abgelehnt haben. Durch die Auseinandersetzung mit diesem Thema wird mir immer klarer, dass die dunklen, triebhaften Elemente der Seele nicht nur als Teile der Ganzheit ihre Existenzberechtigung haben, sondern auch wesentliche Funktionen im Leben erfüllen. Ein wahrer Schatz an verborgenem seelischen Potential wartet darauf, entdeckt und gehoben zu werden: all die unterdrückten Emotionen, Wünsche, Sehnsüchte und Wesensanteile wie kindliche Lebensfreude, Spontanität, Neugierde, Zutrauen, Sensibilität oder Großzügigkeit.

Es ist ein feuchtkalter, düsterer Spätnachmittag, der dem Siegeszug der Nacht nichts mehr entgegenzusetzen hat als einen schmalen Silberstreifen über den fernen Vulkangipfeln der Eifel. Während im Westen grauschwarze Regenwolken den Himmel bedecken, lugt im Nordosten die runde Leuchte des Mondes zwischen Baumkronen hervor. Ich schreite zielstrebig einen asphaltierten Feldweg entlang, der sich zum Lützbachtal hin absenkt. Mein Dorf liegt ungefähr einen Kilometer hinter mir, und die roten Blinklichter der Windräder sind aus meinem Blickfeld verschwunden. Es herrscht absolute Stille, keine Menschenseele weit und breit. Kein Hund treibt sich bei solch einem Wetter draußen herum. Mich zieht es zu einer kleinen von vier Eichen bewachten Kapelle, die mit einer anrührenden Gipsfigur, Maria mit dem Kinde, ausgestattet ist. An der linken Seitenwand steht mit Tusche und Feder geschrieben: *Wohl dem, selig muss ich ihn preisen, der in der Stille der ländlichen Flur, fern von des Lebens verworrenen Kreisen, kindlich liegt an der Brust der Natur!* – Die dunkelste Zeit des Jahres scheint mir gerade recht, um so etwas wie ein Selbstfindungsritual, eine Visionssuche *light*, zu inszenieren. Ich hoffe auf ein Zeichen oder eine Eingebung für meine nächsten Schritte, denke dabei weniger an die Intervention höherer Mächte als an die *Anima*, die weibliche Weisheitsenergie meines Unbewussten.

Zwanzig Minuten später – Frau Luna hat sich fröstelnd einen Wolken-
schleier über das Gesicht gezogen, und der aufkommende Wind treibt
eisigen Nieselregen vor sich her – sehe ich die Silhouette der Kapelle aus
dem Dunkel auftauchen. Vor dem Eingang besinne ich mich noch einmal auf die Fragen, die mich bewegen, allen voran: *Wer bin ich?* Dann
drücke ich die brennend kalte Klinke herunter, öffne die Tür – und bleibe wie gebannt auf der Schwelle stehen. Das ist doch nicht die Kapelle, wie ich sie kenne! Der Raum, der sich vor mir auftut, ist so groß wie
eine Basilika. Ein sirrender Klang, wie wenn Wind durch dürre Blätter
streicht, vibriert in der Luft, und eine einzelne Kerze in der Mitte taucht
die Umgebung in ein mystisches rötliches Licht. Rechts und links ragen,
wie Säulen einer Kathedrale, Stämme alter Buchen empor. Hoch oben
bilden die Äste ein offenes Gewölbe, in dem zwischen raureifglitzernden
Zweigen unzählige Sterne am Firmament funkeln. Den Boden bedeckt
ein rotbrauner Teppich welker Blätter, die unter meinen Schritten geheimnisvoll knistern, als ich eintrete und mich bedächtig der Kerze nähere, bis
ich verwundert wahrnehme, wie sich im Halbdunkel dahinter eine weibliche Gestalt abzeichnet. Sie trägt ein langes helles Gewand, und auf ihrer
Brust funkelt silbern die *Lemniskate*, das Symbol der Unendlichkeit. Ich
gehe ein paar Schritte auf sie zu und erkenne im flackernden Lichtschein
Luzi Fair. Sie mustert mich mit einem strengen, eiskalten Blick, der mir
das Blut in den Adern gefrieren lässt. Ehe ich mich überwinden kann,
sie anzusprechen, ergreift sie das Wort – wobei sich, zu meiner Erleichterung, ihr Gesichtsausdruck in ein schelmisches Grinsen verwandelt – und
spricht, wie immer mit einem leicht ironischen Unterton in der Stimme:

**Willkommen in der Anderswelt! Da staunst du, nicht wahr? Ich
habe deine jüngste Entwicklung genauestens verfolgt. Schreiben als
Therapie?! Man könnte auch sagen, ein außergewöhnliches Leben
außergewöhnlich in Szene gesetzt. Mich deucht, der letzte Akt des
Dramas ist eingeläutet, und da möchte ich, als dein treusorgendes
Alter Ego, doch allzu gerne miterleben, wie du dich bei Nacht und
Nebel am eigenen Schopf aus dem Sumpfe ziehst.**

Habe ich es doch geahnt! Am alles entscheidenden Wendepunkt
meiner Lebensreise kann ich auf Dich zählen. Das mit dem Sumpf
hat sich übrigens so gut wie erledigt; sobald ich meinen Schatten

anschaue, statt ängstlich wegzugucken, und meine Schwächen und dunklen Seiten annehme, statt sie zu verleugnen, verschwindet die Angst und mit ihr der Sumpf. – Aber dennoch fällt es mir nach wie vor schwer, mich so zu lieben, wie ich bin. Wenn ich den bunten Flickenteppich meines Lebens mit meinen Wertvorstellungen, Wünschen und Zielen vergleiche, bin ich in meinen Augen ein kläglicher Versager. Und worauf es im Leben eigentlich ankommt, habe ich immer noch nicht so ganz begriffen.

Hör auf, dich dafür zu verurteilen, dass du nicht vollkommen bist! Wo Licht ist, ist auch Schatten. Trägheit, Begierde, Neid, Aggression, Angst, Zweifel und Unwissenheit gehören zur menschlichen Natur. Auch ein Gandhi hatte seine dunklen Seiten. Kein Paulus ohne Saulus! Du hast vieles gut gemacht und vieles schlecht gemacht, hast nach den Sternen gegriffen und im Trüben gefischt, so wie alle. Wie spricht doch Meister Goethe: *Ein guter Mensch, in seinem dunklen Drange, ist sich des rechten Weges wohl bewusst.*

Ach was! – Ich habe mir eingeredet, auf dem Weg der Liebe zu sein, und bin doch dem Prinzip der Macht gefolgt, die alles unter Kontrolle haben will. Ich habe mich an Idealen wie Gerechtigkeit, Wahrhaftigkeit, Integrität, Mitgefühl, Schönheit, Freiheit, spirituelles Erwachen und so weiter orientiert, habe aber im Endeffekt nur mein nimmersattes Ego damit gefüttert. Wenn alle Leute so leben würden wie ich, der sich mehr persönliche Freiheiten herausgenommen hat als soziale Verantwortung zu übernehmen, würde das totale Chaos herrschen, und es stände nichts zu essen auf dem Tisch.

Doch wenn es Leute wie dich nicht gäbe, die mit einem Leben von der Stange nicht zufrieden sind, die aus dem Hamsterrad aussteigen und aus der Hammelherde ausscheren, die den Wahnsinn der Normalität und die Normalität des Wahnsinns in Frage stellen und andere Wege ausprobieren …

Schöne Wege: Holzwege, Schleichwege, Irrwege, Umwege, Abwege! Auf der Suche nach dem Königsweg habe ich mich in der ganzen Weltgeschichte herumgetrieben, und erst jetzt begreife ich, dass ich immer auf der Suche nach mir selbst – und zugleich auf der Flucht vor mir selbst! – war.

Hör auf, mit deinem Gram zu spielen, der wie ein Geier dir am Leben frisst! Glaubst du, nur dein Ego hat dich geführt, und deine Seele war daran nicht beteiligt? Die Kräfte des Lebens und Strebens entfalten sich auf verschiedenen Ebenen, oft unbemerkt. Auch ich habe an deinem Geschick mitgewirkt, ich habe oft genug meine Hand über dich gehalten und für dein Seelenheil gesorgt. Erinnere dich nur an die vielen Frauen, die ich dir zugeführt habe, damit du nicht psychisch vor die Hunde gegangen bist.

Du skrupellose Kupplerin hast meine Sexsucht bedient und mich in meiner Abhängigkeit bestärkt. Ich habe Frauen in erster Linie als Sexualobjekte gesehen und sie in meiner unersättlichen Gier nach Liebe und Anerkennung als Lückenbüßer gebraucht.

Hast du sie schon einmal gefragt, wofür sie Dich gebraucht haben? – Aber ich habe Dich nicht nur mit Sexpartnerinnen in Verbindung gebracht, denk an all die fantastischen Reisen, die Begegnungen mit bemerkenswerten Menschen und die zahllosen politischen, spirituellen und künstlerischen Kontakte, Workshops, Seminare, Projekte, Initiativen, Trainings, Engagements und Events!

Geschenkt! Ich habe auf allen Hochzeiten getanzt, als Außenseiter, Zaungast, Trittbrettfahrer und Quereinsteiger alles ausprobiert, hier genascht und da stibitzt, mir die Rosinen herausgepickt, mir überall etwas angeeignet und mein eigenes Süppchen daraus gekocht. Aber meistens bin ich auf halbem Wege stehengeblieben, weil mir Vertrauen, Disziplin und Ausdauer gefehlt haben, um weiter zu gehen.

Nun stapel mal nicht so tief. Du hast in Deinen Workshops heilsame Übungen angeleitet und spirituelle Erfahrungen vermittelt; du hast Menschen zum Singen, Tanzen und Lachen gebracht! Mit dem Kleingedruckten im Buch des Lebens hast du es nicht immer so genau genommen, doch du hast beständig deinen geistigen Horizont erweitert, hast gelernt, in größeren Zusammenhängen zu denken, zwischen den Zeilen zu lesen, hinter die Kulissen zu blicken und die Welt aus unterschiedlichen Perspektiven zu betrachten. Du hast viele Saiten deines Wesens zum Klingen gebracht – als Intellektueller, Mystiker, Geschäftsmann, Aussteiger, Künstler, Revoluzzer, Bohemien, Globetrotter, Naturfreund, Weiberheld und Wasweißichnoch!

Briefträger, Waldarbeiter, Arbeitsloser, Workshopleiter, Teppich-händler, Derwisch, Asta-Vorsitzender, Hippie, Verlagsvertreter, VHS-Dozent, Zahnarzthelfer, Hopfenpflanzer, Demonstrant, Prak-tikant, Reserveoffizier, Wehrdienstverweigerer, Diplom-Pädagoge, Maurerlehrling, Jugendgruppenleiter, Republikflüchtling, Sozial-arbeiter, Clown, Straßenmusiker, Liedermacher, Chorsänger, Skat-spieler, Schwarzfahrer, Steuerhinterzieher, Rabenvater, Schnarcher, Schürzenjäger, Glücksritter, Selbstmordkandidat, Quartalskiffer – tausend Rollen habe ich mir angemaßt! Ich glaube, ich habe mein ganzes Leben lang nur Theater gespielt!

Die ganze Welt ist eine Bühne, heißt es bei Shakespeare. Es spricht durchaus für dich, dass du so flexibel von einer Rolle in die nächste schlüpfst. – Aber, mein Bester, reden wir nicht die ganze Zeit um den heißen Brei herum?! Sag, was dir wirklich auf der Seele brennt.

Es ist eigentlich ganz banal, ich will meine Autobiografie endlich abschließen, aber ich komme im Moment nicht weiter. Ich stecke, wie du weißt, mitten in einer Identitätskrise, und es ist mir peinlich, meinen Lesern einzugestehen, dass ich im Hinblick auf meine geistig-seelische Neuorientierung noch keine Patentlösung gefunden habe.

Das also war des Pudels Kern! Du möchtest dir einen glorreichen Abgang verschaffen, dem Publikum vorgaukeln, dass du wie Phö-nix aus der Asche aus den Irrungen und Wirrungen deiner Exis-tenz emporsteigst, mit einer frohen Botschaft an die Menschheit im Schnabel: Ich habe das Geheimnis des Lebens entschlüsselt, ich kann euch sagen, wo's lang geht! – Du Traumtänzer, gib doch ein-fach zu, dass du nicht den vollen Durchblick hast. Niemand erwar-tet von dir, ein Held oder Heiliger zu sein.

Ich weiß, ich muss Geduld mit mir haben. Der Wandlungsprozess, der mir vorschwebt, vollzieht sich nicht von einem Tag auf den andern. Zunächst mal ist es gut zu wissen, wo ich stehe.

Eine gewachsene Psychostruktur, deren wesentliche Merkmale in früher Kindheit geprägt worden sind, zu verändern – mit dem Ziel, freier, liebevoller, bewusster und glücklicher zu werden – erfordert die Überwindung eingeübter Verhaltensmuster, die im Denken und Fühlen, aber auch in den Körperzellen und neurologischen Strukturen, tief verankert sind und von alltäglichen Gewohnheiten und sozialen Beziehungen immer wieder reproduziert werden.

Ich hätte es nicht besser sagen können. Es gibt Trainingsmethoden, die darauf abzielen, diesen Teufelskreis zu durchbrechen, indem sie alte Programme löschen und neue, bessere installieren. Aber wem erzähle ich das! Da ich aufgrund gewisser Charaktereigenschaften wie Bequemlichkeit und Genusssucht dazu neige, eher dünne Bretter zu bohren, bin ich leider kein ergebener Vorkämpfer eines systematischen Geistestrainings. Ich begnüge mich lieber mit dem, was mir ohne viel Mühe in den Schoß fällt.

Es sei dir gegönnt. Du bist einen weiten Weg gegangen, um endlich bei dir selbst anzukommen. In dem vor dir liegenden Reifungsprozess ist das Alter dein bester Verbündeter; es schenkt dir die Zeit und die Freiheit, loszulassen und dich dem Lauf der Dinge hinzugeben. *Sobald du dir vertraust, sobald weißt du zu leben.*

In dem Maße, wie es mir gelingt, mich so anzunehmen, wie ich bin, zeigen sich bereits positive Veränderungen: Die Schatten der Vergangenheit verblassen allmählich, ich nehme mehr Leichtigkeit und Offenheit an mir wahr, mein Selbstvertrauen wächst, und ich besinne mich öfter auf die Stimme meines Herzens. Ich fühle, dass ich auf dem mir vorbestimmten Weg bin, der mich Schritt für Schritt meinem wahren Selbst näher bringt. Vielleicht liegt darin ja der Sinn des Lebens.

Der Sinn des Lebens ist das Leben! Erfahren, erspüren, erschmecken, erleiden und erkennen, was Leben ist. *Am farbigen Abglanz haben wir das Leben.* Jedes Atom trägt einen Funken der schöpferischen Urkraft in sich; jedes Lebewesen hat seinen spezifischen Anteil an der Evolution des Kosmos und nutzt dabei die Gaben, die ihm zur Verfügung stehen. Zu deinen kostbarsten Gaben gehören Vielfalt, Humor, Kreativität und Mitgefühl, damit kannst du für dich und andere noch einiges bewirken. Im Übrigen lass alle Eitelkeit und allen Ehrgeiz fahren. In deiner jetzigen Lebenssituation steht es dir zu, ohne schlechtes Gewissen eine ruhige Kugel zu schieben und kleine Brötchen zu backen. Genieße es, eine Null zu sein! Erst dann bist du bereit für das, was das Leben sonst noch mit dir vorhat. Meinen Segen hast du.

Danke! – Bin gespannt, wohin die Reise geht, welche Rollen das Schicksal für mich noch bereit hält. Werde ich ein verbitterter und verkalkter Misanthrop sein, der sich den ganzen Tag mit Kreuzworträtseln herumschlägt und am Abend mit einer Flasche Bier im Arm auf die Glotze starrt? Werde ich mich als Hausmann mehr oder weniger freudlos in Küche und Garten betätigen und mich nebenbei irgendwo als Ehrenamtler engagieren? Wird es mir vergönnt sein, als Dichter und Maler noch einige Werke zu erschaffen, die niemanden interessieren? Gebe ich, um meine Minirente aufzustocken, den singenden Clown, der den Touristen an der Geierlay-Hängeseilbrücke ein paar müde Cents aus der Tasche lockt? Wird meine Autobiografie einschlagen wie eine Bombe, und ich empfange als anachronistischer Newcomer noch die höheren literarischen Weihen? Ist mir am Ende die Rolle eines weltabgewandten Asketen beschieden, oder kröne ich mein Lebenswerk mit einer Karriere als Dorftrottel?!

Du unverbesserlicher Narr! – deine kurzsichtigen Prognosen verstellen dir den Blick auf das Wesentliche: *Du bist, am Ende, was du bist!*

Lesebühne Schiefertafel: Zeit zu reden

Neun beeindruckende Lebensgeschichten wurden in der Anthologie ›Zeit zu reden‹ zusammengetragen.

Jetzt endlich haben Frauen und Männer die Zeit und den Mut gefunden, offen über ihr Leben, auch während des Nationalsozialismus und des Zweiten Weltkrieges zu berichten.

Gemeinsam mit Autoren aus der Heimat entstand ein zutiefst berührendes Dokument der Zeitgeschichte.

ISBN 978-3-89801-095-5 • 212 Seiten • Broschur • 10,90 EUR